香取文書と中世の東国

鈴木哲雄　著

同成社　中世史選書　5

目　次

香取文書と中世の東国

序　本書の課題と構成

（1）香取神宮と香取文書

香取神宮は、千葉県香取市香取の亀甲山《かめがせ》に鎮座する「旧官幣大社」で、中世には下総国一宮[1]となり、一般に香取社と呼ばれていた。周知のように、香取社の主祭神には経津主《ふつぬし》神・伊波比主命《いわいぬしのみこと》の二説があり、前者の場合は鹿嶋神宮の主祭神である武甕槌《たけみかづち》神とならぶ武神であるが、後者の場合には鹿嶋神を祭る地主神＝斎主《いわいぬし》の神のこととなる[2]。二説ともに、香取社と鹿嶋社が一対の神であったとみることは共通しており、この二社は、鬼怒川・小貝川水系の手賀沼や印旛沼、霞ヶ浦や北浦などの連なる古代・中世の内海（香取内海）の喉元をおさえる場所に向かい合って鎮座していた。

香取大禰宜家文書には、香取内海の海夫関係の史料（「海夫注文」）があり、中世香取社が下総国と常陸国にまたがる内海の海夫を支配していたことがわかる。古代・中世の香取神は、「異国征罰軍神」であるとともに楫取の神、漁業や舟運の神として香取内海に広い範囲の信仰圏をもち[3]、また香取周辺の農業神でもあった[4]。鹿嶋神とともに藤原氏の氏神であり、藤原摂関家を本家としつつ、下総国衙の政治機構のなかの一宮として位置づけられていた[5]。下総国守護の千葉氏をはじめとする武士団の結集の拠点でもあり、蒙古襲来の際には軍神として「異国降伏」の祈祷が行われるなど、中世日本の国家的な守護神でもあった。近世初頭までに確認される神職数は一三五職に及ぶもので、六カ年の任期がありながらも社務権をもった大宮司（神主）と神事奉仕を第一とした大禰宜が神職の中心に位置し（両社務）、近世までには六官（権禰宜・物申祝・国行事・大祝・副祝・惣検杖）、奉行（権之介・行事禰宜・高倉目代・正検非違使・権検非違使）、三奉行（録司代・田所・案主）の組織が整い、他の神職は内院・惣之座・供僧・社僧・経座などに所属したようである。(6) ただし鎌倉時代の香取社は、神主（大宮司）と社地頭（守護千葉氏一族の国分氏）と大禰宜、あるいは「香取社政所」によって運営されており、千葉氏一族による香取社領の押領は、社地頭としての地位にもとづくもので、外部からの暴力のみによったのではなかった。社地頭の地位はのちに「宮（之）介」とも呼ばれ、近世には神官職の一つとなっている。また、一宮造営にあたる国行事は本来は国衙の役所であったが、南北朝末期の大中臣長房の時代には、香取社の神官職に取り込まれた。

こうした神官・供僧組織のなかで、中世文書を伝来・相伝した旧社家は、**表1**「香取文書一覧」（一二・一三頁）にあるように一九家ほどである。いうまでもなく、古代・中世から近世にかけての香取社は神仏習合しており、江戸時代までは大禰宜家の氏寺であった新福寺のほか、神宮寺（金剛宝寺）や根本寺、惣持院、定額寺、宝幢院などの複数の寺院が境内その他に存在しており、(7) 新福寺には相当数の中世文書が伝来している。

ところで、「香取文書」を「香取神宮文書」と称する場合があるが、中井信彦が「一般に香取文書と呼ばれている古文書群は、香取神宮そのものに襲蔵されてきたものではなく、大宮司家以下の神職諸家及びゆかりの諸所に伝来した文書の総称」(8) である、と的確に定義したように、「香取文書」は「香取神宮文書」ではない。現在、確認できる中世香取文書の原本の総数は約一五九五点ほどであるが、幕末の色川三中による調査段階では、一五八九点ほどの古文書が確認されており、その全体像は**表1**に示したとおりである。

（2） 本書の課題

中世文書としての香取文書は、中世東国の史料群としては称名寺文書（金沢文庫文書、神奈川県立金沢文庫保管）

にならぶ希有の分量を有するものであり、中世一宮の史料群としても貴重なものである。本書の課題は、この香取文書を書誌学的あるいは史料学的な方法から調査分析することによって、歴史研究の対象としての香取文書の意義を明らかにすることにある。

これまで香取文書については、色川三中による色川本「香取文書纂」（いわゆる「官本」）一一冊を含んで六二冊以上、詳しくは第三章第一節参照）を前提として、一九〇七（明治四十）年前後に刊行された刊本『香取文書纂』（香取神宮社務所、一六分冊）と、一九五七年に刊行された『千葉県史料　中世篇　香取文書』（千葉県）とがあり、戦後の中世史研究のなかでも重要視された史料群であった。詳しい研究史や研究論文については別稿(9)に整理済みであるが、概略しておけば、①十二世紀初頭からの香取社領の構造とその特徴をめぐる議論、②鎌倉時代の香取社地頭国分氏や下総国守護千葉氏による香取社領への侵攻と社家の分裂と社領の変遷、③南北朝末期での社家＝大禰宜兼大宮司大中臣長房による社領再編の評価、④中世東国の村落形態をめぐる議論、⑤売券の性格と農民的土地所有をめぐる論争など、早くから領主制論や農奴制論の観点から研究がなされてきた(10)。また他にも、香取文書からの引用史料には、中世史研究において決定的な位置をもつものも多い(11)。

ところが、これまでの研究では、香取文書そのものの史料学的研究はほとんどなされないまま、神社史料に対する一般的な評価の厳しさを前提に、香取文書は「戦国末期頃一括して写されたものである」との見方もあった(12)。しかし、一九九一年からの新しい千葉県史編纂事業での中世史部会による原本調査によって、南北朝期を中心に香取文書には具書など多くの重書案が存在することは間違いないが、平安時代末期からの摂関家政所下文（これも希有の数量である(13)）などを含めて、香取文書は基本的には正文を中心とした文書群であることがほぼ確実となったと考える。

また、新しい千葉県史編纂事業による香取文書の編纂成果としては、

①『千葉県の歴史　資料編　中世2（県内文書1）』（千葉県、一九九七年）

②『千葉県の歴史　資料編　中世3（県内文書2）』（千葉県、二〇〇一年）
③『千葉県の歴史　資料編　中世5（県外文書2・記録典籍）』（千葉県、二〇〇五年）
④千葉県史編さん資料『香取文書総目録』（千葉県、一九九九年）

があるが、これ以外にも中世史部会による調査成果の一部を、香取文書の原本調査などに従事した者の責任として、書誌学的あるいは史料学的な方法にこだわった研究を進め、いくつかの調査・研究成果を同僚とともに発表してきたところである(14)。

本書ではこれらの論考を再構成し、さらに新稿を含めて「香取文書と中世の東国」と題して、これまでの香取文書に関する調査・研究成果を私なりに集成してみたいと思う。そこで本書では、第一に、多くの写本を含めた香取文書の書誌学的な考察を行いつつ、社家文書としての香取文書の全容とその性格を明らかにすること、第二には、香取文書のなかの重書案や海夫注文についての史料学的な検討によって、これまで曖昧であった香取文書＝写本説を改めて否定し、香取文書が正文・案文・具書案そして写などとして分類が可能な史料群であることを明らかにすること、第三に、これまでも議論されてきたいくつかの香取文書を取り上げ、これまでは不十分であった史料批判を徹底することで、中世の東国社会論にかかわる新たな視点を提示すること、そして第四には、幕末に色川三中が構想し、中井信彦がそれを高く評価した、香取文書の周辺に位置する諸資料の紹介を行うことにしたい。我田引水になるが、これによって、香取文書を用いた歴史研究は新たな段階に入ることになろうし、香取文書についての書誌学的、史料学的な研究は神社史料の扱いや諸国一宮制研究のための一事例となるものと考える。

（3）近年の神社史料・諸国一宮制研究

神社史料や諸国一宮制にかかわる研究会としては、ともに一九九四年に発足した神社史料研究会と中世諸国一宮制研究会（のち一宮研究会）の活動が注目される。神社史料研究会は、「神社史料の各分野からの有効利用、研究の深化普及を目標として」発足したもので、代表の橋本政宣は同研究会発足の前提には、「戦前、神社神道が国家によって管理され、国家神道として位置づけられたことが大きく影響し、その反動としてであろう、戦後の歴史学において、神社及び神社史料についてはほとんどといっていいほどに関心が払われてこなかった」こと、つまり「神社に関する研究の関心は極めて希薄であったといわざるを得なく、神社史料の存在もいささか等閑視され」てきた状況があり、「一部には研究そのものを敬遠する傾向さえあったかに思われる」と率直に語っている。[15]こうした状況を乗り越えるためには、神社史料についての厳密な書誌学的、史料学的な研究が必要となっている。

一方、中世諸国一宮制研究会（のち一宮研究会）は、「日本中世の各国ごとに設けられた国鎮守＝一宮は、各地域的・歴史的特殊性と普遍性との統一的把握に多くの困難をともなっている。この困難を克服し、研究の飛躍的な前進を図るためには、各地の研究者が一堂に会し、相互に情報を交換しながら共同研究を進めることが不可欠である」との趣旨にもとづいた研究会で、その基本的な成果は、同研究会編『中世諸国一宮制の基礎的研究』（岩田書院、二〇〇〇年）として刊行されており、同書の冒頭には同研究会代表の井上寛司によって「中世諸国一宮制研究の現状と課題」が的確に整理されている。[16]そのなかで井上は、今後の一宮制研究のための基礎的前提作業として、それぞれの一宮に関する諸史料の復原的研究や古文書学的検討が重要であると述べているが、本書の目的もそこにある。[17]

また井上は近著において、今後の神社史研究の課題を次のように述べている。日本における「神道」とは、中世の顕密主義・顕密体制（黒田俊雄）における寺院との機能分担として、国家・王権との関係を中心とした世俗的な政治的部分を担ったもので、「神道」の成立は顕密体制の成立と軌を一にし、それは十一世紀末から十二世紀初頭のことであった。そして、「日本の『神道』が中世における国家的な神社制度や天皇神話と表裏一体の関係を持って成立したことの意味は極めて深刻であっ」て、「そうした厳しい緊張感を持って神社史研究を本格的に再構築していくこと」が急務であるとしている。[18]本書では、こうした井上の指摘や岡田莊司などの一宮研究についての問題提起に直接、取り組むことはできなかったが、本書での研究成果を前提にして、今後微力ながら取り組んでみたいと思う。[19]

(4) 本書の構成

本書は次のような三部構成によっている。第Ⅰ部の「香取文書の書誌学」は、『茨城県史料　中世編Ⅰ』(茨城県、一九七〇年)の解説「鹿島神宮文書」(菊地勇次郎・網野善彦・新田英治)をモチーフにしたものである。具体的には、第一章では、中井信彦による「色川三中の研究」を整理したうえで、三中による香取文書調査の意義に関する残された課題を確認する。第二章では、その残された課題について、新しい千葉県史編纂事業での原本や写本類の調査成果にもとづいて、改めて徳川光圀による調査からはじまる香取文書調査の沿革を検証し、三中による色川本「香取文書纂」編纂の意義と、明治時代の刊本『香取文書纂』刊行の独自の意義について再評価をしてみたい。そして第三章では、社家文書としての香取文書の全容を明らかにしたうえで、明治維新期の神仏分離政策のなかで、「香取神宮文書＝本所古文書」が「創作」された事実と、その後、旧社家等から古文書等が散逸し、戦時中には香取神宮によって散逸した旧社家文書が購入されていった経過など、「香取文書の近代史」にふれることにする。

第Ⅱ部の「香取文書と東国社会」では、第四章において、最多数の古文書を有する大禰宜家文書のなかの重書案を取り出し、どのような政治状況のなかで、これら多数の重書案が具書などとして作成されたのかを検証し、大禰宜家文書の性格(政治性)の一端を明らかにする。第五章では、著名な海夫注文の史料的な性格について、下総国側の海夫注文と常陸国側の海夫注文の形態の違いに注目しつつ、「海夫注文」が作成された政治的・社会的な背景と香取社による内海支配について論じる。第六章では、中世的な形態をよく残す田所家文書のなかの「建武徳政令につき重書案」の史料批判から、京都の記録所の壁書案であった建武徳政令がどのようなルートで下総国一宮香取社周辺にもたらされ、そして香取社や守護所のあった千葉では建武徳政令はどのように利用され、機能したのかを明らかにすると同時に、鎌倉時代の寺社徳政と香取社との関係についてもふれる。第七章では、香取社領や東国の中世村落研究の基本史料とされてきた香取文書のなかの検注帳類について、中世の土地帳簿＝検注帳論の視点から改めてその史料的な性格を論じ、香取社領の構成と検注帳の性格について検討する。第Ⅱ部での史料学的作業によって、中世の東国社会の特質が浮き彫りとなろう。

第Ⅲ部の「香取文書の周辺」は、先にふれたように、三中が構想し、中井がそれを高く評価した香取文書の周辺に位置する諸資料を紹介・検討するものである。まず第八章では、香取大宮司系図にみえる女性がじつは物忌職の女性であったことを確認したうえで、十二世紀から十四世紀にかけての香取大中臣氏の系図を、男系の「男の系図」と女系の「女の系図」の二つに再構成し、それによって、大禰宜職が大中臣氏の嫡子に相伝されたのに対して、庶子に遷替されたようにみえる大宮司職がじつは物忌職の女性を介して相伝されていたこと、そして大宮司職とは本来的な神職であった物忌職と対になる神職であったを明らかにする。第九章では、中世での香取社神幸祭（御船遊）の形態をよく伝える権検非違使家本「香取神宮神幸祭絵巻」の伝来と性格を検証し、神幸祭の主題が「御船木」の再生にあることや、この絵巻に描かれた正神殿や神宮寺、神輿の姿と中世の香取社造営注文に記載された内容との比較から、中世香取社＝神宮寺の在り方を復原する。第十章では、三中が幕末に香取社周辺で収集した枡の拓本集を紹介するとともに、これらの枡が中世に遡るものである可能性について検討する。

そして「付」として、著名な香取本「大江山絵詞（酒顛童子絵巻）」が中世には下総千葉氏周辺に伝来したもので、千葉氏滅亡後に一族の大須賀氏の娘が香取大宮司家に嫁すことによって、香取にもたらされたことを明らかにする。

註

（1）ただし、中世の香取文書には「正一位勲一等」（新禰四四号などの香取社宮定）や日本開闢以来の「異国征罰軍神」（新宮三九・四二号）であることが強調されることはあっても、「一宮」と記した文書は確認できない。しかし、『神道集』の「香取大明神事」には、「抑香取大明神者、下総国一宮也」とみえるし（『神道大系・文学編1』など）、貞享元（一六八四）年十二月吉日徳川光圀跋文写には「下総之一宮也」とある（新宮八二号）。

（2）岡田精司「香取神宮の起源と祭神」（『千葉県の歴史』一五号、一九七八年）、大和岩雄「香取神宮」・「鹿島神宮」（谷川健一編『日本の神々―神社と聖地―第十一巻　関東』白水社、一九八四年）、宮井義雄『歴史の中の鹿島と香取』（春秋社、一九八九年）など参照。大和論考は、委細を尽くしてこの点を議論している。

（3）豊田武「香取社の海夫」（『豊田武著作集　第七巻』吉川弘文館、一九八三年、初出一九七七年）、宮井義雄「舟人の神としての香取神」（同前掲『歴史の中の鹿島と香取』）、鈴木哲雄「中世香取社による内海支配」（同『中世関東の内海世界』岩田書院、二〇〇五年。初出一九九三年）など。

（4）鈴木哲雄「中世香取社の風景」『千葉県の歴史　通史編　中世』（千葉県、二〇〇七年。二二五頁）。

（5）鈴木哲雄「下総国」（中世諸国一宮制研究会編『中世諸国一宮制の基礎的研究』岩田書院、二〇〇〇年。二一七頁）を参照。

（6）本文に記載した神官組織は近世初頭の史料にみえるものである（新禰五四号）。詳しくは、西垣晴次「中世香取社の神官と神事」（木村礎・高島緑雄編『耕地と集落の歴史―香取社領村落の中世と近世―』文雅堂銀行研究社、一九六九年）、藤井豊久「下総香取社の近世神官組織と祭礼」（『中世房総』一一号、一九九九年）、菊田龍太郎「中世における神主の一形態」（『日本文化研究所紀要』八八輯、二〇〇一年）など参照。

（7）高森良昌「神仏分離―香取山・金剛宝寺の事例―」（『千葉県の歴史』四六号、一九九四年）、同「香取大神宮寺、金剛宝寺考」（『香取民衆史』八号、一九九七年）、矢島英雄「佐原市香取神宮『大別当』惣持院について」（その一・その二）（『常総の歴史』三〇・三三号、二〇〇三・二〇〇五年）など参照。

（8）中井信彦「『香取文書纂』の編纂について」（同『色川三中の研究　学問と思想篇』塙書房、一九九三年。九九頁）。

（9）註（5）の「下総国」参照。なお、その後の研究などについては本書の各章でふれた。

(10) 詳しくは鈴木哲雄前掲「下総国」の引用文献を参照。主な論考のみあげておけば、百瀬今朝雄「下総国における香取氏と千葉氏との対抗」(『歴史学研究』一五三号、一九五一年)、福田豊彦「下総国香取神社の中世への変容」(同『中世成立期の軍制と内乱』吉川弘文館、一九九五年。初出一九六〇年)、小川信「香取社の造営と千葉一族」(『神道学』三九号、一九六三年)、木村礎・高島緑雄編前掲『耕地と集落の歴史』、永原慶二「室町幕府＝守護領国制下の土地制度」(同『日本中世社会構造の研究』岩波書店、一九七三年。初出一九七一年)。峰岸純夫「十五世紀後半の土地制度」(『土地制度史(一)』山川出版社、一九七三年)、同「変革期と一揆」(同『中世社会の一揆と宗教』東京大学出版会、二〇〇八年。初出一九八一年)など。

なお、香取社領の構造と変遷についての私の考えは、鈴木哲雄前掲「中世香取社による内海支配」を参照していただきたい。香取文書の売券については、同「香取録司代家・香取案主家文書の売券について」(木村茂光編『日本中世の権力と地域社会』吉川弘文館、二〇〇七年)で詳しく述べた。湯浅治久「中世香取社領における土地売買の基本的性格」(『千葉県史研究』一二号、二〇〇四年)、黒田基樹「年期売買に関するノート」(同『戦国期の債務と徳政』校倉書房、二〇〇九年。初出二〇〇八年)も参照。

(11) たとえば、①戸田芳実による宅の論理にもとづく領主的開発の具体例としての「年月日未詳二俣村荒野開墾免許状断簡(香取社前神主大中臣知房解状)」(旧源一二号)(同『日本領主制成立史の研究』岩波書店、一九六七年。二一四頁)、②小竹森淑江や網野善彦が注目した「海夫注文」(本書第五章参照)、③黒田俊雄や伊藤喜良が詳しく分析した「建武徳政令関係史料」(本書六章参照)、④小森正明などが注目した「蔵本」(同『室町期東国社会と寺社造営』思文閣出版、二〇〇八年の第四章)、⑤高質・郷質に関する研究(勝俣鎮夫「国質・郷質についての考察」(同『戦国法成立史論』東京大学出版会、一九七九年。初出一九六八年))、島田次郎「郷質と中世共同体」(同『荘園制と中世村落』吉川弘文館、二〇〇一年。初出一九九〇年)、田中克行「全国『郷質』『所質』分布考」(同『中世の惣村と文書』山川出版社、一九九八年)、などをあげることができよう。なお、①に関しては、鈴木哲雄「荘園制下の開発と国判」(遠藤ゆり子・蔵持重裕・田村憲美編『再考中世荘園制』岩田書院、二〇〇七年)で詳しく検討した。

(12) 伊藤喜良「香取社領の土地売買について」(同『中世国家と東国・奥羽』校倉書房、一九九九年。初出　九九〇年)は、『旧県史』を編纂した小笠原長和からの教示として「香取文書は写であり、戦国末期頃一括して写されたものであると推定され

目録』所収の「香取文書一覧」を修正。『新県史』での収載分類に準じている。）

原本	和学	楓軒	色官	色稿	文纂	旧県	新県	備　　　考
51 (70)	–	–	–	–	71	58	5 補1	本所古文書は、明治初期に大宮司家・大禰宜家・分飯司家・源太祝家などの社家から納入されたもの。
7 8	71 ?	87	65	–	51	–	93	楓軒本「香取文書」87点のうち22点が栅木家文書。
12 2							12 2	
460 2	213	180	180	234	403	326	88 (2)	
172	(7)	–	–	190 (10)	171	149	38 補4	『新県史』には、色川稿本「香取古文書　完」から8点を採録。
89	–	–	–	105	108	–	97	
342	–	–	–	341	307	265	89 補1	『新県史』補遺の1点は、旧案56号の後欠部分を補訂したもの。
69	–	10	10	–	61	–	70	
–	–	–	–	25	20	–	25	
179	–	14	14	97	103	86	119	
142	–	–	–	144	142	–	149	
10	–	–	–	–	—	10	–	『旧県史』収載の10点は香取神宮現蔵と重複しない。
	–	20	20	–	–	–	16	楓軒本「香取文書」に「小林玄蕃所蔵」などとあるもの。
3	–	–	–	–	–	–	3	『鎌倉遺文』に既収。
–	–	13 (13)	–	39 (15) (1) (3) (13) (7)	29		38 (14) (1) (3) (13) (7)	要害の1点は、「要害家」に既収。
17 32	– –	– –	– –	101 (32)	91 (32)	 32	72	新福寺現蔵の17点は『旧県史』収載と重複しない。 『旧県史』収載の32点は色川稿本に含まれる。
–	–	–	–	21 (10) (1) (4) (6)	–	–	5 – – – (5)	録司代の10点は、「録司代家」に既収。
				3			3	『新県史』に採録したが、香取文書ではない。
							2	
							11 3 5 3 1 1	
							1 1	
1595	284	324	289	1300	1557	926	958	
				1589			1884	

色官＝色川本「官本」、色稿＝色川稿本、文纂＝刊本『香取文書纂』、旧県＝『旧県史』、新県＝『新県史』

ている」と述べている。ただし、伊藤は、それに続いて「しかし南北朝末期に写され、さらに転写されたものも存在している」（三四一頁）として、該当史料を引用している。

(13) 井原今朝男「摂関家政所下文の研究」（同『日本中世の国政と家政』校倉書房、一九九五年。初出一九八一年）など。

(14) ④千葉県史編さん資料『香取文書総目録』は、はじめて香取文書の全容をデータベース化したものである。なお同書には、佐藤（金子）恭子「史料目録のデータベース化の可能性—香取文書総目録の作成から—」、鈴木哲雄「香取大禰宜家文書のなかの重書案について」、福島金治「香取文書の売券と社家文書」、山田邦明「色川三中の香取文書調査と序文」もあわせて収録されている。同目録とは別に、私としては「香取文書の概要と史料の構成」（『千葉県史研究』四号、一九九六年）、「資料解説　香取文書の構成と調査の沿革」（『新県史　中世2』）、「資料解説　第五章『香取文書』」（『新県史　中世3』）などに調査成果を執筆してきた。なお、香取神宮所蔵史料の目録としては、『香取神宮史料調査報告書—中世文書・近世文書編—』・『香取神宮史料調査報告書—建造物・美術工芸品・考古資料編—』（佐原市教育委員会、一九九九年）があるが、画像資料が収集されていないことが惜しまれる。

表1　香取文書一覧（『県史香取

文書群名	現所蔵者	原本表題等
香取神宮	香取神宮	本所古文書（5巻） 香取神宮古文書写（4巻）
大宮司家	香取神宮 筑波大学	旧大宮司家文書（1巻） 香取文書（1巻）
	香取芳忠家 本宮雄之家	一紙もの 巻子1巻
大禰宜家	旧大禰宜家 早稲田大学	香取古文書（13巻）・同写（2巻）・冊子（7冊） 「諸国文書　三」
録司代家	香取神宮・船橋市西図書館	香取文書（4冊） 〈色〉香取古文書（完）
田所家	東洋文庫	香取田所文書（5巻）
案主家	旧案主家	香取文書（7冊）
分飯司家	旧分飯司家	香取古文書（1帖）・冊子（2冊）
物忌家	（不明）	
源太祝家（北之内家）	香取神宮	香取旧社職源太祝家文書（6巻）・冊子（2冊）
要害家（検杖家）	香取神宮	一紙もの（仮綴）
	個人蔵	『旧県史』収載
西光司家	（不明）	
大神主家	旧大神主家	大神主家古文書（1巻）
諸家雑集 分飯司 要害 孫大夫 惣検校 その他	〈色川稿本〉 （旧分飯司家） （不明） （不明） （不明） （不明）	「香取文書諸家雑集」
新福寺	新福寺 個人蔵	一紙もの 『旧県史』収載
写本類	〈色川稿本〉	「香取古文書　完」 録司代 物　忌 惣検校 その他
	〈色川稿本〉	「香取検杖文書　三」
	〈賜蘆文庫本〉	「香取文書　二」
	〈北之内蔵書〉	権介家 次郎神主家 六郎神主家 佐原禰宜家 分飯司家 孫大夫家
	〈続群書類従所収〉	西光司家 田所家
合計		

＊凡例：和学＝和学本、楓軒＝楓軒本「香取文書」、

（15）現在も神社史料についての研究活動を継続している同研究会は、「神社史料研究会叢書I～V」として、橋本政宣・山本信吉編『神主と神人の社会史』、山本信吉・東四柳史明編『社寺造営の政治史』、薗田稔・福原敏男『祭礼と芸能の文化史』、棚町知彌・橋本政宣編『社家文事の地域史』、椙山林継・宇野日出雄編『神社継承の制度史』（ともに思文閣出版、順に一九九八、二〇〇〇、二〇〇三、二〇〇五、二〇〇九年）などの成果を公表している。橋本の文章は、『神主と神人の社会史』の「はじめに」による。なお、社寺史料研究会（代表：西垣晴次）は、会誌『社寺史料研究』（一～一〇号、一九九八～二〇〇八年）を発行している。

（16）のちの一宮研究会による共同研究の成果には、一宮研究会編『中世一宮制の歴史的展開　上・下』（岩田書院、ともに二〇〇四年）がある。

（17）なお、松井輝昭『厳島文書伝来の研究―中世文書管理史論―』（吉川弘文館、二〇〇八年）は、安芸国一宮の厳島神社に関係する「中世文書」（三一〇〇通余り）のうち、「同神社の祭祀や経営に直に関わる文書のみ」を対象として、これらの文書がどのように管理・保管され、また今日まで伝来したのかを、「文書管理史」の視座から考察しており、注目される。ただし、同書は「『大願寺文書』や社家の私文書」を除いており、本書のように香取社の社家文書としての香取文書の全体像を課題としたのとは視点に違いがある。

（18）井上寛司「日本の『神社』と『神道』の成立」（同『日本の神社と「神道」』（校倉書房、二〇〇六年。初出二〇〇一年。一一六頁）。

（19）岡田莊司『平安時代の国家と祭祀』（続群書類従完成会、一九九四年）や同「神社史研究から見た中世一宮」（『国史学』一八二号、二〇〇四年）など。なお、井上は最近著『日本中世国家と諸国一宮制』（岩田書院、二〇〇九年）において、全国を網羅した研究成果を公表している。その成果の重厚さ、豊かさは今後の一宮研究の標準となるものであり、また私にとっての目標でもある。

【凡例】　本章が引用・検討する史（資）料集や写本類については、左記のように略記する。

〈写本類〉

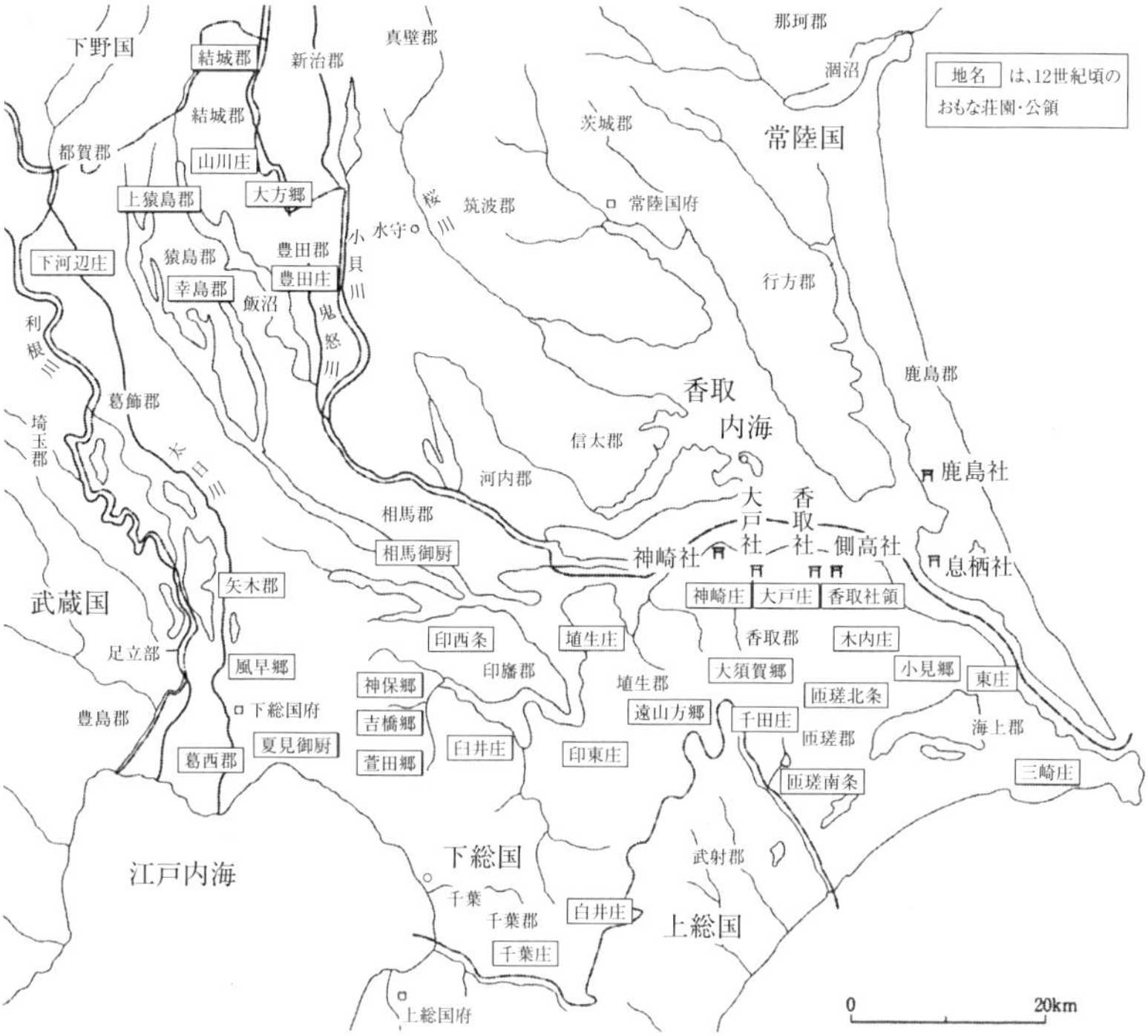

図１　中世の下総国と一宮香取社（『中世関東の内海世界』139 頁の図を改変）

和学本「香取文書」：和学講談所本「香取大宮司家文書」・「香取大禰宜家文書」（各四巻）。現在は東京大学史料編纂所所蔵。

楓軒本「香取文書」：小宮山楓軒（昌秀）編修『楓軒文書纂』所収「香取文書」（一二冊）。国立公文書館内閣文庫所蔵。内閣文庫影印叢刊『楓軒文書纂』（上）を利用。

色川本：色川三中本「香取文書纂」（七〇冊）、静嘉堂文庫所蔵（詳しくは、第二章註（28）参照）。このうち次の色川本「官本」を除く、色川三中稿本の五九冊については、色川稿本と呼ぶ。

色川本「官本」：右の色川三中本「香取文書纂」（七〇冊）のうち、いわるゆ「官本香取文書」（一一冊）の書写本。

中山本：中山信名本「香取大宮司文書」（一冊）、静嘉堂文庫所蔵。

秋葉本：秋葉孫兵衛本「香取大宮司文書」（二冊）・「香取録司代文書」（一冊）。現在は香取神宮所蔵。

〈刊本〉

刊本『香取文書纂』：『香取神宮古文書纂』（一六分

冊、香取神宮社務所蔵版、編輯者伊藤泰歳、発行・印刷者朝野利兵衛、一九〇六〔明治三十九〕年から一九〇八〔明治四十一〕年）。

『旧県史』：『千葉県史料　中世篇　香取文書』（千葉県、一九五七年）。

『金石文編　二』：『千葉県史料　金石文篇　二』（千葉県史料調査会、一九七八年）。

『新県史　中世2』：『千葉県の歴史　資料編　中世2（県内文書1）』（千葉県、一九九七年）。

『新県史　中世3』：『千葉県の歴史　資料編　中世3（県内文書2）』（千葉県、二〇〇一年）。

『新県史　中世5』：『千葉県の歴史　資料編　中世5（県外文書2・記録典籍）』（千葉県、二〇〇五年）。

『県史香取目録』：千葉県史編さん資料『香取文書総目録』（千葉県、一九九九年）。

〈香取文書〉

旧神・旧禰・旧録・旧案・旧源・旧要・旧福：順に『旧県史』所蔵の香取神宮所蔵文書・旧大禰宜家文書・旧録司代家文書・旧案主家文書・旧源太祝（北之内）家文書・旧要害家文書・新福寺文書。

新宮・新田・新分・新物・新要・新神・新禰・新録・新案・新源・新福・新西・新諸・新写：順に『新県史　中世2』所収の香取大宮司家文書・香取田所家文書・香取分飯司家文書・香取物忌家文書・香取要害家文書・香取神宮所蔵文書・香取大禰宜家文書・香取録司代家文書・香取案主家文書・香取源太祝家文書・新福寺文書・香取西光司家文書・香取文書諸家雑集・香取文書写本類。

補神・補録・補案：順に『新県史　中世3』所収の香取文書補遺（香取神宮所蔵文書・香取録司代家文書・香取案主家文書）。

新北：『新県史　中世3』所収の「北之内蔵書」内の文書。

新大・新香・新群・新本：順に『新県史　中世5』所収の香取文書補遺（香取大神主家文書・香取芳忠家文書・「続群書類従」所収香取文書・本宮雄之家〔旧権検非違使家〕文書）
＊なお、本章で引用する香取文書については、千葉県史料研究財団（その後、千葉県文書館）架蔵の写真帳等によって補訂を加えて引用するが、原則として補訂箇所については一々注記しない。

I　香取文書の書誌学

第一章　色川三中と香取文書

―中井信彦による三中研究

はじめに

ここでは中井信彦が『色川三中の研究　伝記篇』、『色川三中の研究　学問と思想篇』（ともに塙書房、一九八八・一九九三年。以下、『伝記篇』、『学問と思想篇』と略す）などで明らかにした、香取文書調査の沿革と色川三中による「香取文書纂」編纂の意義、そして色川本「香取文書纂」と刊本『香取文書纂』との関係などについての研究成果をまとめたうえで、いくつかの課題を提示し、本書の第二・三章でおもに検討する事柄についての研究史上の位置付けを明らかにしたいと思う。

私はこれまで新しい千葉県史の編纂事業のなかで、中世史部会の一員として香取文書の調査に参加するとともに編纂作業に従事し、『千葉県の歴史』の資料編や通史編の刊行にかかわってきた。この間、貴重な機会であった香取文書の原本調査や多数の写本類の書誌学的な検証作業を行い、その研究成果についてはいくつかの論考を発表してきた(1)。もちろん、その際には中井による研究成果に学びつつ調査をすすめるとともに、調査成果を発表してきたのであるが、『千葉県の歴史　資料編　中世2』の「資料解説」などでは、中井が明らかにしたことと、新しい千葉県史編纂事業での調査成果とを十分に区分して記述することが難しい面もあった。そこで本章では、中井による研究成果を明確にしたうえで、新しい千葉県史編纂事業における調査成果を位置付けし直すことも目指している。

もちろん、『色川三中の研究』に集大成された中井の研究成果を、香取文書に関連する内容に限定して検討することは中井の研究姿勢を充分にふまえたことにならないきらいがある。しかし、中井による『色川三中の研究』の成果を全面的にふまえる準備はないので、「香取文書」にかかわる研究成果に限定して中井の仕事を整理する。おもに対象とする論考は、

a「色川三中の香取文書調査について」（『古文書研究』二三号、一九八四年）

b「田制史研究と長嶋尉信との関係」（『伝記篇』第一一章）

c「『香取文書纂』の編纂について」（『学問と思想篇』第四章）

であるが、『色川三中の研究』には、随所に香取文書に関連する記述があり、それも含むものとする。この三論考は密接に絡むものであるが、aは一九八三年六月の日本古文書学会大会での報告に加筆したものであり、色川三中による香取文書調査の位置や意義をめぐる論点を広く取り上げたもので、細かな注も付いている。これに対して、cは基本的にはaを書き直したもので、三中による「香取文書纂」編纂の意義に焦点をあてたものとなっている。中井は、『伝記篇』の執筆にあたってaに記述していた内容の一部を、第一一章にあたるbなどに取り込んだのであり、そのための措置として、cは大幅に書き直されたものと思われる。また、cにはaにあった注はなく、本文のなかに組み込まれた形となっている。そしてcは周知のように遺稿集の一部であり、中井の「未完の原稿」を関係者が「先生の原稿に無用な手を加えないことを原則に」整理して刊行したもので、中井自身による充分な推敲を経ておらず、結果として、誤字や錯誤と思われる箇所がいくつかみられるのであるが、それは致し方のないことであった。

なお、色川三中の研究や三中による香取文書調査について検討する前提として、『土浦史編纂資料第三集　色川三中関係資料目録』（土浦市史編纂委員会、一九八九年）があり、最近ものとして『静嘉堂文庫所蔵　色川三中旧蔵書目録』

（茨城県立歴史館、二〇〇六年）がある。また、三中に関する中井以前の研究としては、周知のように、鈴木暎一「国学者色川三中の生活と思想」（『地方史研究』七五号、一九六五年）や水野柳太郎「色川三中管見」（『茨城県史研究』四二号、一九七九年）などがあった。

一　香取文書調査の沿革

中井による研究成果の第一は、香取文書調査の沿革を明らかにし、そのなかに色川三中による調査の意義を浮き彫りにしたことである。中井によって、香取文書調査はおもに次の六回に整理された(2)。

①貞享元（一六八四）年徳川光圀：大宮司家文書四七点。返却にあたって光圀は二軸の巻子に装幀した上で、跋文を付す。

②文化十二（一八一五）年和学講談所：本格的なもので各社家文書（大宮司・大禰宜・案主・分飯司・源太祝・西光司）を採訪。「香取文書」十一巻（うち八巻が東京大学史料編纂所の現蔵）を収集。

③弘化二（一八四五）年～嘉永元（一八四八）年色川三中：四年間で年に一回、一カ月ほど滞在。ほとんどの社家文書を調査し、色川本「香取文書纂」六十余巻を収集。

④一八八五（明治十八）年太政官修史館（重野安繹）：香取神宮で色川本「香取文書纂」（写本）をみて、その正確さから原本調査を止め、色川本を借入し、書写することにする。内閣文庫収蔵の修史館本「香取文書纂」がそれにあたる。

⑤一八八七（明治二十）年東京帝国大学文科大学（小杉榲邨）：調査の範囲や成果は不詳。ただし、大禰宜家文書の貴重な二通の原本を自己の『諸国文書』に収集。

⑥戦後の千葉県史編纂審議会（高橋隆三）：厳密な校訂。『千葉県史料　中世篇　香取文書』（千葉県、一九五七年）を刊行。ただし、収録範囲は色川本「香取文書纂」よりも少ない。

こうした整理のうえに立って、中井は三中の香取文書調査を、「水戸藩・幕府・太政官・帝国大学・県庁と、度重なる官辺の手による調査の間にはさまって行われた土浦の商人色川三中の私的な調査によって、香取文書はほぼその全容を現し、且つ伝えられたのである」（cの一〇一頁）と高く評価したのであった。また、三中の調査以前に散逸した古文書があったことを的確に指摘し、小宮山昌秀（楓軒）が採訪した「棚木家文書」[3]と筑波大学附属図書館所蔵の「香取文書」[4]の存在を明らかにしている。

一九九一年度から着手された新しい千葉県史編纂事業での中世史部会による香取文書調査は、中井にしたがえば第七回目にあたる。もちろん、中世史部会による調査は中井の研究成果を前提としたものであったが、そこでの新たな調査成果からは、中井以後のいくつかの課題を見出すことができる。たとえば、中井による香取文書調査の沿革整理は、三中による調査の歴史的な位置や意義を見出すためのものであったが、新しい千葉県史編纂の成果からは、香取文書調査の沿革をもう少し詳しく跡づけることができそうである。

なかでも、②の文化十二年の和学講談所による調査の実態は、不明な点が多い。中井は、和学講談所による採訪は大宮司・大禰宜・案主・分飯司・源太祝・西光司家文書に及んだとし、それが「香取文書」十一巻（うち八巻が史料編纂所現蔵）で、楓軒本「香取文書」の「棚木家文書」以外の十一巻にあたり、後述する色川本「官本」十一巻であるとする。つまり中井は、「（長嶋）尉信の書き入れのある水戸彰考館の写本」＝「官本香取文書」十一巻を和学講談所の編纂になるものとし、水戸彰考館本は和学講談所の影写本の再写本で、それを書写した長嶋尉信から三中が借りて手写したものが色川本「官本」十一巻であるとしているが、これには疑問がある。「官本香取文書」と和学本、楓軒本「香取文書」との関係については不詳な点が多く、さらなる精査が必要なのである。

じつは③の色川本「香取文書纂」の巻数について、中井は『学問と思想篇』の第五章では「七〇巻」としており、色川本「香取文書纂」の全巻数も確定していないのである。また、⑤の一八八七年の小杉榲邨による調査について「調査の範囲や成果」は不詳としているが、小杉による影写本が東京大学附属図書館に所蔵されており、その内容の確認作業も必要となっている。

二　三中による香取文書調査の意図と経過

第二の成果は、三中がなぜ香取文書の調査を行おうとしたのか、そして調査経過はどのようなものであったのかについて、解明した点である。中井はcにおいて、三中による香取文書調査の背景として、幕末の世直し状況や水戸藩および土浦藩などでの「土地制度や税制」改革に対する中間層知識人（初期ブルジョアジー）としての動機を重視している。もちろん、この点こそが中井の『色川三中の研究』の眼目であったが、ここではそれについては深入りせず、中井が明らかにした直接的な契機や意図について注目しておきたい。

中井はbにおいて、三中が香取文書との本格的な関係をもったのは、三中が兄事した農政学者長嶋尉信[5]が水戸藩から土浦藩に召し戻された天保十三（一八四二）年のことであったとする。[6]この年の三月に、三中は尉信が水戸から持ち帰った「官本香取文書」（十一巻）を借用して書写するとともに、「佐原村某」が模写した「文明五年津宮左近次郎売券」を贈られていた。そして、弘化二（一八四五）年四月十五日付け香取左織（香取社録司代家当主、三中の弟子でもあった）の三中充て書状から、これらの香取文書の原本校合を思い立ったのは弘化元年末のことであり、左織を仲介として、「古文書御校合」と「元亀天正間の書物等御一覧」を香取社周辺に依頼していたことを解明している。香取文書を調査する一番目の目的である「古文書校合」とは、天保十三年に尉信本を書写した「官本香取文書」十一巻を原本と校合することであり、二番目の目的である織豊期の史料採訪は、「官本香取文書」に接続する太閤検地そのものに関する史料を発掘することであった。

中井は、三中はたまたま入手した「官本香取文書」の写本などから、香取文書が検注帳・譲状・沽券など土地制度に関する豊富な内容をもつことを知っており、太閤検地以前の「田制と年貢および度量衡に関する」確実な史料を整備することが、三中の香取文書調査の目的であったこと、そして、三中の視点があくまでも「太閤検地」にあり、香取文書調査が同様の史料を多く含む朽木文書の書写と一連の作業であったことにも注目している。これも中井の卓見である。また、三中による香取文書調査の経過については、弘化二年九月、同三年四―五月、同四年十月、嘉永元（一八四八）年九月〜十月の四度にわたったことを明らかにしている。なおbで、嘉永元年九月の調査を第五次としているのは（『伝記篇』三〇五頁）、第四次の誤植であろう。

また中井は、aでは初年度の採訪を要害家文書とし、bでは最初の調査について「さきに引用した香取豊敏の書簡が示すとおり、豊敏の要害家文書から始められ」としている。しかし、「豊敏」とは中井が同じbで書いているとおり、録司代家の香取左織のことであり、ここにも錯誤がある。[7] そして、香取左織（豊敏）の書簡には、「要害家文書」あるいは「録司代家文書」から始められたとは書かれていない。中井は、三中による香取文書調査の経過を要害家文書や録司代家文書などの新出文書の模写を中心に語っているが、その前提には当然「官本香取文書」十一巻の校合作業があったわけで、三中による文書調査の経過および色川本「香取文書纂」の全体像についても、さらに丁寧な説明ができるのである。

三　三中の文書調査の力量

中井は、三中の香取文書調査によって、要害家文書の「百五十二枚」をはじめ「官本香取文書」未収の一〇〇〇通を超える新収文書が書写されたこと、「官本香取文書」には一部分しか書写されていなかった応永六（一三九九）年香取神領検注取帳（以下、応永六年検注取帳と略す。）の全文を、大禰宜家蔵本を底本に案主本・田所本で校合して別巻[8]として収録したこと、さらに「慶海自筆応永六年検田帳二冊」（録司代家本）を発見すると、重複をいとわずのちの校合のために書写し、録司代家文書に加えたこと[9]を紹介して、「それは彼が心を尽くした配意と丹念な悉皆調査の齎した輝かしい成果の一例」（Cの一〇九頁）だと評価している。

また、三中による模写は、原本のみならず、重複をいとわず案文・写本をも書写し、端裏書や継判、裏書なども入念に写すもので、こうした丹念な模写や丁寧な校合は、現在からみても評価に堪えるものであった。そのため、④一八八五（明治十八）年の修史館による調査では、重野安繹が三中写本の正確さを認めて、香取での原本借入れを止め、三中写本を借入れ謄写するほどであったと繰り返し指摘している。

他方、こうした成果は、刊本『香取文書纂』（あるいは『旧県史』）に反映されていない箇所があるとして、次のような事例をあげている。応永六年検注取帳の校合には朱藍色を使い分ける細心の注意が払われているが、刊本『香取文書纂』からはうかがえないこと、また、承元三（一二〇九）年鎌倉幕府下知状写（旧禰一三号）について、三中が「此文書モト写シニ仍テ摹スルモノ也、三中今大禰宜家ニ就テ此本書ヲ見ルヿヲ得、別ニ数回ノ写シ三四通アリ、或ハ写シモ共ニ虫ハミ欠シ又ハ彼ニ存シ是ニナク甚比校ニ煩フ、今コト〳〵ク見合補正スルヿ如此」（色川本「官本」一巻三十四丁）と注した校訂の結果が、『旧県史』に採られているが、『旧県史』は三中の校訂を引用していないと批判している(10)（ｃの一一二頁）。

そして中井は、こうした三中の古文書学的力量や知識(11)は、後期水戸学の文献主義実証史学（直接には長嶋尉信）と江戸和学に蓄積された史料研究の実力を前提としたもので、そこに小宮山昌秀の間接的影響を認めている(12)。

もう一つ、三中にとって香取文書調査の本来の目的であった太閤検地に関する史料として、三中は「下総国香取郡大戸御神領御見知之水帳」「御縄打之水帳」（天正十九・二十〔一五九一・一五九二〕年、大禰宜家文書）と「天正十九年宮中水帳（十二巻）」の三部の神領検地帳を発掘したが、このうちもっと重要な「天正十九年宮中水帳（十二巻）」は、三中の意に反して、刊本『香取文書纂』・『旧県史』には収録されず、静嘉堂文庫でも色川本「香取文書纂」とは別に整理されている(13)。同様に両書に収録されず、静嘉堂文庫でも別に整理されている「香取諸家所蔵古升図」の重要性も指摘している。三中にとって、度量衡の変化は田制・租税の歴史に不可欠な要素であった。「文献と並行して遺物による実証を志し、文書集の付録に古桝の拓本集を編んだところに彼の斬新な着想を認めることができる」（ａの一三頁）と中井はいう(14)。

四　三中の研究姿勢と「香取文書纂」

中井は、色川本「香取文書纂」のなかの各社家文書に附せられた三中の序文などから、香取文書に膨大な庶民史料を見出した三中が「世の間の移り変り来ぬるさま」を知るためには、「下ざまの人」の「ただ何となく書ける文」（色川稿本「香取録司代文書」一巻の序文）＝「庶民史料」こそが貴重だと考え、現実の民衆社会の日常の変化としての歴史を重視したとみる(15)。そのことが、太閤検地への関心から「近き昔」（＝近世文書）を重視したことに繋がるとする。

そして中井は、三中の研究姿勢―田制・租税・度量衡についての大化前代からの歴史研究は、一貫して年貢を負担する者の立場からの探求であったと繰り返し述べている。

幕末の社会情勢を中間層知識人（初期ブルジョアジー）として生きた三中の実学としての古文書研究は、三中を中心とした草の根古文書調査グループの存在や、例えば佐原の清宮秀堅との結びつきにみられるような文人ネットワークに支えられていた。そして、原本の現地保存主義にもとづく三中の写本による研究姿勢を高く評価し[16]、「三中の『香取文書纂』は、土着の実学としての古文書学として、日本古文書学の歴史に輝く一基の記念塔であったといってよい」（Cの一二四頁）としたのである。

ただし、三中による「香取文書纂」の編纂にはいくつかの課題が残ったことも指摘している。大宮司家所蔵の「祭祀屏風絵」（「香取神宮神幸祭絵巻」カ）は複写できなかったこと[17]、嘉永二（一八四九）年に清宮秀堅が申し出た「香取文書纂総目録」の刊行は、三中の存命中に果たされず、一八八四（明治十七）年となったことなどである[18]。そして、刊本『香取文書纂』（一六分冊）が刊行されるまでにはさらに時間を要したのであり、完成したのは一九〇八（明治四十一）年のことであった。それは、その費用を秀堅の孫清宮利右衛門（当代）が負担し、奥付発行者の「正文堂・朝野利兵衛」を出版業務とするもので、刊本『香取文書纂』成立の背景には、当時の佐原「商人組合」や文人ネットワークがあったことに中井は注目する[19]。土浦の富商色川三郎兵衛（三中）の発掘・整理・謄写、佐原の富商清宮利右衛門（秀堅）による保存と朝野利兵衛による出版は、幕末・明治初年での「古文書の発掘整理と翻刻と現物の現地保存」の希有の例であったとしている。

中井は、三中による「香取文書纂」の編纂から刊本『香取文書纂』の刊行に至る歴史を、香取内海世界の経済と交通、そして文人の地域的ネットワークの視点から描き切った。それは見事というほかないが、色川本「香取文書纂」の刊本化までは五〇年の歳月が経過しており、色川本「香取文書纂」と刊本『香取文書纂』とを比較していくと、刊本はたしかに色川本の成果を落としている点があるが、他方で、色川本にはなかった独自の調査成果を組み込んでいる。こうした点を具体的に明らかにしていくことも中井以後の課題なのである。

おわりに

本章においては、中井信彦による色川三中の香取文書調査に関する研究成果を整理し、そのうえでいくつかの課題を指摘してきたが、おわりに、本書のおもに第二・三章に関連する課題についてまとめておきたい。

一　新しい千葉県史編纂事業の調査成果にもとづいて、香取文書調査の沿革をさらに詳しく跡づけること。その際、東京大学附属図書館所蔵の影写本から小杉榲邨による調査についても検討する。

二　「官本香取文書」（十一巻）と和学本、楓軒本「香取文書」との関係について精査すること。その際、和学講談所による香取文書調査がどの程度のものであったかを再検討する。

三　色川三中による香取文書調査の経過について、「官本香取文書」（十一巻）の校合作業を前提に再構成すること。そして、色川本「香取文書纂」の全体像も明らかにする。

四　色川本「香取文書纂」と刊本『香取文書纂』との対比から、刊本『香取文書纂』の独自性について検証すること。そして、香取文書の原本の現状と散逸の状況について明らかにする。

第二・三章では、中井などによる研究成果を前提に、こうした課題を書誌学的な視点から改めて検討してみたいと考える。

註

（1）　鈴木哲雄「香取文書の概要と史料の構成」（『千葉県史研究』四号、一九九六年）、同「資料解説　香取文書の構成と調査の沿革」（『新県史　中世2』）。なお、本書の第二・三章も参照。

（2）すでに、刊本『香取文書纂』（第二分冊）の序において、邨岡良弼は、①貞享年中に源義公が史料を博徴し、十二《ママ》巻に装成して後序を附したこと、②文化年中に塙忠宝が若干の巻を採収して、続群書類従に収録したこと、③弘化年中に色川三中が祠官を歴訪して前輯に遺漏のものを手写綴輯し「香取文書纂」（六二巻、一五〇〇余通）と名付けたこと、④往年、小杉榲邨が書写したこと、⑤宮司香取総麿、禰宜伊藤泰歳等が印行を欲したこと、を記している。これは中井による沿革整理の前提の一つであろう。

（3）楓軒本「香取文書」第十巻所収。中井のcには「十二巻の末巻」とあるが、錯誤である。

（4）一巻八通。『旭市史　第三巻』（旭市役所、一九七五年）が「戦国期千葉氏関係文書」として三通を、高村隆「史料紹介　東京教育大学所蔵『香取文書』」（『千葉県の歴史』一四号、一九七七年）が七通を紹介している。高村論考では、七通の文書についての解説が付されており、これらを「大宮司家関係のものかと思われる」としている。また、小森正明ほか「筑波大学所蔵中世文書―雑文書（二）・香取文書・北野神社文書補遺―」（『史境』一七号、一九八八年）は、高村論考で未紹介の一通を含む八通のすべて（紙背文書を除く）を紹介している。

（5）中井はbにおいて、尉信の農政論が後期水戸学の伝統の裡で育ったものであり、尉信は農政論とともに水戸学の実証主義と古文書の収集・解釈の蓄積を土浦に持ち帰ったとしている。つまり、尉信が「持ち帰ったもの」が三中に伝えられたというのである。

（6）天保十三年、三中は数え年で四一歳であった。中井はbの三〇五頁の注記において、「三中の香取神社との関係は、同社神官の一族で医学志望の尾形謙司の面倒をみたことに始まったかと思われる。そして、天保十三年八月に謙《ママ》司の紹介で社家伊藤縫殿・香取主殿の二人が三中に金十両の借入れに来訪するなど、社家との交渉が深まり、弘化元年春の香取左織（録司代家当主、豊敏）の来訪となった」としている。ただし、『学問と思想篇』に附せられた「色川三中年譜」（これ自体大変な労作である）によれば、それより早く、天保五（一八三四）年二月には、香取社の社家と思われる香取右近が来訪し、二両を借入れているし、天保七年七月ころには佐原辺に新得意ができたとある。また、天保十三年以降についても、「同年譜」からは三中と香取社周辺との密接な関係が読みとれるのであり、三中と香取社周辺との関係についても課題が残されている。なお、中井は右の注記で弘化二（一八四五）年四月の香取左織書状の前提となる左織の前年の三中来訪を「春」としているが、本文で繰り返されているように「弘化元年末」との推定が合理的であり、「春」は「末」の誤植であろう。

ただし、第二章の註（18）に示すように、他の史料から、左織が土浦に三中を訪ね、「官本香取文書」を借用したのは弘化元年九月十三日であったことがわかる。

（7）また中井は、伊藤泰歳「香取文書纂刊行始末」（刊本『香取文書纂』第一六分冊の末尾収録）を引用した箇所（**c**の一〇六頁）で、三中の香取文書調査に香取豊敏（左織、録司代家）・香取実房（検杖＝要害家）とともに深くかかわった「香取実弼」を「案主家当主」としているが、正しくは「源太祝家」である。

（8）色川稿本「大禰宜家文書」十・十一巻にあたる。中井は、「官本香取文書」所収の応永六年検注取帳を大禰宜家文書を書写したものとしているが、それは誤りで西光司家文書とみるべきである。第二章で詳しく検討するが、「官本香取文書」第十巻は楓軒本「香取文書」第十一巻の写であり、和学本ではないのである。楓軒本「香取文書」第十一巻にある「小林玄蕃所蔵」の注記は、長嶋尉信が書写の際に落としたものと考えられる。したがって、問題となっている応永六年検注取帳（部分）は、そもそも西光司の小林玄蕃所蔵のもので、中井が問題にしている「右坪付ハ……案主所」という奥書は、小林玄蕃が書写に際して書いたものとすべきであろう。なお、応永六年検注取帳については、本書の第七章で詳しく分析している。

（9）残念ながら、静嘉堂文庫所蔵の「色川三中旧蔵書」のなかには存在しない。

（10）『旧県史』が三中の校訂にふれていないことは確かであるが、『旧県史』の注記は、大禰宜家文書の原本調査にもとづいた独自のものと考えられる。なお、三中の注記で注目すべきは、三中が「今大禰宜家ニ就テ此本書ヲ見ルヿヲ得」として「本書」（正文）をみて校合していることである。三中の調査では、同文書の正文の第一紙目は確認できなかったが、第二・三紙目の正文と複数の写を確認したのであった。戦後の千葉県史の調査では、大禰宜家文書のなかから第一紙目の正文（正文とは認識されなかったが）と他の写を調査し、その成果が『旧県史』に「旧大禰宜家文書」一三号「鎌倉幕府下知状写」として活字化されたのである。これに対して、新しい千葉県史編纂事業の調査では、大禰宜家から散逸していた同文書の第二・三紙目の正文を「本宮雄之家（旧権検非違使家）所蔵文書」として確認することができた（新本二号。八四・八五頁の**写真2**参照）が、この正文は三中の調査段階では、大禰宜家に存在していたのであり、その後、大禰宜家から散逸したのである

（ただし第三章でふれるが、この史料は本来は大宮司家周辺の文書であった）。

また中井は、aにおいて康永四（一三四五）年の造営注文（大宮司家文書）は、録司代家文書中の永正十（一五一三）年の録司代吉房の書写本によって三中が欠損部分を補ったものが、『旧県史』にもそのまま踏襲されているとしているが、康永四年と永正十年吉房書写本とは対応せず、中井によるこの指摘は勘違いだと思われる。

(11)　中井は、たとえば「案文」とは草案の謂いではなく控え書を謂うとか、検注取帳の「升数」はのちの書き入れであるとか、原本にあたった者のみが知りうる古文書学的知見を三中がきちっと記していること、さらに、三中の解読にもとづく句点、多くの注記、地名の聞き取りなどにも注目している。そして、今日の眼からみれば解読には誤読も散見するが、そのレベルは驚異に値する。また、色川本「香取文書纂」の各巻表紙裏には、三中が重要だとみた土地制度・年貢・貸借売買・物価に関する語彙・項目が書き出されており、三中には項目別索引を作製する意図があったものと評価している。

(12)　中井はcにおいて、『楓軒文書纂』を、その転写本にせよ三中が見た形跡は全くない」としながらも、「香取文書纂」の名が「楓軒文書纂」に影響を受けたものと推測する。中井が指摘するように、確かに三中は楓軒と直接的な関係はなかったものと思うが、第二章で詳しく検討するように、三中が尉信本を再写した「官本香取文書」は、『楓軒文書纂』（楓軒本「香取文書」）と密接な関係があることにも留意すべきである。

(13)　中井はbやcにおいて、三中自筆の「香取文書纂総目録」で拾遺の部に含まれている「天正十九年宮中水帳（十二巻）」の書写は、一部を香取実房（検杖家）と香取豊坂（左織・豊敏、録司代家）に依頼（弘化三〔一八四六〕年五月）し、後日改めて三中が原本校合を加えた（嘉永元〔一八四八〕年十月）ために、「大禰宜家文書」の編集に間に合わず、やむなく「拾遺」の部に収めたものと推定している。しかし、このことが三中の編集意図が正しく伝わらない一因となったようである。ただし、『旧県史』は、「天正十九年二月二十一～二十七日香取之郷宮中分検地帳写」（八冊、十二帳）を「香取区有文書」（越川八壽六氏保管）から採録している。詳しくは、第二章の註（31）参照。

(14)　「香取諸家所蔵古升図」は、本書の第十章で紹介している。中井はbで、三中が香取の社家で採集した以外の諸所で得た古升図を合わせ収録し、解説・考証を加えた『本朝量品』（二巻、土浦市立博物館）を編んでいることを紹介し、「遺品による量制の研究という、量制史研究の歴史に独歩の位置を占める業績となった」（bの三一四頁）としている。

(15)　色川本「香取文書纂」に附せられた三中の序文については、山田邦明「色川三中の香取文書調査と序文」(『県史香取目録』所収)が、序文を改めて全文翻刻し、中井とほぼ同様の「三中の意図」を読みとっている。

(16)　中井は、一八八七(明治二十)年の香取文書調査において小杉榲邨が、「大禰宜家文書中の珍品二通を自己のコレクション『諸国文書』(早稲田大学所蔵)なかに納め」(cの一二四頁)たことと対比して、「幕末の土着史家と明治の官学史家との間の古文書に対する心組みの違いを思わざるを得ない」(aの一七頁)としている。なお、この二点の文書については、今野慶信「葛西経蓮書状〈解説〉」、同「香取社正神殿雑掌について」(ともに葛飾区郷土と天文の博物館『博物館研究紀要』3号、一九九五年)および渡辺智裕「早稲田大学図書館所蔵『香取文書』について」(『早稲田大学図書館紀要』四三号、一九九六年)に詳しい紹介がある。なお渡辺論考は、新見正路が色川三中に先立ち直接もしくは間接に大禰宜家文書を調査し、「賜蘆文庫24　香取文書二」(東京大学史料編纂所架蔵影写本)に写しているとしているが、本書では新見による香取文書調査については未検討である。

(17)　「香取神宮神幸祭絵巻」については、『香取群書集成　第三巻』(香取神宮社務所、一九八〇年)に収録・紹介されている。また、鈴木哲雄「資料紹介:香取神宮神幸祭絵巻(権検非違使家本)について」(『千葉県史研究』一五号、二〇〇七年)において、口絵写真とともに全体を紹介した。なお、本書第九章参照。

(18)　中井によれば、佐原の清宮秀堅が嘉永二年六月には、三中から「香取文書目録二本」を借用し(b)、二カ月後の八月の書簡では、手持ちの木活字を香取神社に寄贈して、「香取文書目録」を刊行したいと申し出ていたことを紹介している(c)。しかし、翌嘉永三年二月の録司代家香取豊坂(左織・豊敏)の書状には、秀堅から「香取文書目録」が送付されてきたが、「官行」はしばらく猶予してほしいと書かれていたという。結局、三中の存命中には刊行されず、一八八四年六月に「編纂者故人色川三中」「校補兼出版人　千葉県平民　伊藤泰歳」との奥付のある『香取古文書目録　全』が刊行されたのであった。

(19)　香取文書の保存と伝来について、中井は、重野安繹が徳川光圀と色川三中の功を述べたことを紹介したうえで、清宮秀堅の寄与にも注目すべきだという。刊本『香取文書纂』の巻首(第一分冊)に附せられた秀堅の序(嘉永四〔一八五一〕年五月付)などから、「秀堅は自ら賄人を勧めていた佐原の地頭津田氏の出資を得て、三中の目録の順序に従って香取諸家文書に補修を加え箱に納めてその散逸を防いだのである」(aの註〔28〕)としている。中井は、「補修」の内容を問うていないが、秀堅の序には「乃命秀堅、装褙之、作函納之」（cの引用に「装褙」とあるのは誤植である）とあり、秀堅が香取文書の「装褙」（装幀）にかかわっていた可能性にも注目すべきであろう。というのは、現状の香取文書のうち、田所家文書（巻子五巻）は嘉永四年五月の「装背」、録司代家文書（冊子二冊）は同年六月の「装背」、案主家文書（冊子七冊）は同年八月の「装背」であり、嘉永四年五月付けの秀堅の序の内容と対応するからである（本書の第三章参照）。また、これにかかわって、中井は秀堅の三中充ての書簡から、「秀堅は三中の目録の順序にあわせて、整理し格納した」としている。この点で、嘉永四年五～八月にかけて「装背」されたことが確実な田所家文書（五巻）と録司代家文書（二冊）、案主家文書（七冊）と色川本の各社家文書との収録順序を比べてみると、巻子である田所家文書は部分的に対応し、録司代家文書と案主家文書はほぼ対応しているのである。こうしたことから、色川三中が調査した香取文書のうち、田所家文書と録司代家文書、案主家文書は清宮秀堅によって、ほぼ三中の目録の順序に合わせて整理され、格納されたのみではなく、装背（装幀）されたことがわかるのである。香取文書の保存に対する清宮秀堅の寄与は、中井の指摘以上のものがあったのであり、嘉永二（一八四九）年に秀堅が三中から借用した「香取文書目録」は、刊行用に使用されただけではなく、香取文書の整理・装背のために利用されたのであった。なお、源太祝家文書の二冊の冊子本も、秀堅によって装背されたものである可能性がある。

第二章　香取文書調査の概要と色川本「香取文書纂」

はじめに

序でふれたように、幕末の色川三中による香取文書の調査段階では一五八九点ほどの古文書が確認されていたが、千葉県史の調査でも約一五九五点ほどの原本を確認することができた（一二・一三頁の**表1**。**表1**の「旧県」と「新県」の数値は写本類を含んでいる）。また、香取文書にも多数の写本類が存在するが、その多くは、近世後期から幕末にかけて実施された小宮山昌秀（楓軒）や和学講談所、中山信名、色川三中などによる写本類の収集や原本調査によるものであった。第一章で整理したように、香取文書調査の沿革や三中による「香取文書纂」の編纂過程については、中井信彦による著名な研究があるが(1)、本章では、第一章での課題設定にしたがい新しい千葉県史の編纂事業による調査成果にもとづいて、改めて香取文書に対する近世後期以降の調査の概要と三中の「香取文書纂」編纂の歴史的意義などについて検討してみたい。

第一節では、三中以前の香取文書調査の沿革とその成果を整理しつつ、和学本「香取文書」と楓軒本「香取文書」との関係について精査し、楓軒による香取文書の原本調査や写本収集の意義についてを検討する。第二節では、三中による香取文書調査の経過について、「官本香取文書」（一一冊）の校合作業を前提に再確認しつつ、色川本「香取文書纂」の全体像を明らかにしたい。そして、第三節では、色川本「香取文書纂」と刊本『香取文書纂』との対比から、刊本『香取文書纂』の独自性について検証し、さらに、刊本『香取文書纂』以降の編纂事業についても整理する。

一　色川三中以前の調査

（1）徳川光圀と大宮司家文書

中井信彦などが明らかにしたように、貞享元（一六八四）年水戸藩の徳川光圀による調査は、その後の香取文書調査の嚆矢となるものであった。光圀は、のちに『大日本史』に結実する修史事業の一環として、香取社大宮司家の大中臣清房から古文書を借覧し、中井によれば、返却にあたっては二軸に表装・成巻して、自ら巻末に「貞享元年蝋月穀旦」付けの跋文（新宮八二号）を認めた。跋文は二軸の両方にあり、この巻子は水戸彰考館の小宮山楓軒による楓軒本「香取文書」（全一二冊）の内の第一〇冊目と第一二冊目に筆写されている。第三章第一節（2）で明かにするように、光圀が二軸に成巻し両方に跋文をふしたというのは誤りで、光圀による成巻は一巻であり、それに跋文がふせられた。この四五点ほどの古文書は、大宮司家文書の全体ではなく一部分にすぎなかった。香取神宮の伝承では、現在の楼門に向かって手前右の「黄門桜」は、光圀が貞享元年三月に参詣した折に植えられたものとされている[2]。黄門桜の伝承は、光圀による大宮司家文書の借覧とかかわるものであろう。また、貞享五（一六八八）年八月に、大宮司職の清房が従五位下の位階と「美作守」の受領職を許されたのは、光圀による大宮司家文書の借覧という事実が意味をもったものと考えられる（新宮八三・八四号）。

その後、元禄八（一六九五）年頃まで、光圀と清房との関係は続いている（新宮八五〜八九号）。しかし、のちに由房と改名した清房は、元禄十一（一六九八）年、徳川幕府によって大宮司の地位を解任され、香取から追放されている。それから一〇〇年ほどのちに、小宮山楓軒は香取津宮の久保木太郎右衛門（清淵）に対して、「香取美作・棚木彦五郎事跡」について問い合わせをしている。清淵は返書で、香取辺りには棚木氏を称すものはいないが、当地の伝聞では、「美作」とは元禄の頃に香取社大宮司職にあった人物で、元禄十一年香取社の遷宮願いのことで間違いをおかし、同年四月九日に寺社奉行から大宮司職を召し放たれた者のことである。その後、「美作」は追放されて浪人となり、「棚木彦五郎」と改名し、享保の頃には水戸にいたと伝えられている、と回答している（新宮九二・九三号）。清淵が回答したように、棚木彦五郎とは大中臣由房（清房）のことで、実際の在所は水戸藩領の常陸国小川村（現在の茨城県小美玉市小川）であった。このとき大宮司家文書は、由房（清房）とともに香取の地から常陸国小川村へと移動したのであった。

しかし、二五年後の享保九（一七二四）年、香取社の「国分宮之介」（由房の子息貞胤）が寺社奉行からの目録にしたがって、大宮司家文書の大半を父の棚木彦五郎から受け取っている（新宮九〇号）。しかし、国分宮之介が受け取った文書は大宮司家文書のすべてではなく、寺社奉行の目録にもれた古文書類はそのまま棚木家に残ったわけで、中井はこれを「棚木家文書」と呼んでいる。棚木家文書は、光圀による成巻からもれた一六点の中世文書とそれに付随した近世文書からなっていた。中井がすでに指摘しているように、のちにこの棚木家文書を調査し、書写した最初の人物が小宮山楓軒で、その写が楓軒本「香取文書」の第一〇冊目である(3)。

（2）和学講談所の調査成果と楓軒本「香取文書」の成立

次の調査は、文化十二（一八一五）年和学講談所（塙忠宝・中山信名・岡野勘助ら）によるものであった。中井は、和学講談所の調査は本格的なもので大宮司家文書のほか、大禰宜・案主・分飯司・源太祝・西光司の各社家の文書を採訪して「香取文書」一一巻を編成したとしているが、この点から再検討してみたい。中井は、静嘉堂文庫所蔵の中山信名稿本「香取文書　完」を和学講談所による調査にあたった中山信名の調査ノートであるとし、和学講談所による調査内容の根拠としているが(4)、信名が「香取文書　完」においてノートしている文書は、大宮司・大禰宜家文書が十数点ずつのほか、録司代家文書が一点のみである。また、東京大学史料編纂所に所蔵されている和学本「香取文書」は、「香取大宮司家文書」四巻と「香取大禰宜家文書」四巻の計八巻だけであった。『続群書類従』には、「神祇部」(巻七〇・七一)に造営関係史料五点と年中神事目録一点、「雑部」(巻九七七)に検注帳類三点、の合せて九点が収録されているが、それらは大宮司・大禰宜・田所・分飯司・西光司家文書である(5)。さらに、色川三中の調査時にはすでに散逸していた六点を含む七点の録司代家文書を和学講談所は影写していたと三中は述べており(6)、実際に塙次郎(忠宝)蔵本(すなわち和学本)を模写した秋葉本「香取録司代文書」も存在している(7)。

こうした事実から集約されることは、和学講談所が調査した香取文書は、大宮司・大禰宜・録司代・分飯司・田所・西光司家文書の一部であったといえそうである。その概数は、大宮司家文書は最大数一〇〇点余のうちの七一点ほどを、大禰宜家文書は最大数五五八点余のうちの二二〇点ほどを調査し、それが史料編纂所所蔵の八巻と『続群書類従』に採録されたものとなる。録司代家文書は、秋葉本「香取録司代文書」に載る七点で、分飯司・田所・西光司家文書は『続群書類従』に採録されている各々数点ずつの文書ということになる。もちろん、和学講談所による香取文書の調査がどの程度のものであったのか、さらに解明が必要であるが、当面は右記のように中井の見解は修正されることになろう(補注)。

次に、中井が和学講談所による調査成果を一一巻としていることである。楓軒本「香取文書」一二冊のうち「棚木家文書」分を除いた一一冊と、のちにふれる色川本「官本」(一一冊)を「和学講談所編集本」の謄写本とする中井の推定も、おおいに疑問である。

そこで楓軒本「香取文書」の構成から検討してみたい。楓軒が書写・収集した『楓軒文書纂』(全九五冊)のうち、第一冊から第一二冊までが「香取文書」であった。次頁の**表2**は、楓軒本「香取文書」の関連事項と色川本「官本」

表2　楓軒本「香取文書」と色川本「官本」（官本）の関係

楓軒本の冊番	収録文書群	書写年次	付記・奥書など	対応する官本の冊番	対応関係など
1	大禰宜	文化14年〜文政元年(1817〜18)	「写誤トアルハ秀写時ノ誤ナリ、本書ニ写誤アルニハアラズ」	1	全く同じ写。
2	大禰宜	同上		9	全く同じ写。ただし、官本の後半には、なぜか錯簡がある。
3	大禰宜	同上		3	全く同じ写。
4	大禰宜	同上	「文化十四年丁丑秋九月十二日写畢　小宮山昌秀」	2	全く同じ写。
5	大禰宜	同上	「文化十四年丁丑九月廿三日写了　楓軒」	5	ほぼ同じ写。官本は、新禰38号の写と旧禰302号を写さず、旧禰267を重出。
6	大禰宜	同上		6	全く同じ写。ただし、宮本には一部に重出がある。
7	分飯司 源太祝	同上	「香取文書七冊写畢　文政元年戊寅八月廿四日装訂　楓軒小宮山昌秀識」	4	官本は、後半の「諸家雑輯」所収分などの分飯司家文書は書写されていない。
8	分飯司 源太祝	文化13年(1816)	「文化十三丙子年八月十六日写」／「右一冊窪木蟠龍所写贈也　昌秀」	8	全く同じ写。
9	大宮司	文政11年(1828)	「文政戊子夏六月念六　小宮山昌秀臨模」冒頭に「原本此一冊係古写」とある。	7	全く同じ写。
10	「棚木家」	文化10年(1813)	「右香取文書、常州小川村香取氏所蔵　文化十年夏六月　小宮山昌秀模写」	なし	
11	大宮司 西光司	文政11年(1828)	「文政十一年戊子八月六日以窪木清淵本模写了　小峴秀」	10	内容的には、ほぼ同じ写。官本には、新西1・4・7・15号の冒頭下の「小林玄蕃所蔵」、新西16号の冒頭下の「小林筆記」、新西3号の冒頭の「已下大禰宜家蔵」の追記がない。＊官本には三中の奥書が二通ある。
12	大宮司	不明	＊光圀によって成巻されたものにあたる。	11	全く同じ写。

との関係を整理したものである。表2からわかるように、全一二冊のうちの八冊には、香取文書の書写にかかわる重要な奥書や付記が記載されている。それらを年代順にみていけば、楓軒本「香取文書」（一二冊）は、次のような手順で書写・収集されたことになる。

楓軒がまず最初に模写した香取文書は、先にふれた一〇冊目の「棚木家文書」であった。文化十（一八一三）年夏六月に「常州小川村香取氏所蔵」の香取文書を模写したとある。『大日本史』の編纂に従事していた楓軒が、大宮司家文書を調査する過程で発見したものか、あるいは楓軒が小川村に「稽医館」を開いたことからの縁によるものなのかは不明である。(8) 楓軒は、棚木家文書の発見後に香取津宮（現、千葉県香取市）の久保木清淵に「棚木の事跡」について問い合わせたはずで、清淵からの返書の日付「七月廿五日」は文化十年前後の年のものであり、棚木家文書の発見自体も文化十年直前のことであったろう。清淵からの返答によって、「棚木家文書」を「香取文書」の一部と確信した楓軒は、その後に香取文書の写本収集を進めていったのである。

次は第八冊目であるが、これは清淵が模写したもので、清淵から楓軒に贈られたものであった。収録された文書は、「正応四年十一月日加符検田取帳写」（分飯司家文書）、「弘長元年十月廿五日葛原牧内小野・織幡地帳」（同前）、「文永二年四月十一日香取社造営記録断簡写」（源太祝家文書）の三点であり、奥書の「文化十三丙子年八月十六日写」とあるのは清淵の筆跡で、贈られた楓軒は「右一冊窪木蟠龍所写贈也　昌秀」と記している。

第一冊目から第七冊目までは、文化十四（一八一七）年から翌年の文政元（一八一八）年にかけて書写したものであった。第四冊目には、文化十四年九月十二日に写し終わったことが、第五冊目には、同年九月二十三日に写し終わったことが書かれており、第七冊目には、「香取文書七冊」が写し終わり、文政元年八月二十四日には装幀したことが記されている。なお第一冊目には、「写誤トアルハ／秀写時ノ誤ナリ／本書ニ写誤アルニハアラズ」とあり、「本書」と呼ぶ「模写元本」があったことがわかる。(9) 「秀」とはもちろん「昌秀（楓軒）」のことで、第一〜六冊はすべて大禰宜家文書、第七冊目は分飯司家文書と源太祝家文書であった。そして、第九冊目は、文政十一（一八一八）年六月二十六日に楓軒が「臨模」したもので、すべて大宮司家文書である。[10] 第一一冊目は清淵本を模写したもので、文政十一年八月六日に写し終えている。このうちの前半の六点が大宮司家文書であり、他は西光司家文書（大禰宜家文書の写を含む）であった。第一一冊の最後の文書「天正十九年香取社領寺社配当帳写」も西光司家文書であるが、これは文政十一年八月六日以降に、清淵本とは別に追加模写されたものであろう。残りの第一二冊目は、先述の徳川光圀が成巻したもので、香取へ返却された巻子の写である。これが原本からの書写か否かは残念ながら不明であり、書写の日時も定かではない。ただし、和学本「香取大宮司家文書」の配列とは異なっている。

以上のように、棚木家文書の模写から始められた楓軒による香取文書の収集は、文化十（一八一三）年（一〇冊目）、文化十三（一八一六）年から文政元（一八一八）年（一～八冊目）、文政十一年（九、一一冊目。一二冊目も大宮司家文書であり同時期の書写と考えられる）の三期にわたるもので、このうち八冊目と一一冊目は久保木清淵の模写本によるもので和学本の謄写ではないのである。九冊目も楓軒が臨模したものであり、和学本の写でない可能性が高いと思う。また、東京大学史料編纂所所蔵の和学本「香取文書」（大宮司家文書四巻と大禰宜家文書四巻）と楓軒本「香取文書」所収の大宮司家文書と大禰宜家文書を比較すると大半が重複するのではあるが、無視することができない相当数の文書に出入りがある（詳しくは第三章の**表4**参照）。[11] ということは、楓軒本「香取文書」（一一冊）を、中井が推定した和学本「香取文書」（一一巻）の書写本とすることはできないのである。また、楓軒による香取文書の収集には、佐原津宮の久保木清淵[12]が重要な役割を果たしていた。「棚木の事跡」についての問い合わせなどを契機とした楓軒と清淵の繋がりや文人ネットワークにもとづいた楓軒による香取文書の収集は、独自に評価されるべきものと考えられる。[13]

（3）中山信名本「香取大宮司文書」について

静嘉堂文庫が色川本として分類して所蔵する「香取大宮司文書」（一冊）は、中山信名本（信名による筆写本）であったとみて間違いない[14]。この中山本「香取大宮司文書」の後半に、「棚木家文書」が楓軒本「香取文書」（一〇冊目）とほぼ同じ形で筆写されている。異なるのは、貞享五（一六八八）年大中臣清房の叙位と任官の口宣案写（新宮八三・八四号）が、貞享元（一六八四）年付け徳川光圀跋文写（新宮八二号）の前に置かれていることと、久保木清淵書簡（新宮九一・九三号）の全文が筆写されていることである。貞享五年の文書が、貞享元年の光圀の跋文の前に置かれていることは、冊子化に際しての錯簡であろう。また、楓軒本に所収された「棚木家文書」では、その末尾に久保木清淵書簡の要旨が採られていたのに対して、中山本では清淵書簡の全文が筆写されている。中山信名は、楓軒本「香取文書」一〇冊目の「棚木家文書」を楓軒のもとで書写したのであり、その際、末尾の楓軒あての久保木清淵書簡については、楓軒の許の書簡の全文を写したものと考えられる[15]。

なお前半は、和学本「香取大宮司家文書」第三巻と同じ文書の謄写であるが、貞享元年蝋月穀旦徳川光圀の跋文は謄写されていない。

二　色川本「香取文書纂」の歴史的意義

（1）三中による「原本校合」

すでに中井信彦は、色川三中による香取文書の採訪が、弘化二（一八四五）年九月から、嘉永元（一八四八）年十月の四度にわたるもので、その目的が、天保十三（一八四二）年に長嶋尉信本を書写した「官本香取文書」一一冊を原本と校合することと、「官本香取文書」に接続する太閤検地に関連する史料を発掘すること、にあったことを明らかにしていた。ここでは、三中による香取文書調査の経過を、三中が色川本「香取文書纂」に附した序および「纂輯例略」[16]（「凡例」）から、再構成してみたい。

三中は原本校合にあたって、まず書写した色川本「官本」一一冊には前後の順序がなく、このままでは原本の捜索に不便だから、「家々を別ち、年月日を以て次第をついでて」目録二冊を作ったという[17]。そして、この目録を利用しつつ三中は色川本「官本」所載の文書を各社家の原本と校合したのであった。その際、写し誤りがあれば、色川本「官本」所載文書の傍えに朱書し、原文の読めない言葉や不明の文字の傍えには、青土で自分の考えを書き添えていった。さらに、のちに改写する際の頼りのために、所蔵の家を各文書毎に書き加えた。そして、色川本「官本」に未収のものは新たに写し集め、五〇余巻になったが、それには朱筆で添書したという。こうして三中は、①色川本「官本」一一冊中の香取文書の所蔵社家を確定しつつ、②色川本「官本」に未収の社家文書を家分けで影写したうえで、③前者を「官本所載」、後者を「今所載」（あるいは「続輯」）と区別した文書目録を作成したのであった。

たとえば、色川本「官本」一〇冊目の表紙裏には、「○神ハ　神主即大宮司家ゝ蔵」「○案主家蔵」「○禰ハ　大禰宜家蔵也」との三中の注記がある。実際に、前半の六点に「神」と附されており、大宮司家文書の原本との校合が行われたのであった。それ以降については、応永六（一三九九）年五月の香取神領検田取帳写と同神領畠検注取帳写（ともに一部分のみ、新西四・五号）に「案主」「案主家蔵」と他の三点には「禰」と注記しており、該当文書を案主家文書と大禰宜家文書の原本に確認し、校合したのであった。そして、三中は大宮司家・案主家・大禰宜家文書で確認・校合できなかったものには「△」を附しておいた。その後の調査のなかで、三中は△印の文書が西光司家文書であることを確認して、色川本「香取文書纂目録」（後述）には「西光司（家）」文書として整理したのである。ただし実際には、七点目以降の文書はすべて「西光司家文書」であったわけで、案主家文書や大禰宜家文書で三中が原本を確認したのは間違いないが、これらは西光司家文書の一部を構成していたものの写であった（「香取西光司家文書」『新県史中世2』所収を参照)。

(2)「官本」と楓軒本「香取文書」

ところで三中が長嶋尉信から借りて書写した「官本香取文書」一一冊とは、いかなる調査成果によるものなのか。中井は、色川本「官本」一〇冊目の末尾の奥書に、

此書、水戸官庫之本ヲ以写ス、「朱書ハ長嶋信尉《ママ》ぬしの所書也」(「　」内は見せ消ち)

天保十三年寅年三月　色川三中[18]

とあることから、三中が「本篇」とも呼んだ「官本」とは「水戸官庫之本」のことであり、それは「和学講談所編集本」の写だとしていた。三中自身が、「官本」を「水戸彰考館の御蔵の香取文書十壱巻」と表現しており[19]、「官本」とは彰考館本を指していることは確かである。しかし、東京大学史料編纂所が現蔵する和学本「香取文書」(香取大宮司家文書四巻と香取大禰宜家文書四巻)と色川本「官本」とには、収載史料に明らかな違いがあるし、三中は和学講談所が香取録司代家文書を七点を模写していたと指摘したが[20]、色川本「官本」には録司代家文書は収録されていない。では「官本」(=水戸彰考館本)香取文書」は、ほんとうに和学講談所編集本の写なのであろうか。

楓軒本「香取文書」(一二冊)と色川本「官本」(一一冊)との対応関係を示した三七頁の**表2**からわかるように、色川本「官本」の第七・八・一〇・一一冊の四冊は楓軒本「香取文書」の第八・九・一一・一二冊とほぼ同じ写である[21]。先述のように、楓軒本「香取文書」は「和学講談所編集本」の写ではなかった可能性が高いのであるが、なかでもこの四冊は確実に和学本「香取文書」の写ではない。それと同じ内容の書写本である色川本「官本」の第七・八・一〇・一一冊の四冊も当然、和学本の写であろうはずがない。というよりも、色川本「官本」第七・八・一〇・一一冊は楓軒本「香取文書」の第八・九・一一・一二冊の写(二次的なものである可能性を含めて)とみることが自然であろう。

次の問題は、色川本「官本」の残る七冊である。楓軒本「香取文書」との関係では、ほぼ楓軒本「香取文書」の第一〜七冊目と同じ写なのであるが、表2に注記したような無視することのできない違いもある。しかし、収録文書の特徴は楓軒本「香取文書」⊃（含む）色川本「官本」という関係である。ということは、この色川本「官本」（第一〜七冊）は、楓軒本「香取文書」（第一〜七冊）系統の写とみてよいのではないか。そうだとすれば、色川本「官本」（一一冊）の全てが、楓軒本「香取文書」系統の写ということになろう。つまり、

楓軒本「香取文書」（一二冊）→水戸官庫本（彰考館本）→長嶋尉信の転写本→色川本「官本」（一一冊）

という転写が想定されるのである。(22)ただし、楓軒本「香取文書」の第一〜七冊には、楓軒が付記に「本書」あるいは「香取文書七冊」と記した「模写元本」があったのであり、それがどういうものかは不明である。その「模写元本」が中井が想定した「和学講談所編集本」である可能性がなくもないが、東京大学史料編纂所所蔵「和学本」に収録されながら、楓軒本「香取文書」にも色川本「官本」にもない文書も多いことからすると、その可能性は高くはなかろう。また、楓軒が最初に模写した楓軒本「香取文書」一〇冊目（「棚木家文書」）が、色川本「官本」に書写されていない理由も不明である。小宮山楓軒による清宮秀堅への問い合わせの結果にもかかわらず、水戸彰考館周辺（長嶋尉信を含む）では「棚木家文書」を、「香取文書」と認識しなかったのか、あるいは、三中が長嶋尉信本を書写する際に、香取社周辺に存在する文書ではないとして除外したのであろうか。

（3）「官本」未収文書の影写

なお、三中による色川本「官本」未収文書の影写で注目されるのは、録司代家文書の調査である。録司代家文書の調査は、弘化二（一八四五）年十一月頃には一応終えているが、(23)この段階では録司代家本「応永六年検注取帳」は録司代家からは失われていた。しかし嘉永元（一八四八）年になって、三中は「慶海自筆応永六年検田帳二冊を見る」

ことができたといい、録司代家では久しくこの帳簿を失っており、最近になって録司代家の所蔵に復帰した貴重なものである、と記している。[24] 中井が注目したように、三中はすでに大禰宜家本「応永六年検注取帳」を影写し、田所家本・案主家本で校合しており、「録司代家本」を発見したことで「応永六年検注取帳」の四本が揃ったことになるという、大禰宜家本とは別に一本を模写して、色川稿本「香取録司代文書」に加えたのであった。[25]

三中による「録司代家本」の発見は、偶然というよりも三中の長期にわたる香取文書調査の成果であった。三中は、その後確認された録司代家文書を影写し冊子としたのであるが、その時にも原本を見出せなかった文書に対して、次のように朱注している。

此文書并ニ応永卅一年千葉殿社参ノ時村々所務の文書ト合二枚ハ、天保十五年辰五月佐原村某臨写シテ予ニオクル所ナリ、録司代家所蔵文書、故アリテ久敷他家ニ蔵ス、此頃復タ本人ノ手ニカヘルコトヲ得タリ、然レトモ多ク散逸シテ、全カラズ、予今ノ所レ伝ニ就テ、悉自ラ模写シテ傍注ヲ加テ冊子トナストキ、此某カオクレルヲモ含メ、コ、ニ序ス（新録八号の注記）

この朱注によれば、録司代家文書は久しく他家の所蔵となっており、三中の調査中のこの頃になって録司代家に返還された。しかし、散逸したものも多く、天保十五（一八四四）年五月に「佐原村某」が臨写して贈ってくれた二枚の文書も原本は確認できなかった。そこで、返還された原本から影写したものと一緒に、この二枚も綴じ込んだというわけである。色川稿本「香取録司代文書」（六巻、内拾遺二巻）は、こうして収集された文書を含むものであり、色川稿本「香取古文書　完」の前半には、さらにあとで確認され録司代家文書が収録されている。この冊子の九丁目の奥には、「右、録司代所蔵文書九丁ハ、塙氏模写スル所ニ就テ再ヒ写ス、此数帳録司代家今失フトコロ、然ルニ塙氏僅ニ此数枚ノミヲ写シ蔵ス、皆失フ処ノ書々ナリ、一奇事トスベシ」（新録一三号の注記）とあり、和学本からも書写していたこともわかる。

三中の調査収集には、三中の弟子でもあった香取左織（豊坂・豊敏、録司代家）や香取実房（検杖＝要害家）、香取実弼（源太祝家）などの社家や、佐原の文人清宮秀堅など香取社周辺の人々が協力しており、録司代家本「応永六年検注取帳」などの発見もこうした調査協力の成果とみてほぼ間違いない。なお、色川稿本「香取録司代文書」および色川稿本「香取古文書　完」収録の録司代家文書には、引用したような注記を他にもみることができる（新録八・九・一二・一三・一六・一七・一九号）。そして、それらの引用朱注にあるように、天保十五年五月に録司代家文書二通を三中に贈った「佐原村某」と、天保十三（一八四二）年に三中に「文明五年津宮左近次郎売券」（新要八一号）を写し贈った「佐原村某」は同一人物で、佐原の清宮秀堅以外には考えられないように思う。(26)

（4）色川本「香取文書纂」の全容

色川三中による香取文書の調査が、いかに意義深いものであったかについては、中井の論考以上にいうべきことはない。しかし、色川本「香取文書纂」（色川本「官本」と色川稿本＝新集を合わせたもの）についてはすべてが明らかになっているわけではない。これまで色川本「香取文書纂」は全六二冊（巻）であるとされ、内一一冊が「官本」、五一冊が「新写」＝新集本とされてきた。(27)

ところが、静嘉堂文庫が所蔵する色川本は「官本」一一冊、「新集本」が五四冊の計六五冊である。(28)もちろん中井が指摘したように、「香取天正文禄検田帳」（一二冊）と「香取諸家所蔵古升図」（一冊）も色川本「香取文書纂」に含めるべきだとすれば、七八冊ということになる。また現在、静嘉堂文庫には所蔵されていない色川稿本「録司代家文書」の拾遺二巻（冊）と色川稿本「香取文書纂図　一」（一冊）も当然、色川本「香取文書纂」に含まれるものであった。この三冊も含めれば、色川本の「香取文書纂」は、八一冊あったことになる。

先述のように三中は、「香取文書纂」の目録の作成を調査方針の一つとしていたが、三中によって実際に作成された目録は、三部確認することができる。

①土浦市立博物館所蔵の三中自筆草稿本三冊。表題「香取文書纂惣目録」（壱・弐・拾遺）

②静嘉堂文庫所蔵の第一次清書本二冊。表題「香取文書纂総目」（乾・坤）

③静嘉堂文庫所蔵の第二次清書本二冊。表題「香取文書纂目録」（上・下）

①はまさに草稿で、朱筆や墨によるたくさんの訂正や割り込み、入れ替えがなされている。②は①の草稿を清書したものであるが、②に対しても三中は文書名などの訂正をしている。そして②の校正をへて③の目録が作成されている。③の「香取文書纂目録」（上・下）の表紙などの装幀は、他の色川本「香取文書纂」と同じものであり、三中による「香取文書纂序」と「凡例」とが冒頭に付されている。[29] つまり、③こそが「香取文書纂目録」の完成本なのであった。そして③は、一八八四（明治十七）年になって刊行されたのである。

なお、③の「香取文書纂目録」（上・下）の清書の段階でも、新たに録司代家文書が収集されたため、「香取文書纂目録」の録司代家の目録には、新たに九点の文書が挿入された。そして挿入文書名の下に、「此文書、後ニ得テ巻四ノ末ニ附ス」と注記されている。しかし、色川稿本「香取録司代文書　四」には、これらの文書は付されておらず、実際は、色川稿本「香取古文書　完」に収録されたのであった。

ところで、①の草稿本「香取文書纂惣目録」にあった「拾遺」は、②③の清書本には記載されなかった。②③に記載されなかった①の「拾遺」の項目とは、次のようなものであった。

神崎社神主文書　一巻

（文書名＝二四点　省略）

右一巻今所輯

大度（戸）神社文書　一巻

諸神官系図　一巻
神宮雑記　三巻　大宮司蔵
天（正）十九年神領検田帳　十二巻　大禰宜家蔵
年中祭奠式　三巻　禄〔録〕司代所蔵
社僧文書
新福寺文書　三巻
雑集　一巻
　以上八十九巻

三中は、これらの文書も「香取文書纂」として調査・収集し、当初は「拾遺」として目録取りしようとしたが、最終的には②および③の「香取文書纂目録」には含めなかったのである。三中は、末社として香取社と深い関係にあったことを知りつつも、「神崎社神主文書」（神崎神社文書）や大戸社文書を「香取文書」からは除外し、「諸神官系図」「神宮雑記」さらに「天正十九年神領検田帳」「年中祭奠式」も除いたのであるが、なかでも注目したいのは「社僧文書」「新福寺文書」「雑集」を排除したことである。三中は、社僧文書を「香取文書」と認識し、立項しながらも最終的には社僧文書を調査していないのである。はじめにふれたように、香取社周辺には神宮寺の金剛宝寺をはじめ、根本寺、惣持院、定額寺、宝幢院などの複数の寺院が存在しており、相当数の関係資料が存在したはずである。三中による「社僧文書」の本格的調査は、明治初年からの廃仏毀釈運動直前の最後の機会であったのだが、三中は①の草稿本「香取文書纂惣目録」の「拾遺」に「社僧文書」と立項しただけであった。また、大禰宜家の氏寺であった「新福寺文書」については、三巻（一〇一通）を書写し文書目録を取りながらも、②③の清書本からは除外したのである(30)。そこに、水戸学の廃仏毀釈思想の影響から自由になれなかった三中の姿をみるべきかもしれない。

これらのうちで、現在、静嘉堂文庫が色川三中旧蔵書として所蔵するものは、「香取郡神崎明神神主文書（一冊）」（神崎社神主文書）および「香取天正文禄検田帳（一二巻）」（天正十九年神領検田帳）、「香取新福寺文書（三冊）」（新福寺文書）のみであり、残念ながら他の写本を確認することはできない。ただし、刊本『香取文書纂』（第一六分冊）には、最後の巻一八として色川本から「新福寺文書」を採録しているが、中井が指摘したように、「天正十九年香取之郷宮中分検地帳（一二巻）」（天正十九年神領検田帳）と「香取諸家所蔵古升図」などは収録されていない。しかし『旧県史』には、「天正十九年二月二十一〜二十七日香取之郷宮中分検地帳写」（八冊、一二帳）が「香取区有文書」（越川八壽六氏保管）から採録されている。[31]

また、①②③の各目録の末尾には、「続輯」＝「今所輯」の「図之部」として、巻第一には「神幸図」・「御造替神社古図」・「神領略図」が、巻第二には「諸祭器図」・「神宮及諸家所蔵升之図」が記載されているが、「神幸図」が第三章でふれる「御幸絵図」（香取神宮神幸祭絵巻）にあたり、「神宮及諸家所蔵升之図」が「香取諸家所蔵古升図」に対応することは明らかである。静嘉堂文庫には色川稿本「香取文書纂図」（一冊）が所蔵されており、表紙の題簽には「香取文書纂図上巻欠二」とある。「上巻欠」は後筆であるので、もともとは二巻（冊）あったものであろうか。「香取文書纂図　二」の内容は、「目録」の巻第二の「諸祭器図」に対応するもので、「神宮及諸家所蔵升之図」が「香取諸家所蔵古升図」[32]であるので、巻第一に対応する色川稿本が所在不明ということになる。なお、刊本『香取文書纂』（第一六分冊）の巻十七の「諸家雑輯」に一点採録されている「金丸升之図」は、「香取諸家所蔵古升図」の一部ではなく、また、他の図版類は刊本『香取文書纂』および『旧県史』には収録されておらず、『新県史』でも採録していない。[33]

中井が論じたように、三中は社家の文書に限らず、広い視野から、関連寺社の文書や絵図、祭器や枡にいたるまでを調査の対象とし、「香取文書纂」の編纂を手がけたのであった。そこには「社僧文書」を排除しようとする限界もあったが、三中の視野は、現在の古文書研究の枠さえも超えるもので、史料学の方法として再評価されるべきである。

さて、③色川稿本「香取文書纂目録」（上・下）では、「官本」一一巻、「今所輯」が五一巻となり、合計六二巻となっている。さらに①色川稿本「香取文書纂惣目録」（拾遺）に目録取りされた文書は二五巻あり、合わせると八七巻となる。なお引用したように、①色川稿本「香取文書纂惣目録」（拾遺）には、新福寺文書の文書目録の前に「以上八十九巻」とあるが、計算上の数値とは一致しない。

三中自身は、「香取文書纂序」や「凡例」などで「官本」一一巻と「新写」五〇余巻、合わせて六〇余巻との認識を示している。明治時代に入ってからも、色川本「香取文書纂」は六〇余巻と考えられていたようである。刊本『香取文書纂目録』（正式には『香取古文書目録』）の編纂者伊藤泰歳は、同『目録』の後書きで「六十余巻」と述べているし、翌年の太政官修史館副総裁重野安繹の『関東六県文書採訪日記』にも、「故色川三中ノ模写校正セシモノ六十三冊アリ」と書かれている。(34) また、伊藤泰歳は一九〇六（明治三十九）年十一月付の「香取文書纂刊行始末」では、六二巻といっている。(35) 六〇余巻（冊）という数字は、③色川稿本「香取文書纂目録」（上・下）に記載された巻数と考えてよかろう。

なお案主家文書は、③「香取文書纂目録」では一二巻とあるが、静嘉堂文庫所蔵の色川稿本では一三冊となっている。第一三冊目は「家系」類であり、③「香取文書纂目録」作成後の「香取文書纂」編纂の最終段階で、「香取案主家文書」に組み込まれたものであろう。

三　刊本『香取文書纂』の刊行

（1）刊本『香取文書纂』と色川本「香取文書纂」

香取文書の全容を示すとされる『香取神宮古文書纂』（通称、刊本『香取文書纂』）和装本一六冊は、一九〇六（明治三十九）年四月から一九〇八年九月の四期にわたって印刷・発行された。
第一期（第一集）：巻首・総目、神庫所蔵・大宮司家蔵、大禰宜家蔵一、大禰宜家蔵二、大禰宜家蔵三の五冊
第二期（第二集）：大禰宜家蔵四、録司代家蔵、田所家蔵一の三冊
第三期（第三集）：田所家蔵二、案主家蔵一、案主家蔵二、案主家蔵三の四冊
第四期（第四集）：分飯司家蔵・物忌家蔵、源太祝家蔵、要害家蔵、諸家雑輯・新福寺蔵の四冊

各期の最終配本に奥付が付されたが、第一期から第三期の奥付には「香取神宮社務所蔵版／編輯者　伊藤泰歳／発行者　朝野利兵衛／印刷者　朝野利兵衛」とあるが、第四期（第四集）の奥付では「編纂者　香取神宮社務所／右代表者　伊藤泰歳／発行兼印刷者　朝野利兵衛」とある。一部表現が変わるものの『香取神宮古文書纂』の編集・編纂が、旧分飯司家の伊藤泰歳を中心に進められたことは明らかである。

当時、香取神宮の禰宜であった泰歳は、『香取神宮古文書纂』の刊行に先だって、一八八四（明治十七）年に先にふれた③色川稿本「香取文書纂目録」（上・下）を出版している。この色川稿本「香取文書纂目録」の刊本の表題には、『香取古文書目録　全』とあり、出版に際して、明治十七年五月付けの邨岡良弼の序文と同年五月十日付けの伊藤泰歳の付言が添えられている。(36) 泰歳の付言によれば、泰歳は香取致恭とともに香取神宮の分掌や記録の編さんを命じられてから、神官などの家々の古文書を集め模すことをこの頃の課業にしてきたという。しかし、すでに色川本などの成果があるので、色川本を借り写して、これを原書と合わせて校訂することとした。そこでまず「香取文書纂目録」を刊行したとしている。泰歳による『香取古文書目録　全』の出版は、香取文書の全容を世に知らしめることとなった。

翌年十月、太政官修史館副総裁重野安繹が香取神宮社務所を来訪しているが、このとき重野に祠官が贈った「新刊目録一冊」とは、『香取古文書目録　全』のことであろう。重野が社務所を訪問したとき、泰歳らは三中の孫の色川三郎兵衛から色川本「香取文書纂」六三冊を借用してこれを謄写していたようで、すでにこの時には五十余冊を終了し

ていたという。泰歳らは色川稿本「香取文書纂目録」の出版に続いて、色川本「香取文書纂」そのものの転写を進めていったのである。なお、中井が明らかにしたように、この時の太政官修史館（重野）による調査では、泰歳が転写していた色川本を原本と照合して、「描写精審、毫厘ヲ差ヘス、乃ち色川本借入ノ事ヲ祠官ニ告テ原書ヲ借」りることを止めている(37)。その二年後の一八八七（明治二十）年、東京帝国大学文科大学の小杉榲邨が調査に訪れている。小杉による調査の問題点については、中井が指摘しているが、小杉による調査成果である影写本が東京大学附属図書館に所蔵されている。和綴された①「香取文書（宮司家所蔵／甲乙）」と②「香取文書（旧録司代家所蔵／甲）」、③「香取文書（旧録司代家所蔵／乙）」の三冊である。各々の冒頭には、帝国大学の罫紙に書かれた目次が附せられており、①には目次の最初に「宮司香取保禮所蔵」と、②・③には「旧録司代家所蔵」とある。これらは良質な影写本であり、当時の宮司香取保禮所蔵「大宮司家文書」と「録司代家文書」の状況を知りうる写本として貴重である(38)。

刊本『香取文書纂』と通称される『香取神宮古文書纂』が、色川本「香取文書纂」の忠実な翻刻ではないことは、中井が詳しく指摘したとおりであるが、それよりも『香取神宮古文書纂』が色川本を前提としつつも、綿密な調査をふまえた独自の編纂事業であったことを忘れてはならない。『香取神宮古文書纂』の巻末には、一九〇六（明治三十九）年十一月付けの伊藤泰歳による「香取文書纂刊行始末」が載る。それによれば、泰歳は「香取文書纂」を「繕写」し、好機あらば印行しようとしていた。そうした折りの一九〇五（明治三十八）年、佐原の清宮家を訪ねた泰歳が、当主清宮利右衛門に祖父清宮秀堅の著『下総国旧事考』刊行の賀辞を述べたとき、清宮家からはこの書ができたのは「香取文書纂」のお陰である、もしその文書を印行する事あらば、その資金の幾分かを献上しましょうとの申し出があった。泰歳は、このことを宮司香取総麿に相談し、出版することになったのだという。そこで、校訂を邨岡良弼と小杉榲邨に依頼し、出版発兌は書肆朝野利兵衛、繕写は伊藤泰歳、緒方是常が補助、対校は志水文雄とする編纂体制が整えられ、本書が一八巻、目録一巻、全一六冊が刊行されることとなったのである(39)。そして泰歳は、刊本『香取文書纂』

の最後に載せた「香取文書纂刊行始末」に、

是を色川氏原輯の六十二巻本に比すれば文書の員数頗る増加せり。蓋し諸家所蔵の原書に就て今新に採録せる者多かればなり。（傍線は引用者）

と書いている。『香取神宮古文書纂』の段階には、すでに香取神宮に「本所古文書」（香取神宮所蔵文書）が納入されていたし（後述）、原本の状況は三中の調査時点から大きく変貌つつあった。

このように『香取神宮古文書纂』＝刊本『香取文書纂』（全一六冊）は、色川本「香取文書纂」六二巻を前提にしつつも、その成果を越えて伊藤泰歳らによって編纂されたものであった。泰歳は、旧大宮司・旧大禰宜家などの社家には慶長・元和以降の文書が多数所蔵されている。これを収録して、「続集香取文書纂」として公刊することを後進の士に望む、と「香取文書纂刊行始末」を結んでいる。これは、三中の「遺志」を継ぐものともいえる。

（2）『香取群書集成』の編纂

その後、香取神宮では昭和の造営事業（一九四〇〈昭和十五〉年遷宮）のなかに「古文書及史料の採明保存等の業が加へられ」、『香取群書集成』（全一〇巻予定）の編纂が開始された。この叢書の編纂は、「昭和十六年六月、宮地（直一）博士の紹介により東京女子高等師範学校教授豊田武に依嘱して先づ往年の『香取文書纂』を原本と新たに校合増訂することから着手」されたが、「更に又宮地博士の勧めにより、此の際独り古文書類にとどまらず、汎く日記・記録はもとより縁起・案内記・社誌等をはじめ本宮関係の文献史料をも網羅結集するとともに、又本宮の御神徳を蒙れる地方先賢の著述論策をも編輯して叢書と成」すことになったという。もちろん、昭和の造営事業全般は、アジア・太平洋戦争に突入したなかでの、「武神香取大神」の「御神威を愈々顕揚し奉ること」にあり、「神国精神の昂揚」にあった(40)。

本章の文脈から注目されることは、『香取群書集成』の編纂が色川本「香取文書纂」の原本との校合・増訂から着手された点である。しかし、香取神宮社務所による実際の編纂事業では、古文書類以外の文献史料が優先され、一九四三年に刊行された第一巻には「本宮に関する縁起・社誌・案内記等の類にして明治初期頃迄に作成されたもの」が収められている（同書「凡例」）。第二巻（一九四四年）には「年中行事祭典に関する文献」が、第三巻（一九八〇年）には「まだ世に知られない中世の神事絵巻」（香取神宮神幸祭絵巻）をはじめとする祭祀関係、地誌・案内記などが、第四巻（一九八四年）と第五巻（一九八八年）には「伊能穎則集」が、第六巻（一九九五年）と第七巻（二〇〇四年）、第八巻（二〇〇八年）には「大禰宜家日記（第一・第二・第三）」が所収されている。[41]

さらに、『神道大系　神社編二十二　香取・鹿嶋』（神道大系編纂会、一九八四年）には、『続群書類従』や刊本『香取文書纂』、『香取群書集成（第一巻）』所収の香取社の造営関係や年中行事、応永六年の香取神領検出取帳・香取神領畠検注取帳などの土地帳簿類、縁起・社誌などの基本的な史料・文献が収録されている。また、『佐原市史　資料編別編一・二・三』（佐原市、一九九六・九七・九八年）には「部冊帳」の前巻と後巻1・2が収録されている。「部冊帳」（全二七冊、伊能三郎右衛門家文書）とは、天正年中（一五七三―一五九二）から享保十（一七一五）年までの佐原村および近隣村々に関する重要事項を書き留めたもので、佐原の伊能三郎右衛門家六代の伊能景利が編集・記述したものである。ちなみに、「前巻　第十巻」の「香取御社堂御修覆留書（覚書）」は、元禄の造営に関する基本史料である。[42]

おわりに―千葉県史の編纂事業

戦後の一九五一年から、千葉県によって千葉県史の編纂事業が開始され、一九五七年に「千葉県史料　中世篇」の一冊として『千葉県史料　中世篇　香取文書』（本書では『旧県史』と略記）が刊行された。調査編集は千葉県史編纂審議会の高橋隆三特別委員があたった。同書の凡例によれば、「香取神宮を始め県内所在の旧社家の文書を主とし、之に社家以外所蔵の同宮に関係ありと思われるものを併せ収録したもので」、「神宮所蔵文書（旧大宮司家・大禰宜家より納められたもの）」[43]・「大禰宜家」・「録司代家（神宮所蔵）」・「案主家」・「要害家」・「源太祝家（神宮所蔵）」の各文書と「石井春吉氏所蔵文書（旧新福寺文書）」・「香取区有文書」・「越川八壽六氏所蔵文書」の九種を収録したものであった。近世・近代文書のみの「香取区有文書」と「越川八壽六氏所蔵文書」を除くと、採録数は九二六点ほどであったが、すでに散逸していた大宮司家文書や田所家文書・物忌家文書などは収録されず、「明治三十九年香取文書纂を刊行せられた伊藤泰歳氏の生家旧分飯司家のもの」も「諸種の事情」によって採録できなかったという[44]。また、収録された社家の文書でも案文や写などには、当時の研究状況によって採録されなかったものも多かった。その後、続編の刊行も予定されていたようであるが、作業は進まずにいた。そのため、古代・中世の香取社と香取社領について調査研究をするためには、『旧県史』のみではなく、相変わらず刊本『香取文書纂』（『香取神宮古文書纂』）などを併用しなければならない状況が続いていたのである。

幸いなことに、一九九一年度から新しい千葉県史編纂事業が開始され、中世史部会では『旧県史』に未採録の香取文書を収録することを第一の目的として、香取文書の編纂作業が進められた。その結果、一九九七年三月に刊行された『千葉県の歴史　資料編　中世2（県内文書1）』には、『旧県史』の「成果の上にたって、原本の一部をはじめその後新たに確認された資料や前回の編さん過程において採録されなかった資料」などが収録されたのである[45]。同書には、『旧県史』に未採録の文書群である「大宮司家文書・田所家文書・分飯司家文書・物忌家文書」をまず家分け形式で収録し、それに準ずる「要害家文書」を次においている。そして補遺の形式で「香取神宮所蔵文書・大禰宜家文書・録司代家文書・案主家文書・源太祝家文書・新福寺文書」が、さらに「西光司家文書・諸家雑集・写本類」という順序で、『旧県史』に未採録であった九〇九点を新たに収録したのである。さらに補遺として、『千葉県の歴史　資料編中世3（県内文書2）』（同、二〇〇一年）に三〇点、『千葉県の歴史　資料編　中世5（県外文書2）』（二〇〇五年）に一九点の計四九点を採録している。

この結果、『旧県史』と併せるならば、香取文書の千葉県史収録点数は一八八四点ほどとなり、色川稿本「香取文書纂目録」に掲載された色川本「香取文書纂」の総数約一五八九点、『香取神宮古文書纂』（刊本『香取文書纂』）の採録数約一五五七点を大きく越えることとなった（一二・一三頁表1参照）。

もちろん、『旧県史』と『新県史』には編集作業に質的な違いがあり、『旧県史』の再編集が急務であるとともに、今後、神宮寺・社僧関係の史料収集が不可欠となっている。

註

（1）中井信彦「色川三中の香取文書調査について」（『古文書研究』二三号、一九八四年）、同「田制史研究と長嶋尉信との関係」（同『色川三中の研究　伝記篇』塙書房、一九八八年）、同「『香取文書纂』の編纂について」（同『色川三中の研究　学問と思想篇』同上、一九九三年）など。なお、中井の研究成果については、第一章で詳しく検討したので、必要な場合以外には本文に引いても注記しない。

（2）『新修香取神宮小史』（香取神宮社務所、一九九五年）。

（3）中井による「棚木家文書」の確認は、大宮司家文書を考えるにあたって画期的な成果であった（詳しくは本書第三章参照）。

（4）中井前掲「色川三中の香取文書調査について」。

（5）『続群書類従』所収の香取文書九点と『旧県史』・『新県史』採録文書との関係を示しておくと、次のようになる。

続群巻第七〇「香取大神宮造営目録」→新西七号　＊ただし、続群の末尾には「西光内」とある。
同　「下総国香取社造進注文事」→新続一号（西光司家文書）。
同　「香取社造営物注文」→旧神三八号（本来は大禰宜家文書）。
同　「香取社年中神事目録」等→新田一八・二〇・一七・三二・一四・一五・七三・六七・三一号。

続群巻第七一「香取宮遷宮用途記」→旧禰一六号・新禰七号前半・同六号・同七号後半・旧禰九号。
　同　「嫐殿遷宮用途記」→旧神九号　＊ただし、旧神九号には錯簡がある。本来は大宮司家文書。
続群巻第九七七「弘長元年下総国小野織幡地帳」→新分二号。
　同　「応永六年香取諸名帳」等→新群二号・新田二二号・同二三号・同二四号。
　同　「正応四年香取検田帳」→新分四号。

(6) 色川稿本「香取録司代家文書　四」の三中後序（嘉永元〔一八四八〕年九月七日付）。刊本『香取文書纂』（第七分冊）の巻七にも載る。

(7) 香取神宮所蔵「香取録司代文書」（一冊）。奥書に「万延元庚申十一月十日　以塙次郎蔵本摹写畢　秋葉義之」とあり、七点の録司代家文書が書写されている。また奥書に添えて「右一読考訂了　黒河《（川）》春村」とある。なお、香取神宮所蔵の「香取大宮司文書（上・下）」（二冊）は、下巻に「下総崎房／秋葉孫兵衛蔵書」印があり、ともに秋葉孫兵衛本とみてよいものである。このうち上巻は和学本「大宮司家文書」巻三と同じ写であり（一部に錯簡があるが）、和学本の写とみてよかろう（第三章の**表4**参照）。また、上巻の奥には「香取文書一結加一校了　春村」と下巻の奥には「右香取文書之内逐一覧畢　春村」（上部右に合点）とあり、こちらも黒川春村が校合したものであることがわかる。

(8) 楓軒は、寛政十一（一七九九）年に常陸国紅葉村の郡奉行となり、諸政策を進めるなかで、小川村に医学を学ばせるための「小川稽医館」を開いている（図録『特別展幕末　農政学者長島尉信とその時代』（茨城県立歴史館、一九九五年。三二頁）。

(9) 中井は、「本書」とあるこの香取文書七冊を含めて、楓軒本「香取文書」一二冊中の一一冊を和学本の謄写としたのであり、中井にしたがえば、「本書」とは和学本ということになるが、これについては後述する。

(10) 第九冊目の冒頭には「原本此一冊係古写」とあるが、楓軒が大宮司家文書の「原本」を臨模した際に、その「原本」を古写にかかると推定したものであろうか。収録文書を確認していくと、一部を除きほぼ一連の具書（重書案）から構成されており、楓軒は大宮司家文書の「原本」から臨模したとみてよいように思う。

(11) 大宮司家文書についていえば、和学本のうちの「治承五年十月日源頼朝寄進状案写」（新宮七号）、「観応三年七月十三日足利尊氏寄進状案写」（新宮四九号）、「永和四年十月廿一日藤原氏長者宣写」（新宮六三号）、「年未詳極月朔日正木時茂禁制写」

（新宮七四号）の四点を、楓軒本「香取文書」は採っていないのであり、少なくとも第八・一〇・一一冊は和学本の謄写ではない。

（12）久保木清淵については、『千葉県の歴史　通史編　近世2』（千葉県、二〇〇八年）第一二編「学芸と地域文化」および「コラム47　地域に根ざした久保木清淵」（執筆：酒井右二）などを参照。

（13）周知のように、こうした香取内海世界での文人ネットワークについては、中井前掲『色川三中の研究』が詳しく論述しているが、その後の研究成果としては、盛本昌広「常総の歴史研究と地誌編纂」『龍ヶ崎市史　中世編』（龍ヶ崎市、一九九八年）、滝川恒昭「清宮家の中世資料」・佐藤裕貴子「清宮家の書状」（ともに千葉県史編さん資料『千葉県地域史料現状記録調査報告書』第六集、千葉県、二〇〇〇年）や前掲『千葉県の歴史　通史編　近世2』第十二編「学芸と地域文化」などがある。なかでも佐藤論考は清宮秀堅の交友関係を明らかにしており、秀堅と三中の交友を示す「書状やりとり」の表も興味深い。

（14）その理由は次のようなものである。土浦市史編纂委員会編『土浦市史編纂資料第三集　色川三中関係資料目録』（土浦市教育委員会、一九八九年）に整理された「色川氏所蔵書函順次帳」（「書函順次帳」による旧蔵書籍書目）によれば、色川稿本には「香取大宮司文書」は存在せず、中山本としてのみ記載されていること、そして本文で論じたように三中の調査では、官本所載文書以外の大宮司家文書は採訪されなかったことである。つまり、色川本「官本」以外に色川稿本には大宮司家文書は存在しないことから、静嘉堂文庫に所蔵されている「香取大宮司文書」は、「色川氏所蔵書函順次帳」に中山本とされている「香取大宮司文書」であると考えざるをえない。ちなみに、三中は嘉永二（一八四九）年に中山信名の遺稿と旧蔵書籍を譲り受けており、三中の旧蔵書籍には当然、中山本が含まれていた（中井前掲『色川三中の研究　伝記篇』第一二章「田制・度量史研究の内容」、岩崎宏之「解説」前掲『色川三中関係資料目録』、宮内教男「解題」『静嘉堂文庫所蔵　色川三中旧蔵書目録』茨城県立歴史館、二〇〇六年など参照）。

一九九六年春、千葉県史料研究財団（千葉県史編纂担当）の史料研究員福田久（当時）との静嘉堂文庫での再調査によって、次のような所見を得ることができた。①静嘉堂文庫所蔵「香取文書」（七〇冊）の各冊子の採寸は、「香取大宮司文書」が縦二八・五センチ×横一九・五センチで、他の六九冊は縦二七〜二八センチ×横一八・五〜一九センチであった。「香取大宮司文書」以外の六九冊はすべて色川本であることが確認できるが、「香取大宮司文書」はそれらより一回り大きい料紙を使用している。②静嘉堂文庫の現状の分類目録では、「香取文書」（七〇冊）として色川本の香取文書のほとんどが一括分類されており、先の「香取大宮司文書」（一冊）もこのなかに分類整理されている。前稿（鈴木哲雄「香取文書の概要と史料の構成」（『千葉県史研究』四号、一九九六号））では、この分類は色川三中関係資料が静嘉堂文庫に移ってからの整理によるものと推定したが、この冊子の表紙に直接書かれた「香取大宮司文書　完」の表題は、他の色川本の表題とほぼ同筆であり、三中が中山信名旧蔵書籍を譲られてから、表装し直して、「香取文書」に分類しておいた可能性が高いと修正しておきたい。

(15) 鈴木前掲「香取文書の概要と史料の構成」では、中山信名が和学講談所員としての香取文書調査とは別に、「棚木家文書」などの大宮司家文書の調査を行ったと推定したが、本文のように修正する。

(16) 「香取文書纂目録」（静嘉堂文庫所蔵）および「香取文書纂序　色川三中稿本」（土浦市立博物館所蔵）。『香取古文書目録全』（編纂者故人色川三中、校補兼出版人伊藤泰歳、一八八四年）や刊本『香取文書纂』（第二分冊）の巻一にも掲載されている。なお、三中による「香取文書纂序」や各社家文書毎の序文については、山田邦明「色川三中の香取文書調査と序文」（『県史香取目録』）に正確な釈文と解説が載る。

(17) もともと「官本」には所蔵者は書かれておらず、事前に社家毎に別けることはできなかったはずであり、「家々を別ち」の意味は不明。また、色川本「官本」全一一冊の現状は、第一冊目の表紙に「香取文書官本一」とある題簽が貼られており、二冊目以降の題簽は「香取文書　二」の形式で、「官本」の文字はない。第一冊目の題簽の「官本」は後筆であろう。

(18) 三中によるこの奥書は、京都府立総合資料館所蔵「香取神宮古文書」（二冊）の二冊目（色川本「官本」一一冊目の写）の奥書の書き継ぎにもみることができる。

「此書、水戸官庫之本ヲ以写ス、朱書ハ長嶋信尉《ママ》ぬし所書也　天保十三年寅年三月　色川三中」

「此書色川氏所蔵也、然を去年九月十三日到于彼地借用、持参今年弘化二年四月八日校合畢／録司代中臣豊坂（花押影）」

「右香取太宮司文書三巻者、以香取左織之本令謄写了／弘化四年十二月十四日　穂積重年（花押影）」

「右文書三巻者以兄重年之本令摹写畢／弘化四年丁未十二月　日　穂積重賢于時十有一才（花押）」

「安政六年初夏廿五日、於下谷寺町これを求めし　□春」

この奥書の書き継ぎからは二つのことが確認される。第一は、色川本「官本」の一部（穂積重年・重賢の奥書には「三巻」とあるが、京都府立総合資料館所蔵「香取神宮古文書」は二冊である）を、三中の弟子であり、三中の香取文書調査の仲介者であった録司代豊坂（豊敏・左織）が、三中から借用して模写していたことである。それは、三中が香取に最初に調査に入る五カ月前の弘化二（一八四五）年四月八日のことであった。あるいはここで「校合」とあるのは、左織による大宮司家文書の原本との校合を意味しているかもしれない。中井は、三中による香取文書調査の意図を考察する際に、弘化二年四月十五日付け香取左織の三中あて書状を紹介し、この書状から三中の意図が、「官本香取文書」の原本校合と太閤検地に接続する織豊期の史料採訪にあったことを明らかにしているが、この左織の書状に、「旧年は殊の外御饗応ニ相成り、殊ニ御秘蔵ノ御書拝借被仰付」、「七月盆後ニ……夫迄ハ御書物私どもニ御預り秘蔵仕候」とある「御書（物）」が色川本「官本」であったこと、そして、右の奥書からは、左織が色川本「官本」を借用したのが弘化元（一八四四）年九月十三日であったことがわかるのである。色川本「官本」が三中の調査直前には録司代家の香取左織によって三中から借用され、書写されていたということは、弘化二年の九月から開始された三中による香取文書調査には、やはり左織などによる実務的な相当の協力があったことを裏付けるものといえよう。そして第二には、三中による香取文書調査が進む間にも、香取左織本「官本香取文書」は穂積重年・重賢兄弟によって模写されていたのであり、それが安政六（一八五九）年には「□春」によって購入されたことがわかるのであった。

（19）色川稿本「香取検杖文書」（静嘉堂文庫所蔵）の三中序文（弘化二年十一月二十日付け）。刊本『香取文書纂』（第一五分冊）の巻一六にも載る。

（20）色川稿本「香取録司代家文書　四」の三中後序（前掲）。なお本文（四四頁）にも引用するように、後に確認された録司代家文書（新録一三号）に三中は、「右、録司代所蔵文書九丁ハ、塙氏模写スル所ニ就テ再ヒ写ス、（以下略）」と朱注している。実際、秋葉本「香取録司代家文書」の前半五点とこの朱注のある色川稿本「香取古文書　完」の一～四通と六通目は一部に錯簡があるが、同じ録司代家文書の写である。

（21）**表2**の官本一〇冊目の欄に記載したように、楓軒本「香取文書」一一冊目の西光司家文書に記入されていた「小林玄蕃所蔵」や「小林筆記」、「已下大禰宜家蔵」の注記が、色川本「官本」一〇冊目には記載されていないのであるが、これは書写の過程で落とされたものであろう。なお、『新県史　中世2』の新西三号と新西六号が、冒頭の「已下大禰宜家蔵」や「御朱印写」に「小宮山楓軒注カ」と傍注したのは、「久保木清淵注カ」とすべきものであった。

(22) 中井は、尉信が写し取った水戸彰考館の古文書写本の多くは、水戸彰考館の市毛幹規（幹明）などを仲介にしたものであったとし（中井前掲「田制史研究と長嶋尉信との関係」）、宮内教男は、天保十二（一八四一）年春にはじまり、翌年から本格化した三中による尉信所蔵本の筆写に関して、彰考館本の多くが「立原翠軒・小宮山楓軒→市毛幹規→長嶋尉信→色川三中」というパターンで転写されていることを明らかにしている（前掲『静嘉堂文庫所蔵　色川三中旧蔵書目録』の「解題」）。天保十三（一八四二）年三月に書写された「官本香取文書」（一一冊）も、こうしたルートで転写されたものであろう。なお現在、水府明徳会彰考館・徳川博物館が所蔵する「香取文書」には大禰宜家文書が収録されているが、和学本「香取大禰宜家文書」（東京大学史料編纂所所蔵）や色川本「官本」、楓軒本「香取文書」とは対応しない。

(23) 色川稿本「香取録司代文書　一」の三中序文。刊本『香取文書纂』（第七分冊）の巻七にも載る。

(24) 色川稿本「香取録司代文書　四」の三中後序（前掲）。

(25) しかし、静嘉堂文庫や土浦市立博物館には所蔵されていない。

(26) なお、新録一六・一七・一九号は、確実に清宮秀堅が三中に贈ったものである。『新県史　中世2』同文書の注記参照。また佐藤前掲「清宮家の書状」は、「新福寺物忌家文書」が三中による香取文書調査の収束期にあたる嘉永元（一八四八）年内に秀堅が借用して、これを三中に提供したものであったことを明らかにしている。

(27) 中井は、前掲『色川三中の研究　学問と思想編』第五章で「『香取文書纂』七〇巻」とも書いている（同書三一一頁）。

(28) 現在の静嘉堂文庫所蔵「香取文書」（七〇冊）は、香取文書纂総目（一冊）、香取文書纂目録（二冊）、香取録司代文書（四冊）、香取大禰宜家文書（一四冊）、香取大宮司文書（一冊、ほんらいは中山信名本）、田所家文書（六冊）、香取田所文書拾遺（二冊）、香取案主家文書（一三冊）、香取検杖文書（三冊）、香取物忌家文書（一冊）、香取文書諸家雑集（一冊）、香取文書纂図（一冊）、香取新福寺文書（三冊）、香取郡神崎明神神主文書（一冊）、香取源太祝家文書（三冊）、香取源太祝家文書拾遺（一冊）、香取古文書（一冊）、香取文書（＝官本、一一冊）の順で保管されている。「香取諸家所蔵古升図」（一帖）と「香取天正文禄検田帳」（一二冊）は、「香取文書」（七〇冊）とは別に分類されている。また中山信名稿本「香取文書　完」

（一冊）も静嘉堂文庫が所蔵する。

（29）「香取文書纂序」と「凡例」は②には記載されていないが、土浦市立博物館所蔵の三中自筆草稿のなかには、「香取文書纂」と「凡例」との見出しのある草稿（帙には「香取文書序／□□《黒坂》命墳墓考　色川□□《三中》自筆草稿」との題簽がある）と、見出しは「香取文書纂序」だけの「香取文書纂序」と「凡例」の第一次清書本（帙には「香取文書纂序　色川三中稿本」と題簽がある）とが存在している（『色川三中関係資料目録』〈前掲〉一〇三頁も参照）。『香取古文書目録　全』（前掲）および刊本『香取文書纂』（第二分冊）の巻二にも掲載されている。

（30）「社僧文書」の下には何の記載もないため、「社僧文書」は独自の立項ではなく、「新福寺文書」と「雑集」に関しての分類を意味している可能性もあるが、ここでは本文のように理解しておく。かりに「社僧文書」が調査されていたら、香取社周辺の江戸時代までの歴史は、現在確認できる香取文書から描くものとは別の姿になるであろう。この点で、序の註（7）に引用した高森良昌や矢島英雄らの研究はたいへんに貴重なものである。なお、大禰宜家の氏寺の新福寺文書の目録は、本文に引用した①の「拾遺」の項目について、

新福寺文書　一

（文書名＝二十九点　省略）

二

（文書名＝四十二点　省略）

三

（文書名＝三十点　省略）

以上三巻今所輯

の形式で、一〇一点が記載されている。

（31）色川稿本「香取天正文禄検田帳」（一二冊）と『旧県史』所収の「香取郷宮中検地帳写」（香取区有文書一号）との対応関係を示しておきたい（**表3**参照）。

この対比からわかるように、色川稿本と区有文書とでは冊子の収録順が異なっており、日付も区有文書の五冊目の日付が

表3　色川稿本「香取天正文禄検田帳」と『旧県史』所収「香取郷宮中検地帳写」の関係

色川稿本	奥書など	区有文書
1冊目（廿一日）	弘化3／5／4　於大禰宜家　三中 嘉永元／10／6　以天正年中本帳校合畢	1冊目
2（廿一日）	弘化3／5／4　於大禰宜家　検杖実房・録司代豊坂	2
3（廿三日）	弘化3／5／6　於録司代家　三中、此一冊本書悪筆	＊5
4（廿三日）	なし	4
5（廿四日）	なし	6
6（廿四日）	弘化3／5／6　録司代豊坂	＊3
7（廿五日）	弘化3／5／4　於大禰宜家　三中	＊8
8（廿五日）	弘化3／5／5　於録司代家　三中	7
9（廿六日）	弘化3／5／6　於録司代家　三中	10
10（廿六日）	なし	9
11（廿七日）	弘化3／5／6　於録司代家　三中	11
12（廿七日）	弘化3／5／4　於大禰宜家　三中	＊12

「二月廿二日」、三冊目の日付が「二月廿一日」となっている。また、区有文書の八冊目は、三紙分前欠であるなど、記載された数値にも一部違いがみられる。さらに、区有文書には各冊子の末尾に「附箋」があり、新たな数値が記載されている。帳簿論的には、両者はともに史料集に採録され、比較対照されるべきものである。また、色川稿本の奥書からは、弘化三（一八四六）年五月四日から六日にかけての三日間で、三中が検杖実房と録司代豊坂（左織）とともに手分けをして、四日には大禰宜家において、五・六日には録司代家において書写したことがわかる。そして、すでに中井が指摘したように、三中は嘉永元（一八四八）年十月六日に「天正年中本帳」によってこれらを校合したのであった。実際、色川稿本には、各冊子の表紙の検地人の「判」に花押影などが書き加えられている。なお、大禰宜家文書の「天正十九年二月二十七日香取郷宮中屋敷検地水帳写」（新禰五三号）は、色川稿本の一二冊目にあたるが、『新県史』では結局、私どもの思慮が足らず、色川稿本「香取天正文禄検田帳」（一二冊）を収録しなかった。

（32）　静嘉堂文庫では、「香取諸家所蔵古升図」（一帖）として登録されている（註〔28〕参照）。前掲『香取古文書目録』が目録の最後に「神宮及諸家所蔵外之図」としているのは、もちろん「升之図」の誤植である。なお、「香取諸家所蔵古升図」は、本書第十章で詳しく紹介している。

(33)　これらの原本の所在については、香取神宮や旧社家などでの絵図類や祭器類に関する調査が不十分であるため、今のところ不明である。絵図類や祭器類の調査は今後の重要課題である。

(34)　中井前掲「『香取文書纂』の編纂について」一〇〇―一〇一頁。重野安繹の報告『関東六県古文書採訪日記』も中井の引用による。

(35)　刊本『香取文書纂』（第一六分冊）の巻一八の巻末所収。なおこの基準でいくと、静嘉堂文庫所蔵の色川本「香取文書纂」は六五冊（内、目録五冊、「官本」一一冊）ということになる。

(36)　前掲『香取古文書目録　全』所収。

(37)　中井前掲「『香取文書纂』の編纂について」一〇〇―一〇一頁。重野安繹の報告『関東六県古文書採訪日記』も中井の引用による。

(38)　①の「宮司家所蔵　甲」には三六点、「宮司家所蔵　乙」には一二点（なお、乙の目次の末には「右連接一筆一紙」と書かれている）の計四六点が影写されており、これらの大宮司家文書は一八八七（明治二十）年までは宮司の香取保禮家に所蔵されていたことがわかる。録司代家文書は、すでに冊子に綴じ込まれていたはずであるが、小杉の影写本には、ほぼ編年順に一五〇余点が採録されている。

(39)　刊本『香取文書纂』（『香取神宮古文書纂』）の刊行については、『千葉県の歴史　資料編　近現代7』（千葉県、一九九八年）に関係史料が収録されている（六五六頁以下）。

(40)　『香取群書集成』（香取神宮社務所、一九四三年）第一巻の後記（宮司澤田総重）および序（神祇院副総裁飯沼一省）。

(41)　『香取群書集成　第八巻附録』には、その後の予定として、「造営に関する文書の刊行を目指したい」とある。

(42)　小島一仁「解説」（『佐原市史　資料編　別編一〈部冊帳　前巻〉』）。元禄造営については、新源四七号以下も参照。なお、「部冊帳」については、前掲『千葉県の歴史　通史編　近世2』第十二編「学芸と地域文化」に詳しく解説されている。

(43)　「（香取）神宮所蔵文書」の成立については、本書第三章で詳述する。

(44)　ここに「分飯司家文書」は続編に是非収めたいとしており、刊本『香取文書纂』との継続性をみることができる。

（45）『新県史　中世2』「発刊にあたって」（宇野俊一）。

【補注】

中井信彦は、西尾市岩瀬文庫所蔵の「香取古文書」（全五冊、九八函六九号）には、「明治十一年三月三十日以塙家蔵本書写了平良弼」との奥書があり、和学講談所の蔵書印が写しとられていることから、この写本が刊本『香取文書纂』の「校点」者邨岡良弼によるもので、和学講談所影写本からの抄写本であるとしている（中井前掲『『香取文書纂』の編纂について」一一〇―一一一頁）。中井の指摘にしたがえば、岩瀬文庫所蔵（邨岡良弼旧蔵）「香取古文書」によって、和学講談所による香取文書調査の全容が明らかになるのではないかと考えられる。今回、岩瀬文庫で「香取古文書」を調査することができたので、結果の概要を記しておく。

①五冊すべての一丁目に「邨岡良弼」の蔵書印があること。「和学講談所」の蔵書印は、第一冊の一九丁目に朱で影写されていること。「明治十一年……」の邨岡良弼の奥書は第三冊「香取大禰宜家文書　上」の中ほどに書かれていること。

②冊子の形態は、第一・二冊の表紙等に表題はないが、冊子の底に「香取文書　一」「香取文書　二」と書かれている。第三・四冊には、一丁目の右に「香取大禰宜家文書」との表題が書かれており、各冊子の底には「香取大禰宜家文書　上」「香取大禰宜家文書　下」と書かれている。第五冊の一丁目の右には「香取大宮司家文書」との表題が書かれ、冊子の底にも「香取大宮司家文書」とある。つまり、第一・二冊が「香取文書」、第三・四冊が「香取大禰宜家文書」、第五冊が「香取大宮司家文書」であった。

③和学本「香取大宮司家文書」（全四巻）・「香取大禰宜家文書」（全四巻）（ともに東京大学史料編纂所所蔵）や『続群書類従』所収の香取文書との関係については次のようになる。カッコ内は『千葉県史』の収録番号。

第一冊「香取文書　一」（五点の帳簿）

一号→続群巻第七〇の「香取社年中神事目録」（新田一八号）

二号→続群巻第七〇の「香取大神宮造営目録」（新西七号）

三号→続群巻第七〇の「下総国香取社造進注文事」（新続一号）

四号↓続群巻第七一の「香取宮遷宮用途記」↓旧禰一六号・新禰七号前半・新禰六号・新禰七号後半・旧禰九号
五号↓続群巻第七一の「嬔殿遷宮用途記」↓旧神九号
第二冊「香取文書　二」(三点の帳簿)
一号↓続群第九七七の「弘長元年下総国小野織幡地帳」(新分二号)
二号↓続群第九七七の「応永六年香取諸名帳」(新群二号)
三号↓続群第九七七の「正応四年香取検田帳」(新分四号)
第三冊「香取大禰宜家文書　上」
一～六二号↓和学本「香取大禰宜家文書」第二巻(五点ほど少ない)
○九号「承元三年三月十七日鎌倉幕府下知状(将軍家下知状、新本二号、旧禰十三号)」は、正文の第一紙のみが書写されている。
○六二号の後に、郁岡良弼の奥書がある。
六三～七六号↓同右第一巻(一点ほど少ない)
○六三号の前に「香取大禰宜家文書」との表題がある。
第四冊「香取大禰宜家文書　下」
一号～四四号↓同右第三巻(六点ほど少ない)
四五号～末尾まで↓同右第四巻(二点以上少ない)＊最後まで確認できていない。
○四五号の前に「香取大禰宜家文書」との表題がある。
第五冊「香取大宮司家文書」
一号～一七号↓和学本「香取大宮司家文書」第一巻(一点ほど少ない)
一八号～三一号↓同右第四巻
三二号～四〇号↓同右第二巻(一点ほど少ない)
四一号～六一号↓同右第三巻

こうした調査結果からみて、和学講談所による香取文書調査の全容は岩瀬文庫所蔵（郁岡良弼旧蔵）「香取古文書」（全五冊）にほぼ示されているといってよい。そして、こうした調査成果にもとづいて和学講談所は、「香取大宮司家文書」と「香取大禰宜家文書」については清書のうえ、各々四巻に成巻したのであり、それが現在の東京大学史料編纂所所蔵本である。他方、帳簿類は『続群書類従』にその多くを収録したのであった。

第三章　社家文書としての香取文書

はじめに

本章では、第二章で検討した歴史的な香取文書調査の成果としての写本類と、新しい千葉県史編纂事業によって史料調査することができた原文書等を書誌学的に検討しつつ、社家文書の総称である「香取文書」の全体像とその特徴について明らかにする。

その際、留意すべきは、香取文書が香取社（香取神宮）自体に伝来した文書ではなく、あくまでも大宮司家以下の社家や関連寺院に伝来した香取社関係の文書群であったことである(1)。そのため明治維新後に、各社家から香取神宮に納められることによって成立した「香取神宮所蔵文書」（「本所古文書」五巻など）は、第三節で検討するように、旧社家等の家伝文書に戻したうえでその内容を考える必要がある。

そこで第一節では、社家文書整理の事例として、写本類からは多数の文書が確認できるにもかかわらず、原本の多くが散逸してしまった大宮司家文書の整理・復原を試みる。第二節では、第一節での大宮司家文書の検証事例を前提として、大宮司家文書以外の各社家の原本と写本類の現状などを確認し、各社家文書の構成とその特徴を明らかにする。そして、第三節において、「香取神宮所蔵文書」成立の政治史について検討したいと思う。

一　大宮司家文書の整理・復原

（1）現状―原本と写本

大宮司家文書とは、ほんらい大宮司職に引き継がれた文書であるが、大宮司職は香取社の長官の職であり、家伝文書とはいい切れない面を同文書はもっている。こうした大宮司職の性格のために、平安後期から南北朝期にかけての「大宮司家」自体も社家としては不安定であった。その点では、大禰宜家の私領相伝のための典型的な家伝文書である大禰宜家文書と対比されるべき文書であり、大禰宜家文書の内容を相対化するうえでも貴重な史料群である。

大宮司家文書の原本は、現状ではほとんどが散逸してしまっているが、新しい千葉県史編纂事業の調査で確認された原本には、香取神宮所蔵の「旧大宮司家文書」（一巻、七点）があり、[2]江戸時代に分離した「棚木家文書」の一部も香取芳忠家文書（一二点）として再発見された。すでに紹介されている筑波大学附属図書館所蔵「香取文書」（一巻、八点）も大宮司家文書の一部である。[3]香取神宮所蔵「旧大宮司家文書」の巻子の表紙には、「旧大宮司家文書」の題簽外題が貼られており、末尾には「昭和十五年九月修理」とある。筑波大学附属図書館所蔵「香取文書」の巻子の表紙には、直接「香取文書」と書かれている。香取芳忠家文書の現状は一紙ものの形となっている。

写本類では、和学本「香取大宮司家文書」（四巻）が七一点、楓軒本「香取文書」には八七点の大宮司家文書が収録されている。色川本「官本」には六五点ほどの大宮司家文書が確認できるが、色川三中の調査では「官本香取文書」所収のもの以外に新たな大宮司家文書は確認されず、そのために新集（「続輯」）の色川稿本は存在しない。第二章でふれたように、中山本「香取大宮司文書」には四二点ほどが収録されている。なお、中山本「香取大宮司文書」の表紙には、直接「香取大宮司文書　完」と書かれており、見開きには「香取文書大宮司蔵」とある。また、香取神宮所蔵の秋葉本「香取大宮司文書（上・下）」には四八点が載る。これは第二章でふれたように、上巻は和学本「香取大宮司家文書」巻三と同じ写であり、下巻は和学本「香取大宮司家文書」の巻一・二に収録されたものの一部で、ともに和学本の写とみてよかろう（八六頁以下の**表4**参照）。

これらの原本と写本類との重複関係を整理すると、**表4**「大宮司家文書目録」のようになり、今のところ大宮司家文書は九八点ほどの文書群であったことがわかる。そこで、第二章での香取文書調査の概要とも若干重複するが、大宮司家文書調査の沿革と写本の作成過程を振り返りつつ、大宮司家文書のあり方を検証してみたい。

次頁の**系図1**は、十五世紀から十九世紀にかけての香取大中臣氏の大宮司職と大禰宜職の遷替・相伝を示したものである。平安末期から南北朝期にかけて、大禰宜職が香取大中臣氏の嫡子に遷替され、さらに相伝される職となったのに対して、大宮司職は庶子に遷替される職であった（二五九頁の**系図2**）。そのため大禰宜家は早くに成立したが、大宮司職には遷替の職としての性格が存続したのであった。[4] これを南北朝後期の大中臣長房は、大禰宜職の地位を父から相伝したうえで、母方の血筋から大宮司職を遷替して、大禰宜兼大宮司を称した。こうした大禰宜と大宮司の兼職は長子の幸房へと相伝されたわけで、幸房以降には改めて長子秀房系に大禰宜職が、次男元房系に大宮司職が相伝されていき、「大宮司家」も明確化したものと考えられる。[5] しかし近世初頭には、大禰宜家の当主実勝・実応が「神木伐採の咎」によって相次いで香取社から追放されたため、大禰宜職には実応の女婿である大宮司家の次男実富が就く。実富の死後は、実富の甥の清房が大禰宜職を継ぐが、大宮司職であった清房の兄定房の死去にともなって清房が大宮司職を引き継ぐことになる。そして大禰宜職には、旧大禰宜家の実暁の女婿である勝房が就いたのである。

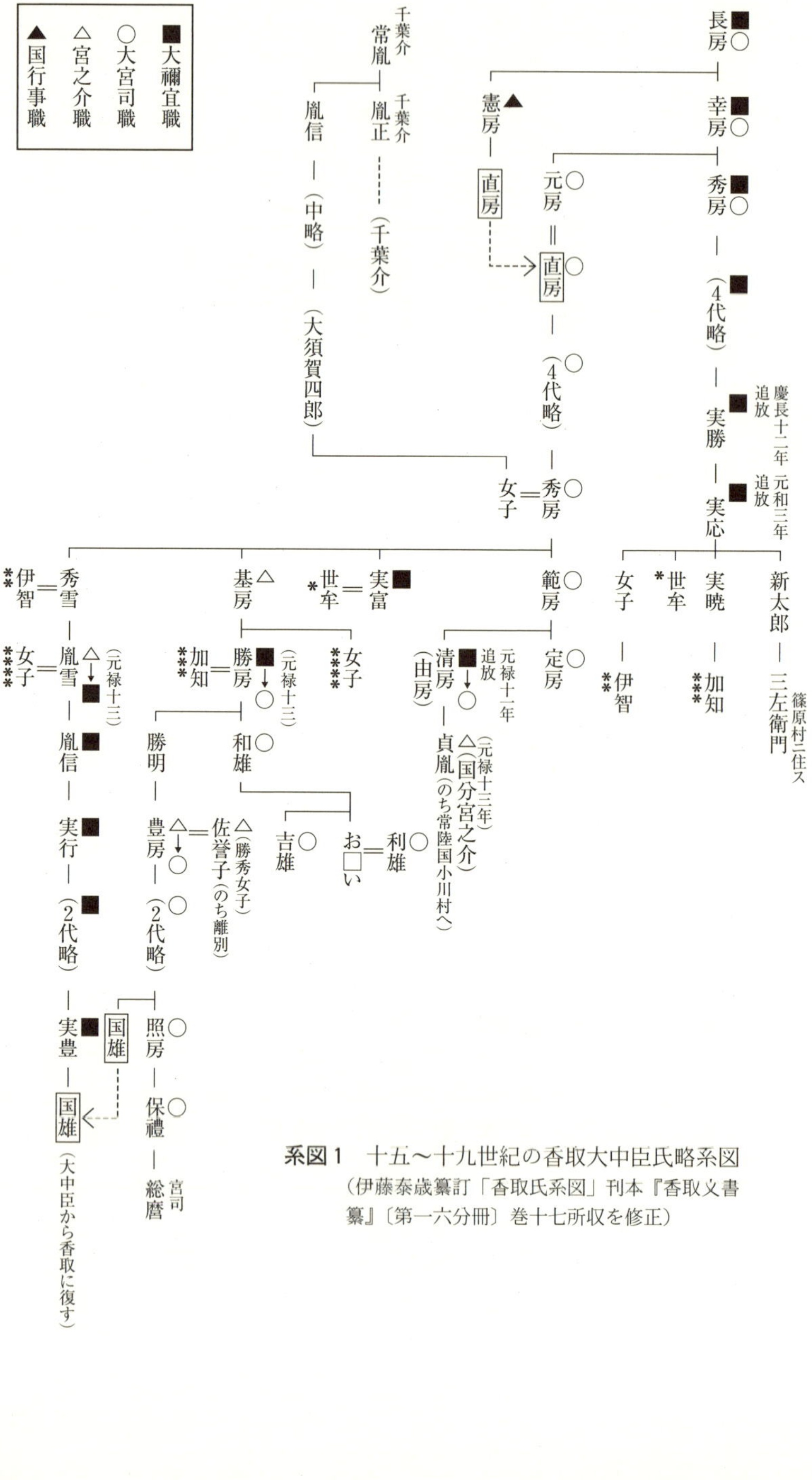

系図1　十五〜十九世紀の香取大中臣氏略系図
（伊藤泰歳纂訂「香取氏系図」刊本『香取文書纂』〔第一六分冊〕巻十七所収を修正）

（2）光圀軸物と棚木家文書

大宮司家文書の調査は、貞享元（一六八四）年徳川光圀による借覧が最初であり、大宮司職の大中臣清房への文書返却にあたって徳川光圀は、それらを成巻、表装して自ら巻末に跋文を附した。中井信彦はこの時の文書数を四七点、巻子は二軸であったとしている。それをうけて私は、楓軒本「香取文書」（全一二冊）では一〇冊目に、徳川光圀の跋文を奥にもつ一連の写一六点が、同じく一二冊目には三〇点（元亨三（一三二三）年七月八日藤氏長者宣写は二通写されている）の古文書の写に次いで光圀の跋文が写されており、それを根拠に、この四五点（元亨三年七月八日藤氏長者宣写を一通とみる）の文書が、貞享元年に光圀が借覧した文書であったとした。[6] しかし、次に検討するように、香取芳忠家文書の精査によって、楓軒本「香取文書」一〇冊目の一六点が光圀によって巻子に仕立てられたものである可能性はほぼなくなった。

表4（八六頁以下）の「水戸」の欄の「b—n」の記載は、以前に私が楓軒本「香取文書」一〇冊目の一六点を光圀による軸物と考えて「光圀軸物b」と呼んだものである。このうちのb—3・b—4・b—5・b—6・b—7・b—9・b—10・b—11・b—12・b—17の一〇点は、香取芳忠家文書として原本が確認できるのであるが、b—6・b—7・b—9・b—10・b—11・b—12・b—17は一紙ものあるいは封紙とともに存在しており、巻子とされていた可能性はなく、b—12〜b—16の文書はもともと貞享元年の光圀跋文よりのちの文書であって光圀によって成巻されるはずがない。また、香取芳忠家文書としてのb—17は、貞享元年臘月穀旦の光圀跋文（新宮八二号）の写とみるべきものであった。つまり、b—17（貞享元年光圀跋文）の前に収録されているb—1〜b—16が、小宮山楓軒による「棚木家文書」の調査段階で一連の巻子であった可能性は、じつはなかったのである。ただし、香取芳忠家文書として原本が確認できるb—3・b—4・b—5は、一応、正文とみてよいと思うが、この三点は裏打ちされた状態で一紙毎に裁断されているようにみえる。しかし、「光圀軸物a」から裁断・分離された可能性は低かろう。

これに対して「光圀軸物ａ」の三〇点はすべて正文であり、彰考館（光圀）は大宮司家文書の大半を借覧したうえで、案文や写そして偽文書の疑いのあるものを除いて[7]、一巻の巻子に表装し、奥に光圀の跋文を附したと推定できるのである。

次の調査は、文化十（一八一三）年小宮山楓軒による大宮司家文書の一部である「棚木家文書」の調査であり、その成果が楓軒本「香取文書」の一〇冊目であった。第二章でもふれたように、棚木家とは元禄十二（一六九九）年に香取神宮を追放された大宮司職の大中臣清房（のちに由房と改名）が水戸藩領内に移住して棚木彦五郎を称したもので、このとき清房は大宮司家文書等を所持していた。清房の追放後、寺社奉行は元禄十三年六月二十七日、空席となった大宮司職をうめるため、大禰宜勝房（丹波）を大宮司職に、国分宮之介胤雪（図書）を大禰宜職に、「前大宮司美作」（清房）の子小次郎（貞胤）を宮之介跡へと仰せつけ、七月四日には、丹波は宮下の大宮司邸に、図書は宮中の大禰宜邸に、小次郎は宮之介跡に移っている（『佐原市史　資料編　別編一　部冊帳　前巻』佐原市、一九九六年、四九七頁）。先述した南北朝後期の大中臣長房の孫にあたる秀房（＝大禰宜職）、元房（＝大宮司職）以降には、大禰宜屋敷や大宮司屋敷が成立したものと思われる。

ところで、大中臣清房＝棚木彦五郎が所持した大宮司家文書などの大半は、享保九（一七二四）年七月十四日に寺社奉行からの目録にしたがって、水戸にて国分宮之介（香取に残った清房の子息貞胤）に引き渡されたのであるが、その際に棚木彦五郎に充てた子息国分宮之介（小次郎、貞胤）の文書等請取覚が棚木家＝香取芳忠家に残されている（新香一一二号／新宮九〇号）。

覚

一関白政所御下し文
一尊氏公御判

但、此三行者壱巻也、

一承元三年之鎌倉御下知状
是ハ年号相違御座候、嘉禄二年ニ御座候、
一香取三拾六ケ之伝書壱巻
一三之宮様御筆壱枚
一下社家職役等申付候節、為仕候証文拾枚
一大宮司江数代下社家・社僧ゟ取候証文
一社僧移り替之節取候証文拾六枚
此二行者同然之書付ニ御座候、
寺社御奉行所ゟ被下候、
一修理料四拾石之証文壱枚
一延宝七年末社遷宮之証文壱枚
一大禰宜与一郎証文
是ハ相見江不申候故、請取不申候、
一神領社家・社僧江割渡し候知行所之書付壱帳
一大宮司知行之帳壱帳
一鉄炮御改之節之証文拾壱通
一建永二年之官府（符）
是ハ無御座、依之請取不申候、
一別当金剛宝寺与惣持院公事之節取候証文壱枚
一駒之角壱つ
一牛之玉壱つ

一よるへの水入壱っ
一土佐絵酒顚童子弐巻
一兵衛大夫職料金壱封
但、壱封之内三拾九両弐分
右拾九ヶ条者、私方江相渡し候様ニと、御公儀寺社御奉行所ゟ其許江被仰渡候品々請取申候、
外ニ
一旧記壱巻
一同写壱巻
一御年礼之御書付弐枚
一神領木之御書付弐枚
一千葉氏ゟ之書付壱巻
一捨馬之証文八枚
右六行者、御公儀寺社御奉行所ゟ私方江相渡候様ニと、其許江被仰渡候品々之外ニ候得共、御渡候間請取申候、
前書之通無相違請取申候、為後日仍而如件、
享保九年辰ノ七月十四日　香取神職国分宮之介（印）
棚木彦五郎殿

ここには「一関白政所御下し文」などの具体的な文書名や「一旧記壱巻」などの巻子が記載されているが、**表4**に沿って返却された文書を確定することはできない。かりに清房が、すでに分離していた筑波大学附属図書館所蔵「香取文書」以外のすべての大宮司家文書をもち出していたとすると、この文書等請取覚に記載されず、その結果、清房

＝棚木彦五郎のもとに残された文書が「棚木家文書」となるわけで、棚木家文書は表4からわかるように、彰考館が「正文」と認めなかった中世文書と他の近世文書によって構成されているのである。[8] 小宮山楓軒は、この「棚木家文書」（二一点）を文化十（一八一三）年に「常州小川村香取氏所蔵」の香取文書として書写したのであったが、その後、棚木家文書の一部は散逸し、香取芳忠家文書には一二点しか現存しておらず、九点ほどが所在不明となっている。

国分宮之介（貞胤）の棚木彦五郎充ての文書等請取覚は享保九（一七二四）年七月十四日付けであったが、香取にもどった宮之介は、四日後の七月十八日に当時の大宮司和雄に父から返却された大宮司文書等を引き渡した。その際に大宮司和雄が国分宮之介（貞胤）に充てて渡したものが、次の請取目録であった（享保九年七月十八日香取社大宮司家什物目録写、新源六三号）。

覚

一関白政所御下文

一尊氏御判

一承元三年鎌倉御下知状
　是ハ年号相違ニ候、嘉録（禄）二年ニ候、
　右三行一巻也

（中略）

一建永二年之官府（符）
　是者無之候間、請取不申候、

一別当金剛宝寺与惣持院公事之節取候証文
　壱枚　御印判無之

一駒之角　一ツ

一牛之玉　一ツ
一よるへの水入　一ツ
一土佐絵　酒顛童子　弐巻
一兵衛大夫職料金　一封慶長金也
三守
但、壱封之内卅九両弐分
右之品其方指越、棚木彦五郎ゟ受取候様、寺社御奉所ゟ被（行脱カ）　仰付候ニ付、今度右之品受取、相渡候目録、書面
之通慥ニ致社納候、
外ニ
一旧記　壱巻
一同写　壱巻
一御年礼之書付　弐枚
一神領木の書付　弐枚
一千葉氏ゟ之書付　壱巻
一捨馬之証文　八枚
一御幸絵図　弐巻
右之七品ハ、寺社御奉行所ゟ被仰渡候目録の外ニ有之候得共、棚木彦五郎被致所持候ニ付、今後其方江相渡候
由、同前ニ致社納候、以上、
享保九年辰七月十八日　大宮司印
国分宮之介殿

これによれば、前半の「一関白政所御下文」から「一兵衛大夫職料金」までは、「右の品其方（国分宮之介）指越し、棚木彦五郎より受取り候様、寺社御奉（行）所より仰せ付けられ候に付き、今度右の品受取り、相渡し候目録、書面の通り慥かに社納致し候」とあるように、寺社奉行の指示にしたがって大宮司和雄が受取り、目録を香取社に奉納したのであった。後半の「一旧記　壱巻」以下については、「右の七品は、寺社御奉行所より、仰せ渡され候目録の外にこれ有り候得共、棚木彦五郎所持致され候に付き、今度其方（国分宮之介）へ相渡し候由、同前に社納致し候」とあり、改めて大宮司和雄から国分宮之介に引き渡され、同じく目録が社納されたのであった。[9] こうして大宮司家文書等は、寺社奉行による返還目録にあったものは大宮司和雄へ、返還目録外のものは子息の国分宮之介へと分割され、引き渡されたのである。

ところで、後者の七月十八日付け請取目録の後半は「右之七品」とあるが、前者の七月十四日付け文書等請取覚では「右六行」とあって、何故か「一御幸絵図　弐巻」が記載されていないのであり、この点も注意しておきたい。なお、「御幸絵図　弐巻」というのは、元禄十三（一七〇〇）年の香取社造営に際して、至徳年間の「御幸絵図」（正本）を補修するとともに副本が製作されたのであり、「二巻」とはこの正本と副本のことである。[10]

七年後の享保十六（一七三一）年、国分宮之介（貞胤）は「宮之介職」を他人に譲り、父の後を追って常陸国小川村に退いている。その後、「宮之介家」に入った大宮司家文書は、大宮司和雄の甥にあたる豊房が宮之介家の養子となり（系図1）、のちに大宮司家を相続することによって再び大宮司家にもどり、大宮司文書等は棚木彦五郎から返却された状態にもどったものと推定される。[11]

（3）その後の調査

和学講談所による調査は、文化十二（一八一五）年からはじめられた。現在、東京大学史料編纂所が所蔵する「香取大宮司家文書」（四巻）が大宮司家文書に対しての調査成果のすべてだとすれば、和学講談所は九八点ほどの大宮司家文書のうち、棚木家文書と筑波大学附属図書館所蔵「香取文書」の一部を除いて、中世文書のすべてと貞享元（一六八四）年臘月穀旦の光圀跋文（新宮八二号）を書写し、四巻七一点の巻子に表装したことになる。「光圀軸物ａ」も順番通りには収録しておらず、すでに「光圀軸物ａ」の巻子はばらけていたのか、それも和学講談所による独自の判断で収録を整理し直したものかは不明である。なお、大宮司家文書に限っても、和学本には楓軒本「香取文書」や色川本「官本」に書写されていない七点が収録されている。また、和学本で注目されることは、筑波大学附属図書館所蔵「香取文書」八点のうちの三点（**表4**の通し番号72・74・75）を影写していることである。和学講談所の調査段階には、少なくともこの三点の原本は香取の大宮司家周辺に存在していたことになろう。

第二章で詳述したように、楓軒が「棚木家文書」以外の大宮司家文書を書写したのは、文政十一（一八二八）年のことであったが、それは和学本を写したものではなかった。また、中山信名が楓軒本「香取文書」から「棚木家文書」を書写したことも述べたが、中山本「香取大宮司文書」（一巻）は、前半が和学本「香取大宮司家文書」第三巻と同じ文書の謄写であり、後半は錯簡があるが、楓軒本「香取文書」一〇冊目（棚木家文書）と同じ写である。

そして色川三中による香取文書の採訪は、弘化二（一八四五）年から本格的に開始されたが、三中による大宮司家文書の調査では色川本「官本」の校訂だけが行われ、新たな文書の発見・採訪はなかった。三中は大宮司家文書を調査した際に、色川本「官本」に次のように書き込んでいる。

・「此一巻大方《悉》大宮司家蔵順次上タル　七ト十ト十一ト三巻同」（色川本「官本」七冊目の表紙裏）
・「此十一巻軸二軸不残大宮司家蔵」（同右一一冊目の冒頭）

前者の「大方」の右には「悉」と書き加えられており、三中による調査当時の大宮司家には「官本香取文書」（六五点）とほぼ同数の文書が所蔵されていた。そのため三中は、大宮司家文書の調査を「官本」の校訂だけで済ますことができたのである。

なお、現在の筑波大学附属図書館所蔵「香取文書」（八点）は、和学本に採録された三点を含めて、楓軒本「香取文書」や色川本「官本」あるいは三中の調査では採録されていないわけで、和学講談所の調査以降に筑波大学附属図書館所蔵「香取文書」は大宮司家周辺を離れたものであろう。

また後述するように、一八八四（明治十七）年までには、少なくとも一三点の古文書が香取神宮の神庫に納められているわけで、刊本『香取文書纂』（第二分冊）巻一「大宮司家所蔵」が、色川本「官本」には六五点あった大宮司家文書を五一点しか収録していないのはそのためである。ただし、刊本『香取文書纂』の「大宮司家所蔵」五一点のうち三点は、他の原本や写本類には掲載されていないものである。(12)そして、刊本『香取文書纂』が発行された一九〇八（明治四十一）年以降に、大宮司家文書は散逸してしまったのであり、現在、香取神宮が所蔵する「旧大宮司家文書」（一巻、七点）は、その一部であり、後に香取神宮によって買い戻されたものと考えられる。(13)

なお、一八八七（明治二十）年に香取文書を調査した小杉榲邨による影写本が、東京大学附属図書館に所蔵されている。この影写本には、「香取文書宮司家所蔵／甲乙」との表題が付されており、甲冊・乙冊ごとに目録がある。**表4**からわかるように、小杉による一八八七年の調査段階には、大宮司家文書は棚木家文書および筑波大学附属図書館所蔵「香取文書」そして香取神宮神庫に納入された一三点を除いて、そのほとんどが大宮司家に存在していたことがわかる。また、小杉の影写は精緻なものであり、なかでも乙冊に収録された一四通については、冒頭の目録に「右連接一筆一紙」と記入して一連の重書案であることを示したうえで、本紙の形状まで丁寧に書き込み、さらに紙継を明示している。(14)香取文書を書誌学的に検討しようとするとき、これはたいへんに貴重な情報であった。

（4）本宮雄之家文書について

新発見の本宮雄之家文書の二点は、大禰宜家文書や田所家文書のなかの具書案の一部として知られていたものの正文である。この建永二（一二〇七）年十月日関白前左大臣家政所下文（新本一号、旧禰一二号）と承元三（一二〇九）年三月十七日鎌倉幕府下知状（将軍家下知状）（新本二号、旧禰一三号）は、鎌倉初期の香取社神主（大宮司）の地位と職領を保証した大宮司職に関する基本文書であるとともに、中世香取社における香取大中臣氏の地位を正当化する重要史料であった。この両文書については、寛文八（一六六八）年の大禰宜家文書注文（新禰八三号）に「関白前左大臣家政写自建永弐年四百六十弐年」「（余白）承元三年之年写、本書無之、集書也、四百六十年」とあるものと対応するわけで、寛文八年時点での大禰宜家文書としては、両文書は写あるいは「集書」＝重書案と記載されている。これに対して、前掲の享保九（一七二四）年の国分宮之介文書等請取覚や香取社大宮司家什物目録写では、「一承元三年之鎌倉御下知状／是ハ年号相違御座候、嘉禄二年ニ御座候、」「一建永二年之官府（符）／是ハ無御座、依之請取不申候、」などとあるものが両文書に該当しよう。これによれば、棚木彦五郎から返却された大宮司家文書のなかに、「承元三年之鎌倉御下知状」を確認できなかった国分宮之介（貞胤）や大宮司和雄は、これを年号の間違いで嘉禄二（一二二六）年鎌倉幕府（関東）下知状（新宮一三号）のこととし、「建永二年之官府（符）」（「建永二年関白前左大臣家政所下文」のことと考えられる）は、無かったため請け取り申さずと記載したのであった。

ここで重要なことは、十八世紀前半までは、両文書は大宮司家文書と認識されていたことである。じつは先の大禰宜家文書注文が作成された寛文八年は、大禰宜職であった清房の兄大宮司定房が死去した年であり、兄の死去に伴ってこの年には清房が大宮司職に、大禰宜職は清房の従兄弟の勝房に譲られている（七〇頁の**系図1**参照）。大禰宜家文書注文は、この時の大禰宜職の相続にかかわって作成されたものと考えられる。この時点では、大禰宜家には両文書の正文はなかったのであるが、清房は大宮司家に入ることによって、大宮司家文書内に両文書の正文を確認することができたものと考えられる。しかし、清房が香取を追放されたとき、清房の持参した大宮司家文書のなかに両文書の正文はあったのかどうか。少なくとも、清房が子息国分宮之介に返却した大宮司家文書のなかに両文書はなく、また残された棚木家文書のなかにも両文書は存在しなかった。

では両文書はどこにいってしまったのか。現状では、後者の承元三年鎌倉幕府下知状（将軍家下知状）の正文の続紙三紙のうちの一紙目は、大禰宜家文書のなかに存在している（八四頁の**写真2**参照）。ということは、清房時代の前後で、両文書は大宮司家から大禰宜家へと移動した可能性が高い。実際に、第一章で指摘したように色川三中の調査では、大禰宜家文書のなかに承元三年鎌倉幕府下知状の正文の第一紙目は確認できなかったが、逆に第二・三紙目の正文と複数の写を確認していた[15]。どうして現状では大禰宜家文書として存在している第一紙目が、三中の調査では確認されずに、第二・三紙目のみが確認されたのか。第一紙目を三中が見落とした可能性もあるが、少なくとも第一紙目と第二・三紙目が三中の調査以前に分離していたこと、そして三中の調査段階の十九世紀中頃には、承元三年鎌倉幕府下知状の第二・三紙目の正文は大禰宜家に存在していたことは確実である。

そして、新しい千葉県史編纂事業の調査のなかで、前欠の建永二年関白前左大臣家政所下文（次頁の**写真1**）と承元三年鎌倉幕府下知状（一紙目を除く、**写真2**）の正文は、旧権検非違使家の本宮雄之家文書として発見されたのであった（新本一・二号）。旧権検非違使家が両文書を入手した経緯については、伊藤泰和による「伊能穎則年譜」（『香取群書集成　第五巻』所収）の万延元（一八六〇）年四月の関係事項に「御幸絵図面・古文書各壱巻（香取大禰宜家旧蔵）、篠原村喜平次より津宮権検非違使入手」とあることが注目される[16]。この記事によれば、「御幸絵図面」（香取神宮神幸祭絵巻）・「古文書」（これが両文書にあたることは確実である）の各壱巻は、万延元年に香取市（旧佐原市）の「篠原村喜平次」家を経て、権検非違使家が入手したことになる。

先に、享保九（一七二四）年の香取社大宮司家什物目録写の後半には「右之七品」とあるが、国分宮之介文書等請

写真1　建永二年十月日関白前左大臣家政所下文の正文（前欠、新本一号）個人蔵

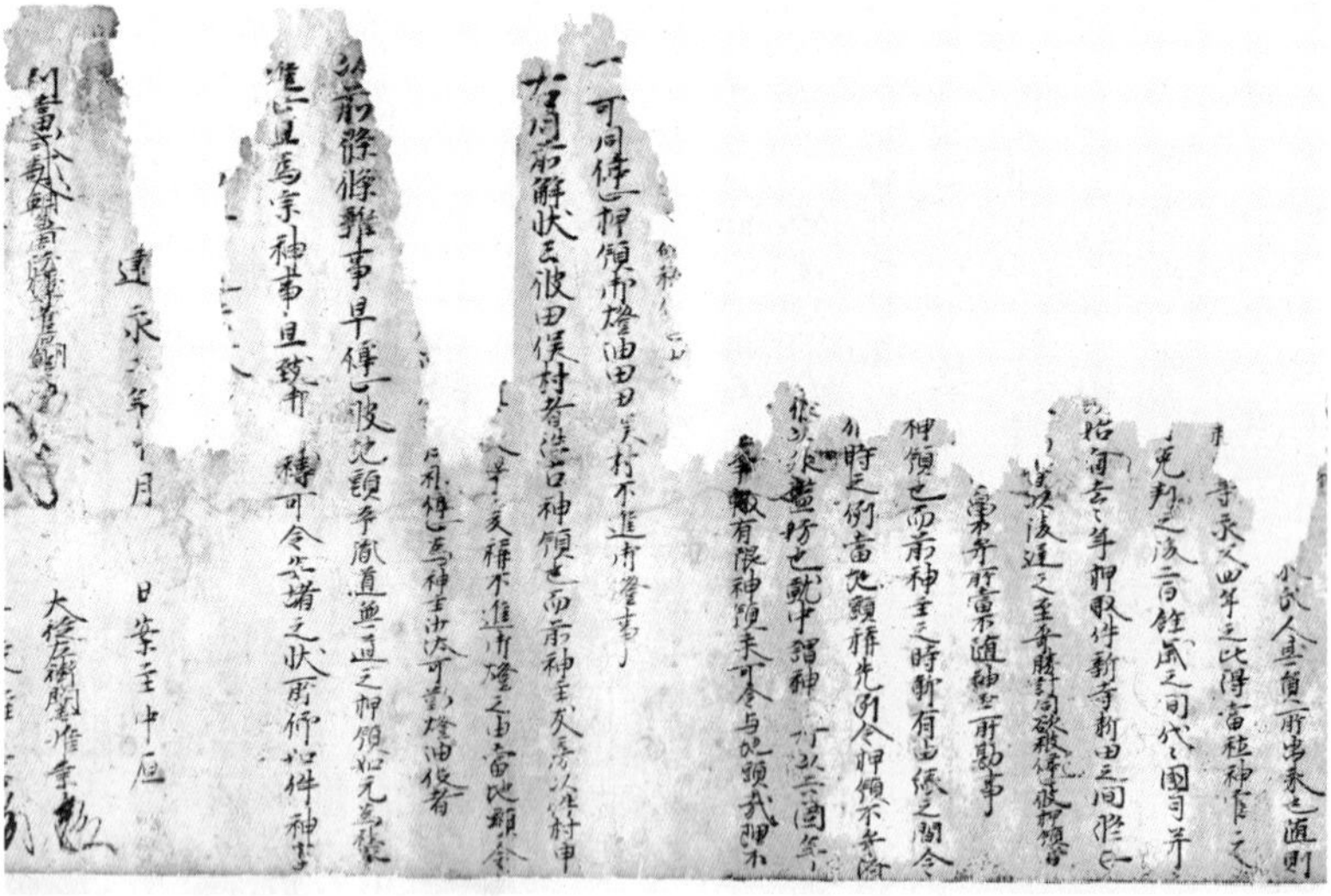

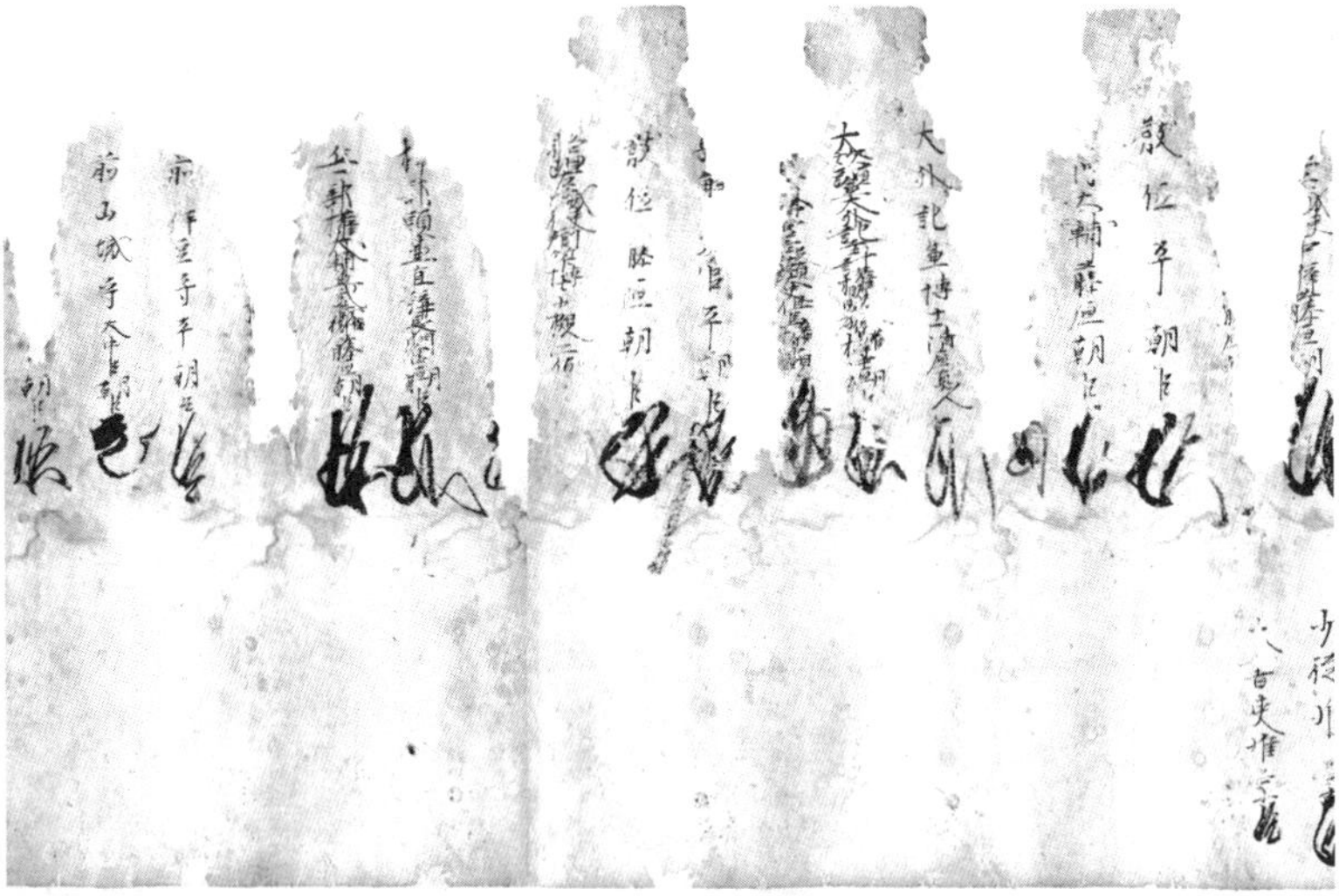

取覚では「右六行」とあって「一御幸絵図　弐巻」が記載されていないことに注意しておいたが、この「御幸絵図」（香取神宮神幸祭絵巻）の正副二巻のうちの正本も、旧権検非違使家が両文書とともに「篠原村喜平次」家から入手したものであった。国分宮之介による棚木彦五郎充ての目録にはないにもかかわらず、大宮司和雄による国分宮之介充ての目録に「御幸絵図　二巻」と記載されているのはどうしてか。もちろん、国分宮之介が父から請け取ったにもかかわらず、たまたま請取目録に落ちただけとすることもできるが、享保九年の大宮司家文書等の返還に際して、すでに大宮司家文書には存在しなかった「建永二年関白前左大臣家政所下文」と「承元二年鎌倉幕府下知状（将軍家下知状）」との二通の重要文書とともに「御幸絵図」の正本は、のちに権検非違使家に一緒に移動することになるわけで、この三点の史料の伝来には不透明さが残るのである。他方、「御幸絵図」の副本は、享保九年以後も大宮司家に伝来したようであり、のちに彰考館によって書写されている（彰考館本「香取神宮神幸祭絵巻」[17]）。

幸いに両文書は「御幸絵図」（正本）とともに、所蔵者の旧権検非違使（本宮）家によって二〇〇一年に修復されているが、**写真1・2**からもわかるように、両文書はほんとうに傷みのひどい状

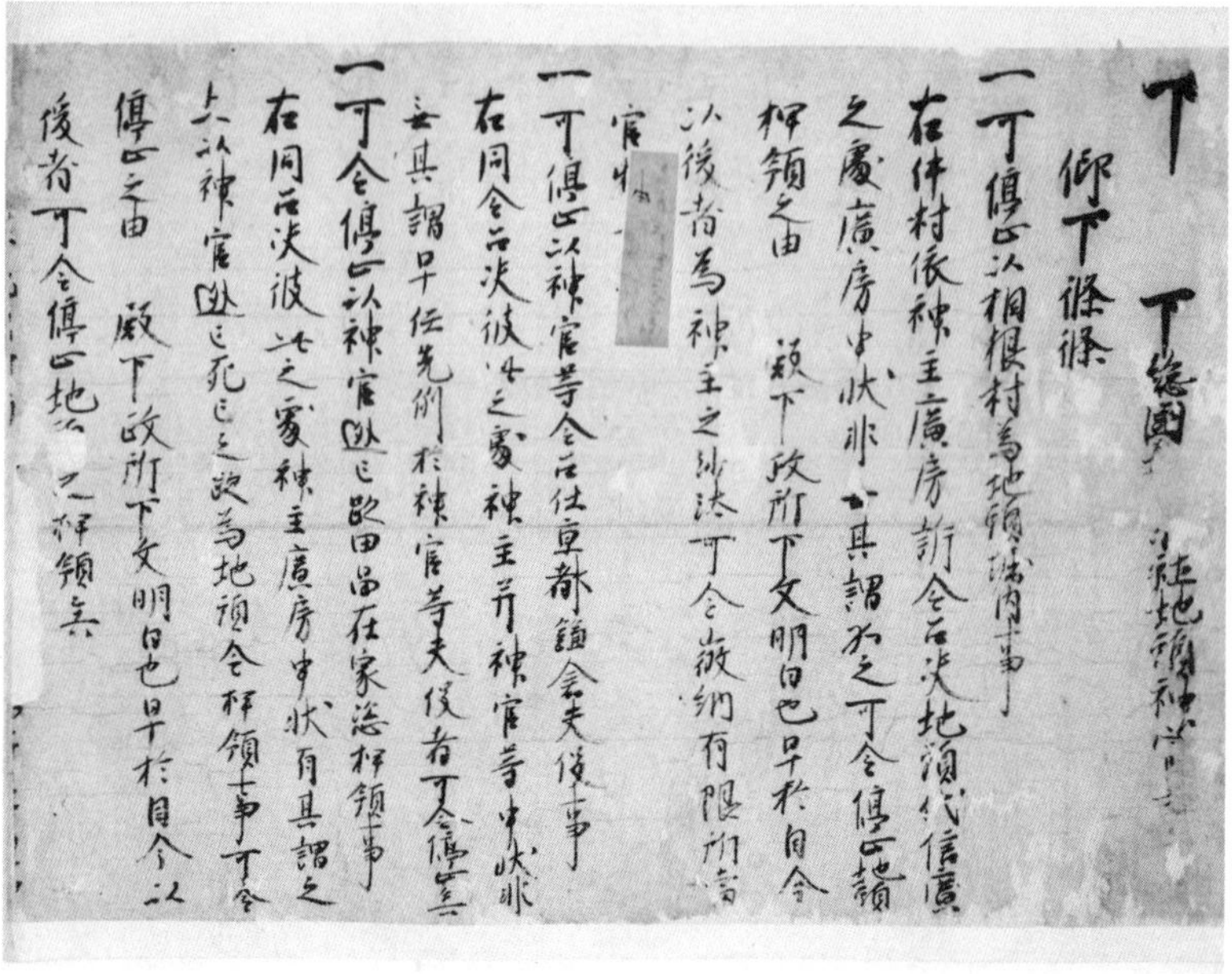

写真2　承元三年三月十七日鎌倉幕府下知状の正文（旧禰一三号、新本二号）。第一紙目のみ大禰宜家文書　ともに個人蔵　（第一紙）

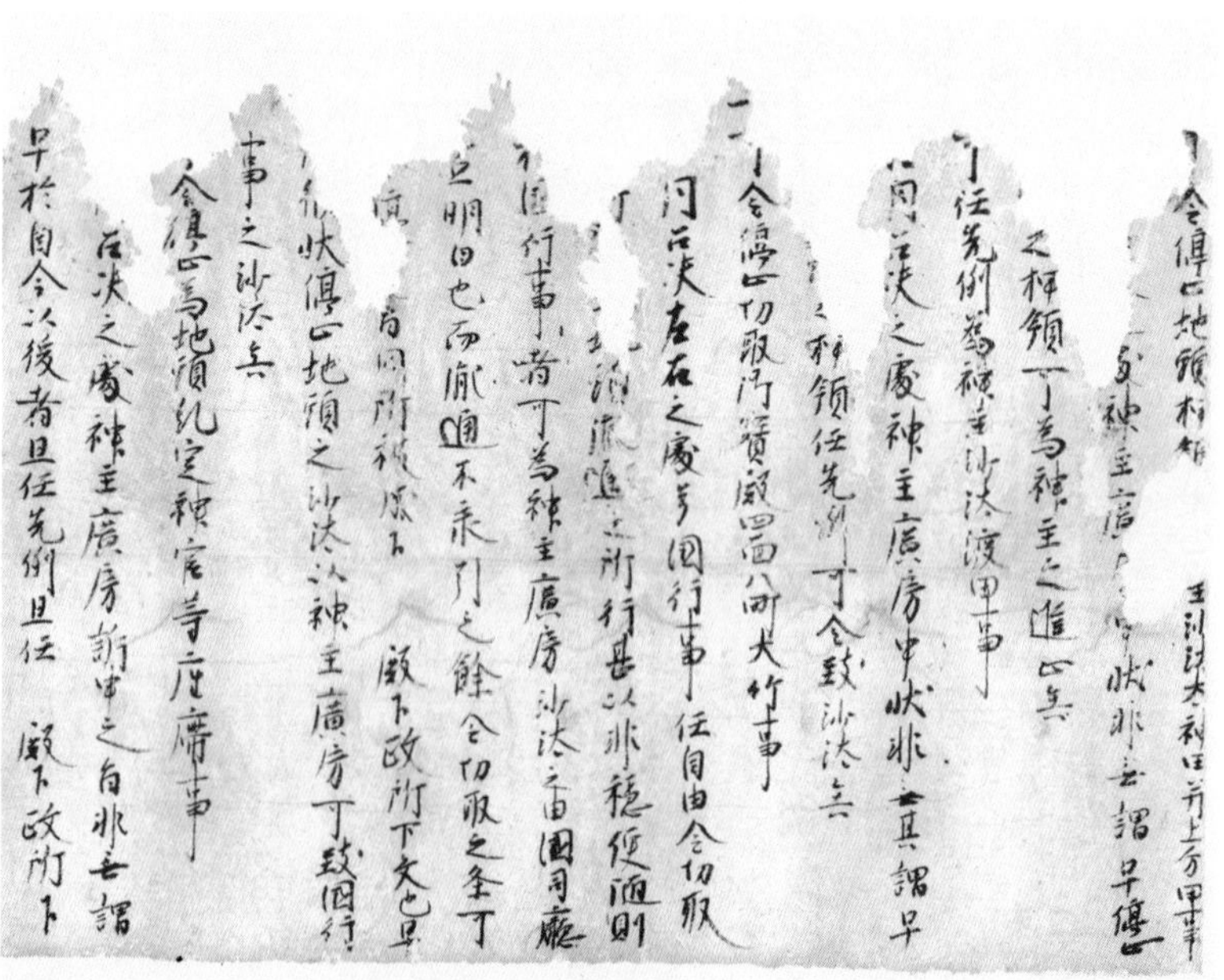

（第二紙）

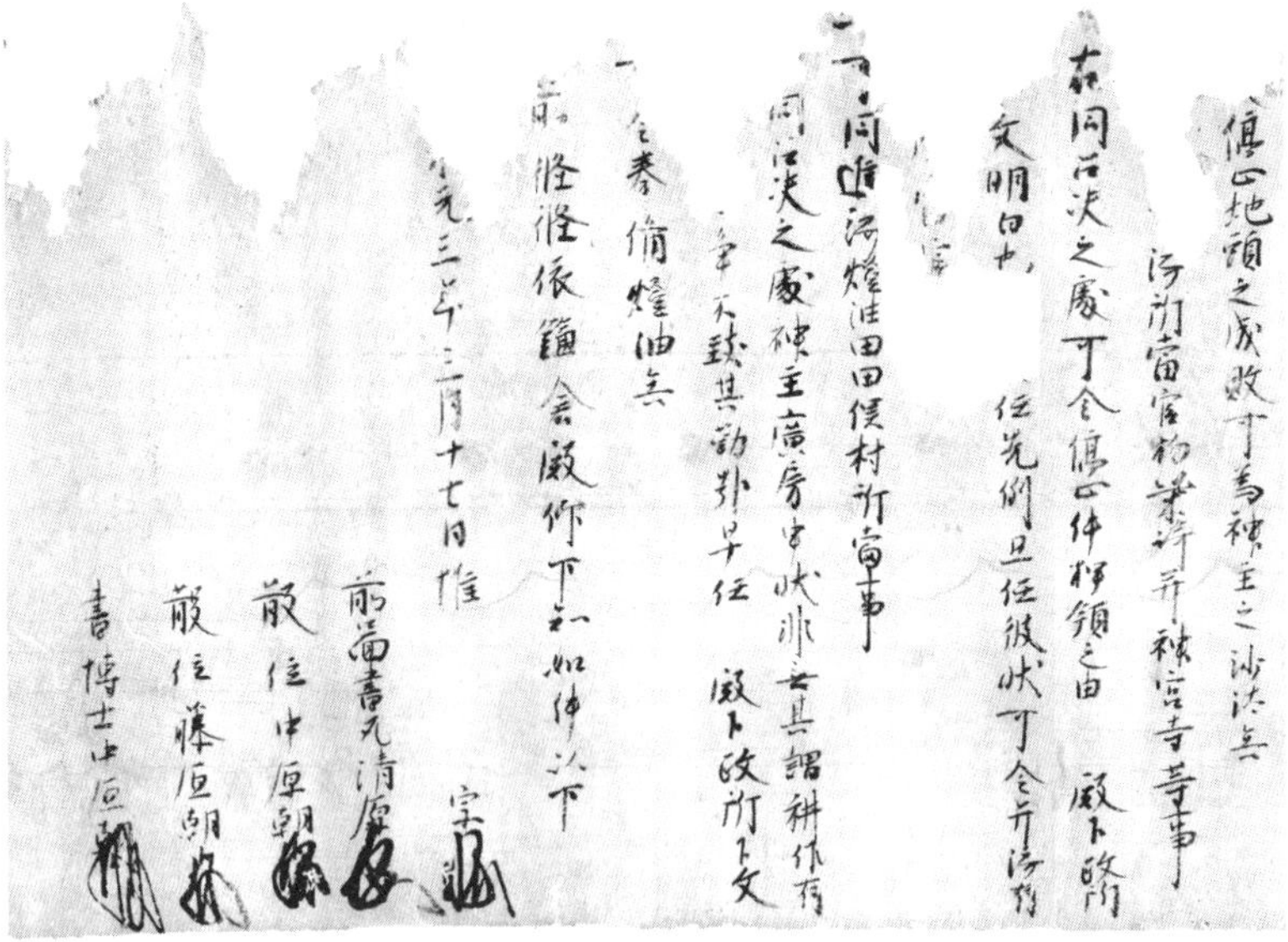

（第三紙）

況にあった。早くに大宮司家文書の本体から分離してしまったことが、災いしたともいえる。これが、大宮司（神主）職そして香取大中臣氏にとって、もっとも重要な文書のたどった歴史であったわけで、この点については本書の結でもう一度考えてみたい。

（5）小　括

以上のように、大宮司家文書はその多くの原本が散逸してしまっているが、明治時代までの原本類は、中世文書を中心とした文書群で、正文と案文あるいは写とに明確に区分できる信頼度の高いものであった。そして内容的な特徴としては、①香取社の神主（大宮司）職の任免にかかわる平安末期からの摂関家政所下文や太政官符、さらに関東下知状などが多数存在すること、②大宮司職の遷替にかかわって物忌職の女性充ての文書が存在すること、③下総国一宮としての香取社の造営に関する多数の文書が存在すること、などがあげられる。そして、明治初期に、③の造営に関する文書のうちの十一点が香取神宮に納められたのであった

表 4　大宮司家文書目録

	文書名	日付	西暦	新県史	旧県史	文纂	原本	水戸	和学	楓軒	色官	中山	秋葉	小杉
1	摂政〔藤原忠通〕家政所下文案写	康治元年11月8日	1142	新宮 1		1			1-1	9-1	7-1			1-1
2	太政官符案写	久安元年8月7日	1145	新宮 2		2			2-4	9-2	7-2		2-10	1-2
3	関白左大臣〔藤原基実〕家政所下文写	応保2年閏2月日	1162	新宮 3		3		a-10	3-1	12-10	11-10	1-1	1-1	1-4
4	関白左大臣〔藤原基実〕家政所下文案写	長寛元年6月日	1163	新宮 4		4			2-5	9-3	7-3		2-11	1-3
5	関白〔藤原基実〕家政所下文案写	安元元年8月日	1175	新宮 5		5			1-23	9-11	7-11		2-26	2-14
6	太政官符案写	安元元年10月5日	1175	新宮 6		6			1-22	9-10	7-10		2-25	2-13
7	源頼朝寄進状案写　（偽）	治承5年10月日	1181	新宮 7◇	旧神1		本所		2-9				2-2	
8	源頼朝下文案写　（偽）	治承7年正月28日	1183	新宮 8					1-2	9-24	7-24			1-5
9	摂政右大臣〔藤原兼実〕家政所下文写	文治2年6月日	1186	新宮 9		7		a-11	3-2	12-11	11-11	1-2	1-3	1-7
10	関白〔藤原基通〕家政所下文案写	建久8年2月日	1197	新宮10◇	旧神2		本所		1-21	9-9	7-9		2-24	
11	関白前左大臣〔近衛家実〕家政所下文（断簡）	建永2年10月日	1207	新本 1			本宮							
12	鎌倉幕府下知状(2・3紙目)	承元3年3月17日	1209	新本 2	旧禰13（1紙目）		本宮 大禰							
13	関東下知状案写	承久3年8月15日	1221	新宮11		8			1-3	9-25	7-25			1-6
14	関東下知状案写(断簡、1行)	承久3年8月15日	1221	新宮11◇					2-6	9-4	7-4		2-12	?

15	関白前太政大臣〔近衛家実〕家政所下文案写	嘉禄2年5月日	1226	新宮12◇					1-5	9-6	7-6			?
16	関白前太政大臣〔近衛家実〕家政所下文写	嘉禄2年5月日	1226	新宮12		9		a-12	3-3	12-12	11-12	1-3	1-4 1-2	1-8
17	関東下知状案写	嘉禄2年8月26日	1226	新宮13◇					1-4	9-26	7-26			?
18	関東下知状案写	嘉禄2年8月26日	1226	新宮13◇					2-7	9-5	7-5		2-13	1-10
19	関東下知状写	嘉禄2年8月26日	1226	新宮13		10		a-13	3-4	12-13	11-13	1-4	1-5	1-9
20	関白前左大臣〔鷹司基忠〕家政所下文写	文永8年3月日	1271	新宮14 新源8◇		11		a-14	3-5	12-14	11-14	1-5	1-6	1-11
21	関白前太政大臣〔鷹司兼平〕家政所下文写	弘安5年10月日	1282	新宮15		12		a-15	3-6	12-15	11-15	1-6	1-7	1-12
22	下総国司庁宣案写	弘安10年6月日	1286	新宮16◇	旧神12		本所		1-6	9-7	7-7			
23	関白前左大臣〔二条師忠〕家政所下文写	正応元年11月日	1288	新宮17		13		a-16	3-7	12-16	11-16	1-7	1-8	1-13
24	藤氏長者〔近衛家実〕宣写	正応2年後10月28日	1289	新宮18 新源9◇		14		a-17	3-8	12-17	11-17	1-8	1-9	1-14
25	関白前右大臣〔近衛家実〕家政所下文案写	永仁元年11月	1293	新宮19		15			1-20	9-23	7-23		2-23	2-12
26	藤氏長者〔二条兼基〕宣案写	正安元年10月29日	1299	新宮20		16			1-17	9-20	7-20		2-20	2-9
27	摂政太政大臣〔二条兼基〕家政所下文案写	正安元年12月日	1299	新宮21		17			1-18	9-21	7-21		2-21	2-10
28	関東下知状写	正安2年3月28日	1300	新宮22			(棚)	b-1		10-1		1-21		
29	摂政前太政大臣〔二条兼基〕家政所下文案写	正安2年6月日	1300	新宮23		18			1-19	9-22	7-22		2-22	2-11

	文書名	日付	西暦	新県史	旧県史	文纂	原本	水戸	和学	楓軒	色官	中山	秋葉	小杉
30	関白〔二条兼基〕家御教書	(正安3年カ)9月8日	1301	新香1 新宮24◇			香(棚)	b-3		10-3		1-23		
31	藤氏長者〔二条内経〕宣案写	元応2年12月28日	1320	新宮25		19			1-16	9-19	7-19		2-19	2-8
32	香取社造営未作末社注文写	元亨3年5月日	1323	新宮26◇	旧神16		本所	?	2-8	11-4	10-4		2-1	
33	関白〔九条房実〕家御教書写	元亨3年7月8日	1323	新宮27		20		a-18	3-9	12-18	11-18	1-9	1-10	1-15
34	関白〔九条房実〕家御教書写	元亨3年7月8日	1323	新宮27◇				a-19		12-19	11-19			
35	藤氏長者〔九条実房〕宣案写	元亨3年8月28日	1323	新宮28		21			1-15	9-18	7-18		2-18	2-7
36	藤氏長者〔鷹司冬平〕宣案写	正中2年9月3日	1325	新宮29		22			1-14	9-17	7-17		2-14	2-6
37	藤氏長者〔二条道平〕宣	嘉暦3年8月19日	1328	新宮30 新源12◇		23	大宮	a-1	4-5	12-1	11-1			1-16*
38	藤氏長者〔近衛経忠〕宣案写	元徳2年後6月12日	1330	新宮31		24			1-13	9-16	7-16		2-15	2-5
39	藤氏長者〔二条道平〕宣案写	元弘3年7月29日	1333	新宮36		25			1-12	9-15	7-15		2-17	2-4
40	沙彌蓮一馬寄進状	建武2年7月29日	1335	新香2 新宮37◇			香(棚)	b-4		10-4		1-24		
41	左衛門尉成貞奉書	延元元年5月8日	1336	新宮38		27	大宮	a-2	4-1	12-2	11-2			1-17
42	香取社神主大中臣実材カ申状草案	建武4年11月日	1337	新宮39			筑波							
43	藤氏長者〔二条経通〕宣案写	建武5年後7月10日	1337	新宮40		26			1-11	9-14	7-14		2-16	2-3
44	関白〔九条道教〕家御教書案写	康永元年10月11日	1342	新宮41		28			1-10	9-13	7-13			2-2
45	香取社神主大中臣実材重申状案写	康永3年5月	1344	新宮42		29			1-7	9-8	7-8			1-18

46	香取社造替諸社役所并雑掌人注文写	康永4年3月日	1345	新宮43◇	旧神22		本所		2-13	11-6	10-6		2-6	
47	藤氏長者〔鷹司師平〕宣案（断簡）写	貞和元年11月22日	1345	新宮44◇					1-9	9-12	7-12			2-1
48	藤氏長者〔鷹司師平〕宣写	貞和元年11月22日	1345	新宮44		30		a-20	3-10	12-20	11-20	1-10	1-11	1-19
49	関白〔二条良基〕家御教書写	貞和4年10月25日	1348	新宮45		31		a-21	3-11	12-21	11-21	1-11	1-12	1-20
50	円城寺氏政寄進状	貞和5年3月22日	1349	新宮46			筑波							
51	関白〔二条良基〕家御教書写	観応元年6月日	1350	新宮47		32		a-22	3-12	12-22	11-22	1-12	1-13	1-21
52	関白〔二条良基〕家政所下文写	観応元年9月日	1350	新宮48		33		a-23	3-13	12-23	11-23	1-13	1-14	1-22
53	足利尊氏寄進状案写	観応3年7月13日	1352	新宮49◇	旧神23		本所		2-10				2-3	
54	藤氏長者〔二条良基〕宣	文和元年10月11日	1352	新宮50		34	大宮	a-3	4-4	12-3	11-3			1-23
55	藤氏長者〔二条良基〕宣写	文和元年10月11日	1352	新宮51		35		a-24	3-4	12-24	11-24	1-14	1-15	1-24
56	足利尊氏御教書写	文和2年6月8日	1353	新宮52		36		a-25	3-15	12-25	11-25	1-15	1-16	1-25
57	某書下写	文和3年5月2日	1354	新宮53			（棚）	b-2		10-2		1-22		
58	関白〔二条良基〕家御教書写	延文3年12月9日	1358	新宮54		37		a-26	3-16	12-26	11-26	1-16	1-17	1-26
59	円城寺氏政連署誓状	（延文5年4月28日）	1360	新宮55		38	大宮	a-4	4-2	12-4	11-4			1-27
60	関白〔近衛道嗣〕家御教書写	貞治元年11月5日	1362	新宮56		39		a-27	3-17	12-27	11-27	1-17	1-18	1-28
61	藤氏長者〔二条良基〕宣	貞治5年3月4日	1366	新宮57		41	大宮	a-5	4-3	12-5	11-5			1-29
62	藤氏長者〔二条師良〕宣写	応安5年11月9日	1372	新宮58		42		a-28	3-18	12-28	11-28	1-18	1-19	1-30
63	藤氏長者〔二条師良〕宣	（年未詳）11月18日	1372	新宮59		47	大宮	a-9	4-8	12-9	11-9			1-35
64	藤氏長者〔二条師良〕宣写	応安6年後10月14日	1373	新宮60	旧禰92◇	43		a-29	3-19	12-29	11-29	1-19	1-20	1-31

	文書名	日付	西暦	新県史	旧県史	文纂	原本	水戸	和学	楓軒	色官	中山	秋葉	小杉
65	江見光義・山名希道連署証状写	応安7年2月10日	1374	新宮61◇	旧神27		本所	?	1-8	9-27	7-27		2-27	
66	藤氏長者〔二条師良〕宣	永和元年12月23日	1375	新宮62		44	大宮	a-6	4-6	12-6	11-6			1-32
67	藤氏長者〔九条忠基〕宣写	永和4年10月21日	1378	新宮63				?	4-7					?
68	関白〔二条良基〕家御教書写	至徳3年10月10日	1386	新宮64		45		a-30	3-20	12-30	11-30	1-20	1-21	1-33
69	某奉書案写	応永	1428	新宮65		46			2-11	9-28	7-8		2-4	1-34
70	藤氏長者〔二条持基〕宣写	永享2年11月2日	1430	新宮66◇	旧神40		本所	a-7	4-9	12-70	11-7			
71	道秀証状写	宝徳元年11月12日	1449	新宮67◇	旧神43		本所	a-8	4-10	12-8	11-8			
72	胤隆寄進状	文明11月2月1日	1479	新宮68			筑波		4-11					
73	某禁制写	文明11年3月日	1479	新香3 新宮69◇			香(棚)	b-5		10-5		1-25		
74	国分胤景証状	永正2年8月11日	1505	新宮70			筑波		4-12					
75	国分胤景・同朝胤連署証状	永正15年9月21日	1518	新宮71			筑波		4-13					
76	小原院院宣写	元亀3年正月吉日	1572	新香4 新宮75			香(棚)	b-6		10-6		1-26		
77	香取社大宮司大中臣盛房書状写	(天正18年)5月晦日	1590	新香5 新宮77			香(棚)	b-9		10-9		1-29		
78	浅野長吉・木村常陸介連署禁制写	天正18年5月日	1590	新宮76 旧神2◇			(棚)	b-8		10-8		1-28		
79	神宮寺証鑁証状	慶長7年極月吉日	1602	新宮81			筑波							
80	徳川光圀跋文写(正文)	貞享元年臘月穀旦	1684	新宮82		51		a-31	3-21	12-31	11-31		1-22	1-36
81	徳川光圀跋文写	貞享元年臘月穀旦	1684	新宮82◇			香(棚)	b-17		10-17		1-39		

82	東山天皇口宣案写	貞享5年8月17日	1688	新宮83 新香10◇		48	香(棚)			10–19		1–33		
83	東山天皇口宣案写	貞享5年8月17日	1688	新香9 新宮84◇			香(棚)			10–18		1–32		
84	徳川光圀書状写	(元禄3年カ)臘月22日	1690	新宮87			(棚)	b–14		10–14		1–36		
85	徳川光圀書状写	(元禄7年カ)正月21日	1694	新宮88			(棚)	b–15		10–15		1–37		
86	徳川光圀書状写	(元禄8年カ)9月19日	1695	新宮89			(棚)	b–16		10–16		1–38		
87	国分宮之介文書等請取覚写	享保9年7月14日	1724	新香12 新宮90◇			香(棚)			10–20		1–40		
88	徳川光圀書状写	(年未詳)正月15日		新宮86			(棚)	b–13		10–13		1–35		
89	徳川光圀書状写	(年未詳)正月晦日		新香11 新宮85◇ 新源50◇			香(棚)	b–12		10–12		1–34		
90	徳川家康印判状写	(年未詳)3月10日		新香6 新宮78◇			香(棚)	b–7		10–7		1–27		
91	某書状	(年未詳)卯月7日		新宮73			筑波							
92	本多正信書状写	(年未詳)6月10日		新香8 新宮80◇			香(棚)	b–11		10–11		1–31		
93	前駿河守胤泰書状	(年未詳)6月18日		新宮72			筑波							
94	本多正信・大久保長安連署書状写	(年未詳)7月25日		新香7 新宮79◇			香(棚)	b–10		10–10		1–30		
95	正木時茂禁制写	(年未詳)極月朔日		新宮74					4–14					
96	香取社造営次第写	(年月日未詳)		新宮32◇	旧神17		本所		2–1	11–1	10–1		2–7	
97	香取社造営次第写	(年月日未詳)		新宮33◇	旧神18		本所		2–3	11–3	10–3		2–9	

	文書名	日付	西暦	新県史	旧県史	文纂	原本	水戸	和学	楓軒	色官	中山	秋葉	小杉
98	香取社造替諸社役所并雑掌人注文写	（年月日未詳）		新宮34◇	旧神6	—	本所		2-12	11-5	10-5		2-5	
99	香取社造営所役注文写	（年月日未詳）		新宮35◇	神19	—	本所		2-2	11-2	10-2		2-8	
100	香取大宮司系図写	（年月日未詳）		新宮91		—	（棚）			10-21		1-41		
参	久保木太郎右衛門書状写	（年未詳）7月25日		新宮92		—						1-42		
参	香取清房事跡につき覚書	（年月日未詳）		新宮93		—				10-22				

※凡例：表1に準じる。なお「水戸」欄は本文参照。「和学」欄以下に「n-n」とあるのは、何巻（冊）何号、「？」は何故採録されていないのか未考を意味する。「原本」欄の「本所」=「本所古文書」（香取神宮所蔵文書）、大宮＝大宮司家文書、大禰＝大禰宜家文書、「(棚)」=「棚木家文書」（楓軒本「香取文書」所収）、「香（棚）」=香取芳忠家文書、「筑波」=筑波大学附属図書館所蔵「香取文書」である。
（偽）は偽文書か。
◇は重複。

（一一四頁の**表5**）。なお、刊本『香取文書纂』（第一分冊）巻一は「大宮司家所蔵」として、近世文書五点と徳川光圀跋文一点を含めて五一点(18)を収載している。『旧県史』には収録されていなかったが、『新県史』は九三点（うち九二・九三号は小宮山楓軒充ての書状などであり、大宮司家文書ではないが、便宜採録）を収録したうえに、本来は大宮司家文書に位置付く、香取芳忠家文書を一一点、本宮雄之家文書を二点収録している。

二　香取文書の構成とその特徴

第二節では、序の**表1**を参照しつつ、香取文書の構成とその特徴の概要について、細かな考証を省いて大宮司家文書以外の社家文書について述べることにする。

〈大禰宜家文書〉

大禰宜家文書は、社家文書のなかで最多数の古文書群であり、現在も旧大禰宜家が一部を除き、そのほとんどを所蔵している（国の重要文化財）。先述のように、大宮司職がほんらい六カ年を任期とした遷替の職であったのに対して、大禰宜職ははやくから香取大中臣氏の嫡流に受け継がれる相伝の職となり、鎌倉時代から大禰宜職領も大中臣氏嫡流の相伝の私領であると主張された(19)。大禰宜家文書のなかの平安後期から鎌倉期までの文書の大半は、こうした大禰宜家の主張を証拠だてるに相応しい、典型的な家伝文書である。

大禰宜家文書の現状は、そのほとんどが巻子一五巻と冊子七冊（計四六〇点余）の形に整理されている。写本類では、和学本「香取大禰宜家文書」（四巻）が二一三点であり、楓軒本「香取文書」には大禰宜家文書が約一八〇点ほど書写されている。色川本「官本」にも約一八〇点ほど、色川稿本「香取大禰宜家文書」（一四冊）には二三四点ほどが所収されており、色川稿本「香取文書纂目録（上・下）」（静嘉堂文庫所蔵）には、「官本所載」が一七四点、「続輯」＝「今所載」が一四巻、一三〇点と記載されている。刊本『香取文書纂』（第三～六分冊）には「大禰宜家所蔵」として四〇三点が、『旧県史』には三二六点（付録三点を含む）が収載されている。『新県史』には八八点新たに採録された。なお、一八八四（明治十七）年までには、少なくとも三二点の文書が香取神宮に納められている。

旧大禰宜家の現所蔵文書については、国の重要文化財指定に際して作成された『香取大禰宜家文書目録』（文化庁文化財保護部美術工芸課、一九八五年、以下『文化庁目録』と略す）があり、『文化庁目録』の成果を前提に原本の現状にふれておきたい。巻子全一五巻のうちの第一巻から第一三巻までは、「香取古文書巻之一」の形式の題簽外題をもち、残りの二巻にはともに「香取古文書写」の題簽外題が貼られている。『文化庁目録』では、前者を「香取大禰宜家文書」、後者を「香取大禰宜家文書写」と呼んでいる。後者の二巻はもちろん写ではあるが、『文化庁目録』にも注記されているように、大半が中世後期の写であり、具書の形式の重書案が多く、香取文書全体のなかでも重要な位置をもつ文書群である。

冊子七冊は帳簿類である。うち二冊は、中世香取社領の基本帳簿である応永六（一三九九）年五月日付けの「香取神領検田取帳」（新禰二四号）と「香取神領畠検注取帳」（新禰二五号）（前者を大禰宜家本「応永六年検田取帳」、後者を大禰宜家本「応永六年畠検注取帳」、合わせて大禰宜家本「応永六年検注取帳」と呼ぶ。大禰宜・録司代・田所・案主の各家に残された。）であり、両者は同筆のものである。[20]他の五冊は、天正十九（一五九一）年二月二十七日香取郷宮中屋敷検地水帳写（新禰五三号）、天正十九年十月日香取神領配当帳（旧禰二七一号）、年月日未詳香取神領配当帳写（旧禰二七二号）、年月日未詳香取神領配当帳写（旧禰二七三号）、未ノ年より大禰宜上給目録（旧禰三〇九号）である。なお、天正十九年二月二十七日香取郷宮中屋敷検地水帳写は、色川稿本「香取天正文禄検田帳」（十二冊）のうちの十二冊目にあたる。

大禰宜家文書の特徴の第一は、平安後期の寄進状（一通、旧禰一号）や大禰宜職および同職領等の譲状（三通、旧禰二・四・五・七号）の存在である。長治三（一一〇六）年四月九日大禰宜真平寄進状（旧禰一号）は偽文書であろうが、他の譲状については慎重な検討が必要である。結論は後考をまちたいが、応保二（一一六二）年六月三日大禰宜大中臣真（実）房譲状（旧禰四・五号）は、上段に三本の罫線を引いた続紙を使用したもので、正文とみてよいのではなか。そうだとすると、大禰宜大中臣真房の花押が同形である仁安二（一一六七）年二月十一日大禰宜大中臣真房譲状（旧禰七号）も正文でよいことになる。残るは後欠の大禰宜真平譲状（旧禰二号）であるが、これは真房の父真平による真房へ譲状であり、応保二年の大禰宜大中臣真房譲状に際して、創作された可能性があろう。中世成立期の譲状類に対する古文書学的な不安は一般的なものであるが、香取大禰宜家文書については、一応、右のように考えておきたい。また、大禰宜家文書には平安末期からの多数の摂関家政所下文等を伝来しているが、これらも大宮司家文書と同様に、正文と案文、写とに明確に区分できるのであり、信頼できるものである。[21]

第二の特徴は、香取社の造営関係の文書が多数存在することである。そのうちの三二点ほどが、大宮司家文書の場合と同様に、明治時代になって香取神宮に納入されている（一一四頁の表5）。つまり、香取神宮所蔵文書（「本所古文書」五三点）の半数以上は、もともと大禰宜家文書であった。ところで、下総国一宮香取社の造営関係文書が、典型的な家伝文書であるはずの大禰宜家文書に多数存在するのは何故か。大禰宜職が大宮司職に次ぐ地位であったことにもかかわろうが、それ以上に、一宮造営を担当する国行事職の地位が、南北朝末期の大禰宜長房時代に大禰宜家に吸収されたことが重要であろう。(22) 造営関係文書を含めて、南北朝期までの大禰宜家文書は、大禰宜兼大宮司となった大中臣長房が香取社領の再編をはかるなかで集積した文書群であり、長房時代には多数の重書案や案文が作成されている。

じつは、長房時代の文書集積・再編の実態を明らかにすることは大禰宜家文書のみならず香取文書論となりうるし、中世香取社および社領をめぐる研究の中心的な課題なのである。(23) こうした意味で、大禰宜家文書の性格を考えるに際しては、他の香取文書や関連史料との比較検討が必要となっている。なお、大禰宜家文書の重書案については、第四章で詳しく検討する。

香取神宮に納められた三二点以外にも、二点の古文書が旧大禰宜家ではなく、別の機関の所蔵に帰している。それが『新県史』に収録された、年未詳十月二十七日葛西経蓮書状（新禰八号）と正安三（一三〇一）年五月二十五日香取社神官連署寄進状（新禰九号）である。大変に貴重なこの二通の文書は、中井信彦が明らかにしたように、一八八七（明治二十）年に小杉榲邨が大禰宜家文書を旅宿まで借り出して調査した際に、彼の収集『諸国文書』に加えたものであった。(24)

〈録司代家文書〉

香取社の三奉行と呼ばれた録司代家・田所家・案主家には、多数の祭礼関係や社領関係の帳簿類が伝来した。録司代家文書の原本は、現在は香取神宮に二冊（一六八点）と船橋市西図書館に二冊（四点）が所蔵されている（合わせ四冊、一七二点）。色川稿本「香取録司代文書」には、四冊、一九〇点が所収されている。色川稿本「香取文書纂目録」には「続輯」＝「今所載」として六巻（内二巻は拾遺）、一八四点が掲載されており、もともと色川本には静嘉堂文庫が現在所蔵する四冊以外に拾遺が二冊あったはずである。しかし現在、静嘉堂文庫には拾遺二巻（二点）は所蔵されていないようであり、所在が不明となっている。色川本「官本」には、録司代家文書は収録されておらず、和学講談所による一部の調査を除いて、録司代家文書は色川三中の調査によって初めて全貌が明らかになった文書群であった。刊本『香取文書纂』（第七分冊）には一七一点が、『旧県史』には一四九点が収録されている。さらに『新県史』には、四二点（「中世2」に三八点、「中世3」に補遺四点）が収録された。

色川稿本「香取録司代文書」は、三中自身による弘化二（一八四五）年十一月二十日付けの序文と嘉永元（一八四八）年九月七日付けの後序とが付されている（ともに刊本『香取文書纂』（第七分冊）も収録）。序文によれば、録司代家文書の模写は二三七枚、四冊になったという。また、後序には次のような記述がある。

①三中は同家文書のすべてを模写したにもかかわらず、文化十二（一八一五）年に和学講談所が影写した七通の文書のうち、六通が失われていること。

②今年（嘉永元年）になって「慶海自筆応永六年検田帳二冊を見る」ことができたこと（録司代家本「応永六年検注取帳」の発見）。

③録司代家本「応永六年検注取帳」は昔年から秘匿されてきたものであるが、すでに三中は大禰宜家本「応永六年検注取帳」を影写し、田所家本「応永六年検注取帳」・案主家本「応永六年検注取帳」で校合しており、録司代家本「応永六年検注取帳」の発見によって四本が揃ったことになること。

④録司代家では久しく「応永六年検注取帳」を失っており、今もとの録司代家の所蔵に帰したもので、たいへん貴重なものであること。そこで、大禰宜家本とは別に一本を模写して、色川稿本「香取録司代文書」に加えおくこと。

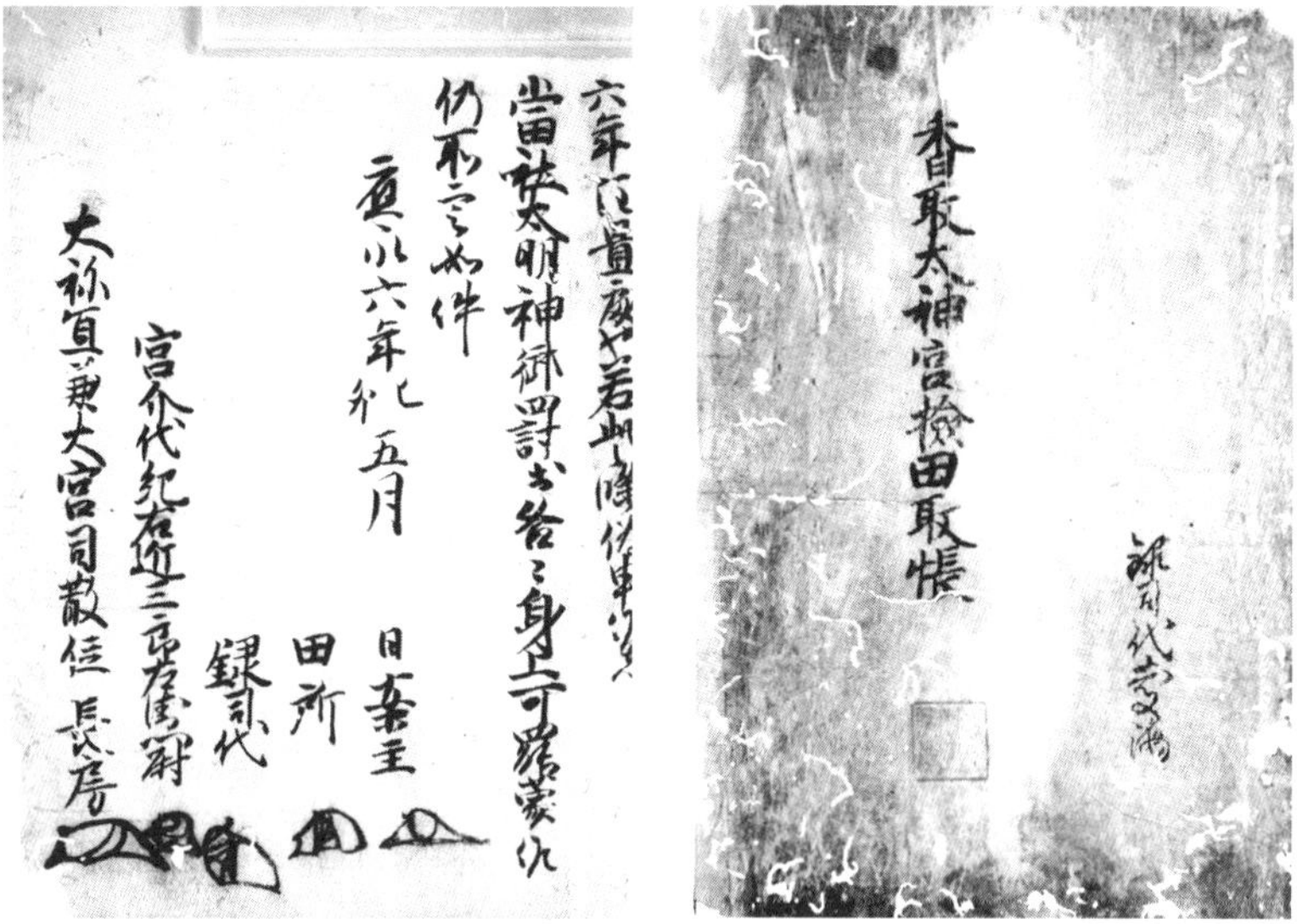

写真3　録司代家本「応永六年検田取帳」の本表紙と末尾。「録司代慶海」の自署と大中臣長房以下の花押が見える。船橋市西図書館所蔵。

この後序によれば、録司代家文書に関しては三中の調査以前に和学講談所が七点を採訪していたこと、録司代家本「応永六年検注取帳」が発見されて同本も模写されたこと、などがわかる。この時に模写された録司代家本が、色川稿本「香取文書纂目録」に載る「拾遺二巻（二点）」であり、この色川本が所在不明なわけである。

これに対して、三中が嘉永元（一八四八）年になってやっと確認することができた「慶海自筆応永六年検田帳二冊」は、その後、行方不明であったが、千葉県史編纂事業のなかで再発見され、全文が『新県史』に収録された（新録＝補一・二号）[25]。また、千葉県史の調査によって、録司代家本「応永六年検田取帳」および同「畠検注取帳」の各々の末尾に、新たに一通ずつの帳簿が綴じ込まれていることが確認された。それが順に、延文三（一三五八）年五月一日香取九ヶ村注文（補録三号）、年月日未詳香取社領相根村畠検注取帳写（補録四号）である。なお録司代家文書の原本四冊の内、この貴重な第三・四冊目の録司代家本「応永六年検注

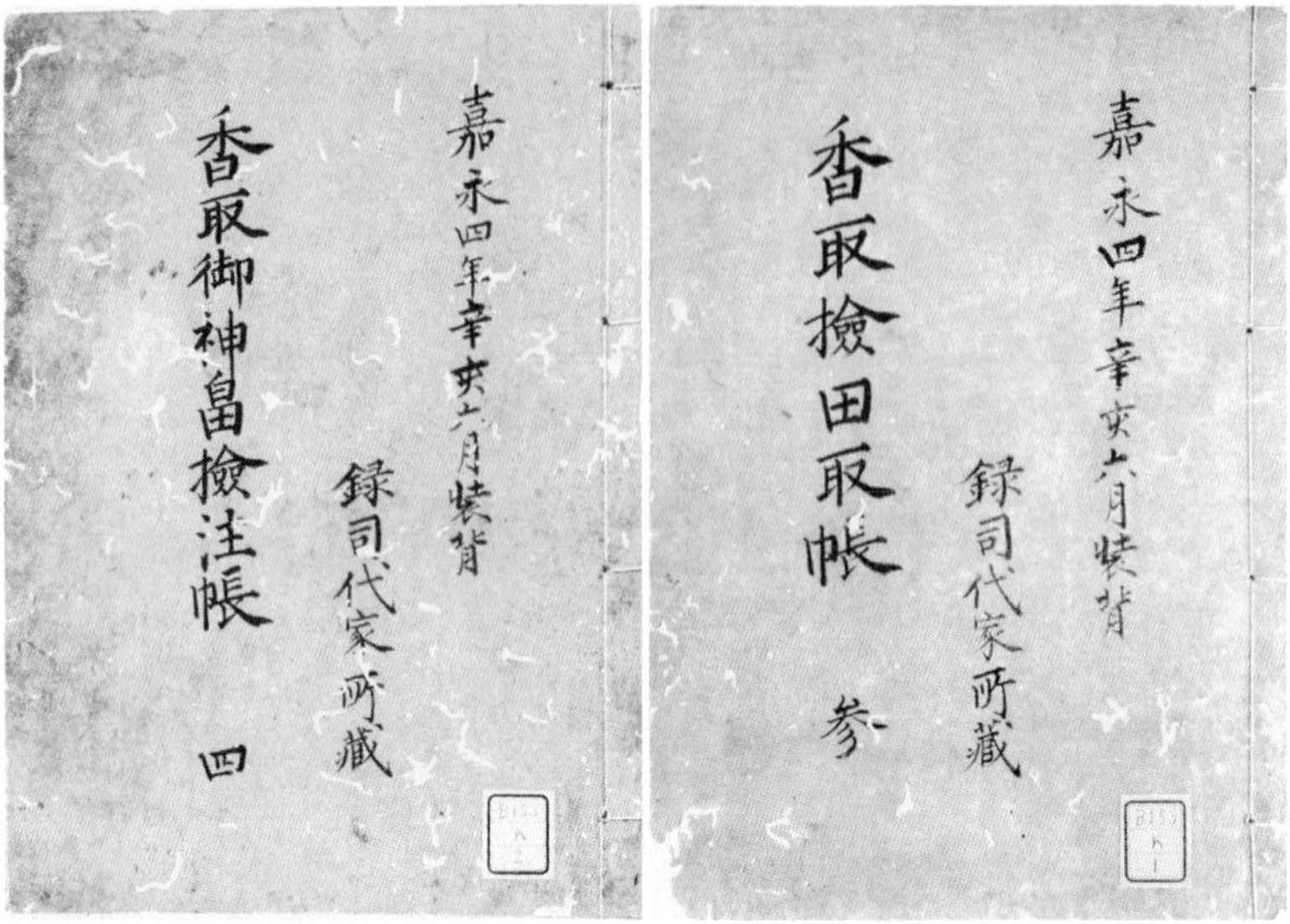

写真4　録司代家本「応永六年検注取帳」の装幀表紙。船橋市西図書館所蔵。

取帳」は、一九五二年八月十四日に船橋市西図書館が購入したもので、現在も同図書館に所蔵されているが、購入にいたる経過については不明である（**写真3**）。また、第一・二冊目が香取神宮の所蔵となった経緯についても未詳である。

ところで、現在、香取神宮に所蔵されている香取録司代家文書（二冊）と録司代家本「応永六年検注取帳」（二冊）の冊子の装幀は同じであり、表紙には順に、

第一冊：嘉永四年辛亥六月装背／録司代家所蔵／香取文書　壱

第二冊：嘉永四年辛亥六月装背／録司代家所蔵／香取文書　弐

第三冊：嘉永四年辛亥六月装背／録司代家所蔵／香取検田取帳　参

第四冊：嘉永四年辛亥六月装背／録司代家所蔵／香取御神畠検注帳　四

と書かれている。嘉永四（一八五一）年での装背（装幀）は、第一章で検討したように佐原の清宮秀堅によるものと考えられる[26]（**写真4**）。

なお、①の和学講談所が影写した七通の文書とは、万延元（一八六〇）年に塙次郎（忠宝）蔵本を模写した秋葉本「香取録司代文書」（香取神宮所蔵）の一冊、七点と同じものと考えられるが、色川稿本「香取古文書　完」の前半に収録されている、一〜七丁の四通と九丁の一通、一三丁の一通、の計六通は、秋葉本「香取録司代文書」の一〜六点と同じ写である。第二章で引用したように、色川稿本「香取古文書　完」の九丁の奥には、これらは塙忠宝蔵本を書写したものとの記載があるわけで（新録一三号の注記）、三中は録司代家文書調査の最終段階で、和学講談所の調査後に失われた七通のうちの六通を和学本＝塙忠宝本から書写しておいたのである。

また、録司代家文書には、室町時代から戦国時代にかけての多数の単年度の検注取帳類や売券等が残る。後者の売券については別稿[27]において検討したが、前者の単年度の検注取帳の検討は今後の課題である。なお、録司代家文書は案主家文書との間に多くの出入りがあり、両家文書の扱いには注意を要する。さらに香取西光司家文書の西光司家（小林姓）も、録司代家や案主家とかかわる家柄であったようである。

〈田所家文書〉

田所家文書の原本は、現在は東洋文庫に所蔵されている（五巻、八九点）。色川稿本には「田所家文書」（六冊）と同「香取田所文書拾遺」（二冊）を合わせて一〇五点ほどが収録されている。色川稿本「香取文書纂目録」では、「官本」の所載はなく、「続輯」＝「今所載」のみが八巻（内二巻は拾遺）、一一八点が記載されている。田所家文書も三中によってはじめて世に出た文書であり、色川本「田所家文書」の弘化三（一八四六）年十一月二十四日付けの三中の序文[28]には、田所家文書の書写数は二五五枚で六冊となったとある。刊本『香取文書纂』は一〇八点を収録しており、『旧県史』には未収である。『新県史』には、はじめて九七点（具書や重書案は一通とする）が収録された。

なお、三中の調査段階では存在したはずの田所家本「応永六年検注取帳」は原本としても、写本類にもみあたらなかったが、その後の検討で、『続群書類従』巻第九七七「応永六年香取諸名帳」（新続二号）が、田所家本「応永六年検田取帳」であることに気づいた。しかし、原本の所在は不明のままである。また、田所家本「応永六年畠検注取帳」の方は、原本としても写本としても未確認である。千葉県史編纂事業では、大禰宜・録司代・田所・案主の各家毎の検田取帳四本、畠検注取帳四本の計八本の収集につとめたが、補遺として「続群書類従」所収の田所家本「応永六年検田取帳案」を採録したことによって、田所家本「応永六年畠検注取帳」を除く七本を『新県史』に収録できた。また、賜蘆文庫本「香取文書」二から田所家本「応永六年検田取帳案」の写である応永六年卯月十六日香取社領検田取帳写（新・写本類一号）も採録している。これによって、『旧県史』に収録済みの検注帳類を含めて、中世の香取社領の基本帳簿はほぼ整ったのであり、第八章で詳しく検討するように、香取社領に関する研究は新たな段階になったものといえよう。

東洋文庫所蔵の原本（八九点）は、五巻の巻子からなっている。第一巻目の表紙には直接に「香取田所文書　一」とあり、袖の部分には「嘉永四年辛亥五月装演／⊏　⊐　一／□□□十一葉」とある。以下第五巻まで、表紙の記載は「香取田所文書　二〜五」と変わるだけだが、袖の部分の記載は次のようになる。

第一巻：嘉永四年辛亥五月装演／⊏（香取文書カ）⊐　一／□□□十一葉
第二巻：嘉永四年辛亥五月装背／⊏　⊐　二／紙数三十七葉
第三巻：嘉永四年辛亥五月装背／⊏　⊐書　三／紙数三十四葉
第四巻：嘉永四年辛亥五月装潢／⊏　⊐　四／紙数三十二葉
第五巻：嘉永四年辛亥五月装背／⊏　⊐　五／紙数　十七葉

五巻とも同筆であり、嘉永四（一八五一）年五月に同時に成巻されたものである。ただし、袖の字体と表紙の「香取田所文書　一〜五」は異筆であるが、各巻の袖の字体は録司代家文書の冊子（二冊）の表紙の字体とほぼ同筆のようである。ならば、田所家文書の成巻・装幀も清宮秀堅によるものと考えられる。田所家文書が東洋文庫の所蔵となった経緯については未詳であるが、各巻の表紙裏（袖）の［（香取文書カ）］が意図的にはがされていることは田所家文書の散逸・移動とかかわろう。

田所家文書にも、いくつかの重書案が収録されている。『新県史』には、重書案の解釈を含めて、巻子の形態を残すことのほうが今後の研究に有益であろうと考え、原本五巻については巻子での収録順に掲載している。田所家文書には、田所職と私領の相伝にかかわる文書が存在する一方で、田所職の職務にもとづいて引き継がれた文書が多数存在する。重書案の類がその一つであり、いま一つが色川三中が注目した多数の神事用途注文類であった（色川稿本「田所家文書」の序文）。後者の神事用途注文類は、香取社の祭礼神事や社領の構成、神官組織の研究に必須の史料群であり、『続群書類従』や『神道大系　神社編二十二　香取・鹿島』に多数収録されている。なかでも『新県史』所収「香取田所家文書九号（徳政令につき具書案）」（新田九号）は、周知のように建武徳政令の基本史料であるとともに、永仁徳政令を含めた中世の徳政令全体にかかわる重要史料である（詳しくは第六章参照）。同じく新田二一号以下に多数ある神官逃死亡跡にかかわる史料や、新田六五号の蔵人所牒案もこれまで注目されてきたものである(29)。

〈案主家文書〉

案主家文書の原本は、現在も旧案主家に所蔵されている（七冊、三四二点）。色川稿本「香取案主家文書」は一三冊、三四一点ほどを収載している。色川稿本「香取文書纂目録」には、「官本所載」として「応永六年検注取帳（検田取帳・畠検注取帳）」の抜書二点が、「続輯」＝「今所載」としては一二巻、三四一点が掲載されている。色川稿本の一三冊目は「家系」であり、色川稿本「香取文書纂目録」には掲載されていない。三中があえて目録から落としたものなのか、あるいは目録完成後に「家系」（一冊）が編成されたためなのかは定かではない。刊本『香取文書纂』には三〇七点が、『旧県史』には二六五点が収録されている。『新県史』には、九〇点（うち一点は、旧案五六号の後欠部分＝二紙目の原本によるもの）を収録する。

旧案主家所蔵の原本七冊は同じ装幀の冊子になっており、第一冊目の表紙には「嘉永四年辛亥八月装背／案主家所蔵／香取文書　壱」とあり、第七冊目まで同筆同文のうえ「壱↓七」と番号のみ変化する。七冊のうち第二冊目に弘長元年地帳・正応四年検田取帳・弘安元年田数目録・正慶二年畠検注取帳がこの順に収められ、第四・五冊目には「応永六年検注取帳（検田取帳・畠検注取帳）」が所収されている。案主家文書の装幀も録司代家文書のものと全く同じであり、録司代家文書や田所家文書とともに嘉永四（一八五一）年に装幀されたもので、表紙も同筆である。案主家文書の装幀も清宮秀堅によるものであろう。案主家文書の全貌を明らかにしたのも色川三中その人であった。なお旧案主家には、冊子（七冊）以外に幕末・明治期の複数の文書が所蔵されている。

色川稿本「香取案主家文書」には、弘化三（一八四六）年十一月二十日付の三中の序文と附言が添えられている（刊本『香取文書纂』にも所収）。序文には、

①録司代・田所・案主の三職は、「三人の奉行」と呼ばれる要職にあり、なかでも案主家には「弘長元年地帳」（旧案一号）、「弘安元年田数目録」（旧案二号）」、「正応四年検田取帳」（旧案五号）、「正慶二年畠検注取帳」（旧案七号）以下の多数の文書が伝来していること。

②これらを書写して、六種類に区分し、四八二枚、一三冊となったが、これらの文書は「官本香取文書」（十一冊）には未収であること。

などが記されている。

これに対して「附言」は、案主家の帳簿と「官本香取文書」の関係について、さらに詳しく述べている。「官本香取文書」は、「弘長元年地帳」と「正応四年検田帳」の二巻を分飯司家所蔵本によって書写している（新分二号・四号）が、誤写などもあるので案主家の二巻をあえて模写したこと。また「官本香取文書」は、案主家本「応永六年検注取帳（検田取帳・畠検注取帳）」の前後のごく一部分を書写しているのみであるが、案主家本「応永六年検注取帳」は大

禰宜家本「応永六年検注取帳」と同文と判断して、案主家文書としてはとらなかったとしている。

後掲の〈西光司家文書〉でも述べるように、「官本香取文書」（一〇冊目）あるいは楓軒本「香取文書」（十一冊目）の案主家本「応永六年検注取帳」の一部は、西光司家文書内の写であった。『新県史』では、案主家本「応永六年検注取帳」も全文採録した（新案二四号・二七号）。なお新案二五号は、案主家本「応永六年検田取帳」の表紙の一部であろう。また、村ごとの膨大な単年度の検注取帳や売券は、こうした帳簿と一体のものとして検討される必要があるが、今後の課題である。

〈分飯司家文書〉

分飯司家文書の原本は、現在も旧分飯司家に所蔵されている（折本一帖と冊子二冊、六九点）。楓軒本「香取文書」と色川本「官本」は一〇点を収録しているが、色川稿本では単独の冊子とされておらず、後掲の色川稿本「香取諸家雑集」の最初に一五点が所収されている。色川稿本「香取文書纂目録」には、「官本所載」として一〇点が、「今所載」として一四点が掲載されているが、それは目録の上での「分飯司家」の立項にすぎなかった。三中の調査では、「官本香取文書」の一〇点以外には、新たに一五点しか分飯司家文書は調査できず、そのために色川稿本では分飯司家文書を独立した冊子としなかったのであろう。

これに対して、刊本『香取文書纂』には六一点ほどが収録されているが、その内の六点は本来の分飯司家文書ではない。一八八四（明治十七）年、色川稿本「香取文書纂目録」を前提に、『香取古文書目録（香取文書纂総目次）』を出版した香取神宮禰宜の伊藤泰歳は、刊本『香取文書纂』の編纂にあたって、自家（分飯司家）所蔵のすべての古文書を収録したのであり、ここに分飯司家文書の全容がはじめて明らかにされた(30)。なお『旧県史』には、「諸種の事情によって」採録することができなかったが、『新県史』には、七〇点を収録した。

原本の現状については、一九九三年度に分飯司家文書が千葉県の文化財に指定された際に作成された、指定内容

（『千葉県の指定文化財　第三集—平成四年度—』千葉県教育委員会、一九九三年）に詳しいが、文書数は折本が一帖（六六点）、冊子が二冊（三点）となる。折本の表紙には、「香取古文書　中臣鑰取氏蔵」の題簽が貼られており、末尾には一九〇五（明治三十八）年付けの邨岡良弼の後序（刊本『香取文書纂』第一三分冊「分飯司家所蔵」の序（明治三十九年神嘗祭日）は、これを修正したもの）が載る。また、「明治二十九年八月、再装潢畢」とある旧裏表紙が「香取古文書　中臣鑰取氏蔵」とある旧表紙とともに残されており、明治期に何度か表装し直されている。邨岡良弼の後序によれば、分飯司家文書は、香取神宮禰宜の伊藤泰歳が自家所伝の文書を集めたもので、「凡一《ママ》百余通」を泰歳が装潢して帖と成したものとあり、もともとの折本は、泰歳によって表装されたものとみて間違いなかろう。なお『千葉県の指定文化財』は、この帖を一八七五（明治八）年に当主伊藤泰歳が香取神宮に献納するために編帖したとするが、後述するように、一八七五年に泰歳が宮司香取保禮に対して献納を申し出たものは、文面の通り「元文元年より寛政七年まで六〇年間の神官関係の日記や雑記類」であったと見るべきであり、明治八年九月十四日付け伊藤泰歳書状から編帖の年次を決定することはできないのである。

二冊の冊子の片方の表紙には「弘長　地帳／正応　取帳」と書かれ、その順に二点の帳簿が収録されている。前者の弘長元（一二六一）年地帳写の末尾には「弘長元年十月廿五日」と大きく書かれており、その左下には「香取／分飯司所蔵」の付箋が貼られている。後者の正応四（一二九一）年検田帳写には特別の記載はなく、冊子の裏表紙の見開きの左下に「分飯司中臣／末則」（「分飯司中臣」と「末則」とは異筆）と記載されている。色川稿本「香取案主家文書」第一冊の附言（刊本『香取文書纂』第一〇分冊「案主家所蔵」にも収録）で三中が、「官本香取文書」は弘長元年地帳と正応四年検田帳の二巻を分飯司家所蔵本によって書写しているとしたのは、この冊子のことである。もう一冊の「御祭古牒」（断簡、九丁）（新分六六号）は、中世香取社の年中行事史料として重要である。ちなみに楓軒本「香取文書」に収録された一〇点のうち、二点は神庫に納入された文書である。(31)

〈物忌家文書〉

物忌家文書は、今のところ原本の所在は不明である。色川稿本「香取物忌家文書」（一冊）には、二五点が収録されており、色川稿本「香取文書纂目録」には、「今所載」として二三点が掲載されている。刊本『香取文書纂』（第一三分冊）巻十四「物忌家所蔵」にも二〇点が収録されており、刊本『香取文書纂』が発行された一九〇八年ごろまでは、旧物忌家（石上胤政）にあったものと思われる。また、『旧県史』には未収であるが、『新県史』には二五点を収録している。

物忌家文書の特徴は、物忌職に直接かかわる文書は存在せず、かわりに西山宝幢院関係の文書が物忌家にかかわる固有の文書となっている。先述のように、中世の物忌職関係の文書は、大宮司家文書に散見されるのであった。本来の物忌の職は中世を通じて徐々に大宮司職に取り込まれていった。[32]他方では、西山宝幢院での祈祷は物忌職の職務内容とかかわるものであり、物忌家は宝幢院を取り込むことによって家として成立したものと推測できる。なかでも、新物六号は注目されよう。また新物二一号は、香取社神事のなかでの宝幢院の勤めを明らかにしてくれる。西山宝幢院関係の文書は、録司代家文書にも数点収録されているが、物忌家文書のものを含めて、香取文書のなかで後掲の新福寺文書などとともに数少ない寺院関係の文書として貴重である。[33]

〈源太祝家文書〉

源太祝家文書は、現在、香取神宮に所蔵されている（巻子六巻と冊子二冊、計一七九点）。楓軒本「香取文書」には、源太祝家文書が一四点ほど確認できるが、色川稿本では「香取源太祝家文書」（上中下、三冊）に六九点が、同「源太祝家文書拾遺」（一冊）には二八点、あわせて九七点ほどの文書が書写されている。色川稿本「香取文書纂目録」では「源太神主家」として、「官本所載」が一八点、「続輯」が四巻（内一巻は拾遺）、九四点で合計一一二点を載せている。刊本『香取文書纂』（第一四分冊）巻十五は一〇三点を収録し、『旧県史』は八六点を採録している。また、本来の源太祝家文書の内、少なくとも四点が神庫に納入されたことが確認できる。『新県史』には、一一九点を採録している。

色川稿本「香取源太祝家文書」には、弘化四（一八四七）年正月末付けの三中の序文が添えられている（刊本『香取文書纂』にも所収）。序文では、古文書の模写は一三七枚、三冊に及んだこと、この三冊以外の多数の文書はすでに「官本」が書写しており、「官本」十一巻のなかを探して校合したこと、などが書かれている。源太祝家文書の場合も、大半の文書は三中の調査によって確認されたものであった。

現在、香取神宮に所蔵されている原本のうち巻子六巻は、同一の装幀であり、表紙には「香取旧社職源太祝家文書」の題簽が貼られている。二冊の冊子はほぼ同形式のもので、表紙はともに切り取られているようである。冊子の片方に載る慶長十六（一六一一）年九月四日の文書の写の奥に、「嘉永六年八月／右古文書ハ野々口隆止君ノ御蔵書臨写之／香取実弼」とあることからすると、この冊子は嘉永六（一八五三）年八月以降につくられたことになろう。ただし、表紙が切り取られているため、一つの推定にすぎないが、冊子の形態は嘉永四（一八五一）年に装幀された録司代家文書等と類似しており、遅れて清宮秀堅によって装幀された可能もあるように思う。中世の文書は、鎌倉後期の大中臣氏一族の抗争と和与に関する庶子側の立場の文書や、南北朝後期の大禰宜長房に対立する立場からの文書などを含むものとして重要である。なお、現在の源太祝家文書は一七九点に及ぶもので、三中の調査段階の一一〇点余をはるかに凌ぐものであるが、色川本「官本」及び色川稿本に未収のものは、ほとんどが三中の調査以降の幕末・明治期の文書である。

〈要害（検杖）家文書〉

要害家文書は、現在、香取神宮が所蔵している（一四二点）。色川本「官本」には採録されていなかったが、色川稿本では「香取検杖文書」として三冊、一四四点が書写され、色川稿本「香取文書纂目録」には「続輯」＝「今所輯」として三巻、一四一点が記載されている。刊本『香取文書纂』（第一五分冊）巻十六「要害家所蔵」には、一四二点が収録されている。『旧県史』は一〇点の近世文書を収録するのみであったが、『新県史』では、近世文書なども含めて、一四九点を採録している。

色川稿本「香取検杖文書」に付された三中の弘化二（一八四五）年十一月二十日付け「検杖家所蔵文書序」（刊本『香取文書纂』にも所収）によれば、三中は一五二枚、三冊を書写している。三中が要害家文書を模写するきっかけとなったのは、文明五（一四七三）年に下総国香取津宮住人左近次郎が孫太郎男を売った文書の写を偶々手にしたことにあった。中井が明らかにしたように、三中による香取文書の本格的調査はここからはじまるのである(34)。この文書群は、刊本『香取文書纂』の刊行から『旧県史』の編纂までの間に、所在が不明となっていた。しかし、その後、香取神宮の所蔵に帰したもので、現在も香取神宮が所蔵していることが、新しい千葉県史編纂事業によって確認されたのである。要害家文書には多数の売券等が含まれており、中世の東国社会を考えるにあたって希有の文書群であるが、その原本を香取神宮で調査させていただいたときの感動は、今も忘れられない。それは中世売券のうぶな姿をよく残すものであった。

その現状は、すべて一紙もので仮の台紙に貼られた状態になっており、総点数は一四二点ほどで三冊に分冊されている。これらは『旧県史』所収の近世文書とは重複しないものであり、香取神宮が現蔵するものが本来の要害家（検杖家）文書である。仮綴じの状態ではあるが、すでに三分冊ごとに鉛筆書きの仮目録が付され、刊本『香取文書纂』所収「要害家蔵」との出入りも確認されている。なお、後掲の色川稿本「香取諸家雑集」にも要害家文書が一点所収されているが、この原本にはみあたらない。

『新県史』に収録した一四九点の文書には、もちろん検杖職にかかわる文書や譲状などの要害（検杖）家に固有の文書もあるが、最大の特徴は大半の売券類である。周知のように、要害家文書の売券を含む香取文書の売券類については、これまでも注目されてきたところであるが、これについては別稿で詳しく検討した(35)。

〈西光司家文書〉

西光司家文書は、色川稿本「香取文書纂目録」に「西光司」として「官本所載」一四点が掲載されている（刊本『香取古文書目録』では「西光司家〈小林たか〉」とある。）が、原本はもちろんのこと、はっきりした形では他の写本類でも確認することができない。しかし、楓軒本「香取文書」第一一冊のなかほどに「小林玄蕃所蔵」などと注記された二〇点の文書が書写されており、このうち一二点が色川稿本「香取文書纂目録」と一致する。刊本『香取文書纂』および『旧県史』には未収であるが、『新県史』では、近世文書を含めて一六点を採録した。[36]

なお楓軒本「香取文書」第一一冊の元亀元（一五七〇）年三月香取社正仮遷宮毎度帳写并造営遷宮年紀次第代略写（新西八号）の書写箇所の袖にある注記には、

西河内祝筆記
又西光内祝アリ　小林玄蕃
表紙ニ元亀元年三月トアリ

とある。西光司家とは西河内祝あるいは西光内祝のことであり、小林玄蕃が当主である（「玄蕃」は家名となる）。したがって、刊本『香取古文書目録』にみえる西光司家の「小林たか」は、玄蕃家の後裔一族とみて間違いない。また色川稿本「香取文書纂目録」は、この文書を「正仮御遷宮事／元亀元年三月」と記載しており、色川本「官本」と楓軒本「香取文書」が同じ文書の写であることは明かである。また、一九点目の奥には、「文政十一年戊子八月六日以窪木清淵本模写了　小峴秀」とあり（新西一号の注記）、西光司家文書二〇点のうちの一九点は、文政十一（一八二八）年に小宮山楓軒（昌秀）が久保木清淵本から書写したものであった。

なお『新県史』が、『続群書類従』から採録した二点（新群一・二号）は、文化十二（一八一五）年に和学講談所によって調査された香取文書の一部と考えられるが、結局、千葉県史編纂事業では、原本類を確認できなかったものである。応永六年五月日香取神領検田取帳写（新群二号）が田所家本「応永六年検田取帳」の写であることは先に述べたが、年月日未詳香取社造営注文等写（新群一号）は、香取社造営注文などの写であり、『旧県史』の「香取神宮所蔵文書」などに大半がみえるものである。しかし、写の系統は異なり、写の途中に「西光内／小林玄蕃允謹書」「在西光内代々小林玄蕃正記禄年号付」「後代のため　西光［　］玄蕃［　］」とあり、末尾には「以香取小林玄蕃本書写畢」とあるように、西光司家（小林玄蕃）によって整理されたものの写で、西光司家文書としてよいものである。ちなみに、一部に新出の箇所もみえる。

また、賜蘆文庫本「香取文書」一から採録した文暦二（一二三五）年三月二十六日香取社神官連署補任状写（新西二号）は、もともと録司代家文書であったもの（新録一号）が、のちに西光司家（小林玄蕃）の所蔵となり、それの写と考えられる。なおこの文書は、色川稿本「香取文書纂目録」や刊本『香取古文書目録』には、録司代家所蔵の文書されているにもかかわらず、刊本『香取文書纂』では、「録司代家所蔵」としては採録せず、「諸家雑輯」の冒頭に後欠の形で収録している。

〈大神主家文書〉

大神主家文書は、すでに『鎌倉遺文』等に収録されているが、東京大学史料編纂所所蔵の写真帳による以外、原本は未確認のままであった。新しい千葉県史編纂事業によって、旧大神主家において御朱印箱に納められた中世文書と複数の近世文書が確認された。中世文書の三通は巻子とされており、「大神主家古文書」の題簽外題がある。正元元（一二五九）年閏十月十日香取大神宮符などのこれら三通の文書は、鎌倉時代の香取社の社家機構を考えるうえで貴重な文書である。近世文書は、元三祭頭番差定などである。

〈諸家雑輯〉

色川稿本「香取文書諸家雑輯」（一冊）とは、三中が上記以外の社家文書などを書写し、一冊としたものである。色川稿本の現状は、和綴一冊の表紙に「香取文書諸家雑集　全」の表題が貼られているとともに、表紙に直接、「分飯司十四　／要害壱　／孫大夫三／一万灯講中三　／惣検校二十壱　／末社帳六　／卅六介伝之中壱　／神宮寺鐘銘壱　／経堂経筒銘壱」と書かれている。実際の所収文書は、分飯司が一五点、惣検校が一三点、末社帳が一点である他は同じ点数であり、合計三九点である。これに対して色川稿本「香取文書纂目録」は、「自初葉至十四葉分飯司文書ナリ、目録其家ノ下ニ出ス」として、初葉から一四葉の分飯司家文書は諸家雑集からは省略し、独自の社家文書として立項した旨が記されている。そのうえで要害家一点、孫大夫家三点、惣検校家一二点、その他八点が記載されており、合計は二四点である。楓軒本「香取文書」所収の一三点も、分飯司家文書である。

刊本『香取文書纂』（第一六分冊）巻十七「諸家雑輯」には合計二九点あり、分飯司家文書以外の「諸家雑輯」の文書を中心とするが、幕末の異国船打払い祈祷の祝詞や伊藤泰歳の手になる諸系図などが収録されている。『旧県史』には採録されていないが、『新県史』では、三八点を収録している（ただし、分飯司文書一四点は既収であるので、表題のみの記載）。また、色川稿本「香取文書諸家雑輯」に採られた要害家文書の一点、文亀三（一五〇三）年十二月十八日かやた（返田）弥平五郎借銭状（新要一〇四号、新諸一五号は表題のみ）の原本と同様に、分飯司家文書を除く他の「諸家雑輯」も今のところ所在不明である。

〈新福寺文書〉

新福寺は、ほんらい大禰宜家の氏寺であり、創建については、大禰宜家の祖、大中臣真平が建立した新寺にもとづくとの説と、文永年間に大禰宜大中臣実政が建立したものとの説がある。香取文書のなかで、纏まった寺院関係史料として貴重なものである。

新福寺文書の原本の一部は、現在の新福寺が所蔵している（一七点）。色川稿本「香取新福寺文書」には、三冊（上・中・下）、一〇一点の文書が書写されている。しかし、色川稿本「香取文書纂目録」には掲載されていないが、色川稿本「香取文書纂惣目録」（土浦市立博物館所蔵）の「拾遺」には三冊、一〇一点が掲載されている。第二章で検討したように、三中は新福寺文書を、香取社の末社である「神崎社神主文書」や「大戸神社文書」などとともに、「拾遺」として色川本「香取文書纂」に収録したのであり、三中によってはじめて香取文書として確認されたものであった。刊本『香取文書纂』（第一六分冊）巻十八は、「新福寺所蔵」として九一点ほどを掲載している。『旧県史』が石井春吉氏所蔵として採録する三二点の文書は、新福寺所蔵の原本一七点とは重複しないものであるが、刊本『香取文書纂』の「新福寺所蔵」文書にはすべてが含まれる。『新県史』では、七二点を採録した。なお、千葉県史編纂事業によって、新たに確認された新福寺所蔵文書一七点は、すべて一紙ものである。

刊本『香取文書纂』の「新福寺所蔵」には、校定（校点）者郁岡良弼による注記がある。それによれば、新福寺（一名新寺）は弘化年中（一八四四〜四八）に火災をうけ、所蔵文書百余通の一部を残し大抵を散逸してしまったので、神庫が所蔵している色川本三巻の模写本を附載するとある。これによれば、刊本『香取文書纂』所収の「新福寺所蔵」約九一点は、原本によらず色川稿本によるものであったことになる。新福寺が現在所蔵する一七点の文書類のうち、七点を色川稿本は収録しておらず、刊本『香取文書纂』は一〇点ほどを採録していない。新福寺文書には、室町時代から戦国時代にかけての多数の寄進状が存在しており、中世香取社における寺院の位置づけを考えるための重要史料である。

〈北之内蔵書〉

北之内蔵書は、旧社家の一つの源太祝家に所蔵されていた写本類である。ほとんどが和綴じの冊子本であり、表紙や冊子の奥に「北之内文書」や「北之内蔵書」などと書かれていたり、「北之内蔵□□」と印刻された六角形の黒印などが押されている。「北之内」というのは、源太祝家の屋敷が香取神宮の本殿の北東にあったために、源太祝家の通称となったものである。どうして旧源太祝家に膨大な点数の社家文書の写が保管されていたのか、北之内蔵書と刊本

『香取文書纂』の編纂事業とはどのようなかかわりがあるのか、など検討すべきことは多々あるが、詳しいことは今後の課題である。また、旧源太祝家からいかなるルートで原文書や写本類が移動したのかも不明のままであるが、現在、旧源太祝家文書のほとんどは香取神宮に、北之内蔵書の写本類の大半は成田山仏教図書館に所蔵されている。

新しい千葉県史編纂事業では、成田山仏教図書館所蔵の北之内蔵書について調査を進め、すべて写であるが中世を中心とした新たな文書群として権介家文書を一一点、次郎神主家文書を三点、六郎神主家文書を五点、佐原禰宜家文書を三点、分飯司家文書を一点、孫大夫家文書を一点、の計二四点を確認し、『新県史』に収録した。このうち、次郎神主家文書の弘安五年二月十一日香取次郎神主中臣国永譲状写（新北一二号）は、香取文書にみえる「ほまち」史料の初見である。(37)

以上のように、社家の家伝文書として伝来した香取文書は、基本的には、①神官職の補任状などの世襲神官職の根拠となる文書、②職領が私領へと変化したことを示す譲状や権力者による私領や世襲の神官職を保証する文書、③職務にかかわる注文類、④財産の移動にともなう証文類、などから構成されているのである。

三　「本所古文書」の成立

香取神宮所蔵文書の原本は、「本所古文書」（五巻）などとして香取神宮が所蔵している。「本所古文書」五巻の各巻には、「本所古文書香取神宮蔵」の題簽外題が貼られており、数え方にもよるが五一点ほどの原本が所収されている。刊本『香取文書纂』（第二分冊）巻一の「神庫所蔵」には、幕末・明治期の文書を含んで七一点が所収されており、そのうち五三点が「本所古文書」（五巻）に対応するもので、他のものは幕末の「夷船渡来」の祈祷関係文書や明治時代の宣命などの一紙ものである。『旧県史』は「香取神宮所蔵文書」として五八点を収録している。そのうち四八点が「本所古文書」五巻から採録された中近世の古文書で、一〇点（一紙もの）が幕末の「夷船渡来」に対する祈祷関係文書である。

ところが、色川本「香取文書纂」を含めて刊本『香取文書纂』以前の写本類には、「本所古文書」は一点も書写されていないのである。それはどうしてか。すでに『旧県史』には、凡例などで香取神宮所蔵文書が「旧大宮司家・大禰宜家より納められたもの」と記載されており、「本所古文書」の各巻の奥に付された跋文（跋文は刊本『香取文書纂』にも所収）によれば、明治時代になって各社家の文書を「本宮」（香取神宮）に納めさせたものとある。

たとえば、「本所古文書」巻一には、一八八四（明治十七）年十月十九日付け福羽美静の跋文が載る。福羽に跋文を依頼した郁岡良弼は、福羽に対して「かの宮につたはれるをあつめたる巻にはある」といったようで、福羽は「いまこの巻のそこなはれたる所を、をさめなほして、宮の文庫に、かへし遣はさんとせるものなるよし」（傍点は引用者）と記している。福羽の跋文によれば、「本所古文書」はもともと神宮に伝わった古文書であり、一部散逸した文書を神宮の文庫に返却させて巻子としたということになる。もちろん、これについては本書の結でふれるように微妙な問題があるが、実際には、巻二の同年六月二十五日付けの東京大学教授小中村清矩の跋文にあるように、「明治に入り、公より各家々の文書を本宮に納めさせ給い、新たに五巻」としたものであった。

では「本所古文書」五一点は、どこの社家から納められた文書なのであろうか。現在は「本所古文書」に原本があり、「本所古文書」以外の社家文書には原本は存在しないにもかかわらず、江戸後期の写本類では社家文書として書写されている文書を確認していけば、本所古文書がどの社家から神庫に納入されたものかがわかるはずである。その作業結果を整理したものが、**表5**の『「本所古文書」と旧所蔵社家の関係』である。この表からわかるように、本所古文書五一点のうち、大宮司家文書が一一点、大禰宜家文書が三二点、分飯司家文書が二点、源太祝家文書が四点、不明確なものが二点、となる。大宮司家および大禰宜家のみではなく、源太祝家や分飯司家からも納入されていたことが

表5　「本所古文書」と旧所蔵社家の関係

本宮	旧蔵社家	本宮	旧蔵社家	本宮	旧蔵社家	本宮	旧蔵社家	本宮	旧蔵社家	本宮	旧蔵社家
1	禰	11	禰	21	源15	31	禰	41	禰	新3	禰
2	宮10	12	宮16	22	宮43	32	禰	42	禰		
3	源4-1	13	禰	23	禰	33	禰	43	宮67		
4	源4-2	14	禰	24	禰	34	禰	44	禰		
5	禰	15	禰	25	分21	35	禰	45	禰		
6	宮34	16	宮26	26	禰	36	禰	46	禰		
7	禰	17	宮32	27	宮61	37	禰	47	禰		
8	源カ	18	宮33	28	禰	38	禰	48	分53		
9	源05	19	宮35	29	禰	39	禰	新1	禰カ		
10	禰	20	禰	30	禰	40	宮66	新2	禰		

註1　「本宮」欄の番号は、『旧県史』香取神宮所蔵文書の文書番号であり、新1〜新3とあるのは、『新県史』に新たに収録したものである。

2　「旧蔵社家」の欄の記号は、宮＝大宮司家、禰＝大禰宜家、分＝分飯司家、源＝源太祝家を意味し、数字は写本類から収録した『新県史』の文書番号である。『新県史』には、大禰宜家のものは収録されていない。

3　「本宮古文書」51点のうち、宮＝11、禰＝32、分＝2、源＝4、不明確＝2。

わかる。

いかなる目的と基準で「本所古文書」が選択されたのか興味ある点であるが、今のところ明確な解答をあたえることはできない。ただ「本所古文書」の大半は香取社の造営に関する文書であり、他に源頼朝や足利尊氏の寄進状（ともに検討を要する文書）、摂関家政所下文写などから構成されている。いずれも香取神宮の下総国一宮としての地位の高さを証明する文書であった。幕末の異国船渡来の状況のなかで香取神宮は、国家の祈祷所としての地位を復活し、国家神の役割を再度期待され、明治時代には国家神道の体系に組み込まれていった。しかし、明治時代に入っても香取神宮独自の文書は、「夷船渡来」に対する祈祷関係文書と明治時代の国家神道にかかわる文書のみであった。そこに国家神としての香取神宮の地位の高さを証明する文書である「本所古文書」を「創出」する必要性があったものと考えられる。

先の福羽美静の跋文で、邨岡良弼が「かの宮につたはれるをあつめたる巻にはある」といい、福羽は「いまこの巻のそこなはれたる所を、をさめなほして、宮の文庫に、かへし遣はさんとせるものなるよし。」と記したのは、ある種の政治的思わくによるもので、「本所古文書」の名称にも、香取神宮本来の古文書であるという意図もあろうか。小中村清矩の跋文に、「明治に入り、公より各家々の文書を本宮に納めさせ給い」たとあるように、「公」（＝明治国家）による政策があったのかもしれない(38)。

分飯司家文書の折本の末尾には、次のような文書が収められている。

小臣泰歳　高祖父盛行ヨリ祖父末昭マテ三代

元文元年ヨリ寛政七年マテ六十年間

神官関係之日記并雑記類不残献納

仕度、此段奉願候也

明治八年九月十四日　伊藤泰歳（印）

香取神宮大宮司香取保禮殿

（割印）　書面之趣聞届候事

明治八年九月十四日（印）

旧分飯司家の伊藤泰歳は、一八七五（明治八）年に、元文元（一七三六）年より寛政七（一七九五）年まで六〇年間の神官関係の日記や雑記類を残らず香取神宮に献納していた。「本所古文書」の成立と軌を一にした動きといえよう。「本所古文書」は、「夷船渡来」に対する祈祷関係文書と明治時代の国家神道にかかわる文書と相俟って、近代における香取神宮のアイデンティティーを保証することになったのである。

ところで、「本所古文書」巻五の一八八四（明治十七）年六月十五日付け宮内大学池原香穉の跋文によれば、郁岡良弼が「ちかごろかくさまに物しつ。さるはひとひらごとに見てもゆかんは、煩しきうへ、あるいはちりぼひうせむおそれなきにしもあらず。」として、「巻のしりべに一言そへてよ」と依頼したという。宮司香取保禮や郁岡良弼らは、各社家から献納されたままの古文書を、一八八四年に五巻の巻子に仕立て、「本所古文書」五巻が成立したのであった。香取神宮では「本所古文書」の成巻に先立って、一八七四（明治七）年に「香取神宮所蔵ノ宝物貴重品タル古文書ヲ原形ノマ、書写シタルモノ」（表紙の貼り紙）として、三巻の「香取神宮古文書写」（七〇点）を作成している。(39)これらはもちろん写であるが、「古文書ヲ原形ノマ、書写シタルモノ」として貴重である。「香取神宮古文書写」によって、各社家から納入された段階により近い保存状態が確認できるからである。なお『新県史』には、「本所古文書」および「香取神宮古文書写」などから、六点（うち補遺一点）を新たに収録している。

おわりに

以上のように、香取神宮所蔵の「本所古文書」五巻は、明治時代になり大宮司家と大禰宜家・源太祝家・分飯司家から納められた古文書によって成立したものであった。香取社自体に古文書が基本的には伝来しなかったことは、香取社（香取神宮）の権威や香取社に対する信仰とはかかわりのないことで、家伝文書としての香取文書の性格からくるものであり、それは中世香取社ひいては中世の神社の性格に関連する問題である。

しかし社家などの家伝文書には、散逸という不幸な出来事がおこった。なかでも明治時代以降の神官組織の改編のなかで、旧社家での危機が深まり、大宮司家・録司代家・田所家・物忌家・源太祝家・要害家・西光司家などの文書が散逸していった。それでも幸いなことに、大宮司家文書の一部と録司代家文書、源太祝家文書の大半、要害家文書の中世文書などは、香取神宮の収集によって同神宮の所蔵となっている。(40)また、田所家文書の五巻は、東洋文庫の岩崎文庫に所蔵されている。他の原本は今のところ不明である。なお源太祝家（北之内家）が所蔵していた膨大な写本類の大半は、成田山仏教図書館の所蔵となっており、旧分飯司家の伊藤家にも一部が所蔵されている。

最後に原本の総数を確認しておこう。これまでに確認できた香取文書の原本の総数は約一五九五点となる。もちろん、この総数には、多数の重書案や中近世に社家の間で書写されたもの、源太祝家文書に所収されている近世・近代文書の一部も含まれている。この総数からは、色川三中による「香取文書纂」や伊藤泰歳らによる刊本『香取文書纂』の段階の文書数と比較しても、散逸した文書数の比重はそう高くないことがわかろう。つまり、中世から近世前期にかけての大半の香取文書は現在も確認できるのであり、散逸した文書を写本類から採録することでほぼその全容が明らかになるのであった。新しい千葉県史の編纂事業によって、「関東中世文書の宝庫」とも呼ばれる香取文書は再びその全貌をよみがえらせたといえよう。

他方、これまでのところ再発見にいたらない主な社家文書は、大宮司家文書の大半と物忌家文書と西光司家文書のすべてであり、孫大夫家文書と惣検校家文書ももともとの点数は少ないが不明のままである。新福寺文書は、先述のように原本の大半は弘化年中の火災によって失われたようである。

香取文書がこうした形で保存されてきた要因の一つに、繰り返しになるが、近世中後期から幕末にかけての文書調査があった。徳川光圀による大宮司家文書の調査を嚆矢として、近世後期から幕末に本格化する文書調査は香取文書自身の保存に大きな影響を及ぼしたはずである。たとえば、色川三中は、各社家の文書を丁寧に書写した後は「其文書どもを装潢して家々に寄するを例」としたと伊藤泰歳「香取文書纂刊行始末」（刊本『香取文書纂』第一六分冊の末尾所収）は述べている。また、第一章でふれたように、田所家文書（五巻）・録司代家文書（二冊）・案主家文書（七冊）の表装は、嘉永四（一八五一）年に清宮秀堅が三中による「香取文書纂目録」の順序に従って整理し、装幀したものと考えられる。三中などによる現地での精緻な香取文書調査が、所蔵者の各社家や香取社周辺の人々の香取文書への意識を高めたことは確実であろう。他方で、三中の調査においても、香取左織（録司代家）や香取実房（要害＝検杖家）・香取実弼（源太祝家）などの社家や清宮秀堅などの香取内海地域の文人層の積極的な協力があったのである。

こうした経過からの香取文書に対する認識の深化は、明治時代に入って香取神宮が国家神道の体系に組み込まれていったこととも関連しながら、伊藤泰歳らによって編集された刊本『香取文書纂』（一六分冊、一九〇六〜〇八年）に結実するのであった。

註

（1）中井信彦「色川三中の香取文書調査について」（『古文書研究』二三号、一九八四年）、のちに大幅に改稿され、同「『香取文書纂』の編纂について」（同『色川三中の研究　学問と思想篇』塙書房、一九九三年）。

（2）香取神宮所蔵「旧大宮司家文書」一巻（七点）は、すでに東京大学史料編纂所架蔵の写真帳に入っており、「昭和三十四年三月撮影了」とある。

（3）すでに筑波大学附属図書館所蔵「香取文書」については、高村隆「東京教育大学所蔵『香取文書』」（『千葉県の歴史』一四号、一九七七年）が八点のうち七点を、小森正明・関周一・薗部寿樹・田沼睦・山口和翁・山本隆志「筑波大学所蔵中世文書—雑文書（二）・香取文書・北野神社文書補遺」（『史境』一七号、一九八八年）は、八点のすべてを紹介している。両者とも、八点中の卯月七日某書状には裏文書があるが収載できなかったとしている。後者の紹介は、八点中のうち正文が一点（卯月七日某書状）、土代が一点、他の六点を花押影が記された写としているが、私はその六点も正文としてよいように思うが、後考をまちたい。

（4）福田豊彦「下総国香取神社の中世への変容」（同『中世成立期の軍制と内乱』吉川弘文館、一九九五年。初出一九六〇年）。鈴木哲雄「中世香取社による内海支配」（同『中世関東の内海世界』岩田書院、二〇〇五年。初出一九九三年）および本書第八章参照。

（5）長房と幸房の大禰宜と大宮司の兼職時代に、大禰宜職や大禰宜私領などに関する大禰宜家文書と大宮司職や同職領関係の大宮司家文書がどのように区分され、伝領されたかは興味深い点である。なお「長房以後」の室町期の大禰宜家の動向については、湯浅治久「室町期における香取社大禰宜家の一動向」（『千葉県史研究』一七号、二〇〇九号）に詳しい。

（6）　中井前掲「色川三中の香取文書調査について」・『香取文書纂』の編纂について」、鈴木哲雄「香取文書の概要と史料の構成」（『千葉県史研究』四号、一九九六年）、同「資料解説　香取文書の構成と調査の沿革」（『新県史　中世2』）。

（7）　正文で除外されている中世文書は、筑波大学附属図書館所蔵「香取文書」以外には、b―1・b―2・b―3・b―4・b―5と応安七（一三七四）年二月十日江見光義・山名希道連署証状（通し番号65、新宮六一号）、永和四（一三七八）年十月二十一日藤氏長者九条忠基宣（通し番号67、新宮六三号）のみである。これらの文書を正文としてよいかどうかは、今後の課題にしたい。もちろん、徳川光圀による借覧の対象でなかった可能性も否定できない。

（8）　なお、この文書等請取覚からは、大宮司家文書には下社家・社僧関係や別当金剛宝寺と惣持院の公事に関連する多数の文書があったことがわかるわけで、社僧や別当寺・神宮寺関係史料のほとんどが失われている現状から、この記載は貴重である。清房の大宮司職剥奪の理由は、香取社の元禄造営時における本殿廻りの排仏論争にかかわってのものであった（『佐原市史　資料編　別編一　部冊帳　前巻』（佐原市、一九九六年）第十巻、四九〇頁以下）。近世においても、神宮寺などとの関係は香取社の運営にとって重要であったわけで、この点については今後の課題とする。

（9）　実際の返却手順については、「大禰宜家日記第一」享保九（一七二四）年六月・七月の記事に詳しい（『香取群書集成（第六巻）』香取神宮社務所、一九九五年。一五五頁以下）。七月の記事には、六日水戸にて「美作（清房）」に対して、「大宮司家の品々」を子息の国分宮之介方へ返納すべきことが命じられ、同十日には宮之介が水戸へ往き、返納の品々を請け取り、これをいったん現大宮司の和雄方へ渡したようである。その後、本文で引用したように、寺社奉行の指示にしたがって「大宮司家の品々」は、大宮司和雄方と国分宮之介方に分割されて引き渡されたのであった。なお、同年六月の記事には、「土佐絵酒顚童子弐巻」（香取本「大江山絵詞」）の伝来を語る注目すべき記載があるが、この点は本書の付で詳しく検討する。

（10）　「御幸絵図」とは「香取神宮神幸祭絵巻」のことであり、『香取群書集成（第三巻）』（香取神宮社務所、一九八〇年）および『千葉県史研究』一五号（二〇〇七年）の「口絵：香取神宮神幸祭絵巻」および鈴木哲雄「資料紹介：香取神宮神幸祭絵巻（権検非違使家本）について」に紹介されている。詳しくは、『香取群書集成（第三巻）』の「解題」および本書第九章参照。なお、元禄十三（一七〇〇）年九月日香取社御幸絵図巻軸跋写（新源五八号）には、「右御幸絵図乃自古所伝也、（中略）至徳年間猶有行之、而其後絶矣、今以其図毀損／官教補修之、又其式様別造一図以副各為之巻軸云」と同年六月に就任したばかりの大禰宜胤雪が記しており、元禄十三年の造営に際して、正本の補修と副本の製作が行われたことがわかる。図録『香取の海』（千葉県立中央博物館、一九九三年）によれば、香取神宮現蔵の「香取神宮神幸祭絵巻」（一巻）の題簽には、「祭之図　右元禄十二己卯□出納大蔵大輔所撰本写之」とあり、これが副本であると考えられる。

(11) 伊藤泰歳纂訂「香取氏系図」（刊本『香取文書纂』第一六分冊の巻十七）の「貞胤」（清房の子息国分宮之介）の注記には、「元禄十三年六月台命ニ依リ宮介職仰付ラレ、後年職ヲ辞シ常陸新治郡小川村ニ住ス／或記ニ云、享保十六年副祝釆女ニ金三百両ニテ職ヲ譲リ立退タリト」ある（なお、関連記事が「大禰宜家日記」享保十年八月十五日条〔『香取群書集成（六巻）』一五九頁〕にみえる）。これらにしたがえば、香取の地にもどった大宮司家文書等は、享保十六（一七三一）年宮之介職とともに「副祝釆女」に譲渡されたものと考えられる。また、同系図の「豊房」の項には、「……勝明ノ二男、始宮介ノ養子トナリ、後大宮司家ヲ相続ス」とあり、さらに「前配（偶）佐誉子宮介勝秀ノ女離別」とある。

(12) 三点とは、貞治五（一三六六）年大禰宜長房申状ヵ（新禰一八号）、元禄四（一六九一）年十一月二十三日東山天皇口宣案（大中臣勝房、従五位下）、同年月日同口宣案（同、丹波守）である。現状では、貞治五年大禰宜長房申状ヵは、大禰宜家文書の「香取古文書」巻七の冒頭に収録されている。二点の口宣案は所在不明である。

(13) 現状では、「慶長十三年正月司召状」（一巻）とともに、桐箱に納められているが、一九四四（昭和十九）年三月の「官幣大社香取神宮宝物及貴重品台帳」には何故か記載されていない。先にふれたように、巻子の奥には「昭和十五年九月修理」（澤田総重宮司の筆跡）とあり、一九四〇（昭和十五）年までには、香取神宮の所蔵に帰していたものであろう。

(14) この重書案からも一点文書が切り抜かれて、香取神宮に納入されたのであるが（旧神二号、新宮一〇号）、小杉による「紙継」の記載から元の位置が確定できる。なお、小杉は**表4**の通し番号14・15・17が正文と重複する案文であるために、67は存在したとしたなら「偽文書」と判断して、除外したものと推定される。

(15) 色川本「官本」（第一冊目）で色川三中はこの下知状を校正しているが、そこに次のような注記をしている。①まず第一紙目の冒頭に「本書ハ此処欠失、今別ニ写ス所ヲ以校正ス」、②第一紙目と第二紙目の間に「本書ハ以上欠、但シ□」、③署判の上に、「此文書モト写シニ仍テ摹スルモノ也、三中今大禰宜家ニ就テ本書ヲ見ルヿヲ得、（以下略）」（第一章二四頁に既出）、とある。なお、第二章の補注に記した和学講談所による調査では第一紙目のみが書写されている。

（16）この点、本宮雄之氏の教示による。本宮氏によれば、伊藤泰和氏による引用記事は、伊藤氏が本宮家の伊能穎則関係資料を調査した際に見出したメモ書きにもとづいて書いたものであろうとのことである。

（17）前掲『香取群書集成　第三巻』の「解題」によれば、彰考館本（戦災で焼失）には正本と同じ図柄、同じ袖書と奥書があり、その後に添付された書付には「御幸祭礼図／常憲院《（徳川綱吉）》様御代元禄十三辰年当社御造営有之候節、以古絵図写被仰付、御奉納有之候」とあって、この書付を添付した紙面の上方に「此巻香取大宮司より借写候時此書付添来候也」と注記してあったという。「昭和十六年（一九四一）調査当時、彰考館勤務の福田耕二郎氏の教示によれば、この註記は小宮山楓軒（明和三年（一七六六）彰考館に入り、後郡奉行に転じて天保九年（一八三八）致仕、同十一年歿、七十七歳）の筆跡だという。これによって彰考館本は香取大宮司家本を書写したものであることが判る」とある。前者の書付は、副本に添えられていたものであり、本章の註（10）に引用した元禄十三（一七〇〇）年九月日香取社御幸絵図巻軸跋写（新源五八号）の記述に一致する。後者の楓軒によるという注記は、彰考館が借用し書写した際のもので、この副本は彰考館による借用＝書写段階（一八〇〇年前後）には大宮司家に存在したのであった。なお、この段階で正本も大宮司家にあったのだが、何らかの理由で副本が借用されたものか、それともすでに大宮司家には正本がなかったために副本が借用されたのかは確定できないが、後者の可能性が高い。また、第二章でふれたように、色川三中が残した「香取文書纂」の各目録の末尾には、「続輯」＝「今所輯」の「図之部」として「神幸図」が記載されており、弘化二（一八四五）年～嘉永元（一八四八）年の三中による香取社周辺での調査に際して、「御幸絵図」が書写されたことは確実であろう。ただし、それが当時、大禰宜家にあった可能性の高い正本なのか、それとも大宮司家の副本であったのかは、色川稿本「神幸図」（「御幸絵図」）が静嘉堂文庫や土浦市立博物館には所蔵されておらず、不明であるが、こちらは大禰宜家の正本によるものであろう（本書の結参照）。

（18）刊本『香取文書纂』の「大宮司家所蔵」にない文書は、基本的に筑波大学附属図書館所蔵「香取文書」と棚木家文書、そして香取神宮に納入された「香取神宮所蔵文書」であるが、他に落とされたものについては次のような説明が可能である。通し番号14・15・17・47は正文が存在する文書の案文あるいは写であり省略された。34は楓軒本や色川本「官本」での重出、「参」の二点は小宮山楓軒充ての書状であり大宮司家文書ではない。残りは8・67・95であるが、8は色川本「官本」には収録されていたが、色川三中による香取文書纂目録類からも除外されており、早くから偽文書と判断されていたもの。67・95

は和学本のみに収録されているもので、すでに大宮司家文書としては伝来していなかったのか、あるいは偽文書として除外されたものと推定できる。なお、82に対応する口宣案は、貞享五（一六八八）年八月十七日東山天皇口宣案写（大中臣清房、美作守）（新宮八三号）の正文である。大中臣清房充ての口宣案二通のうち82のものは、一八七九（明治十二）年六月四日、香取神宮宮司の香取保禮に常陸国小川村の香取家（棚木家）から返還され、香取芳忠家文書にはその写と同年月日付けの香取保禮の受取証が残されている。もう一通の83口宣案（大中臣清房、従五位下）は、香取芳忠家文書に存在している。

(19) 註（4）に同じ。

(20) 私は、以前に「なお大禰宜本の畠検注取帳には、『相根』村部分が抜け落ちており、冊子の状況や大中臣長房以下の署名者の花押からして、近世以降の写しであろう。」とか、「大禰宜家本の検田取帳・畠検注取帳には、欠落部分があり、冊子の状況や大中臣長房以下の署名者の花押からして、のちの写であろう。」としたが（註（6）の鈴木論考）、第七章で詳しく検討するように、ともに正文であると修正する。

(21) 序で述べたように、大禰宜家文書を含む香取文書全体について写であるとの説もあったが、他にも本書において縷々検証するように、こうした見解は成立しない。井原今朝男「摂関家政所下文の研究」（同『日本中世の国政と家政』校倉書房、一九九五年。初出一九八一年）によれば、現存する摂関家政所下文の多数が香取文書であり、井原の研究成果からしてもそのすべてが写であるとは考えられない。

(22) 鈴木前掲「中世香取社による内海支配」。なお、国行事職については、高村隆「香取文書にみえる嫐殿攻撃と国行事職についてのノート」（川村優編『論集　房総史研究』名著出版、一九八二年）も参照。

(23) 第一節で述べた、十七世紀から十八世紀前半にかけての大禰宜職と大宮司職の複雑な相続関係は、次の段階で大禰宜家文書と大宮司家文書との区分にかかわることになる。

(24) 中井前掲「色川三中の香取文書調査について」・「『香取文書纂』の編纂について」。現在は、早稲田大学所蔵荻野研究室収集文書となっている（『早稲田大学所蔵荻野研究室収集文書　上巻』吉川弘文館、一九七八年。二二〇・二二二頁）。両文書の貴重さについて、中井は「恐らく香取文書中唯一の楕円形の印を捺したもの」（同前掲『学問と思想篇』一〇一頁）といい、千葉県史編纂事業による調査以前に、今野慶信「葛西経蓮書状〈解説〉」・同「香取社正神殿雑掌について」（ともに葛飾区郷士と天文の博物館『博物館研究紀要』三号、一九九五年）および渡辺智裕「早稲田大学図書館所蔵『香取文書』について」（『早稲田大学図書館紀要』四三号、一九九六年）が紹介している。

(25)　形式的なことについては、『新県史　中世3』の「本書を理解するために」の「香取神宮の土地台帳（1）（2）」（執筆・鈴木哲雄）でふれた。なお内容的なことについては、本書第八章参照。

(26)　鈴木前掲「香取文書の概要と史料の構成」において、三中は各社家の文書を丁寧に書写した後は「其文書どもを装潢して家々に寄するを例」としたとの伊藤泰歳「香取文書纂刊行始末」（刊本『香取文書纂』第一六分冊の末尾所収）の記述から、録司代家文書などの装幀を三中によるものと推定したが、このように修正する。詳しくは、本書第一章の註（19）参照。

(27)　鈴木哲雄「香取録司代家・香取案主家文書の売券について」（木村茂光編『日本中世の権力と地域社会』吉川弘文館、二〇〇七年）。

(28)　色川稿本「田所家文書　壱」の序文。刊本『香取文書纂』では第六分冊の巻六「大禰宜家所蔵四」の冒頭に錯簡されている。

(29)　伊藤喜良「死亡逃亡跡と買地安堵」（同『中世国家と東国・奥羽』校倉書房、一九九九年。初出一九八一年）、網野善彦「天皇の支配権と供御人・作手」（同『日本中世の非農業民と天皇』岩波書店、一九八四年。初出一九七二年）、同『日本中世の民衆像』岩波書店、一九八〇年など。

(30)　旧分飯司家＝伊藤家では、明治時代に香取神宮禰宜伊藤泰歳が前掲『香取古文書目録』および前掲刊本『香取文書纂』などを編纂・編集し、さらに泰歳の孫にあたる伊藤泰和は香取神宮社務所編『香取群書集成（第一～六巻）』（一九四三～九五年）の編纂・校訂を手がけ、なかでも第三～六巻では香取神宮史誌編纂委員として参画している。なお、伊藤泰歳を中心とした刊本『香取文書纂』の刊行は、分飯司家文書の収録にも見られるように、色川本「香取文書纂」の成果を前提としながらも独自の編纂事業として評価されるべきことは、第二章で述べた。

(31)　二点のうち、永徳三（一三八三）年九月七日香取社領宮堀分配目録（旧神二五号、新分二一号）は、ほんらい分飯司家文書であったものと推定されるが、楓軒本「香取文書」（第七冊）及び色川本「官本」（四巻）所収の同日録写には、「案主（花押）」以下、「大禰宜兼大宮司散位長房（花押）」の署判のある四紙目が欠落している。ただし、旧神二五号の署判の「物申祝」「権禰宜」に「（花押）」とあるのは誤植である。

（32）この点は、本書第八章を参照。
（33）佐藤裕貴子「清宮家の書状」（千葉県史編さん資料『千葉県地域史料現状記録調査報告書』第六集、千葉県、二〇〇〇年）は、「新福寺物忌家文書」が嘉永元（一八四八）年内に清宮秀堅が色川三中に提供したものであったことを明している。両文書は、寺院関係として一連のものであった可能性があろう。
（34）中井信彦「田制史研究と長嶋尉信との関係」（同『色川三中の研究　伝記篇』第十一章、塙書房、一九八八年）、山田邦明「色川三中の香取文書調査と序文」（『県史香取目録』）も参照。
（35）註（27）に同じ。
（36）色川稿本「香取文書纂目録」や刊本『香取古文書目録』に採録されながら、刊本『香取文書纂』に収録されなかった理由は不明であるが、西光司家文書がすべて写であり、他の社家文書に収録済みであるとの判断があったのかもしれない。
（37）香取文書にみえる「ほまち」については、鈴木哲雄「常総地域の『ほまち』史料について」（同『中世日本の開発と百姓』岩田書院、二〇〇一年）参照。
（38）もちろんこの点は、幕末から明治初期の「神仏分離と廃仏毀釈」にかかわるわけで、本書に名前をあげた人物の多くが「神仏分離と廃仏毀釈」に関係したことは周知のことである（安丸良夫『神々の明治維新』岩波書店、一九七九年）。香取神宮・神宮寺における「神仏分離と廃仏毀釈」については改めて考えてみたいと思う。
（39）三巻の他に別巻がある。別巻は「嘉永六年から明治五年までのもの」を納める。
（40）所蔵の経緯については、不明なものが多いが、「香取旧社職源太祝家文書」（六巻）については、第一巻と第六巻の奥に跋文が附されている。前者には、一九四〇（昭和十五）年六月十日付けの宮地直一によるもの、後者は同年六月十三日付けの宮司澤田総重によるもので、その内容はこの時に整理・装潢されたことを示すのみであるが、前掲の「官幣大社香取神宮宝物及貴重品台帳」には、「宮地直一氏ノ斡旋ニテ当宮ノ有ニ帰セルモノ」とある。香取神宮の宮司高橋昭二氏によれば、先述の「旧大宮司家文書」（一巻）を含めて、一九四〇年以前の澤田宮司時代に収集されたものが多いのではないかとのことである。それは、第二章でふれた昭和の造営事業での「古文書及史料の採明保存等の業」（『香取群書集成（第一巻）』香取神宮社務所、一九四三年の後記（宮司澤田総重））にもとづくものであったと考えられる。

II　香取文書と東国社会

第四章　大禰宜家文書のなかの重書案

はじめに

大禰宜家文書は、十五巻の巻子（「香取古文書」）と応永六年香取神領検注取帳などの七冊の冊子からなっている。このうち「香取古文書」十五巻に纏められた古文書のなかには、複数の重書案が存在しているが、現状では紙継部分で分離してしまっているものや、ばらばらになったあと一部散逸してしまっているものなどがある。これらの重書案のなかには、正文が存在せず、重書案によってのみ確認される文書も多いが、『旧県史』が重書案について詳しくはふれなかったこともあり、大禰宜家文書を利用したこれまでの研究では、重書案の一部として個々の文書が検討されたことはほとんどない。

そこで本章では、これまでの原本の調査記録や写真を利用しての作業ではあるが、可能なかぎり重書案を復原したうえで、重書案作成の意図を検討し、重書案ならびに個々の文書を利用する際の便宜に供したいと考える。それによって、香取文書の整理に携わることができた者としての責任の一端を果したいと思う。

作業手順としては、第一に、大禰宜家文書の重要文化財指定に際して作成された『香取大禰宜家文書目録』（文化庁文化財保護部美術工芸課、一九八五年。以下『文化庁目録』と略す）の成果を確認したうえで、改めて重書案の整理・

復原を行うこととし、第二に、色川三中による調査段階での重書案の形態を確認する。第三に、各々の重書案の成立過程について検討していくことにする。

なお、『旧県史』は、重書案についての情報を一切載せていないのではない。同書の凡例に示されているように、文書名の上部には、その文書の原本における順序（一―1などと何巻の何通目であるか）が示されており、さらに同一紙に二通以上の文書が記されている場合には、ａｂｃ……として、もとの順序がわかるようになっている。つまり、文書名の上部に示された順序にしたがって、根気強く文書を繋いでいけば、重書案の部分的復原も可能なのであるが、実際上はかなり困難な作業である。

また、『新県史』では、香取文書については『旧県史』の補遺としたため、大禰宜家文書の補遺として収録した文書には重書案は存在しなかったが、他の社家文書で確認できた重書案については、「……具書案」などの文書名で採録している。(1)これに対して、『県史香取目録』では、個々の文書名の下に重書案としての枝番を付して、重書案の所在を示した。なお、本章で検討する大禰宜家文書の重書案については該当部分のみの目録を表6「大禰宜家文書所収『重書案』目録」として別掲した。

一　重書案の復原

大禰宜家文書の巻子十五巻のうち、十三巻分には「香取古文書　巻之一」という形式の題箋外題が付されており、残り二巻には「香取古文書写」との題箋外題があるが、現在の形に成巻されたのは明治中期のことと推定する。この段階で、大禰宜家文書は一巻から十三巻までの正文類と残り二巻の写とに分類されて成巻されたのであり、重書案の大半は「香取古文書写」二巻のなかに存在している。

大禰宜家文書の成巻の時期について、『文化庁目録』は巻子の表装を江戸時代とするが、私は以前に不明としておいた[2]。後述するように、色川三中の稿本からみて幕末には現在の形になっていないし、明治初年から一八八四（明治十七）年までの間に大禰宜家文書の三二通をはじめとする社家文書が香取神宮に納められ、「本所古文書」が編成されている[3]。また、小杉榲邨が香取文書の調査の過程で大禰宜家文書の原本二通を彼の収集『諸国文書』に加えたのは、一八八七（明治二十）年のことであった[4]。こうしたことからみて、現在の成巻は、明治中期頃のこととみて間違いなかろう。

（1）『文化庁目録』から

『文化庁目録』は、「重書案のごとく一通の文書に数通の案文を写し収めるものについては、案文全体を一通、文書番号を一番に数え、所収案文にはそれぞれについて子番号を」（『文化庁目録』凡例）付している。

『文化庁目録』が最初の重書案とするのは、第四巻の五号文書である。『文化庁目録』は、「香取社重書案（南北朝期書続案文）」として、子（枝）番33をふっている。他の重書案はすべて「香取古文書写」の二巻に存在する。以下、略記すると次の十二通になる。カッコ内の書写の推定年代も『文化庁目録』のものである。

〈重書案a〉（三三点）：　四巻　五号（南北朝期書続案文）「各紙継目毎ニ山名智兼ト安富道轍ノ裏判二顆アリ」
〈重書案b〉（　四点）：十四巻（写一巻）　七号（鎌倉後期写）「継目裏判アリ」
〈重書案c〉（　四点）：十四巻（写一巻）　八号（南北朝期写）
〈重書案d〉（　二点）：十四巻（写一巻）一二号（江戸前期写）
〈重書案e〉（　三点）：十四巻（写一巻）一六号（室町前期写）「継目裏判アリ」
〈重書案f〉（　六点）：十四巻（写一巻）一九号（南北朝期写）「継目裏判アリ」
〈重書案g〉（　八点）：十五巻（写二巻）　一号（室町中期写）

〈重書案ｈ〉（八点）：十五巻（写二巻）七号（室町中期写）
〈重書案ｉ〉（二点）：十五巻（写二巻）一〇号（江戸前期写）
〈重書案ｊ〉（八点）：十五巻（写二巻）一一号（当時写）「継目裏ニ安富道轍・山名智兼ノ花押アリ」
〈重書案ｋ〉（二点）：十五巻（写二巻）一三号（一点目は当時写）
〈重書案ｌ〉（三点）：十五巻（写二巻）二九号（江戸前期写）

詳しくはのちに検討するが、これまでの調査成果として新たに付け加えることができる点は、次のようなものである。

①〈重書案ａ〉の「安富道轍・山名智兼」の継目裏判は一七箇所であること。
②〈重書案ｂ〉の継目裏判は四箇所あるが、だれの裏判なのかは不明であり、四点の案文にはそれぞれ朱書や合点などがあること。
③〈重書案ｃ〉にも「継目裏判」が一箇所確認できること。裏判は室町幕府奉行人の「松田貞秀」の花押であること。
④〈重書案ｅ〉の継目裏判二箇所の裏判は、摂関家家司の「中御門宣方」の花押であること。
⑤〈重書案ｆ〉の継目裏判三箇所の裏判は、③と同じ「松田貞秀」の花押であること。
⑥〈重書案ｊ〉の「安富道轍・山名智兼」による継目裏判は、四箇所であること。

（2）重書案の整理・復原

こうした作業をへたうえで、大禰宜家文書において現在確認できる重書案は、『文化庁目録』によって指摘されたものを含めて、次の十三通に整理できる。〈重書案ａ〉や〈なし〉などとあるのは、『文化庁目録』による重書案との対

書「重書案」目録

色官	色川	賜蘆	A	B	C	D	E	F	G	H	I	J	K	L	M
		76 2-2			C-01	D-02									
				B-02										L-01	
				B-01	C-04	D-01									
				B-11	C-02	D-03								L-02	
				B-12	C-03	D-04								L-03	
禰218 9-11							E-01								
禰219 9-12							E-02								
	禰175 8-13	65 1-65										J-01			
	禰176 8-14	66 1-66										J-02			
	禰177 8-15	67 1-67										J-03			
	禰23 2-3							F-01	G-01						
	禰24 2-4							F-02	G-02						
禰73 3-14	禰25 2-5							F-03	G-03						
		84 2-10						F-05	G-05						
	禰26 2-6							F-04	G-04						
禰75 3-16								F-06	G-06						
	禰183 8-21		A-01												
	禰185 8-23		A-03							H-01					
	禰184 8-22		A-02												
	禰212 8-50	57 1-57	A-30												
	禰186 8-24		A-04						G-07						
	禰187 8-25		A-05							H-02					
	禰213 8-51	58 1-58	A-31												
	禰214 8-52	59 1-59	A-32												
	禰188 8-26		A-06												
	禰189 8-27		A-07							H-05			K-01		

表6　香取大禰宜文

	文　書　名	日　　付	西暦	新県史	旧県史	底本	原本	和学	楓軒
1	源頼朝下文案	治承7年正月28日	1183	禰 2◇		禰-原	禰364 14-9		
2	関白前左大臣〔近衛家実〕家政所下文案	建永2年10月日	1207	禰 5◇ 田2-2◇	禰 12	禰-原	禰363 14-8		
3	鎌倉幕府下知状案	承元3年3月17日	1209		禰 13◇	禰-原	禰362 14-7		
4	鎌倉幕府下知状案	承元3年10月29日	1221		禰 14◇	禰-原	禰375 14-20		
5	鎌倉幕府下知状案	文永9年12月18日	1272		禰 23◇	禰-原	禰376 14-21		
6	関白左大臣〔鷹司兼忠〕家政所下文案	（永仁4年8月日）	1296		禰 29◇	禰-原	禰377 14-22		32 2-11
7	藤氏長者〔鷹司兼忠〕下知状案	永仁5年4月12日	1297		禰 30	禰-原	禰378 14-23	禰34 1-34	33 2-12
8	大禰宜長房安堵申状案	貞治5年4月日	1366		禰 68	禰-原	禰409 15-14		
9	関白〔二条良基〕御教書案	（貞治5年）5月8日	1366		禰 69	禰-原	禰410 15-15		
10	藤氏長者〔二条良基〕宣案	貞治5年5月8日	1366		禰 70	禰-原	禰411 15-16		
11	聖応等連署願文案	貞治7年3月2日	1368		禰 71◇	禰-原	禰381 14-26		
12	平長胤施行状案	貞治7年3月8日	1368		禰 74◇	禰-原	禰382 14-27	禰81 2-37	
13	聖応等連署願文案	貞治7年3月日	1368		禰 77	禰-原	禰383 14-28 禰394 14-39	禰82 2-38	64 3-14
14	平長胤寄進状案	貞治7年3月11日	1368		禰 75◇	禰-原	禰385 14-30		
15	平長胤安堵状案	貞治7年3月12日	1368		禰 76◇	禰-原	禰395 14-40		
16	図書允氏政書状案	（応安5年）5月9日	1372		禰100	禰-原	禰386 14-31	禰87 2-43	66 3-16
17	藤氏長者〔二条師良〕宣案	応安5年11月8日	1372		禰84◇	禰-原	禰 93 4-5		
18	関白家御教書案	（応安5年）11月8日	1372	禰19◆	禰122	禰-原	禰 95 4-7		
19	藤氏長者〔二条師良〕宣案	応安5年11月9日	1372		禰 85◇	禰-原	禰 94 4-6		
20	藤氏長者〔二条師良〕宣案	応安5年11月9日	1372		禰 86	禰-原	禰122 4-34		
21	関白家御教書案	（応安5年）11月12日	1372		禰133◇	禰-原	禰 96 4-8		
22	室町将軍〔足利義満〕家御教書案	応安5年11月14日	1372		禰 87◇	禰-原	禰 97 4-9		
23	藤氏長者〔二条師良〕宣案	応安5年11月18日	1372		禰 88	禰-原	禰123 4-35		
24	室町将軍〔足利義満〕家御教書案	応安5年12月14日	1372		禰 90	禰-原	禰124 4-36		
25	沙弥某奉書案	応安7年3月22日	1374		神 28◇	禰-原	禰 98 4-10		
26	鎌倉府御教書断簡案	（応安7年3月）	1374		禰 97◇	禰-原	禰 99 4-11		

色官	色川	賜蘆	A	B	C	D	E	F	G	H	I	J	K	L	M
	禰190 8-28		A-08	B-21						H-03			K-02		
	禰191 8-29		A-09	B-22						H-04	I-01		K-03		
禰93 3-34		37 1-37											K-04		
	禰192 8-30		A-10										K-05		
	禰193 8-31		A-11												
	禰201 8-39	46 1-46	A-19									J-04			
	禰202 8-40	47 1-47	A-20									J-07			
	禰194 8-32	39 1-39	A-12												
	禰195 8-33	40 1-40	A-13							H-06			K-11		
	禰196 8-34	41 1-41	A-14												
	禰203 8-41	48 1-48	A-21									J-08			
	禰204 8-42	49 1-49	A-22									J-05			
	禰197 8-35	42 1-42	A-15												
	禰198 8-36	43 1-43	A-16										K-12		
	禰199 8-37	44 1-44	A-17							H-07			K-13	L-04	
	禰200 8-38	45 1-45	A-18												
禰 98 3-39													K-14		
	禰205 8-43	50 1-50	A-23												
	禰206 8-44	51 1-51	A-24									J-06			
	禰207 8-45	52 1-52	A-25												M-02
	禰208 8-46	53 1-53	A-26							H-08					
	禰209 8-47	54 1-54	A-27												M-01
	禰210 8-48	55 1-55	A-28												
	禰211 8-49	56 1-56	A-29												
	禰215 8-53	60 1-60	A-33												
	禰173 8-11										I-02				
	禰174 8-12										I-03				

対応するのかを示している。凡例は序の**表１**に同じだが、「賜蘆」は賜蘆文庫本「香取文書」である。

	文　書　名	日　付	西暦	新県史	旧県史	底本	原本	和学	楓軒
27	鎌倉府執事奉書案	応安７年４月25日	1374		禰 98	禰-原	禰100 4-12		
28	鎌倉府執事奉書案	応安７年４月25日	1374		禰 96◇	禰-原	禰101 4-13		
29	鎌倉府執事奉書案	応安７年４月25日	1374		禰 95	禰-原	禰424 15-29	禰97 2-53	81 3-31
30	鎌倉府執事奉書案	応安７年４月25日	1374		禰 99	禰-原	禰102 4-14		
31	千葉満胤請文案	応安７年５月18日	1374		禰101 神 30◆	禰-原	禰103 4-15		
32	安富道轍等連署奉書案	応安７年５月25日	1374		禰102	禰-原	禰111 4-23		
33	安富道轍等連署奉書案	応安７年５月25日	1374		禰103	禰-原	禰112 4-24		
34	安富道轍注進状案	応安７年５月27日	1374		禰104	禰-原	禰104 4-16		
35	鎌倉府執事奉書案	応安７年６月５日	1374		禰106	禰-原	禰105 4-17		
36	鎌倉府執事奉書案	応安７年６月５日	1374		禰107	禰-原	禰106 4-18		
37	安富道轍等連署奉書案	応安７年６月21日	1374		禰109◇	禰-原	禰113 4-25		
38	安富道轍等連署奉書案	応安７年６月21日	1374		禰108◇	禰-原	禰114 4-26		
39	安富道轍注進状案	応安７年６月24日	1374		禰110	禰-原	禰107 4-19		
40	鎌倉府執事奉書案	応安７年８月９日	1374		禰111 禰 91◆	禰-原	禰108 4-20		
41	鎌倉府条書案	（応安７年８月９日）	1374		禰123	禰-原	禰109 4-21		
42	鎌倉府執事奉書案	応安７年８月９日	1374		禰112◇	禰-原	禰110 4-22		
43	鎌倉府執事奉書案	応安７年８月９日	1374		禰113	禰-原	禰429 15-34	禰116 2-72	86 3-36
44	安富道轍等連署奉書案	応安７年９月27日	1374		禰114	禰-原	禰115 4-27		
45	安富道轍等連署奉書案	応安７年９月27日	1374		禰115	禰-原	禰116 4-28		
46	円城寺政氏避状案	応安７年10月14日	1374		禰121◇	禰-原	禰117 4-29		
47	山名智兼打渡状案	応安７年10月14日	1374		禰118	禰-原	禰118 4-30		
48	安富道轍打渡状案	応安７年10月14日	1374		禰119	禰-原	禰119 4-31		
49	安富道轍等連署奉書案	応安７年10月14日	1374		禰116	禰-原	禰120 4-32		
50	安富道轍等連署奉書案	応安７年10月14日	1374		禰117	禰-原	禰121 4-33		
51	応安七年鎌倉動座関係文書跋	（応安７年）	1374		禰105	禰-原	禰125 4-37		
52	足利氏満下知状案	応永５年３月５日	1398		禰171◇	禰-原	禰407 15-12		
53	足利満兼下知状案	応永12年11月25日	1405		禰176	禰-原	禰408 15-13		

本目録は『県史香取目録』にもとづいて作成。〈A〉〜〈M〉の欄は重書案Ａ〜Ｍにあたり、各案文がどの文書と

応関係を示している。また、巻子毎の文書番号は表6の「原本」欄のものである（『県史香取目録』の番号と同じ）。

【重書案A】応安五年十一月八日～応安七年十月十四日（一三七二～七四）

三三点。四巻五号～三七号（十八紙、〈重書案a〉に同じ）。継目裏判は十七箇所。裏判は安富道轍・山名智兼のもの。末尾に跋文が継がれている。

【重書案B】建永二年十月日～応安七年四月二十五日（一二〇七～一三七四）

六点。十四巻七・八号（九紙、〈なし〉）と二〇・二二号（一紙、〈重書案d〉に同じ）と十五巻二四・二五号（二紙、〈重書案i〉に同じ）と整理・復原できる。一連の重書案であったものの一部分か。継目裏判は確認できず。校正上の注記と推定される朱の合点や丸点がふられ、一つ書きの右には通し番号が書かれている。

【重書案C】治承七年正月二十八日～文永九年十二月十八日（一一八三～一二七二）

四点。十四巻九～一二号（五紙、〈重書案b〉に同じ）。継目裏判は四箇所。書判者は不明。各案文の右肩に「校正」と書き合点をふり、その下に朱書で案文の文書名および概要を書く。各案文の署判「在御判」「在判」にも合点をふる。前欠かどうかは不明。後欠。

【重書案D】治承七年正月二十八日～文永九年十二月十八日（一一八三～一二七二）

四点。十四巻一三～一六号（二紙、〈重書案c〉に同じ）。継目裏判は一箇所。ただし二紙目の奥に半分ある。裏判は松田貞秀の花押。前後欠。

【重書案E】永仁四年八月日～永仁五年四月十二日（一二九六～一二九七）

二点。十四巻二二・二三号（一紙、〈なし〉）。継目裏判なし。前後欠。

【重書案F】貞治七年三月二日～応安五年五月九日（一三六八～七二）

六点。十四巻二六・二七・二八＝三九・四〇・三〇・三一号（五紙、十四巻二六・二七・二八号は〈重書案e〉

に同じ〉と整理・復原できる。継目裏判は四箇所。ただし、写真では三紙目の奥端には裏判がみえず、四紙目の端裏にみえる裏判と繋がるのかははっきりしないが、次の【重書案Ｇ】との対応関係から繋がるものと判断する。裏判は中御門宣方の花押。前後欠かは不明。

【重書案Ｇ】貞治七年三月二日〜応安五年十一月十二日（一三六八〜七二）

七点。十四巻二五・二九・三五・三六・三七＝三二・三三・三四号（四紙、二五・二九号を除き〈重書案ｆ〉と同じ）と整理・復原できる。継目裏判は三箇所。裏判は松田貞秀の花押。前欠。

【重書案Ｈ】応安五年十一月八（十二と誤写）日〜応安七年十月十四日（一三七二〜七四）

八点。十五巻一〜八号（六紙、〈重書案ｇ〉と同じ）。継目裏判なし。前欠。

【重書案Ｉ】応安七年四月二十五日〜応永十二年十一月二十五日（一三七四〜一四〇五）

三点。十五巻一一〜一三号（三紙、〈なし〉、一紙毎に書写されている）。継目裏判なし。

【重書案Ｊ】貞治五年四月日〜応安七年九月二十七日（一三六六〜七四）

八点。十五巻十四〜二一号（四紙、〈重書案ｈ〉に同じ）。継目裏判なし。

【重書案Ｋ】応安七年四月二十五日〜同年八月九日（一三七四）

九点。十五巻二六＝六一・二七〜三〇号（四紙）と三一〜三四号（二紙）に整理・復原できる。六一号を除き〈重書案ｊ〉と同じ。継目裏判あり。前者には継目裏判が三箇所、第四紙の奥に裏判の一部が残る。後者には、第一紙の袖に裏判の一部、継目裏判は写真ではわからないが、和学本「香取大禰宜家文書」第二巻の該当部分の写には、「裏ツキメニアリ」として安富・山名の花押を写している。第二紙の奥は不明。前欠。

【重書案Ｌ】建永二年十月日〜文永九年十二月十八日（一二〇七〜一二七二）、（応安七年八月九日（一三七四））

四点。十五巻五九＝五三・五四〜五六号（二紙、五九号を除き〈重書案ｌ〉に同じ）と整理・復原できる。継目裏判なし。前後欠。十五巻五六号の右上に「応安七年有重複」の朱書あり。

【重書案Ｍ】応安七年十月十四日（一三七四）

二点。十五巻三六・三七号（一紙、〈重書案ｋ〉と同じ）。継目裏判なし。前後欠。奥の裏に朱書あり。この朱書は、色川本「官本」第三巻四三号と楓軒本「香取文書」（第三冊）三九号では、「右文書、裏書朱書如此／関東奉行人安富大蔵入道・山名兵庫大夫入道、応安七年裏封畢」と書写されており、和学本「香取大禰宜家文書」第三巻三号では、「裏朱」として同じ文言が書写されている。

二　色川三中の調査段階

大禰宜家文書が成巻された明治中期以前に、重書案の存在に注目した人物は色川三中であった。表6からわかるように、【重書案Ａ〜Ｍ】は和学本や楓軒本「香取文書」、色川本「官本」とはほとんど対応しないのであるが、色川稿本「香取大禰宜家文書」とは濃密な対応関係にあることが読みとれよう。

三中が香取文書の調査にどのようにかかわったのかについては、中井信彦の研究があり、本書の第Ⅰ部でも詳しく述べた。中井が明らかにしたように、三中は「水戸官庫之本」[5]を長嶋尉信より借りて、写本十一冊（色川本「官本」）を書写し、それを手に香取文書の調査にあたったのである。三中は、原則として官本「香取文書」に未収録の文書を新たに収集したのであり、大禰宜家文書の場合では、官本「香取文書」に収録済みの一七三通のほかに、新たに二三四通ほどの文書を調査・書写し、十四冊の写本にまとめている。この十四冊の色川稿本「香取大禰宜家文書」のうち、第八巻に収められた写本こそが、三中が注目した重書案類であった[6]。

三中は、第八巻の表紙に直接「貞治・応安神訴案文　三巻合」と書いている。また、色川稿本「香取文書纂目録

表7　色川稿本「香取大禰宜家文書」第八巻目録

	文　書　名	日　　付	西暦	県史	底本	原本	色川	重書案
1	鎌倉府執事奉書	応安7年4月25日	1374	旧禰 96	禰-原	禰171 7-22	禰163 8-1	
2	鎌倉府執事奉書	応安7年8月9日	1374	旧禰112	禰-原	禰174 7-25	禰164 8-2	
3	聖応等連署願文写	貞治7年3月2日	1368	旧禰 71◇	禰-原	禰380 14-25	禰165 8-3	G-01
4	平長胤施行状写	貞治7年3月8日	1368	旧禰 74◇	禰-原	禰384 14-29	禰166 8-4	G-02
5	聖応等連署願文写	貞治7年3月日	1368	旧禰 77◇	禰-原	禰390 14-35	禰167 8-5	G-03
6	平長胤安堵状写	貞治7年3月12日	1368	旧禰 76◇	禰-原	禰391 14-36	禰168 8-6	G-04
7	平長胤寄進状写	貞治7年3月11日	1368	旧禰 75◇	禰-原	禰392 14-37 禰387 14-32	禰169 8-7	G-05
8	図書允氏政書状写	(応安7年)5月9日	1374	旧禰100◇	禰-原	禰388 14-33	禰170 8-8	G-06
9	関白家御教書写	(応安5年)11月12日	1372	旧禰133◇	禰-原	禰389 14-34	禰171 8-9	G-07
10	鎌倉府執事奉書写	応安7年4月25日	1374	旧禰 96◇	禰-原	禰406 15-11	禰172 8-10	I-01
11	足利氏満下知状案	応安5年3月5日	1398	旧禰171◇	禰-原	禰407 15-12	禰173 8-11	I-02
12	足利満兼下知状案	応安12年11月25日	1405	旧禰176	禰-原	禰408 15-13	禰174 8-12	I-03
13	大禰宜長房安堵申状案	貞治5年4月日	1366	旧禰 68	禰-原	禰409 15-14	禰175 8-13	J-01
14	関白〔二条良基〕御教書案	(貞治5年)5月8日	1366	旧禰 69	禰-原	禰410 15-15	禰176 8-14	J-02
15	藤氏長者〔二条良基〕宣案	貞治5年5月8日	1366	旧禰 70	禰-原	禰411 15-16	禰177 8-15	J-03
16	安富道轍等連署奉書写	応安7年5月25日	1374	旧禰102◇	禰-原	禰412 15-17	禰178 8-16	J-04
17	安富道轍等連署奉書写	応安7年6月21日	1374	旧禰109◇	禰-原	禰413 15-18	禰179 8-17	J-05
18	安富道轍等連署奉書写	応安7年9月27日	1374	旧禰115◇	禰-原	禰414 15-19	禰180 8-18	J-06
19	安富道轍等連署奉書写	応安7年5月25日	1374	旧禰103◇	禰-原	禰415 15-20	禰181 8-19	J-07
20	安富道轍等連署奉書写	応安7年6月21日	1374	旧禰108◇	禰-原	禰416 15-21	禰182 8-20	J-08
21	藤氏長者〔二条師良〕宣案	応安5年11月8日	1372	旧禰 84◇	禰-原	禰 93 4-5	禰183 8-21	A-01

	文　書　名	日　　付	西暦	県史	底本	原本	色川	重書案
22	藤氏長者〔二条師良〕宣案	応安５年11月９日	1372	旧禰 85◇	禰-原	禰 94 4-6	禰184 8-22	A-02
23	関白家御教書案	(応安５年)11月８日	1372	旧禰122 新禰 19◆	禰-原	禰 95 4-7	禰185 8-23	A-03
24	関白家御教書案	(応安５年)11月12日	1372	旧禰133◇	禰-原	禰 96 4-8	禰186 8-24	A-04
25	室町将軍〔足利義満〕家御教書案	応安５年11月14日	1372	旧禰 87◇	禰-原	禰 97 4-9	禰187 8-25	A-05
26	沙弥某奉書案	応安７年３月22日	1374	旧神 28◇	禰-原	禰 98 4-10	禰188 8-26	A-06
27	鎌倉府御教書断簡案	(応安７年３月)	1374	旧禰 97◇	禰-原	禰 99 4-11	禰189 8-27	A-07
28	鎌倉府執事奉書案	応安７年４月25日	1374	旧禰 98	禰-原	禰100 4-12	禰190 8-28	A-08
29	鎌倉府執事奉書案	応安７年４月25日	1374	旧禰 96◇	禰-原	禰101 4-13	禰191 8-29	A-09
30	鎌倉府執事奉書案	応安７年４月25日	1374	旧禰99	禰-原	禰102 4-14	禰192 8-30	A-10
31	千葉満胤請文案	応安７年５月18日	1374	旧禰101 旧神 30◆	禰-原	禰103 4-15	禰193 8-31	A-11
32	安富道轍注進状案	応安７年５月27日	1374	旧禰104	禰-原	禰104 4-16	禰194 8-32	A-12
33	鎌倉府執事奉書案	応安７年６月５日	1374	旧禰106	禰-原	禰105 4-17	禰195 8-33	A-13
34	鎌倉府執事奉書案	応安７年６月５日	1374	旧禰107	禰-原	禰106 4-18	禰196 8-34	A-14
35	安富道轍注進状案	応安７年６月24日	1374	旧禰110	禰-原	禰107 4-19	禰197 8-35	A-15
36	鎌倉府執事奉書案	応安７年８月９日	1374	旧禰111 旧禰 91◆	禰-原	禰108 4-20	禰198 8-36	A-16
37	鎌倉府条書案	(応安７年８月９日)	1374	旧禰123	禰-原	禰109 4-21	禰199 8-37	A-17
38	鎌倉府執事奉書案	応安７年８月９日	1374	旧禰112◇	禰-原	禰110 4-22	禰200 8-38	A-18
39	安富道轍等連署奉書案	応安７年５月25日	1374	旧禰102	禰-原	禰111 4-23	禰201 8-39	A-19
40	安富道轍等連署奉書案	応安７年５月25日	1374	旧禰103	禰-原	禰112 4-24	禰202 8-40	A-20
41	安富道轍等連署奉書案	応安７年６月21日	1374	旧禰109◇	禰-原	禰113 4-25	禰203 8 41	A-21
42	安富道轍等連署奉書案	応安７年６月21日	1374	旧禰108◇	禰-原	禰114 4-26	禰204 8-42	A-22
43	安富道轍等連署奉書案	応安７年９月27日	1374	旧禰114	禰-原	禰115 4-27	禰205 8-43	A-23

	文書名	日付	西暦	県史	底本	原本	色川	重書案
44	安富道轍等連署奉書案	応安7年9月27日	1374	旧禰115	禰-原	禰116 4-28	禰206 8-44	A-24
45	円城寺政氏避状案	応安7年10月14日	1374	旧禰121◇	禰-原	禰117 4-29	禰207 8-45	A-25
46	山名智兼打渡状案	応安7年10月14日	1374	旧禰118	禰-原	禰118 4-30	禰208 8-46	A-26
47	安富道轍打渡状案	応安7年10月14日	1374	旧禰119	禰-原	禰119 4-31	禰209 8-47	A-27
48	安富道轍等連署奉書案	応安7年10月14日	1374	旧禰116	禰-原	禰120 4-32	禰210 8-48	A-28
49	安富道轍等連署奉書案	応安7年10月14日	1374	旧禰117	禰-原	禰121 4-33	禰211 8-49	A-29
50	藤氏長者〔二条師良〕宣案	応安5年11月9日	1372	旧禰 86	禰-原	禰122 4-34	禰212 8-50	A-30
51	藤氏長者〔二条師良〕宣案	応安5年11月18日	1372	旧禰 88	禰-原	禰123 4-35	禰213 8-51	A-31
52	室町将軍〔足利義満〕家御教書案	応安5年12月14日	1372	旧禰 90	禰-原	禰124 4-36	禰214 8-52	A-32
53	応安七年鎌倉動座関係文書跋	(応安7年)	1374	旧禰105	禰-原	禰125 4-37	禰215 8-53	A-33

本目録は『県史香取目録』にもとづいて作成。〈色川〉と〈重書案〉の欄をならべて、色川稿本第八巻(「色川」欄)と重書案との対応関係を示した。

(上・下)」(静嘉堂文庫所蔵)の「大禰宜家/巻第八」の冒頭部分には、「此巻所載ハ貞治・応安神訴ノ時、大禰宜長房精忠ヲ以テ鎌倉ニ裁断ヲ得ルノ後、始終ノ文書ヲ書写シ集テ二巻トナシ、時ノ奉行松田・安富・山名等ノ花押ヲ以テ裏ヲ封スル所ノ書共也、本巻ト重複セルモノ多シト雖モ、モトヨリ前後ノ所輯ニモレタルモ不少、皆原本ノマヽヲ不省略シテ摹写メコヽニ出ス」と記している。**表7**は「色川稿本『香取大禰宜家文書』第八巻目録」であるが、これにしたがって順にみていきたい。

三中のいう「貞治・応安神訴案文」三巻の第一巻目は、**表7**の「色川」欄の8―1〜9までの九点のことであろう。たしかに、8―3〜9までの七点は前掲の【重書案G】にあたるが、冒頭の二点は重書案の一部ではなく正文の写である。しかし、三中の調査段階では、この九点は一連の重書として継がれていたものであろうか。冒頭の二点は、【重書案G】を具書案とした訴訟に対する鎌倉府の裁決なのであり、この二点の鎌倉府執事(関東管領上杉能憲)奉

※は裏焼きである

某花押【重書案C】

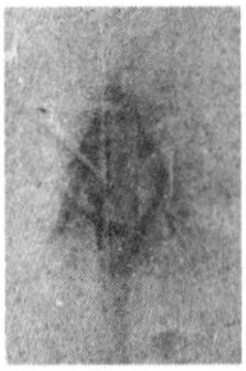
C-4・5

※C-2・3

※C-1・2

中御門宣方花押【重書案F】

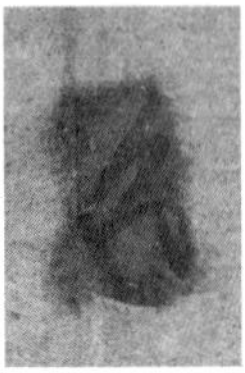
F-4・5（裏）

※F-4・5

※F-2・3

※F-1・2

〈重書案以外〉

新宮59号

新宮62号

旧禰92号

旧禰85号

旧禰84号

【重書案D】

※D-1・2

松田貞秀花押（影）【重書案G】

※G-5・6

※色-8巻5葉

※色-8巻4葉

◦重書案A・C・D・F・G・旧禰は個人蔵。
◦新宮は香取神宮所蔵。
◦色は静嘉堂文庫所蔵。

亀印【重書案M】

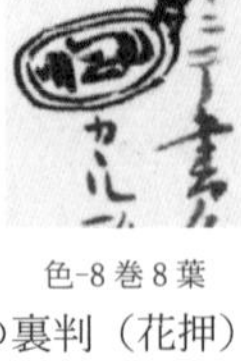
色-8巻8葉

安富道轍・山名智兼花押【重書案A・K・M】

写真5　重書案の裏判（花押）等一覧

花押下の「C-1・2」などの表記は、重書案ごとの紙継目の位置（重書案Cの1紙目と2紙目の間）を示している。「色-8巻4葉」などは色川稿本「香取大禰宜家文書」8巻4葉目を示す。

書の正文（旧禰九六・一一二号）は、勝訴者の香取大中臣氏側に【重書案G】とともに貼り継がれ、相伝されたものであったのである。なお三中は、一点目の奥に「厚紙今ノ仙過奉書両（ママ）紙ニ似タル質ノカミ（紙）ナリ」と朱書している。

後述するように、【重書案G】の十四巻三四号の奥の裏にある朱書を三中は、「将軍家奉行人松田左衛門尉貞秀、応安五年裏封畢」と読み、さらに次のような注記をしている。「如此朱ニテ書タルヲ裏打シコメタリ、裏ウテルモ古キヤウナル、紙ノツキメニ印ヲサシタルカ、墨ニテサシテイト小ナル、（印影）カヽル形ナル印ヲ押タリ」（印影は亀の形。**写真5**「重書案の裏判（花押）等一覧」の「亀印」参照）。また、色川稿本「香取文書纂目録（上・下）」では、三中は「以上奉行松田左衛門尉貞秀花押、応安五年裏封畢」と補足しているのである。三中のいうように、【重書案G】は「貞治・応安神訴案文」の一部であり、のちにふれるように【重書案D】と一連の具書案であった。

第二巻目は、8―10～20の十一点である。8―10～12の三点は【重書案I】にあたり、8―13～20の八点は【重書案J】にあたるが、現状の重書案では繋がらない。前者の三点の文書のうちの二点は、応永五（一三九八）年と応永十二（一四〇五）年の文書の案文であり、三中のいう「貞治・応安神訴案文」には該当しない。後者の【重書案J】の文書自体は「貞治・応安神訴案文」に該当するが、後述のように【重書案I】と【重書案J】は同筆の可能性が高く、「貞治・応安神訴案文」とはいえないようである。

残りの三三点が第三巻目であり、この重書案は【重書案A】にあたる。色川稿本「香取大禰宜家文書」においても、安富道轍・山名智兼による継目裏判が十七箇所にわたって書写されている。これは、確実に「貞治・応安神訴案文」であった。

以上のように、色川稿本の第八巻に収録された案文写のうち、【重書案G】と【重書案A】はたしかに三中がいうように、「松田・安富・山名等ノ花押ヲ以テ裏ヲ封スル所ノ書共」であるが、冒頭の二点と【重書案I】【重書案J】には、「松田・安富・山名等」の裏判を確認することはできない。しかし、三中がこれらの重書案を、「貞治・応安神訴ノ時、大禰宜長房精忠ヲ以テ鎌倉ニ裁断ヲ得ルノ後、始終ノ文書ヲ書写シ集テ三巻トナシ、時ノ奉行松田・安富・山名等ノ花押ヲ以テ裏ヲ封スル所ノ書共也」と認識し、「本巻ト重複セルモノ多シト雖モ、モトヨリ前後ノ所輯ニモレタルモ不少、皆原本ノマヽヲ不省略シテ摹写メコヽニ出」したことは卓見であった。後述するように、大禰宜家文書に収録された重書案は、個々の文書として検討するとともに、重書案として検討される必要があるからである。また、【重書案G】は、前掲のように現状はほとんど分離してしまっているのであるが、色川稿本「香取大禰宜家文書」第八巻によって確実に復原できるのであった。

そこで次節では、本節で整理・復原した【重書案A～M】一三通の成立過程を、各々の案文の内容もふまえながら具体的に検討をしていきたい。

三　中世の重書案について

（1）鎌倉後期の具書案

最初に取りあげるべきは重書案は、一三通のうちもっとも古いものと推定される【重書案C】である（**写真6**）。『文化庁目録』では「鎌倉後期写」とされており、第二節でふれたように、継目裏判とともに合点や朱書のほどこされた重要な案文である。【重書案C】には、四点の案文が記載されているが、それらに付された朱書は次のようなものである。

C―02：「二位家御下文　同実員給之金丸・犬丸名田畠事／為私領三十七代事、見此」とあり、「校正」と「在御判」に合点がある。

C―03：「当御時御下文　同実政給之、件名田畠等事、同前」とあり、「校正」と「在御判」に合点がふられている。

C―04：「右大臣家御下知状　先地頭国分五郎胤通非法張行之時、彼惟房代／同二男神主広房給之、今胤宗条々違背之」とあり、さらに、二条目の右肩に「胤宗違背之」と三・六・八・九条目の右肩に「同前」とある。「校正」と「在判」に合点がある。

さらに【重書案C】の末尾には、「校正」に合点がふられ、「社家補任状　神官田所吉綱所職給之」と朱書されており、もとはC—05へと続く校正案文であったことがわかる。(7) C—04以下は、紙継目の位置からみて継目からの分離ではなく、明らかに切断されて後欠となったものである。また、【重書案C】の冒頭部分つまりC—01の袖部分は破損がはなはだしく断定はできないが、源頼朝の袖判部分とともに「校正」の文字に合点と朱書が、もとは存在したと推定される。なお、袖の部分の破損状況からすると、【重書案C】は長期にわたって裏打ちされない状態で巻かれていた可能性が高い（ということは、前欠ではないということになるのかもしれない）。

この重書案が作成された理由は一体、何であったのだろうか。まず確認できる四点の案文の内容は次のようなものである。

C—01：大禰宜大中臣惟房の地位あるいは所領を安堵した源頼朝下文案（偽文書）。
C—02：惟房の子実員にたいして、「小野・織幡両村、金丸・犬丸名田畠等」を所領として支証した鎌倉幕府下知状案。
C—03：同じ所領を実員の曾孫実政に安堵した鎌倉幕府下知状案。
C—04：著名な香取社地頭の国分胤通と神主大中臣広房との相論に関する鎌倉幕府下知状案。相論の内容は、神主（大宮司）職あるいはその職領にかかわるもの。
C—05：案文自体は欠落。朱書から推定すれば、香取大中臣氏による神官藤井（田所）吉綱にたいする田所職の補任状案であろう。

つまり、この重書案は香取大中臣氏（のちの大禰宜家）の地位や所領の相伝を証拠だてるものであった。そして【重

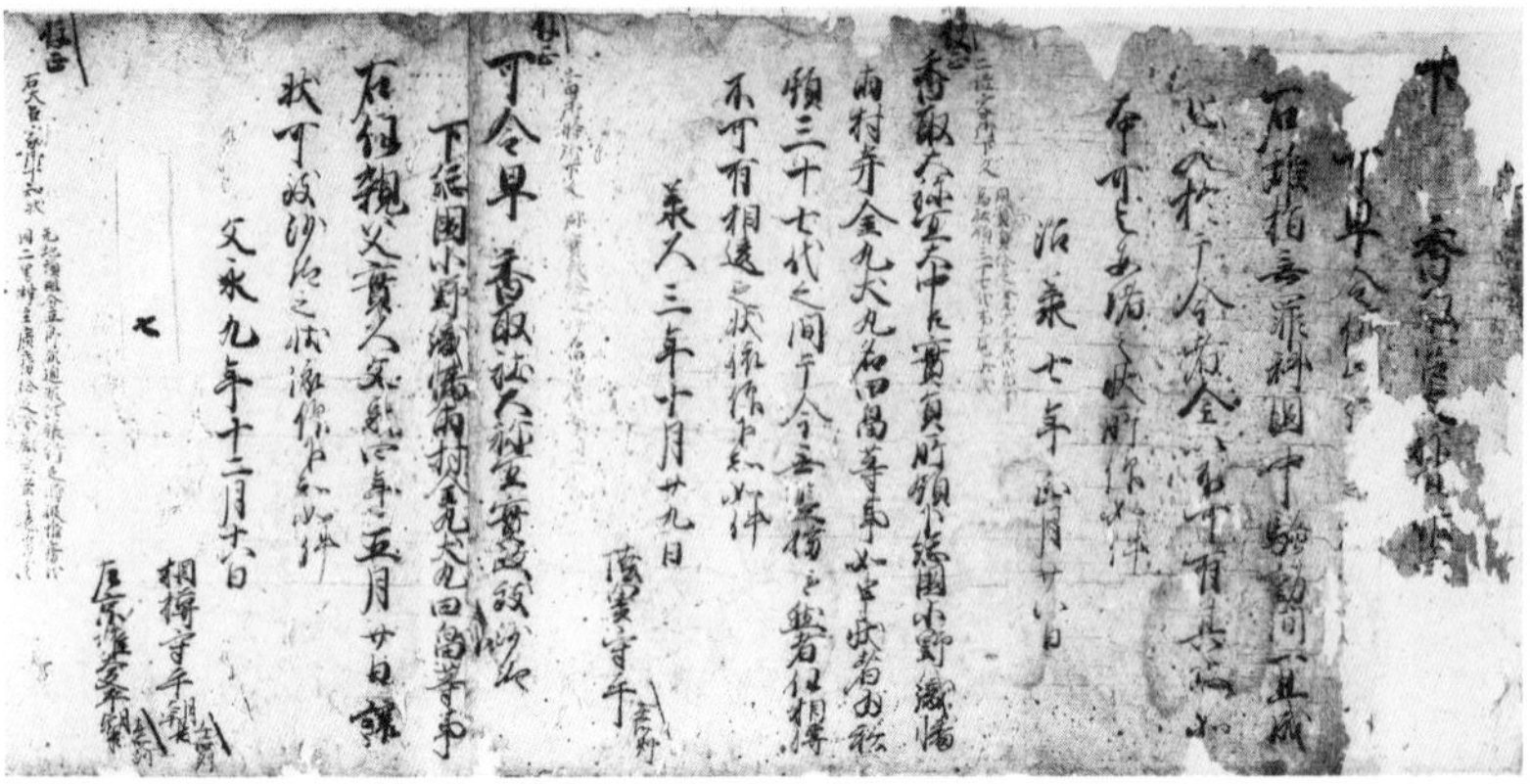

「某花押」が確認できる。個人蔵

書案C】の作成理由は、C—04の朱書に「今胤宗条々違背之」、「胤宗違背之」とある「胤宗」の違背行為にあったとみてほぼ間違いなかろう。C—04からすれば、胤宗の違背行為とは、神官等を京都・鎌倉夫役に召し仕うこと、神官逃亡跡の田畠在家を押領すること、国行事と号して宝殿四面八町の大竹を切り取ること、柴崎并神宮寺等を押領し、所当官物を弁済しないこと、同じく燈油田の多（田）保村の所当を押領し進済していないこと、などであった。下総国一宮である香取社の大宮司（神主）職や職領に対して違背行為をする「胤宗」とは、もちろん下総国守護の千葉介胤宗のことである。

「千葉大系図」によれば、胤宗の生没年は、文永五（一二六八）年〜正和元（一三一二）年である。建治元（一二七五）年に八歳で家督を相続した胤宗は、弘安八（一二八五）年十一月の霜月騒動において、軍兵を率いて幕府を警固しており、正応六（一二九三）年には香取社造替の功を遂げている。同年三月二日に行われた正応の遷宮について、現在は香取神宮が所蔵している造営次第のなかに、

一　被下　宣旨於弘安三年庚辰四月十二日　千葉介胤宗
　　正応六年癸巳三月二日御遷宮　間十四年

とあり（旧神一七・一八号、新宮三二一・三三三号）、千葉介胤宗が「正神殿雑掌」として造営の中心的な役割をはたしたことは確実である。[8] ここでは詳

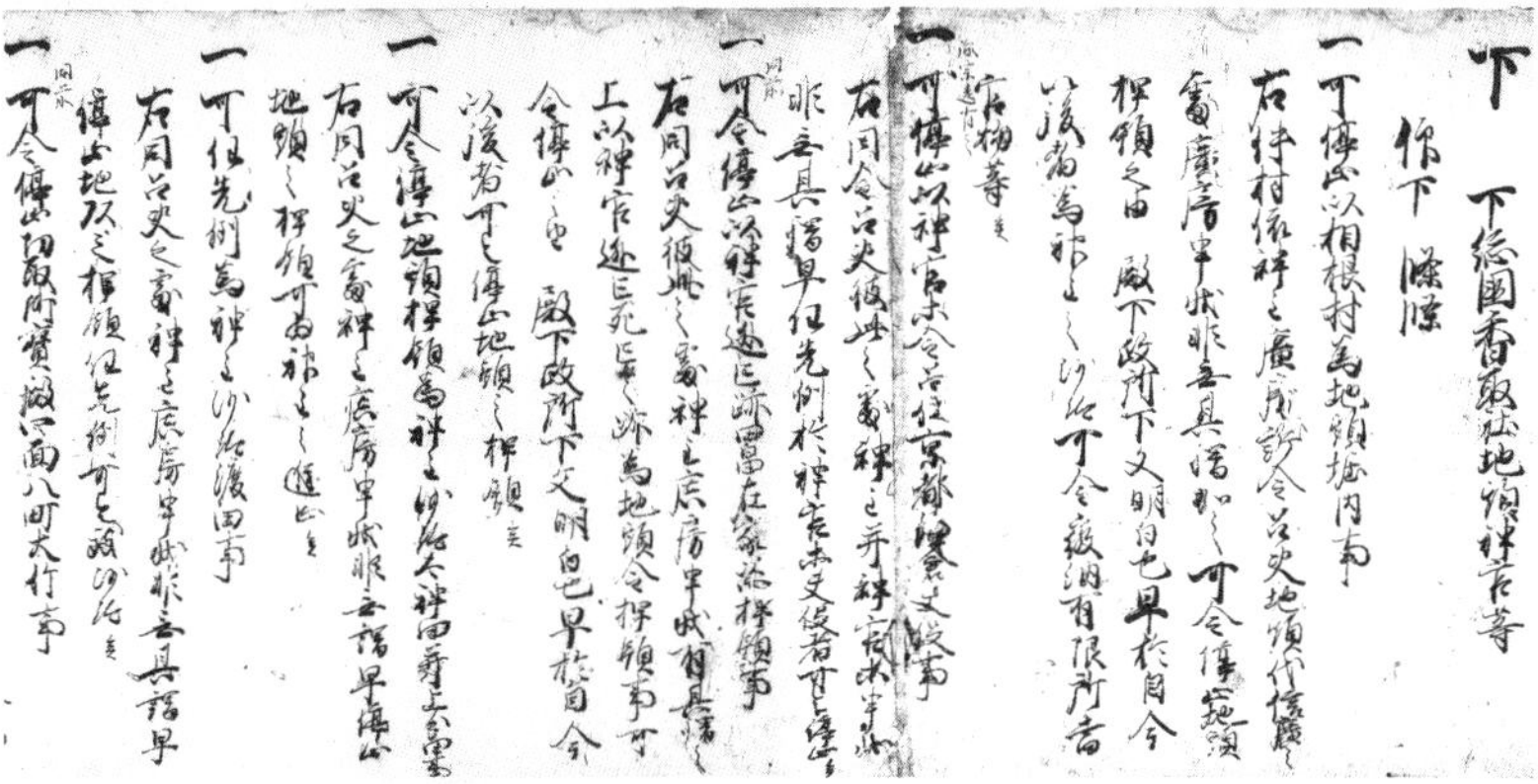

写真6　【重要案C】継目裏毎に

しくふれることはできないが、この間は香取大中臣氏一族内の争いもある時期で、香取大中臣氏一族や香取社神官内の相論に千葉介胤宗をはじめとする守護・地頭勢力が深くかかわっていた。弘安年間の幕府法廷において、大禰宜大中臣実政と多田蓮念・有時の間で相論があったことは、史料上確認できるのであるが（旧禰二五・二六号）、【重書案C】を具書案としたここでの相論も、弘安徳政や弘安徳政後の政治情勢にも深く関連する可能性が高いのである。(9)

もとの【重書案C】は、鎌倉後期の千葉介胤宗と香取大中臣氏との相論にかかわって大中臣氏側から提出された具書案であったとみてよかろう。今のところ、裏判（「裏封」）がだれによるものなのかも不明であり（**写真5**の「某花押」参照）、また「校正」の文字も合点も朱書も、いつ・だれによって書き込まれたものかも明らかではない。しかし【重書案C】が具書案の一部であったことは確実であり、幕府の奉行人等によるものであろう。

ちなみにC―01の原本は、大禰宜家文書の「香取古文書」第一巻に収められている。『旧県史』はこれを採録しなかったが、『新県史』においては「本文書は検討の余地がある」と注記のうえ、治承七年正月二十八日源頼朝下文（新禰二号）として採録している。(10)この偽文書は、十四世紀初めまでには「文書」として存在し、そして具書案＝原【重書案C】に書写されていたわけである。

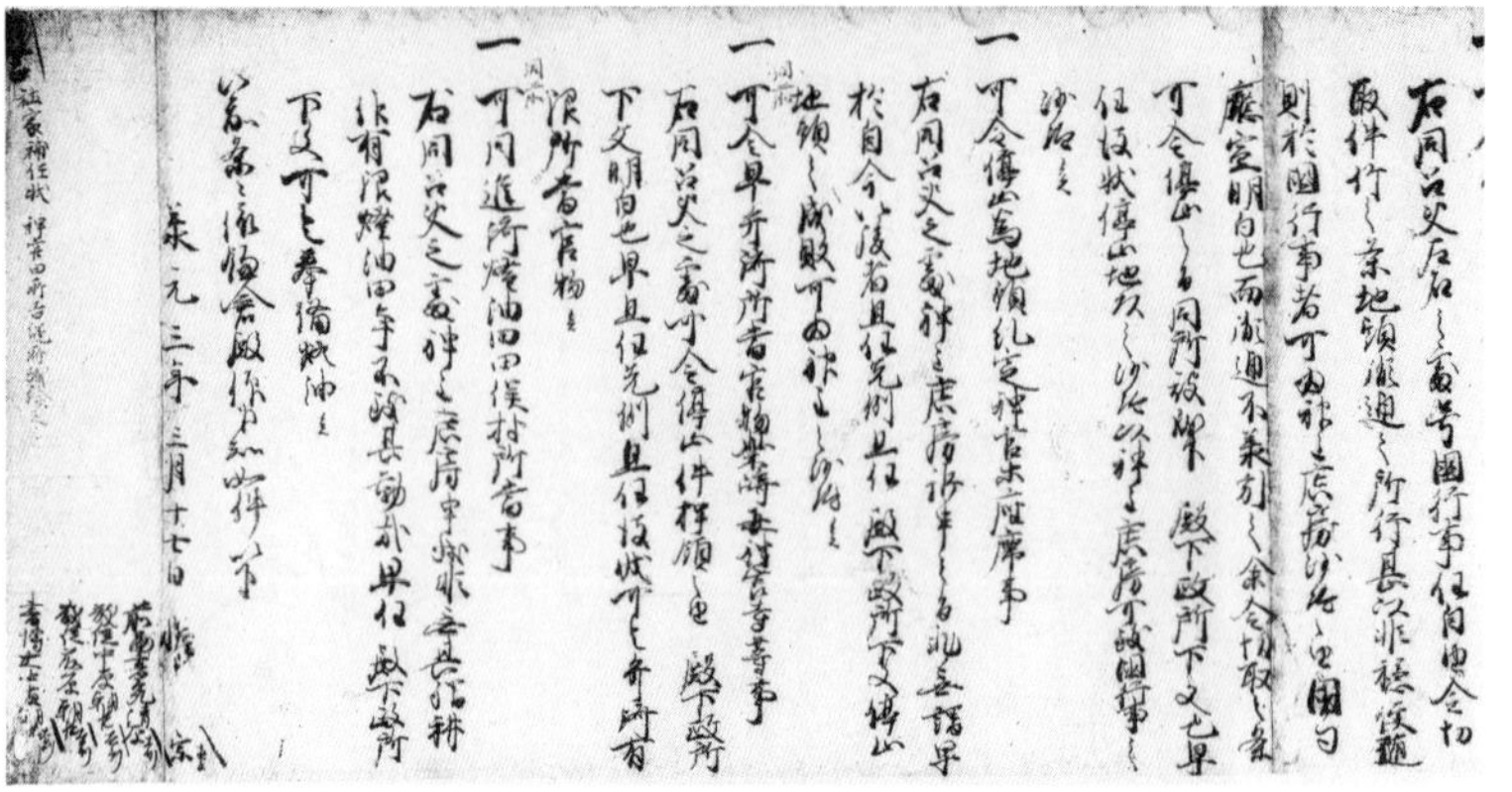

(2)応安五年の具書案、二通

先述のように、三中は色川稿本「香取大禰宜家文書」第八巻を「貞治・応安神訴案文」と呼んだ。一三通の重書案のなかで、【重書案A】と【重書案G】は間違いなく「貞治・応安神訴案文」であったが、この二通以外には、【重書案D】【重書案F】【重書案K】も関連する重書案としてよいものである。このうち、応安五(一三七二)年の具書案と推定される重書案について検討する。

まず【重書案F】である。『文化庁目録』は一部分を「室町前期写」としているが、継目裏判は中御門宣方の花押と考えられ(**写真5**の「中御門宣方花押」参照)[11]、【重書案F】の末尾に朱書された文言からしても、【重書案F】は「南北朝期写」とすべきものである。末尾の朱書とは、「関白家二条殿御代中御門左中弁宣方／応安五年十一月　日　被報之」というものである[12]。この朱書がいつ・だれによって書かれたものであるは残念ながら明らかにしえないが、この朱書が語るように、この重書案は応安五年十一月に、摂関家家司と推定される中御門宣方によって裏封のうえ、関白二条師良へ提出された具書案であったと推定できる。

さらに各々の案文の内容をみておきたい。

F―01:「総州以下一揆」が、建永・承元の下知状に任せて香取神領の押領地の返却について口入(仲介)することを誓った聖応等連署願文案。

F―02：竹寿丸（のちの千葉介満胤）の後見人たる平長胤が、中村生阿（胤幹）などの押領神領を社家に返却し、神輿を帰座させることを約した平長胤施行状案。
F―03：大中臣（大禰宜）長房の所領を還付することを「総州以下一揆」が誓願した聖応等連署願文案。
F―04：F―03についての平長胤施行状案。
F―05：長胤が千田庄多部郷を香取社へ寄進した平長胤寄進状案。
F―06：大禰宜長房に所領返還のことを約した図書允（円城寺）氏政書状案。
つまり、これらは貞治の神訴後の解決に関連する案文なのである。

大禰宜家文書には、大禰宜長房が応安五年十一月日に関白家に提出した訴状が残っているが、長房が香取社の本家にあたる摂関家にもとめたことは、千葉竹寿丸家人の中村氏等の非法張行について、「所詮是等子細、即於関東雖歎申、近来依忩劇、御沙汰延引之上者、厳密可有御成敗之由、被成御挙於武家」というものであった（旧禰八九号）。そして、この訴状には一巻の「次第証文等」が副進されていたが、この副進された一巻の「次第証文等」こそが、もとの【重書案F】なのである。原【重書案F】は応安五年に関白家へ提出された具書案であった。十一月初旬（少なくとも八日以前）に、この具書案（原【重書案F】）を副進とする長房の訴状を受理した家司中御門宣方は、具書案に「封裏」をして関白二条師良に報告したのである。そして、関白二条師良からは矢継ぎ早に次のような四通の長者宣が長房充てに発せられたのであった[13]。

①応安五年十一月八日付け：「奉射神輿」などを企てた大中臣実秋・実持などの神職を解却し、長房による社家の一円進止を認めたもの。
②同年十一月九日付け：香取神領の領知を長房に認めたもの。
③同右：大禰宜・神主両職として常陸・下総両国の海夫や戸崎等の関務の知行権を長房に認めたもの。

④同年十一月十八日付け：香取社燈油料所長嶋関の管領を長房に安堵したもの。

（順に、旧禰八四・八五・八六・八八号）

また、次の三通の関白家御教書も相前後して発せられている。もちろん、三通とも応安五年の文書とみてよいものである。

⑤（応安五年）十一月八日付け：武蔵守（管領細川頼之）充て、「奉射神輿」などを企てた大中臣実秋・実持などの成敗をもとめたもの

⑥（応安五年）十一月九日付け：安房守（武蔵国守護代上杉憲方）[14]充て、武蔵国猿俣関務事の成敗をもとめたもの。

⑦（応安五年）十一月十二日付け：武蔵守（管領細川頼之）充て、千葉竹寿丸と大須賀憲宗（左馬助）等が香取社造替を無沙汰していることについて成敗をもとめたもの。

（順に、旧禰一二一・一二二・一二三号）

こうした経過からして、原【重書案F】は、摂関家充ての具書案として十分な役割を果たしたのである。その後、この具書案は香取社の長房側に返却されたのであり、その一部が現状の【重書案F】なのである。

次に【重書案G】である。『文化庁目録』はこの重書案の大部分を「南北朝期写」としている。じつは【重書案G】の末尾にあたる「香取古文書」十四巻三四号文書の奥の裏には朱書があり、写真では読めないのであるが、先にふれたように色川稿本「香取大禰宜家文書」第八巻では、「将軍家奉行人松田左衛門尉貞秀、応安五年裏封畢」と読んでいた。もちろん、この朱書もだれによるものか不明なのであるが、三中の読みにしたがえば、この重書案は室町幕府奉行人の松田貞秀が応安五年に裏封した具書案の一部ということになる。写真からは、裏判の形がはっきりしないのであるが、色川稿本には、表から透けてみえる花押影が写しとられており（**写真5**の「松田貞秀花押（影）」参照）、その花押影は松田貞秀の花押の形にほぼ間違いない[15]。

ところで【重書案G】には、第一・二紙の継目裏上部の各々に「十一」、第二・三紙の継目裏には同じく「十二」、第三・四紙の継目裏には「十三」との小さな数字が記入されている。これからすると、【重書案G】はもとは一三カ所の継目、すなわち一四紙からなっていたもので、現状は末尾の四紙分のみということになる。そして、現状四紙分のG―01〜06までの六点の案文は、【重書案F】の六点の案文と順番も字体もほとんどかわらない。ただ【重書案G】には、【重書案F】にはないG―07があり、この案文が【重書案G】の意味を教えてくれる。G―07は、前掲の⑦にあたる年欠（応安五年）十一月十二日関白二条師良家御教書案である。

香取大禰宜長房申、当社造替、千葉竹寿丸并大須賀左馬助等無沙汰事、申状如此子細見状候歟、可令計成敗給之由、関白殿御気色所候也、仍執達如件、

十一月十二日　　　左中弁宣方

謹上　武蔵守殿

（旧禰一三三号）

この関白家御教書案は、香取社造替を無沙汰している千葉竹寿丸（のちの千葉介満胤）と大須賀憲宗などを訴えた香取社大禰宜長房の申状を受理した関白二条師良が、室町幕府に成敗をもとめたものであり、武蔵守（管領細川頼之）充てに家司中御門宣方が執達している。もちろん応安五年の文書とみることができる。この十一月十二日の関白家御教書をうけて、管領細川頼之は二日後の十一月十四日に、「一当社造替、千葉竹寿丸并大須賀左馬助等無沙汰事」を含む三カ条の長房の訴えについて、「関白家就被執申、所有吹嘘也、神訴異于他歟、早厳密且被遵行之、且可被申左右、更無遅怠様、殊可有其沙汰之状、依仰執達如件」として、室町将軍足利義満家御教書を関東管領の上杉能憲充てに差し出し、厳密な遵行と遅怠なき沙汰をもとめている（旧禰八七号）。さらに、同年十二月十四日室町将軍足利義満家御教書案では、戸崎・大堺・行徳の関務についても関東管領上杉能憲に遵行をもとめているのであった（旧禰九〇号）。

こうした経過からすると、もとの【重書案G】にはまず摂関家に提出された原【重書案F】と同文の案文が書き継がれ、最後に原【重書案F】にはなかった（原【重書案F】の提出によって関白家から出された）関白二条師良家御教書案が書き加えられたものと考えられる。こうして成立した原【重書案G】は、関白二条師良の挙状（同年十一月十二日関白家御教書案＝旧禰一三三号）を受けての室町幕府への訴状に副進されたものと推定される。幕府では、奉行人の松田貞秀がこの具書案＝原【重書案G】に裏封したのであった。[16] 現状の【重書案G】は、【重書案F】と同様に香取社の長房側に返却された具書案の一部なのであり、原【重書案G】も応安五年幕府提出の具書案と呼ぶべき重書案なのである。

そして、将軍足利義満の名による先の二通の御教書が室町幕府の裁決であり、それは関東管領上杉能憲充ての遵行命令であった。しかし、この遵行命令は実行された形跡がない。大禰宜家文書には、応安六（一三七三）年の文書は一通しか存在せず（旧禰九二号）、その一通も鎌倉府による遵行にかかわる史料ではないのである。

次に【重書案D】を検討したい。『文化庁目録』が「南北朝期写」とするものであり、継目裏判は松田貞秀の花押の一部と思われる（**写真5**の「松田貞秀花押（影）」参照）。そうだとすると、【重書案D】は室町幕府奉行人松田貞秀が裏封した原【重書案G】の一部であった可能性が高いのであるが、字体については同じであるとの確証はない。そこで、【重書案D】の案文の内容をみておきたい。

D―01：前欠。承元三（一二〇九）年、香取社地頭国分胤通と神主大中臣広房との相論にたいする鎌倉幕府下知状案。
D―02：治承七（一一八三）年、大禰宜大中臣惟房の地位あるいは所領を安堵した源頼朝下文案。
D―03：承久三（一二二一）年、鎌倉幕府が惟房の子大中臣実員に対して、「小野・織幡両村并金丸・犬丸名田畠等」を私領として安堵した鎌倉幕府下知状案。
D―04：後欠。文永九（一二七二）年、同じ所領を実員の曾孫大中臣実政に安堵した鎌倉幕府下知状案。

順序は異なっているが、案文自体は前掲の【重書案C】と同じである。ということは、【重書案D】は大禰宜大中臣氏の地位や私領を保証する案文類であり、原【重書案G】の一部であったとしても不合理ではないのである。

そして、【重書案A】は【重書案F】とは重複せず、【重書案G】とはA―04＝G―07のみが重複するだけで、他の案文はすべて応安五年十一月八日以降の文書からなっていた。【重書案F】や【重書案G・D】との関係からも【重書案A】は注目すべきものであるが、【重書案A】については節を改めて検討してみたい。

四　応安七年の重書案について

（1）香取社神輿の鎌倉動座と重書案

【重書案A】は、『文化庁目録』が「南北朝期書続案文」とするもので、一七箇所にわたって安富道轍と山名智兼の継目裏判があり（**写真5**の「安富道轍・山名智兼花押」参照）、末尾に後掲の跋文が継がれている。先述のように、三中の調査段階でもほぼ現状と同じ状態で一巻とされていたようである。現状では、【重書案A】の袖の部分は著しく破損した状態であり（色川稿本とほぼ同じ状態）、明治中期の成巻までしっかりとした裏打ちもないままの状態で、相伝されてきたのではなかろうか。もちろん、末尾の跋文を除き、三一点の案文は同筆である。

【重書案A】の成立過程やその性格については、末尾の跋文を検討すれば、ある程度は明らかになるのであるが、他の重書案と同様にまず各案文の内容を確認してみたい。

A―01・02・03・04・05：応安五（一三七二）年十一月初旬の大禰宜長房の提訴をうけて出された藤氏長者宣案（第三節の①②）や関白家御教書案（同⑤⑦）、室町将軍家御教書案の一部。ただし、「常陸・下総両国の海夫」にかかわるもの（同③④⑥）は除かれている。

A―06・07・08・09・10：応安七（一三七四）年三月八日の香取社神輿の鎌倉動座から五月八日の帰座の間に出された五点の鎌倉府執事（関東管領上杉能憲）奉書案と鎌倉府御教書案。この間には、もう一点、神主殿充ての応安七年四月二十五日付け鎌倉府執事（関東管領上杉能憲）奉書案（旧禰九五号）があるが、これは除かれている。

（A―06）安富道轍に対して、山名智兼とともに下総国に下向することをもとめたもの。

（A―07）大禰宜長房による訴訟項目についての鎌倉府御教書。

（A―08・09）安富・山名両使による遵行行為の通告を千葉介と香取社大禰宜とに伝えたもの。

（A―10）香取社神輿の帰座にかかわる警固を大須賀憲宗等に命じたもの。

A―11・12・13・14・15・16・17・18：千葉介充てのA―08に対する応安七年五月十八日付け千葉介満胤請文案から同年八月九日付けの千葉氏の一族一揆に対する両使への合力命令である鎌倉府執事（関東管領上杉能憲）奉書案までの八点の案文。11の千葉介満胤請文案で、満胤は強硬な姿勢を示している。この間に出された応安五年五月二十五日付け（二点）と同年六月二十一日付け（二点）の「常陸・下総両国の海夫」にかかわる安富道轍・山名智兼連署奉書案は除かれている。

A―19・20・21・22・23・24：応安七年五月二十二日から同年九月二十七日にかけての安富道轍・山名智兼連署奉書案。内容は関係地頭に対して下総・常陸両国の浦々海夫の知行権などを大禰宜長房に返却すべきことを命じたもの。このうち19・20・21・22は、A―11〜18で除外されていた四点の「常陸・下総両国の海夫」にかかわるもの。23・24は三度目の奉書として常陸・下総両国の津々の地頭に充てた文書の案文である。

A―25・26・27・28・29：五点とも同じ応安七年十月十四日付けの案文。

（A―25）円城寺氏政避状案。

（A―26・27）「大槻郷内神田畠」の山名智兼と安富道轍による打渡状案。

（A―28・29）安富・山名連署奉書案で、前者が燈油料所戸崎・大堺関務について扶持を加えるように千葉介にもとめたもの。後者は木内庄内虫幡郷の神役の皆済を木内氏にもとめたもの。

A―30・31・32：遡って応安五年十一月九日から同年十二月十四日にかけての海夫や関務に関する藤氏長者宣案や室町将軍家御教書案。30・31は、A―01〜05で除外されていた③④にあたる。これは【重書案A】の作成過程で、末尾に付け加えられたものであろう。

以上のように、【重書案A】に書き継がれた案文は、応安五（一三七二）年に摂関家や室町幕府に提出された原【重書案F】や原【重書案G】以降の重要文書の案文類であることは確実である。ただし、原【重書案F】や原【重書案G】とは異なり、【重書案A】は訴訟に副進された具書案ではなく、重書案そのものであった。末尾に継がれた跋文をみてみよう。

香取太神宮神輿、応安七年甲寅三月八日鎌倉御動座畢、神訴悉道行、同五月八日安富大蔵入道・山名兵庫大夫入道、以両使本社御帰座畢、其時御教書・事書・注進及三ケ度道行之間、同渡状共ニ案文書立、為後証、彼両使所被裏封也、

（旧禰一〇五号）

残念ながら、この跋文もいつ・だれによって書かれたものなのかはわからない。また、一部意味が十分にはとれないところもあるが、跋文によれば、応安七（一三七四）年三月八日に香取社神輿が鎌倉動座すると、神訴は悉くはかどり（「道行」）、神訴が認められて五月八日には安富道轍・山名智兼の両使によって本社に帰座したところであった。その時に「御教書・事書・注進」が三箇度にわたって神訴を進行させたので、同じく渡状とともに案文に書き立て、後の証拠として彼の両使が裏封したものがこの重書案だ、というのであろう。この時の神訴において、三箇度にわたって提出された「御教書・事書・注進」とは、もちろん応安七年三月八日以前の文書であったはずであるが、それ

に該当する案文は冒頭のA―01～05と末尾のA―30～32の八点にすぎない。他の案文は神輿の鎌倉動座＝「神訴」による成果を示す文書の案文であった。つまり、この跋文によれば【重書案A】は訴状にそえられた具書案のみではなく、勝訴にともなう渡状等からなる重書案なのである。

具体的な検討は別にせざるをえないが、神輿の鎌倉動座＝神訴において「御教書・事書・注進」などが証拠とされたという点は、中世後期の「神訴」をめぐる作法として注目されよう。(17) そして、鎌倉動座＝神訴での証拠文書と神訴による成果としての文書類が後証のために書写され、奉行人によって裏封されて重書案とされたわけである。

（2）もう一通の応安七年の重書案

じつは安富道轍と山名智兼が裏封した重書案があと二通、存在する。それが【重書案K】と【重書案M】である。【重書案K】について、『文化庁目録』は「当時写」としている。【重書案A】と【重書案K】は明らかに同筆であり、継目裏判は同じ安富と山名の花押である。では、【重書案A】と【重書案K】は一連の重書案であったのかというと、そうではない。**表6**からわかるように、K―04とK―14を除き、【重書案K】は【重書案A】と重複しており、【重書案A】の一部分から構成されているのである。案文の内容をみておきたい。なお、前後欠であり、K―05とK―11の間も欠落している。

K―01・02・03・04・05：応安七（一三七四）年三月八日の香取社神輿の鎌倉動座をうけて、同年三月から四月二十五日にかけて、鎌倉府が出した執事（関東管領上杉能憲）奉書案や鎌倉府御教書案。K―04を除き、A―07・08・09・10に同じ。

K―11・12・13・14：応安七年六月五日鎌倉府執事（関東管領上杉能憲）奉書案などの鎌倉府からの命令など。K―14を除き、A―13・16・17に同じ。

次に【重書案M】をみてみよう。【重書案M】は、一紙に二点の案文が書写されており、写真からは両端に裏判などを確認することはできない。しかし、写真では文字までは読むことはできないが、奥の裏に朱書がみえている。この朱書は、前掲のように色川本「官本」や和学本の書写にしたがえば、「右文書、裏書朱書如此／関東奉行人安富大蔵入道・山名兵庫大夫入道、応安七年裏封畢」となる。また、K―11・12・13・14とM―01・02は、きわめてよく似た書体なのである。(18)

そうだとすると、【重書案M】は【重書案K】と一連の重書案の可能性が高く、【重書案M】は【重書案K】に直接接続するか、あるいは少しあいだをおいて接続する同一の重書案とみてよかろう。また、【重書案M】の二点の案文は同じ応安七年十年十四日付けのものであった。

M―01：「大槻郷内田畠等」を長房に対して沙汰付ける安富道轍打渡状案。

M―02：国行事職領にかかわる所務権を社家に避り渡すという円城寺政氏避状案。

この二点は【重書案A】の一部であるが、【重書案K】には重複しないものであり、内容的にも一連の重書案として矛盾はない。

しかし、【重書案A】の一部から構成され、同じ安富・山名の両使が裏封した【重書案K・M】が、なぜ【重書案A】とは別に作成されたのであろうか。もちろん、十分にはその理由を明らかにできないが、手がかりの一つとなりそうなものはある。それは【重書案A】とは重複しないK―04・14の案文である。

K―04は応安七年四月二十五日付け鎌倉府執事（関東管領上杉能憲）奉書案である。同日付けで同内容の同じ奉書（ただし充所が「大禰宜殿」）の正文が大禰宜家文書に存在する（旧禰九六号）。これに対して、K―04は充所が「神主殿」であり、正文は大禰宜家文書には存在しない。つまり、この奉書はほんらい神主（大宮司）家に相伝されたはずの文書であったと考えられる（実際は、大宮司家文書にも他の社家文書にも伝来していないが）。また、K―14は応安七年八月九日付け鎌倉府執事（関東管領上杉能憲）奉書案である。やはり、同日付けで同内容の同じ奉書（ただし充所が「木内七郎兵衛入道殿」）の正文が大禰宜家文書に存在する（旧禰一一二号）。これに対して、K―14の充所は「大須賀左馬助殿」とあり、正文は大禰宜家文書には存在しないものである。もともとこの奉書は、一族一揆を構成した千葉氏一族の一一人の各々に充てられたもので、A―18では、充所として「大隅次郎殿・相馬上野次郎殿・大須賀左馬助殿・国分三河入道殿・同六郎兵衛入道殿・同越前五郎殿・同与一殿・東次郎左衛門入道殿・木内七郎兵衛入道殿・神崎左衛門五郎殿・那智左近蔵人入道殿、同文章以上十一通」とあり、K―14では「大須賀左馬助殿一族十一人方、同文章十一通」とある。ここでもA―18とK―14では、同じ一一通の奉書を確認しながらも、案文とするときの基準は異なっている。

こうした事実から、私は【重書案A】が大禰宜家あるいは大禰宜長房に向けて作成された重書案であったのに対して、原【重書案K・M】は、神主（＝大中臣実公）に向けて作成されたものと考える。応安七（一三七四）年の重書案は、大禰宜向けと大宮司向けの二通が作成され、安富・山名の両使によって裏封されたのであるが、大宮司向けの原【重書案K・M】は、至徳三（一三八六）年大禰宜長房が大宮司（神主）職を兼帯して以降、大禰宜家の側へと移動し、【重書案A】とともに大禰宜家文書として相伝されたのである。その一部が、現在の【重書案K】と【重書案M】であろう。つまり、【重書案K】と【重書案M】が大禰宜家文書として相伝されたことは、大禰宜長房が大宮司（神主）職を兼帯した事実とかかわると考える。

（3）　その他の重書案

本節では十分検討できないもののなかで、中世の重書案と推定されるものに【重書案E・H・I・J】がある。【重書案E】は、『文化庁目録』は「重書案」としていないが、この二点の案文を「南北朝期写」としており、E―

02は他に正文や写などが存在しない単独の案文である。【重書案H】は、『文化庁目録』では「室町中期写」とされている。【重書案A】に含まれる案文の重書案である。重書案として独自の意義をもったものであろうが、今のところその意味を明らかにすることはできない。【重書案I】は、『文化庁目録』では最初の文書を案文とみて「室町前期写」とし、残りの二点を写として「江戸前期写」とするが、一連の重書案とみるべきである。三点の案文はすべて香取社造替にかかわるものである。なお、第二節の【重書案G】のところで、色川三中の注記にあった「亀印」がI―01の端の上部に上下を逆にして捺されている。しかし、【重書案G】との関係も「亀印」についても不明である。I―03は、独自の案文である。【重書案J】は、『文化庁目録』では「室町中期写」とされている。この重書案も独自のもので、八点の案文はすべて「常陸・下総両国海夫等」にかかわるものであり、J―01・02・03も独自の案文である。なお【重書案H・I・J】は、ほぼ同筆の案文とみなしてよいものであるが、三者の関係については不明である。

残りは近世の写とみるべきものであろう。【重書案B】は、『文化庁目録』では「江戸前期写」とされている。校正上の注記と推定される朱の合点や丸点がふられ、一つ書きの右には通し番号が書かれている。B―11の年号「承久二年」の「二」の右に朱で「三」と訂正されている。B―21の端裏には「〆下総国香取正教状　神三郎殿」とある。【重書案L】は、『文化庁目録』では「江戸前期写」とされている。ともに、近世の訴訟において作成された案文と推定されるが、具体的なことは後考をまちたい。

おわりに

新しい千葉県史編纂事業による香取文書の調査過程で、重書案の存在が気になり、『新県史　中世2』の「資料解説」に具書案（重書案）の重要性を指摘したことがあった(19)。本章での作業は、そこで指摘した点について、大禰宜家文書に限定して検討を加えたものである。もちろん、訴訟手続上の問題や重書案どうしの関係、重書案作成の政治的な意味についても十分に検討できたわけではないが、香取社周辺では、中世段階で多数の重書案が作成されたことは明らかにできたものと考える。結局、大禰宜家文書のなかの中世の主な重書案として確認しえたものは次の五通である。

①【重書案C】は、鎌倉後期の弘安年間の千葉介胤宗と香取大中臣氏との相論にかかわって、香取大中臣氏側から鎌倉幕府に提出された具書案の一部であり、具書案は香取大中臣氏の大宮司職や大禰宜職の遷替や相伝、職領や私領の伝領を証拠だてるものであった。具書案のC―04は、承元三（一二〇九）年三月十七日鎌倉幕府（将軍家）下知状案であり、七〇年以上前の香取社地頭国分胤通の非法に準じて、千葉介胤宗の違背事項を訴えるための証拠としたものであった。また、【重書案C】を具書案とした香取大中臣氏側の提訴は、弘安徳政令にもとづくものであった可能性もある。[20]

②【重書案F】は、応安五（一三七二）年十一月日大禰宜長房訴状（旧禰八九号）に副進された「次第証文案」の一部である。長房は、千葉竹寿丸（のちの千葉介満胤）家人の香取社地頭代中村氏等の非法張行を本家の摂関家に訴え、室町幕府への挙状をもとめている。関白家の家司中御門宣方は「次第証文案」（原【重書案F】）に裏封して関白二条師良に報告したものと考えられる。これをうけて、師良からは長房の要求にしたがった長者宣が矢継ぎ早に発せられたのであった。

③【重書案G・D】は一連の具書案であり、応安五年十一月日大禰宜長房訴状に対する関白二条師良の挙状（同年十一月十二日関白家御教書案＝旧禰一三三号）を受けて、改めて室町幕府へ提出された長房の訴状に副進されたものと推定できる。このときの具書案は、原【重書案F】に右の師良の挙状案を加え、さらに【重書案C】と同じ案文による【重書案D】にそれらを継いだもので、室町幕府に提出されると、室町幕府奉行人の松田貞秀が裏封したのであった。

④【重書案A】と【重書案K・M】の二通は、訴状に副えられた具書案ではなく、応安七（一三七四）年の香取社神輿の鎌倉動座＝「神訴」の勝訴を証明する重書案（神訴に提出された証拠文書と勝訴にともなう渡状等）であった。その際、重書案は二通作成されたようで、【重書案A】は大禰宜（長房）向けに、【重書案K・M】は一連のもので、こちらは神主＝大宮司（大中臣実公）向けのものであり、その両方に関東奉行人安富道轍・山名智兼の両使が裏封している。

以上のように、中世の重書案のうち、【重書案C】は弘安の神領興行にかかわる可能性があり、【重書案F】・【重書案G・D】・【重書案A】・【重書案K・M】は貞治・応安神訴事件に関するものであった。こうしたことから考えると、香取文書のなかの重書案は中世の東国社会に適用された神領興行（寺社徳政）にかかわる史料として再検討される必要があるかもしれない。なお、『新県史』に新たに収録された田所・分飯司・源太祝・西光寺家文書などにも重書案が存在しており、これらの重書案が大禰宜家文書のなかの重書案や神領興行と関係している可能性もあるが、それらについては今後の課題としたい。

註

（1）こうした案文の訴訟手続上の意味については、高橋一樹『中世荘園制と鎌倉幕府』（塙書房、二〇〇四年）の第三部「鎌倉幕府の訴訟文書体系」等を参照。
（2）鈴木哲雄「香取文書の概要と史料の構成」（『千葉県史研究』四号、一九九六年）。
（3）鈴木前掲「香取文書の概要と史料の構成」および同「資料解説　香取文書の構成と調査の沿革」（『新県史　中世2』）。本書第三章も参照。
（4）中井信彦「色川三中の香取文書調査について」（『古文書研究』二三号、一九八四年）および同「『香取文書纂』の編纂について」（同『色川三中の研究　学問と思想篇』塙書房、一九九三年）。

（5）色川三中はこれを「官本」と呼んだ。本書第二章で明らかにしたように、「官本」は楓軒本「香取文書」系統の写本であった。

（6）色川稿本「香取大禰宜家文書」全十四冊のうち、第一冊から第七冊まではほぼ編年順に書写されたものである（ちなみに、第一冊は「自長治三年、至延文」、第七冊は「自慶長、至元禄年間」である）。さらに、第八冊に案文類を、第九冊以降には帳簿類が書写されている。

（7）「神官田所吉綱」は、建久元（一一九〇）年九月日沙汰人権介内蔵・地頭代平連署下文案（新田一号）および系図等にその名がみえる鎌倉前期の田所職の神官である。

（8）正応六年の遷宮のことは、年月日未詳香取社造営次第写断簡（旧神一三号）や正和五（一三一六）年二月日大禰宜大中臣実長訴状写（旧神一四号）にみえる。千葉介胤宗については、年未詳六月十六日千葉介胤宗請文案（旧禰四七号）や月日未詳建武徳政令につき重書案の案文⑴⑵（新田九号）などや第六章の一九八頁も参照。なお、福田豊彦「下総国香取神社の中世への変容」（同『中世成立期の軍制と内乱』吉川弘文館、一九九五年。初出一九六〇年。二九三頁）は、すでにC―04の朱書を引き、千葉介胤宗についてふれている。

（9）弘安徳政については、村井章介「安達泰盛の政治的立場」（同『中世の国家と在地社会』校倉書房、二〇〇五年。初出一九八八年）および海津一朗『蒙古襲来』（吉川弘文館、一九九八年）など参照。

（10）黒川高明『源頼朝文書の研究　史料編』吉川弘文館、一九八八年）も、すでに「本文書、検討ノ要アリ」としている。

（11）中御門宣方は、中御門宣明（従兄）の養子（実父は経兼）であり（『尊卑分脈』二）、康安二（一三六二）年九月に右少弁に任じ、応安三（一三七〇）年八月には左中弁、永和二（一三七六）年二月には左大弁に任じられている（『弁官補任』二）。大禰宜家文書の応安五年と同六年の中御門宣方の官途は「左中弁」であるが、永和元（一三七五）年十二月二十三日付け藤氏長者二条師良宣（新宮六二号）では「左大弁」を称している（**写真5**の「中御門宣方花押」参照）。なお、最初に【**重書案F**】の裏判を中御門宣方の花押ではないかと気づいたのは、千葉県史料研究財団事務局（当時）の佐藤（金子）恭子である。

（12）『旧県史』では、応安五年十一月九日藤氏長者二条師良宣（旧禰八五号）の袖に誤って置かれている。

（13）四通の長者宣の長房の充名は微妙に異なるのであるが、それは長者宣によって長房側に認められた職権の違いによるものであろう。この点については、別に検討したい。なお、貞治・応安神訴事件については、小国浩寿「香取社応安訴訟事件の一背景」（同『鎌倉府体制と東国』吉川弘文館、二〇〇一年。初出一九九七年）・同「香取社神輿の鎌倉動座」（『鎌倉』八四号、一九九七年）が要領のいい整理を行っている。なお、香取社関係の研究史については、後者を参照のこと。

(14) 上杉憲方については、小国前掲「香取社応安訴訟事件の一背景」八五頁。

(15) **写真5**「重書案の裏判（花押）等一覧」におさめた松田貞秀の花押は、高山寺典籍文書綜合調査団編『高山寺古文書（高山寺資料叢書第四冊）』（東京大学出版会、一九七五年）のものと同形である。

(16) 笠松宏至『「裏を封ずる」ということ』（同『法と言葉の中世史』平凡社、一九八四年）は、裁判で提出文書に奉行人が「封裏」ずることは、「表の文書の自由を奪い、活動させないようにする」ためのものであったことを明らかにしている。具書案は、摂関家や幕府の法廷において、家司あるいは奉行人によって裏封されることにより、証拠文書として固定されたのであろう。

(17) 香取社の場合も含めて、中世後期の「神訴」＝寺社訴訟については、鍛代敏雄「中世後期の寺社訴訟に関する一試論」（『金沢文庫研究』二九〇号、一九九三年）が詳しく検討している。また、小国前掲「香取社神輿の鎌倉動座」も参照のこと。なお、両使の安富道轍・山名智兼については、小国前掲「香取社応安訴訟事件の一背景」が詳しい。山名智兼については、山田邦明『鎌倉府と関東―中世の政治秩序と在地社会―』（校倉書房、一九九五年）一七〇・一三二頁も参照のこと。

(18) K―01～05の案文は、比較的しっかりとした書体なのであるが、K―11～14の案文になるとだいぶ乱れた感じに変化してくる。M―01・02の書体は、乱れた感じのK―11～14にきわめて近いもののようにみえる。

(19) 鈴木前掲「資料解説　香取文書の構成と調査の沿革」。本書第三章も参照。

(20) 香取文書と寺社徳政の関係については、本書第六章参照。

第五章　海夫注文の史料的性格

はじめに

海夫注文は中世香取社にかかわる著名な史料であり、大禰宜家に伝来したものである。網野善彦は、霞ヶ浦・北浦を入会の海とする近世の霞ヶ浦四十八津・北浦四十四ヶ津の意義を検討するに際して、海夫注文によって確認できる海夫の分布と海夫に保証されていたとする「入海の自由通行権」を、近世における入会権の前提と評価し、さらに九州などを中心とした海人の分布にふれつつ、日本列島における海人世界を想定した。(1) また、小竹森淑江は、海夫についてのそのままでの理解を整理したうえで、中世の香取内海周辺に「水」を中心とした一つの世界が広がっていたとし、海夫注文にみえる下総国側の津支配について分析を加えている。(2)

こうした水上交通史あるいは地域史的な視点に対して、信仰にかかわって海夫注文を理解しようとしたのが、豊田武や宮井義雄の研究であった。豊田の論考は短文であるが、「楫取神」としての香取社は漁業や舟運の神として、常陸の南東部から下総にかけての広い範囲の信仰圏をもっていたとした。(3) 豊田と同様の視点から香取社の性格を詳しく論じた宮井は、香取社が内海沿岸の海夫供祭料を集めえたのは「舟人の神」という香取神の本質によるとした。(4) こうした研究をうけて、私は海夫注文を含めた下総国周辺の「浦・海夫・関」に対する中世香取社の支配権のあり方について、香取社の一宮としての性格から検討し、ほんらい「浦・海夫・関」に対する支配権は中世国衙が掌握していたものであり、それが下総国一宮としての香取社に分有されたものであると考えたことがある[5]。

しかしこれまでの研究では、海夫注文それ自体についての史料学的研究は、小竹森による検討を除いてはほとんどなされていない。そこで本章では、新しい千葉県史編纂事業での調査成果とこれまでの研究成果を前提として、海夫注文の史料学的な検討を行うとともに、「海夫注文」の政治史的な意味について追究していきたいと考える。そのうえで、近年、飛躍的な成果をあげている古代・中世の「香取内海」の交通史に関する研究成果のなかに、海夫注文を位置づけようと思う[6]。こうした検討をへることによって、海夫注文の歴史的な意義を明確化させるとともに、おわりに、海夫支配と深い関連を有する香取社の祭礼にかかわる問題を取り上げることにする。

一　海夫注文の形態

はじめにふれたように、海夫注文はいわゆる香取文書のなかの「大禰宜家文書」として伝来したものである。香取社における大禰宜職は、大宮司（神主）職に次ぐ地位の神職であったが、大宮司職が国衙神事権とかかわる公的性格を強く帯びていたのに対して、大禰宜職においては、早くに職領の私領化が進み、南北朝時代の大禰宜大中臣長房時代には大禰宜職のみならず、大宮司職さえも大禰宜家において世襲されるものとなった[7]。そのため大禰宜家には、社家文書群としての香取文書のなかでも質・量ともに圧倒的な文書群が伝来したのである[8]。

さて、海夫注文は八通伝来しているが、そのすべてがこうした性格の大禰宜家文書のなかの巻子本の第八巻に収められている。下総国側の四通について検討した小竹森は、海夫注文には二つの類型があったとしているが[9]、ここでは常陸国側の四通を含めて、海夫注文を三つの形式に分類してみたい。以下に、その三形式を示す。

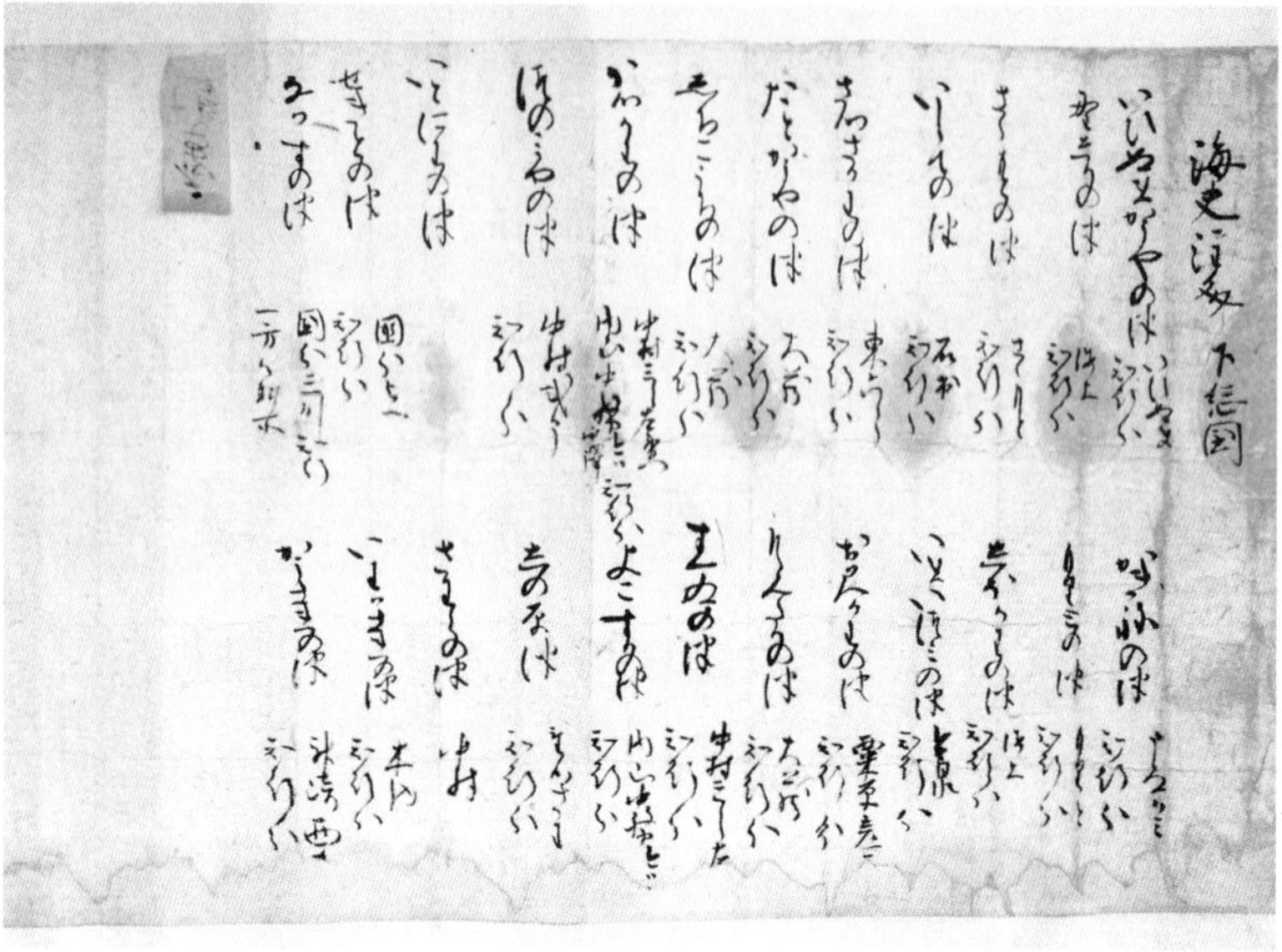

写真7　海夫注文（下総国）【A形式（a）】　個人蔵

【A形式】

（a）　海夫注文下総国

いひぬまかうやの津いひぬま知行分　　かきねの津うなかみ知行分

野しりの津海上知行分　　もりとの津もりと知行分

（十八津分、中略）

なかすの津国分三川知行一方御料所　　かうさきの津神崎西□□知行分

○ほつかわの津の裏に「在判安富殿在判山名殿」とある。

（旧禰一二一四号）

（b）　海夫注文常陸国

あはさきの津東条能登入道一方難波知行分　　むまわたしの津東条地頭領家

ふつとの津した一方小田知行分一方吉原知行分　　かしわさきの津小田兵部少輔入道知行分

（三十六津分、中略）

たかすの津玉つくり　　はねうふなつはねう知行分

大ゐたの津大せう知行分

○ぬか、の津の裏に「在判安富殿在判山名殿」とある。

（旧禰一二一八号）

【B形式】

（端裏書）「注文」

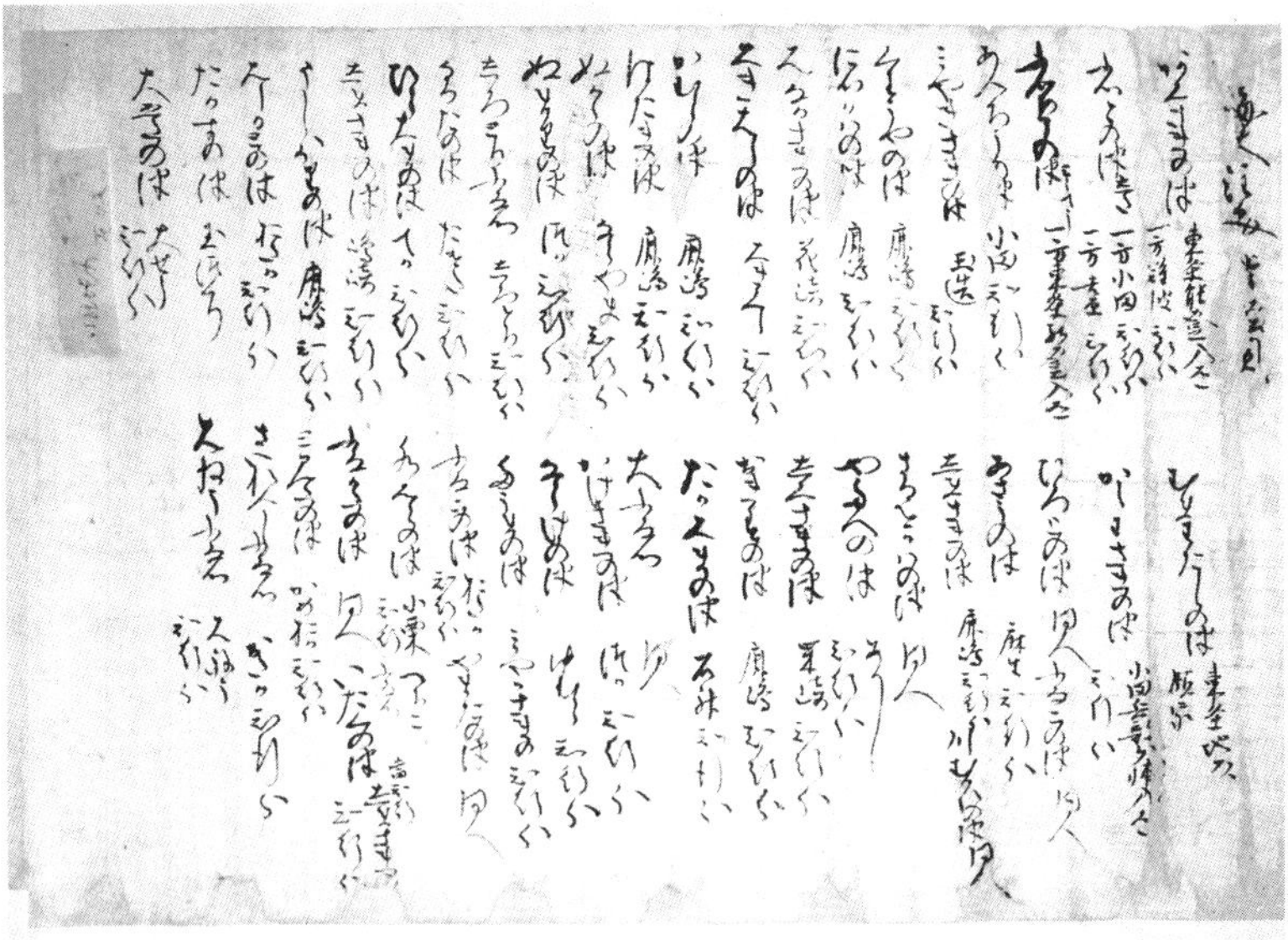

写真8　海夫注文（常陸国）【A形式（b）】　個人蔵

海夫注文
いゝぬまの津
かきねの津
のしりの津
もりとの津
さゝもとの津
しほかハの津
以下の知行分浦々

○「のしりの津」と「もりとの津」の行間裏に安富道轍・山名智兼の花押がある。（旧禰一一五号）(10)

【C形式】

鹿島郡内

嶋崎津　河向津
荒野津　猿小河津
新河津　谷田辺津
鼻崎津　柴崎津
萩原津　息栖津
加村津　高浜津
波田木津　大船津

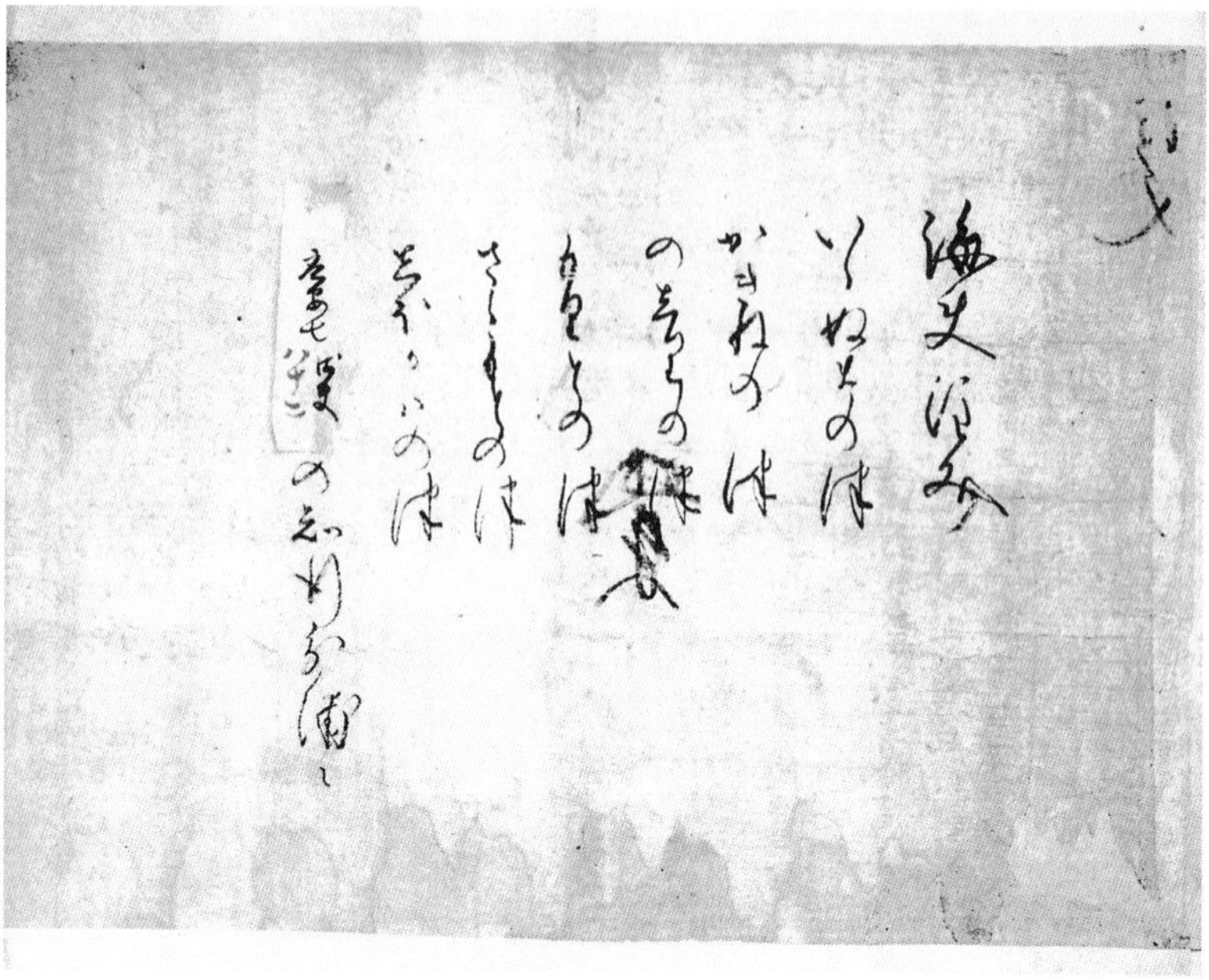

写真9　海夫注文（旧禰一二五号）【B形式】　個人蔵

糠賀津　　奈羅毛津

白鳥津　　牛堀津

○「鼻崎津」と「萩原津」との行間裏に、安富道轍・山名智兼の花押がある。（旧禰一二九号）[11]。

【A形式】の海夫注文は、（a）と（b）の二通が伝来しており、両者は同筆である（**写真7・8参照**）。引用した『旧県史』の按分にあるように、ともに文書の裏に「在判安富殿在判山名殿」と記載された案文であり、ほぼ同時に作成されたものであろう。形式的には、冒頭に「海夫注文」と書いたうえで、「下総国」と「常陸国」とに区別して記載していることがわかる。具体的に書き上げられた内容には、直接「海夫」のことは示されておらず、「いひぬまかうやの津いひぬま知行分」というように、上に津の名前、下に割書でその津の知行主の名前が書かれている。すでに指摘されているように、**【A形式】**の海夫注文は、香取社（あるいは「香取内海」）の海夫が所属する津の名とその津の知行主とを記載した帳簿であった。また津名については、基本的には仮名書きで表記されている。（a）・（b）とも充所

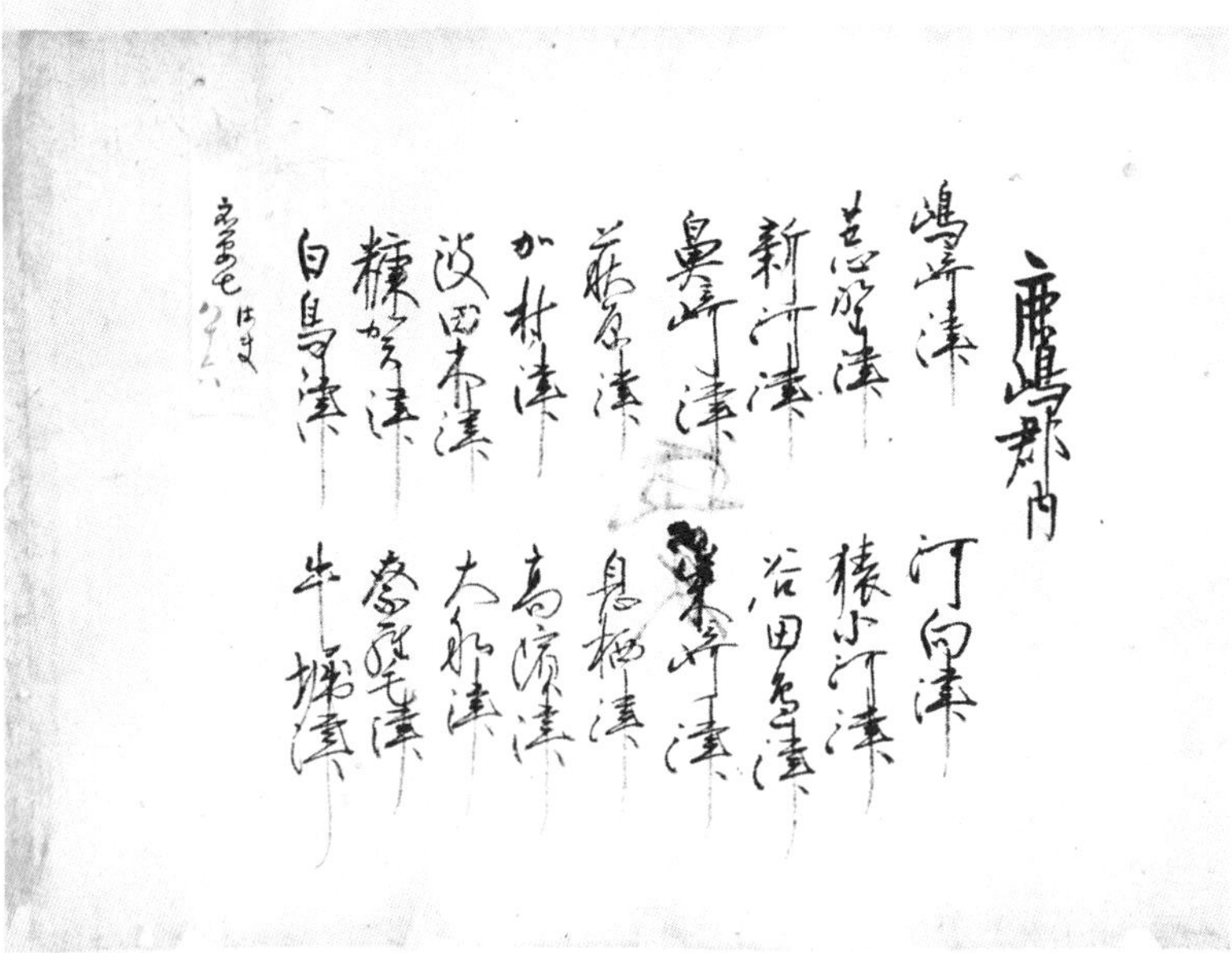

写真10　海夫注文（鹿島郡内）【C形式】　個人蔵

はなく、充所の明確な文書に添付された注文とみるべきであろう。

【B形式】の海夫注文は下総国側のものであり、引用したものを含めて三通伝来している（**写真9**参照）。『旧県史』の按分にあるように、【B形式】の三通の海夫注文は、鎌倉府の両使安富道轍・山名智兼の裏判のある正文であった。形式的には、冒頭に「海夫注文」と書かれ、次いで「いゝぬまの津」以下の津名が記載され、最後に「以下の知行分浦々」とある。【B形式】の海夫注文にも充所がなく、他の文書に添付された注文と考えられる。「以下の知行分浦々」と記載されていることから、【B形式】の海夫注文に記載された津は、この注文の本来の充所である知行主が知行している津を書き上げたものといえよう。なお、他の二通は同様に、「いしての津」他の二津と、「たとかうやの津」他の三津を記した海夫注文であった（**表8**参照）。

【C形式】の海夫注文は常陸国側のものであり、引用したものを含めて三通伝来している（**写真10**参照）。『旧県史』の按分にあるように、【C形式】の三通の海夫注文も、鎌倉府の両使安富道轍・山名智兼の裏判のある正文であった。形式的には、【A形式】や【B形式】とは異なり、冒頭には「海夫注文」とは書かれておらず、「鹿島郡内」などと書いたうえで、仮名書きではなく漢字で「嶋崎津」などと二段にわたって記載されている。また、【C形式】の海夫注文にも充所がなく、他の文書に添付された注文とみることができるが、【C形式】の場合には「以下の知行分浦々」との記載もないわけで、特定の津の知行主に充てられた注文ではなく、郡や庄毎にまとめて記載された注文であったことがわかる。そして、引用した注文以外の二通は、「東条庄内一方」の五津についてのものと、「行方郡内」の一六津についての海夫注文であった（表9参照）。

つまり、海夫注文における【B形式】と【C形式】との違いは、下総国側と常陸国側とでは津々の知行主と香取社との関係が異なるものであったことを意味しよう。では一体、これらの海夫注文はいかなる政治状況のなかで作成され、いかなる文書に添付されたものであったのだろうか。

二　史料的な性格

この点については、すでに網野が、応安七（一三七四）年に鎌倉府の両使安富道轍・山名智兼が海夫の根拠である津々の地頭に充てて、海夫の打渡しを命じたときの注文であったとの的確な指摘をしている[12]。また、小竹森は「海夫」という語は大禰宜家文書のなかで、貞治五（一三六六）年を初見に至徳四（一三八七）年の約二〇年の間に十数回出てくるだけで、その半数が応安七年に出てくるとし、香取社にとって応安七年とは社領に対する押領問題がもっとも深刻な事態となるなかで、香取社の大禰宜長房側が鎌倉府に訴えたことの一つに海夫問題が含まれていたことを明らかにしている[13]。

こうした指摘を前提として、海夫注文の史料的な性格について具体的に検討してみたい。まず、日付なき八通の海夫注文（下総国側のもの四通、常陸国側のもの四通）は、いかなる手続きをへて作成されたものであったかである。網野が指摘したように、これらの海夫注文は応安七年に鎌倉府の両使安富道轍・山名智兼が海夫の打渡しを命じたときの注文なのであるが、もう少し正確にいえば、両使安富・山名の連署奉書に添えられたものということができる。貞治・応安神訴事件そのものについて詳述する余裕はないが、海夫にかかわる相論の経過だけを確認しておきたいと思う(14)。

大禰宜長房は、貞治五年四月に香取社の本家である摂関家に対して申状を提出し、「早く重代相伝の道理に任せ、安堵の御長者宣を下し賜り、いよいよ神役を全うし、御祈祷の□（丹）誠を致さんと欲す、下総国香取社御神祭物等常陸・下総両国海夫等の事」をもとめている。長房の主張としては、常陸・下総両国海夫等については「応保・長寛・治承以来長房に至るまで、管領相違なき」ものであった（旧禰六八号）。これをうけて摂関家からは早速に関白二条良基の御教書が同年五月八日付けで関東管領上杉憲顕充てに発給され、「香取社大禰宜長房申す、常陸・下総両国海夫の事」についての成敗が請求されたのである（旧禰六九号）。また八月八日には、二条良基の藤氏長者宣が大禰宜長房充てに発給され、「常陸・下総海夫の事、先例に任せ管領せらるべき由」が長房に安堵された（旧禰七〇号）。しかし、この問題も貞治段階では解決せず、応安五（一三七二）年十一月九日には再び長房に充てて、常陸・下総両国海夫などを知行すべきことを認めた二条師良の藤氏長者宣が発給され（旧禰八六号）、同月十四日には室町将軍足利義満家御教書が関東管領上杉能憲充てに発給されている。そしてこの御教書の内容は、香取社大禰宜長房が申す常陸・下総両国海夫のことなどについて、「関白家執り申さるるについて、吹嘘あるのところなり、神訴他に異なるか、早く厳密に且つはこれを遵行せられ、且つは左右を申さるべし、更に遅滞なき様、殊にその沙汰あるべ」しというものであった（旧禰八七号）。

こうした一連の相論をへて、鎌倉府から下総・常陸両国海夫打渡しの遵行命令が出たのが、応安七年五月二十五日の鎌倉府奉行人（安富道轍等）連署奉書によってであった。それが次にあげる安富道轍・山名智兼による連署奉書案である（旧禰一〇二号）。

下総国香取大禰宜長房申、当国浦々海夫事、注文一通遣之、早任先例可致沙汰之由、所被仰下也、各不可存異儀之由候、仍執達如件、

応安七年五月廿五日　　智兼判
　　　　　　　　　　　道轍判

地頭御中

傍線部からわかるように、応安七年五月二十五日付けで「当（下総）国浦々海夫事」についての「注文一通」が、下総国側の地頭御中充てにこの連署奉書とともに出されたのである。この連署奉書の充所は「地頭御中」とあり、特定の個人に充てられたものではなく、下総国内の「浦々海夫事」にかかわる地頭を一括して「地頭御中」としたものであった。この場合、「地頭御中」に実体があったとは考えにくく、ここにこの連署奉書の性格にかかわる問題が顕在化していよう。この点はのちに検討することにするが、小竹森が指摘したように、この連署奉書に添えられた「注文一通」こそが、【A形式（a）】の海夫注文であったと推定できる。現在残されているのは案文であるが、もともと安富道轍・山名智兼の裏判のある正文があったはずなのである。

他方、常陸国側に対しては同日付けで次のような連署奉書が出されていた（旧禰一〇三号）。

下総国香取大禰宜長房申、常陸国浦々海夫事、注文一通遣之、早任先例可致沙汰之由、所被仰下也、各不可存異儀之由候、仍執達如件、

応安七年五月廿五日　　智兼判
　　　　　　　　　　　道轍判

地頭御中

常陸国側に対しても、傍線部のように「常陸国浦々海夫事」の「注文一通」が「地頭御中」充てに出されていた。それは【A形式（b）】の海夫注文であり、やはり安富道轍・山名智兼の裏判のある正文が作成されていたはずである。たぶん【A形式】の海夫注文の元帳簿は香取社の側にあり、大禰宜長房側がその元帳簿にもとづいて作成した「海夫注文」に、遵行両使が裏判を据えたものということができよう。つまり、下総・常陸の国毎の【A形式】の海夫注文（〔a〕・〔b〕）は、「地頭御中」充ての応安七年五月二十五日付け鎌倉府奉行人（安富道轍等）連署奉書に添付された「海夫注文」の案文であった。

では、【A形式】の「海夫注文」を添えたこの応安七年五月二十五日鎌倉府奉行人（安富道轍等）連署奉書によって、下総・常陸両国にまたがる浦々海夫に対する知行権は香取社側に回復されたのであろうか。結論からいえば、そうはいかなかったのである。なぜかといえば、その後も同内容の鎌倉府奉行人（安富道轍等）連署奉書が繰り返し出されているからである。実際、五月二十五日に次いで、同年六月二十一日にも両使の奉書が出されている。そこでも再度、「地頭御中」充てに「当国／常陸国浦々海夫事、先度被仰之処、不事行云々、甚無謂、神慮尤難側（測）歟、所詮厳密可被致其沙汰之由候」ことが命じられていた（旧禰一〇九・一〇八号）。しかし、それでも両国の海夫の返還は進まず、同年八月九日付けのものと推定される鎌倉府条書の一つに、「一常陸・下総両国浦々海夫の事／重ねて厳密に催促を加え、その沙汰致すべし」と書き上げられている（旧禰一二三号）。

そして、同年九月二十七日には三度目の鎌倉府奉行人（安富道轍等）連署奉書が出されるのであった。そのうち下総国側の奉書は、次のようなものである（旧禰一一五号）。

下総国香取社大禰宜長房申、当国津宮津以下浦々海夫事、注文一通遣之、度々被仰之処、不事行云々、甚不可然、
所詮云知行分、云庶子等分、厳密可被致其沙汰、若猶及異儀者、可有殊沙汰之由候也、仍執達如件、

応安七年九月廿七日　　智兼判
　　　　　　　　　　　道轍判

千葉介殿

国分三河入道殿・同与一殿・海上筑後八郎入道殿・木内七郎兵衛入道殿・東六郎殿・同次郎左衛門入道殿・神崎安芸次郎殿・多田左衛門五郎殿・粟飯原彦次郎殿・同虎王殿、以上十一通、名所々付之外者同文章

この応安七年九月二十七日付け連署奉書で注目すべきことは、充所が「地頭御中」ではなく、「千葉介殿」など個々の地頭充てに出されたものであったことである。引用した連署奉書案には、充所の「千葉介殿」に次いで「国分三河入道殿」など全部で一一人の地頭に充てた同文章の連署奉書が存在したことが付記されており、「千葉介殿」充てのものが代表されて、案文として香取社側に残されたのであった(15)。

また、九月二十七日付け連署奉書の場合は、傍線部に「当国津宮津以下浦々海夫事、注文一通遣之」とあるように、「千葉介殿」以下一一名の各地頭毎に「海夫注文」が添付されたのであった。すでに小竹森が明らかにしたように、この時の各地頭毎の海夫注文こそが【B形式】の注文であり、現在は三通のみが大禰宜家文書に残されている。したがって、本来は一一通の【B形式】の海夫注文が存在し、それは【A形式】の国単位の海夫注文を各地頭毎に分割したものであったと考えられる。そして、各地頭に充てられた九月二十七日付け連署奉書では、充所だけではなく、「当国津宮津以下」の部分も「当国飯沼荒野津以下」などと入れ替えられていたものと推定できる。

また、常陸国側に対しては次のような鎌倉府奉行人（安富道轍等）連署奉書が出されている（旧禰一一四号）。

下総国香取社大禰宜長房申、常陸国大枝津、高摺津以下浦々海夫事、度々被仰之処、不事行云々、甚不可然、所詮云知行分、云庶子分、厳密可被致其沙汰、若尚及異儀者、可有殊沙汰之由候也、仍執達如件、

応安七年九月廿七日　　智兼判
道轍判
地頭殿
大丞殿・麻生殿・宮崎殿・小高殿・鹿嶋殿・東条殿・小栗殿・小田殿・同兵部少輔入道殿・吉原殿・難波殿・山川殿・鹿嶋大禰宜殿、以上十三通、名所々付之外者同文章、

常陸国側の連署奉書案には「注文一通遣之」の文言が記載されていないが、下総国側の連署奉書案とほぼ同内容のものであり、しかも同日付けのものである。常陸国側の連署奉書案の充所は「地頭殿」となっているが、この連署奉書案には「地頭殿」に次いで、「大丞殿……以上十三通、名所々付之外者同文章」と記されており、「大丞殿」以下一三名の地頭に充てて、同文章の奉書が出されたことがわかる。ただし、常陸国側の連署奉書案の充所にある「地頭殿」とは、「大丞殿」以下一三名の地頭名を代表させたものであり、実際に「地頭殿」と充所に記載された連署奉書があったわけではない。この点は、下総国側の「千葉介殿」充ての連署奉書案との違いである。また、下総国側の連署奉書の充所である地頭名は「千葉介殿」を除けば、すべて「国分三河入道殿」などの個人名が記されていた（「千葉介殿」も本来は役職を示すが、もちろん個人を特定できるものである）。これに対して、常陸国側の連署奉書の充所は「同（小田）兵部少輔入道殿」以外（「鹿嶋大禰宜殿」もこちらに入れるべきかもしれないが）は、「大丞殿」などの名字のみを記載したものであり、充所の固有性が薄いのである。

じつはこのことは、常陸国側の連署奉書には「注文一通遣之」との文言がないこととかかわるのである。ただし、常陸国側の九月二十七日付け連署奉書に「注文一通遣之」とないことは、この連署奉書に「海夫注文」が添付されなかったことを意味しない。なぜなら、前掲の【C形式】の海夫注文こそが、常陸国側の九月二十七日付け連署奉書に添付されたものと考えられるからである。先述したように、【C形式】の海夫注文は特定の津の知行土に充てられた注

文ではなく、郡庄毎にまとめて記載されたものであった。つまり、常陸国側の九月二十七日付け連署奉書一三通は、個々の地頭に充てて遵行をもとめるという性格が希薄であり、ほぼ一括されて、たとえば筆頭の「大丞」に充てられたものの可能性が高いのである。その際に、郡庄毎に書き上げられた【C形式】の海夫注文も一括されていたものと考えられる。【C形式】の海夫注文が、特定の津の知行主充てのものでないことは、常陸国側の九月二十七日付け連署奉書の充所の固有性が薄いことと見事に対応する。そして、常陸国側の各地頭充ての九月二十七日付け連署奉書の場合には、傍線部の「常陸国大枝津、高摺津以下」の文言は、どれも同文であったと推定できるのである。

したがって、【C形式】の海夫注文が常陸国側の九月二十七日付け連署奉書一三通に添付されたものであったことはほぼ確実であり、現存する三通のみではなく、【A形式（b）】に書き上げられた五三津を満たすだけの郡庄ごとの「海夫注文」が作成されていたと考えられる。つまり、【C形式】の海夫注文は、【A形式（b）】の海夫注文を郡庄毎に分割したものということになる。

三　海夫注文と地頭、そして大禰宜長房

次に【A形式（a）】と【B形式】、【A形式（b）】と【C形式】の海夫注文の各々の関係について検討してみたい。そのために作成した表が**表8**「海夫注文（下総国）」と**表9**「海夫注文（常陸国）」である。下総国側の【A形式（a）】と【B形式】との関係については、すでに小竹森によって指摘されている点が多いのであるが、改めて検討しておきたい。

表8は【A形式（a）】の海夫注文の「津名」と「……知行分」とある「知行主」を書き込み、それに対応する【B形式】の海夫注文にみえる津名を①②……と記入したものであり、さらに備考欄には、【B形式】の海夫注文と応安七

表8　海夫注文（下総国）

【A形式（ａ）】		【B形式】			応安７年９月27日安富山名連署奉書案の充所との関係
津名	知行主	125号	126号	127号	
飯沼荒野津	飯沼	①			海上筑後八郎入道
かきね津	海上	②			
野尻津	海上	③			
森戸津	森戸	④			
笹本津	笹本	⑤			
塩川津	海上	⑥			
石出津	石出		①		東次郎左衛門入道
今泉津	今泉		②		
笹川津	東六郎				東六郎
小見川津	粟原彦二□				粟飯原彦次郎
たと荒野	大蔵			①	多田左衛門五郎
側高津	大蔵			②	
えち荒地津	大蔵			③	
すくい津	中村三郎左□□				千葉介
堀川津	中村三郎左衛門				
	内山中務今ハ中沢				
横須賀津	内山中務今ハ□□				
津宮津	中村式部				
篠原津	けつさわ				不明
井戸庭津					不明
佐原津	中村				千葉介
関戸津	国分与一				国分与一
岩ケ崎津	木内				木内七郎兵衛入道
中州津	国分三川 一方御料所				国分三河入道
神崎津	神崎西□□				神崎安芸次郎

表9　海夫注文（常陸国）

【A形式（b）】		【C形式】			郡庄との関係
津名	知行主	鹿島	東条	行方	
阿波崎津	東条能登入道／一方灘波		①		東条庄
馬渡津	東条地頭／領家		②		
福戸津	一方東条能登入道		③		
飯手津	なし		④		
大壺津	なし		⑤		
古渡津	一方小田／一方吉原				信太庄
広戸津	小田兵部少輔入道				
船子津	小田兵部少輔入道				
安中津	小田				
柏崎津	小田兵部少輔入道				南野庄
嶋崎津	鹿島	①			鹿島郡
川向津	鹿島	②			
荒野津	鹿島	③			
猿小河津	鹿島	④			
新河津	鹿島	⑤			
谷田辺津	明石	⑥			
鼻崎津	花崎	⑦			
柴崎津	柴崎	⑧			
萩原津	萩原	⑨			
息栖津	鹿島	⑩			
加村津	鹿島	⑪			
高浜津	石神	⑫			
波田木津	鹿島	⑬			
大船津	鹿島	⑭			
糖賀津	ならやま	⑮			
奈羅毛津	中村	⑯			
白鳥(船)津	白鳥	⑰			
牛堀津	鹿島	⑱			
懸崎津	津賀				
沼里津	津賀				
当間津	宮ケ崎				
宮木崎津	玉造			①	行方郡
島崎津	島崎			②	
尾宇津	なし			③	
江崎津	なし			④	
信方津	なし			⑤	
橋門津	小高			⑥	
西蓮寺船津	小高			⑦	
鎌谷津	なし			⑧	
高須津	玉造			⑨	
鳴田津	武田			⑩	
水原津	小栗越後知行船津			⑪	
船子津	小高			⑫	
山田津	小高			⑬	
平浜津	手賀			⑭	
土古津	なし			⑮	
逢賀津	なし			⑯	
麻生津	麻生				
船方津	島崎				
潮来津	当知行　島崎				
富田津	亀岡				
羽生船津	羽生				
大枝津	大丞				南郡

（一三七四）年九月二十七日付け鎌倉府奉行人（安富道轍等）連署奉書（旧禰一一五号）の充所との関係（推定を含む）を書き入れたものである。まず、飯沼荒野津から塩川津までの六津のうち、三津が「海上知行分」であり、他の三津は津名と同じ地名を名乗る知行主である。この六津は【B形式】の「海夫注文（旧禰一二五号）」にすべて対応するのであり、【B形式】の「海夫注文（旧禰一二五号）」は、下総国側の応安七年九月二十七日付け鎌倉府奉行人連署奉書のうち海上筑後八郎入道殿充ての連署奉書に添付された海夫注文ということができる。そして、飯沼荒野津の知行主

飯沼や森戸津の知行主森戸、笹本津の知行主笹本は、海上氏の庶子や家臣等にあたるものと考えられる。

次の石出津と今泉津については、【B形式】の「海夫注文（旧爾一二六号）」に対応するが、次の東六郎知行分の笹川津との位置関係からみて、【B形式】の「海夫注文（旧爾一二六号）」は応安七年九月二十七日付け連署奉書の東次郎左衛門入道殿充てのものに添付された海夫注文とみることができ、知行主の石出と今泉は東次郎左衛門入道の庶子や家臣等と推定できる。次の笹川津と小見川津の場合は、【A形式（a）】の海夫注文の知行主と応安七年九月二十七日付け連署奉書の充所が一対一で対応しており、笹川津の知行主東六郎と小見川津の粟（「飯」脱）原彦二□＝粟飯原彦次郎に充てられた【B形式】の単独の海夫注文は、現在は確認できないが、本来は存在したものであろう。そして、たと荒野津・側高津・えち荒地津については、【B形式】の「海夫注文（旧爾一二七号）」が対応するのであり、多田氏の本拠地の多田（村）との位置関係からみて、「海夫注文（旧爾一二七号）」は多田左衛門五郎殿充ての応安七年九月二十七日付け連署奉書に添えられた海夫注文とみることができよう。そうだとすれば、この三津の知行主大蔵は多田氏の庶子や家臣等と推定される。

次に、すくい津から佐原津までについて考えたい。まず津宮津である。千葉介殿充ての応安七年九月二十七日付け連署奉書案に「津宮津以下」とあったことから、千葉介殿充ての連署奉書に添付されたはずの海夫注文に、津宮津が記載されていたことは確実である。また、篠原津と井戸庭津を除いた各津の知行主の中村氏や内山中務は千葉氏の家人であり、中村氏は香取社地頭代としての地位にもとづいて香取社領を押領した、香取社側の宿敵であった(16)。したがって、すくい津・堀川津・横須賀津・津宮津・佐原津は、千葉介殿充ての連署奉書に添付された海夫注文記載の津々とみることができる。なお、篠原津と井戸庭津の所属および「同（粟飯原）虎王殿」充ての応安七年九月二十七日付け連署奉書に添付されたはずの海夫注文については、保留しておきたい。なお、関戸津から神崎津までは一対一の対応関係にあり、各々が応安七年九月二十七日付け連署奉書に添付された単独の海夫注文が、本来は存在したと考えられる。[17]

表9については、個々の地頭と海夫注文との対応関係はないと考えられるので、個別的な検討はする必要がないが、「海夫注文（鹿島郡内）」、「海夫注文（東条庄内一方）」、「海夫注文（行方郡内）」に記載されていない「古渡津、広戸津、船子津、安中津、柏崎津、懸崎津、沼里津、当間津、麻生津、船方津、潮来津、富田津、羽生船津、大枝津」については、常陸国の何郡に属するのかを確認しておきたい。常陸国側の五三津については、網野によってどこの郡や庄に属するかがすでに整理されている。[18] それにしたがえば、「古渡津・広戸津・船子津・安中津」は信太庄、「懸崎津・沼里津・当間津」は鹿島郡、「麻生津・船方津、潮来津、富田津、羽生船津」は行方郡、「大枝津」は南郡ということになる。

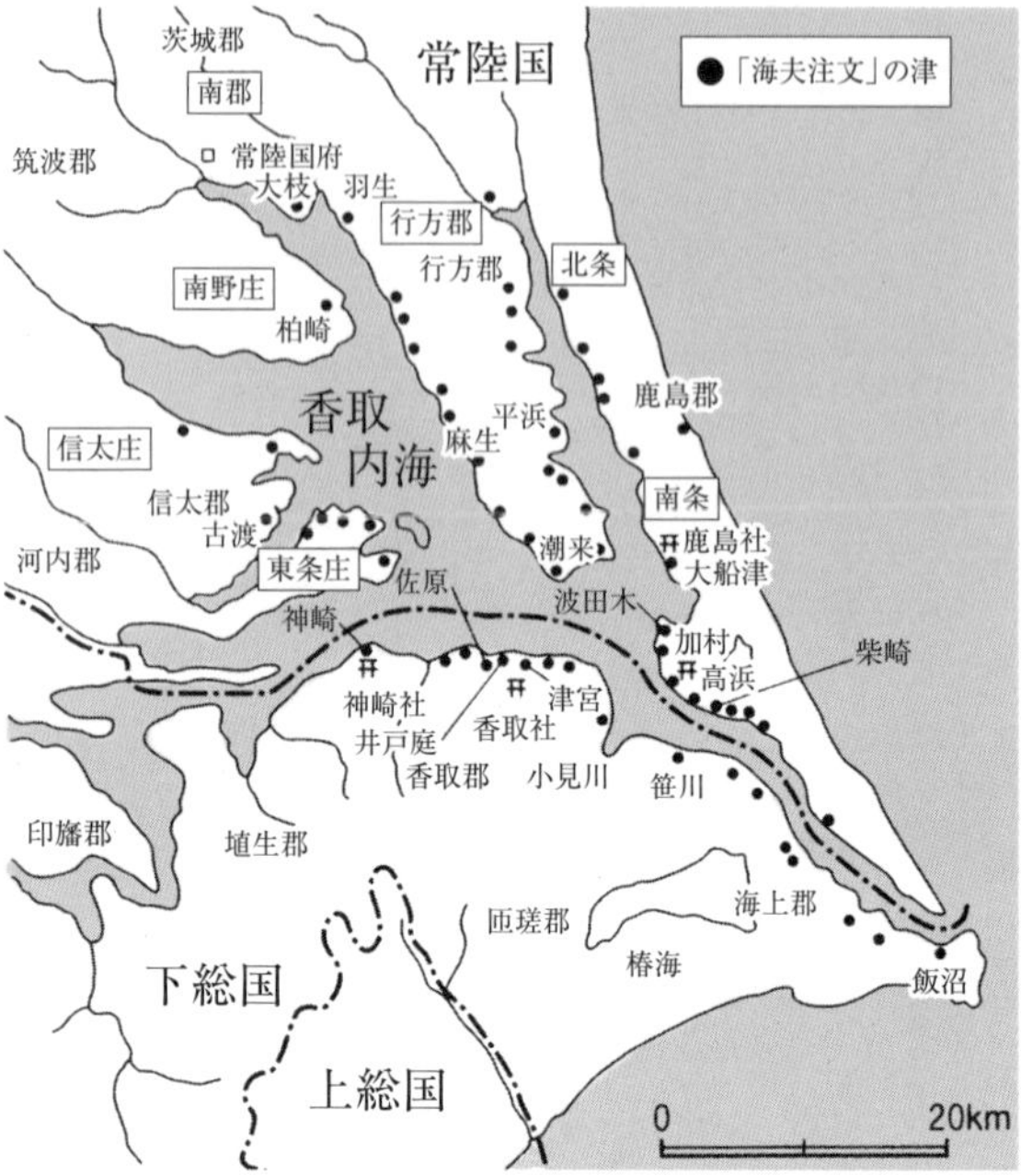

図2　香取内海　（『新県史通史編中世』224頁の図より）

現存する郡庄毎の海夫注文は「鹿島郡内」・「東条庄内一方」・「行方郡内」の三通であるが、もともとは信太庄内の「古渡津・広戸津・船子津・安中津」についての海夫注文と、南郡の「大枝津」についての海夫注文も存在したはずである。しかし、鹿島郡内の「懸崎津・沼里津・当間津」と、行方郡内の「麻生津・船方津、潮来津、富田津、羽生船津」については、なぜ現存する「海夫注文（鹿島郡内）」と「海夫注文（行方郡内）」に記載されなかったのであろうか。この点、疑問が残るのであるが、現存する「海夫注文（鹿島郡内）」、「海夫注文（行方郡内）」とは別に、これらの津々の海夫注文も本来は存在していたと考えておく。

以上のように、応安七（一三七四）年までの香取内海の海夫は、内海に沿って点在した津々の知行主のもとに知行されていたのである。下総国側では、千葉介以下一一人の地頭およびその庶子や家臣等によって津は知行されていた。海夫に対する知行の実態は、海夫を個別的にあるいは数量的に支配していたわけではなく、あくまでも海夫の所属する津の知行を通じた間接的なものであったということになろう。もちろん、こうした海夫に対する知行のあり方は、地頭等による海夫知行の実態を示すのではなく、応安七年に香取社の大禰宜長房側が、地頭等から回復しえた支配権のあり方とすることが正しいかもしれない。そうだとすると、常陸国側の場合には、香取社は常陸国の郡や庄毎の枠組みでしか海夫の所属する津々浦々を掌握できなかったことになる。そして結局のところ、社家の大禰宜長房側に回復された支配権とは、下総国側の場合には、地頭を単位に各地頭の知行する（「庶子や家臣等」の知行分を含む）津々浦々から、香取社への供祭料を納入させるといったものであり、常陸国側の場合には郡庄を単位として供祭料が納入されたものと推測されるのである。(19)

ところで以前に論じたように、古代・中世における香取内海の海夫は国衙の支配権下に編成されていたのであり、中世香取社の場合には「楫取神」としての個性のみならず、国衙公権を分有した一宮としての性格にもとづいて、海夫に対する支配権は保証されていたものと推定される。(20)しかし、貞治・応安神訴事件をへて大禰宜長房のもとに回復された実際の海夫支配権は、下総国一宮としての香取社に回復されたのではなく、大禰宜家の私領に取り込まれる形で回復されたのであった。大禰宜家による香取社領の私領化という点に、貞治・応安神訴事件の歴史的な意義があったのであり、海夫に対する支配権の回復も同様の意味をもつものであった。

その後、大宮司職をも兼職した大禰宜長房は、嫡子満珠丸（幸房）に充てた至徳二（一三八五）年十月四日付けの譲状を認めている。その譲与項目のなかに、「一ひたち・しもつさの両国のかいふの事」とあり、香取内海の海夫支配権が大禰宜家の私領と化しつつあることが確認できる（旧禰一四九号）。また、前年の永徳四（一三八四）年三月十日に長房が満珠丸に充てて相伝文書を譲与した際の文書目録には、「一海夫御教書、及三ヶ度所給文書共」とあり、貞治・応安期の海夫相論に関する文書も大禰宜長房のもとに集められ、相伝されていったことがわかるのである（旧禰一四五号）。

貞治・応安神訴事件での遵行両使安富道轍・山名智兼による遵行行為が、当該期の鎌倉府による遵行手続き一般のなかに、どのように位置付くのかは今後の課題であるが、海夫相論を含めて、貞治・応安神訴事件に関する文書は基本的には大禰宜家に伝来されたのであり、永徳四年の文書目録には、「一海夫御教書……」とともに、「自貞治年中、至于応安年中、自将軍家鎌倉殿マテ、千葉介ニ番長房所給置文書共」もあったのである。なかでも、「一海夫御教書、及三ヶ度所給文書共」には、八通の海夫注文を含む三度にわたった両使遵行にかかわる文書等が含まれていたはずである。そうだとすれば、両使安富・山名の遵行にかかわる連署奉書や海夫注文などは、充所にかかわりなく（もちろん、遵行対象の地頭等からは請文を取ったにしても）香取社の大禰宜長房側にもたらされたことになろう(21)。

「海夫注文」などの文書が作成されたことは、結局のところ、下総国一宮香取社による海夫支配権が大禰宜家の私領と化していく歴史過程に位置づくのであった。しかし、香取内海の海夫に対する知行権の一部が社家の大禰宜長房の側に回復されたことは、海夫の立場からすれば、近世へと結びついていく、入会的な権利を強めていくことになったものと推測される。もともと海夫支配権が地頭等から社家側へと打渡されることになった前提には、香取内海の海夫等による地頭との対抗関係もあったとみるべきであろう。

おわりに

関東には二つの内海世界があった。海夫注文の存在によって、中世香取社が香取の内海世界を支配していたことは確実であるが、もう一つの内海世界であった中世の利根川＝江戸内海の世界―なかでも中世の利根川下流域の河関を香取社は支配していた。中世香取社による香取内海や中世の利根川下流域の河関に対する支配権は、どのようにして成立したのであろうか。これまでの研究の概略については、はじめにふれたとおりであるが、まとめにかえて香取社の祭礼にかかわる視点から考えてみたい。

現在の香取社の最大の祭礼は、一二年毎に行われる式年神幸祭である。神幸祭の由来については諸説あるが、その祭礼のメインは津宮から現在の利根川（古代・中世では香取内海）に「御座船」が水上御幸することにある。中世には、この祭礼は「御船遊」とも、旧暦の三月に行われたために「三月神事」「三月御幸」などとも呼ばれていた。しかし、中世の祭礼において、香取内海での大規模な水上パレードが行われていたどうかは不明である。

ところで、永享十一（一四三九）年三月九日の香取社御船遊陣職帳次第写（新物七号）によれば、「次立　神輿持十二人　大神主」などと並んで、

次立　三御船人夫二人　行事押領使

次立　二御船人夫二人　行事検《権》非違使

次立　一御船人夫二人　行事正検非違使(22)

が存在したのであり、この三艘の「御船」が御船遊陣職帳の中心に位置することは確実である。この「三御船」「二御船」「一御船」とはどのようなものであったのかは、永正十三（一五一六）年に書写された「香取神宮神幸祭絵巻（権

検非違使家本)」の「一御船木」「二御船木」「三御船木」(第九章の**図8**)にみることができる。[23]また、この絵巻の冒頭には、「一当日之共奉之事次第者、堅任此図籍、莫及後日之異論云々」とあり、さらに末尾には、「永徳年中(一三八一〜八四)に至りては、此のごとく御神事退転なきものなり」と記したうえで、「右、件の目録においては、建仁二年帳をもって、至徳三年に改めて誌すものなり、然からばまた虫食損によって、至徳三年の帳をもって、当時その旨に任せて改めて録すのところなり、尤も後代の証拠たるべき故なり」と、永正十三年での書写の理由が記載されているのであった。

これによれば、「香取神宮神幸祭絵巻(権検非違使家本)」は建仁二(一二〇二)年帳(図籍=絵巻)が至徳三(一三八六)年に写され、それがさらに永正十三年に書写されたもので、本来の図籍(絵巻)は鎌倉初期の建仁二年のものとみることができる。ということは、「香取神宮神幸祭絵巻(権検非違使家本)」にみえる神幸祭(御船遊)は、鎌倉初期の形態を示すもので、[24]**図8**にみえる「御船木」も鎌倉初期以来のものということになる。

二〇〇二年は式年神幸祭の年であったが、その際の「御船木」(三体)は**写真11**のようなものであった。「香取神宮神幸祭絵巻(権検非違使家本)」に載る「御船木」と基本的な形態が同じであることに驚かされる。じつは現在の神幸祭は、江戸時代に中絶していたものを一八七五(明治八)年四月に再興したもので、[25]その際に祭礼再興の参考とされたものが、「香取神宮神幸祭絵巻(権検非違使家本)」などであった。

周知のように、御船遊は鹿嶋社(鹿嶋神宮)においても行われるものであり、その起源として、『常陸風土記』香島郡条には、鹿嶋社の造営が「淡海の大津の朝に」はじめて行なわれたこと、そして「年別の七月に」「新に舟三隻、各長さ二丈余なる」「舟を造りて津の宮に納め奉る」ことになった由来が語られている。常陸鹿嶋社におけるこうした御船遊の由来が、香取社の御船遊の由来にも合致するとすれば、御船遊の本質は、新たなる舟三隻(御船あるいは御船木)を津宮に奉納することにあったとみることができる。

二〇〇二年の香取神宮の神幸祭においても、四月十五・十六日の神幸祭に先だって、四月十一日に「御船木山口祭」が行われているが、これは「御船木」を採る祭儀であるという。[26] 歴史的には、永禄十一（一五六八）年の三月神事目録案の四カ条目に、「一寅日御祭者、入于本山、三艘御船木奉採、御酒肴四方之勤役人行事禰宜并内院修理所神夫等是也焉」（旧案二四四号）とあり、香取社の本山に入って三艘の御船木を採るという祭儀、すなわち御船木山口祭は、中世さらには古代の『常陸風土記』の時代にまで遡ることは確実である。[27] また、網野や川島優美子が注目したように、大禰宜長房への敵対者が長房の悪行狼藉を訴状として書き上げたなかに、「一宮中之竹木をきり、私用ニし、大木をはふね《（船）》ニ作てうる事」（旧源一三号）とあることは、香取社の宮中内の本山＝御船木山が香取内海などの船材として現実的な意味をもっていたことを示している。[28]

写真11　2002年4月16日神幸祭の御船木

なお西垣晴次は、永禄十一年の三月神事目録案の記事からこの神幸祭に国司代や国衙の六所明神の神主が加わることに注目し、神幸祭を国衙とゆかりが深い行事であったとしているが、[29] これは神幸祭＝御船遊の一宮祭礼としての側面を的確に指摘したものということができる。海夫注文によって、中世香取社との関係を確認することができる香取内海の海夫たち。彼らが香取社の御船遊の祭礼に深くかかわる存在であったことも、また確実である。[30] さらにいえば、香取社の御船遊はほんらい香取内海の海夫たちの祭礼であったといえよう。

註

（1）網野善彦「常陸・下総の海民」・「海民の諸身分とその様相」（同『日本中世の非農業民と天皇』岩波書店、一九八四年。初出一九五六・五九・七一年）、同

「海民の社会と歴史（二）―霞ヶ浦・北浦―」（『社会史研究』二号、一九八三年）。なお、同『海と列島の中世』（日本エディタースクール出版部、一九九二年）、同『日本社会再考―海民と列島文化―』（小学館、一九九四年）なども参照。

（2）小竹森淑江「中世香取海における津の支配」（『武蔵大学　日本文化研究』二号、一九八一年）。

（3）豊田武「香取社の海夫」（『豊田武著作集第七巻』吉川弘文館、一九八三年。初出一九七七年）。

（4）宮井義雄「舟人の神としての香取神」（同『歴史の中の鹿島と香取』春秋社、一九八九年）。

（5）鈴木哲雄「中世香取社による内海支配」（同『中世関東の内海世界』岩田書院、二〇〇五年。初出一九九三年）。

（6）既出の論考を除く主なものとして、網野善彦「中世前期の水上交通」（同前掲『日本社会再考』所収。初出一九七九年）、盛本昌広「走湯山燈油料船と神崎関」（『千葉史学』一三号、一九八八年）、岡田清一「相馬御厨をめぐる中世の水運」（『沼南町史研究』二号、一九九一年）、鈴木哲雄「香取内海の歴史風景」（同前掲『中世関東の内海世界』所収。初出一九九四年）、峰岸純夫「中世東国水運史研究の現状と問題点」（同『中世荘園公領制と流通』岩田書院、二〇〇九年。初出一九九五年）、湯浅治久「中世東国の『都市的な場』と宗教」（同『中世東国の地域社会史』岩田書院、二〇〇五年。初出一九九五年）、川尻秋生「『香取の海』の水上交通」（同『古代東国史の基礎的研究』塙書房、二〇〇三年）などを参照。なお、常陸国側の海夫注文については、飛田英世「常陸国『海夫注文』再考ノート」（茨城県立歴史館編『中世東国の内海世界』高志書院、二〇〇七年）が詳細に検討している。

（7）福田豊彦「下総国香取神社の中世への変容」（同『中世成立期の軍制と内乱』吉川弘文館、一九九五年。初出一九六〇年）、鈴木前掲「中世香取社による内海支配」。

（8）鈴木哲雄「香取文書の概要と史料の構成」（『千葉県史研究』四号、一九九六年）、同「資料解説　香取文書の構成と調査の沿革」（『新県史　中世2』所収）、本書第Ⅰ部及び第四章参照。

（9）小竹森前掲「中世香取海における津の支配」。

（10）【B形式】の他の二通の海夫注文は、年月日未詳海夫注文（旧**禰**一二六号）と年月日未詳海夫注文（旧禰一二七号）である。以下、【B形式】の三通の海夫注文は、順に「海夫注文（旧禰一二五号）」、「海夫注文（旧禰一二六号）」、「海夫注文（旧禰一二七号）」と略記する。

(11)【C形式】の他の二通の海夫注文は、年月日未詳海夫注文（東条庄内一方）（旧禰一三〇号）と年月日未詳海夫注文（行方郡内）（旧禰一三一号）である。以下、【C形式】の三通の海夫注文は、順に「海夫注文（鹿島郡内）」、「海夫注文（東条庄内一方）」、「海夫注文（行方郡内）」と略記する。

(12)網野前掲「常陸・下総の海民」。

(13)小竹森前掲「中世香取海における津の支配」。

(14)なお、貞治・応安神訴事件については、百瀬今朝雄「下総国における香取氏と千葉氏の対抗」（『歴史学研究』一五三号、一九五一年）、高村隆「香取文書にみえる[女盧]殿攻撃と国行事職についてのノート」（川村優編『論集　房総史研究』名著出版、一九八二年）、小国浩寿「香取社応安訴訟事件の一背景」（同『鎌倉府体制と東国』吉川弘文館、二〇〇一年。初出一九九七年）などを参照。

(15)貞治・応安神訴事件に関連する一連の案文は、応安七年三月から五月にかけての香取社神輿の鎌倉動座＝神訴に関係した証拠文書や勝訴にともなう打渡状などからなる重書案であり、それが大禰宜家に相伝されたものであった。この点については、本書第四章を参照。

(16)香取社地頭代の中村氏や内山氏については、遠山成一「室町前期における下総千葉氏の権力構造についての一考察」（『千葉史学』一六号、一九九〇年）、同「中村氏について」（『房総史学』四一号、二〇〇一年）などを参照。

(17)なお、小竹森前掲「中世香取海における津の支配」は、一対一の場合は【B形式】の海夫注文は不必要であり、存在しなかったとみている。

(18)網野前掲「海民の社会と歴史（二）」、飛田前掲「常陸国『海夫注文』再考ノート」も参照。

(19)社家の大禰宜長房側に回復された海夫支配権の実態が、「神祭物」とか「供祭料」の徴収権にすぎなかったことは、前掲の貞治五（一三六六）年四月日大禰宜長房申状写（旧禰六八号）に「神祭物《（供祭料）》等」とみえ、至徳四（一三八七）年五月一日大禰宜兼大宮司長房譲状（旧禰一五三号）に「一うちうみのかいふ、くさひれうの文書にみえたり」とあることなどから明らかである。

(20)鈴木前掲「中世香取社による内海支配」。

(21) 鎌倉府による訴訟手続きについては、山田邦明「鎌倉府における訴訟手続」(同『鎌倉府と関東―中世の政治秩序と在地社会―』校倉書房、一九九五年。初出一九八七年)を参照。永徳四年の文書目録にみえる「海夫御教書」等と、本書第四章で検討した応安七年の【重書案A】との関係については今後の課題としておく。

(22) なお、正長三(一四三〇)年三月日三月御幸神事船持役差定状案(旧源一五号)には、「一御船　奉行正検非違使　大倉村役/二御船　奉行権検非違使　多田村役/三御船　奉行押領使　織幡村役」とあり、後掲の永禄十一年三月三月神事目録案(旧案二四四号)には、「次立　三御船人夫二人　行司押領使/次立　二御船人夫二人　行司権検非違使/次立　一御船人夫二人　行事正検非違使」とみえる。

(23)「香取神宮神幸祭絵巻(権検非違使家本)」(『香取群書集成　第三巻』香取神宮社務所、一九八〇年および『千葉県史研究』一五号、二〇〇七年所収)。なお、同絵巻の冒頭と末尾の文言だけの書写が、大禰宜家文書として存在している(永正十三年八月二十一日香取社神事次第目録写〔新禰四一号〕)。

(24) 前掲『香取群書集成　第三巻』の解題(八頁以下)参照。本書第九章も参照。

(25) 前掲『香取群書集成　第三巻』の解題(三二頁)参照。

(26) この点は、実際に調査した千葉県史料研究財団研究員(当時)の上田茂からの教示による。

(27) なお、この三月神事目録案の冒頭部分には、「建仁二年之帳末至徳三明白之旨、公私可有披露云々……」との記載があるが、この記載が先の香取神宮神幸祭絵巻(権検非違使家本)に書かれた文言にもとづくものであることは明らかである。香取社の御船遊は永禄年間に至るまで、建仁二年帳がつよく意識されていたのであった。

(28) 網野前掲「海民の社会と歴史(二)」、川島優美子「中世関東内陸水運における香取社の位置」(地方史研究協議会編『河川をめぐる歴史像―境界と交流―』雄山閣、一九九三年)。この点、高村隆「香取の山」(『千葉県史のしおり』第2回、一九九七年)も参照。

(29) 西垣晴次「中世香取社の神官と神事」(木村礎・高島緑雄編『耕地と集落の歴史―香取社領村落の中世と近世―』文雅堂銀行研究社、一九六九年)。

(30) 宮井義雄「鹿島・香取の地理的位置と両神宮神幸祭の対顕」(前掲『歴史の中の鹿島と香取』所収)。

第六章　建武徳政令と田所家文書

はじめに―建武元年九月四日の苅田事件

香取田所家文書のなかに「建武徳政令につき重書案」とでも名付けるべき重書案がある（新田九号）。現状では、九通にわたって継がれているこの重書案の具体的な内容は、のちに詳しく検討するが、その八通目と九通目に著名な建武元（一三三四）年五月三日の建武徳政令が引かれている（新田九号―(8)・(9)）。そこに建武徳政令が引用された理由は、次にあげた七通目の同年九月三日下総国守護代円城寺蓮一奉書案[1]にかかわっている（新田九号―(7)）。

〈史料1〉

依御徳政事、自下総守殿御状如此、此趣を社家へ有披露、可被下知之由所候也、仍執達如件、

建武元年九月三日　　沙弥蓮一 在判

香取政所殿留守所

私云、依之、同四日巳時到来、不日午剋奉付政所御留守了、同申剋神人正判官代沽地酒田一反作稲、買主中村又三郎後家尼御前、以代官大進房六郎二郎以下之人数輩、苅取之間、為制止行向之処、散々被致刃傷狼藉了、翌日ニ為

訴申三郎二郎等参時、買手等令同心合力　神敵、殊後藤左衛門入道善心・三河房・大進房等走参于千葉、依掠申之、自執事又為買方被成御書下了、次神官等訴訟、不被聞入之間、後日以去永仁法、帯具書等雖申之、猶以不
承引、如返答者、京都可令注進事由云々、

「私云」以下の注記は、香取社田所職の某が、〈史料1〉の下総国守護代円城寺蓮一奉書案（香取政所殿留守所充て）が香取社にもたらされてから起こった苅田事件の顛末を記したものである。苅田事件は、これまでに香取社周辺で繰り返されていた「年記沽却地」に関する訴訟に絡むものであった。〈史料1〉によれば、京都において建武徳政令が発せられた建武元年五月三日のちょうど四カ月後の九月三日、在京の下総守兼守護の千葉介貞胤(2)からの書状（この重書案の六通目、〔建武元年〕八月十三日千葉介貞胤書状案、新田九号―(6)）にもとづいて守護代円城寺蓮一は、下総国一宮の香取社（「香取政所殿留守所」）充てに当該訴訟を「御徳政に依るの事」と下知したのである。

この奉書は、翌日の四日巳時（午前十時頃）に香取社に到来し、午剋（正午頃）には、香取（社）政所の留守役に付け奉られた。事件は、それからふたときほどのちの申剋（午後四時頃）におこる。香取社神人の正判官代が売却した「酒田一反」の作稲を、買主の中村又三郎後家尼が代官の大進房六郎二郎以下の輩に苅り取らせはじめたのである。正判官代等は、さっそくこれを制止しようと現地にむかうが、逆に散々に刃傷狼藉されてしまった。

「酒田一反」の買主である中村又三郎後家尼側は、何故この日の夕刻近くになって買地の作稲を苅り取りだしたのか。売主の正判官代側は、何を根拠に買手側の苅り取り行為を制止しようとしたのであろうか。「酒田一反」はすでに売却済みの田地なのに。そして事件は翌日の五日になり、千葉の守護所へと持ち込まれるのであった。

五日、この事件を訴えるために正判官代の子三郎二郎等が守護所に参上する。これに対して、「神敵」に同心合力した買手等は、先の大進房等を千葉に走り参らせた。結果、守護所の執事からは買手側の中村氏に有利な「書下」が出てしまうのであった。結局、売手側の香取社神官等の訴えは聞き入れられなかったのである。後日改めて、「永仁法」

（永仁徳政令）を根拠として、具書等を副えて守護所に提訴したにもかかわらず、やはり承引されず、守護所からは京都（建武政権）に提訴すべきとの返答しか得られなかったという。

一　香取社による「建武徳政令」の入手

九月の苅田事件が起こったのは、建武徳政令の適用が守護代円城寺蓮一奉書によって香取社神官等に伝えられ、正判官代の沽却地が、買主の中村又三郎後家尼側から返却される事態が現実化したためであったと考えられる。しかし、〈史料1〉の奉書からは、建武徳政令の具体的な内容を知ることはできないはずである。香取社神官や香取社地頭代の中村氏周辺はどのようにして、建武徳政令の内容を知ることができたのであろうか。

じつは香取社神官たちは、九月三日付け奉書（〈史料1〉）の半月ほど前には建武徳政令の内容を知っていたのである。それを示すものが、次に掲げる「建武徳政令につき重書案」の五通目である（新田九号―⑸）。

〈史料2〉

一　建武元年八月十五日於　宮、吉原又四郎以千葉妹、秘計書模御事書案文持来、少々披露之間、神官衆徒等申合、以申状言上之、其状案文云、

香取太神宮神官衆徒等謹言上

欲早任御新法旨蒙御成敗、奉致御祈祷沽却田畠等事

件条、自京都被仰下御徳政之由、承及之上者、任御事書之旨、欲預御書下、而彼田畠等者、皆以厳重之神祭料所也、所詮、如元可返付于本主之旨、賜御書下、弥為奉祈祷御宝算、恐々言上如件、

以此正文、神人正判官代子三郎二郎・雉子又二郎、八月晦日持参了

建武元（一三三四）年八月十五日、吉原又四郎（＝神官の吉原検杖）[3]なる人物が、「御事書案文」を香取社に持ち込んだ。この事書案文は、吉原又四郎が守護所の置かれた千葉にいる妹をつかって、秘密裏に書き写させたものであった。この事書案文こそが、建武徳政令の「事書」なのである。

すでに笠松宏至は、中世における徳政令の性格を詳細に検討するなかで当事者主義にもとづく中世法の非公開性を論じている[4]。また、室町幕府の徳政令の公布形式を詳細に検討した前川祐一郎は、徳政令は「事書」という法文形式をとって管領邸や幕府政所に壁書として公布されたこと、そして公開制に乏しいものであったことなどを明らかにしている[5]。中世法としての徳政令の非公開性はもちろんのこと、事書形式による壁書としての公布は、ほぼ鎌倉・南北朝期の徳政令にもあてはまる可能性が高いわけで、建武徳政令の場合もそうした事例に該当するのであった。もともと〈史料2〉は、香取田所家文書に残された一連の重書案（「建武徳政令につき重書案」）のなかの一部分であったのであり、吉原又四郎が持ち込んだ「御事書案文」とは、「建武徳政令につき重書案」のなかの八通目の検非違使庁牒等案（新田九号―(8)）にあたる。ここには二つの事書が書写されているのであるが、それはもともと、「海上竹本殿の子息（太郎殿歟）在京の間、親父の許へ取り下された記録所壁書案」であった（**写真12**参照）。

「海上竹本殿」の海上とは千葉氏一族の海上氏のことであり、竹本殿は海上氏に属するということであろうが、今のところ千葉氏の系図等では確認できない。しかし竹本氏については、金沢文庫文書のなかの年月日未詳湛睿書状土代に「千葉より侍所竹元三郎左衛門、奉行候（衍カ）羽田大弐房、打□廿八日早旦、寺中来著候」とみえるわけで、千葉の侍所竹元＝竹本氏のこととみてほぼ間違いない[6]。のちに検討するように、千葉の侍所は、守護所を構成する所の一つと推定できるわけで、奉行の羽田大弐房は守護所の奉行人と考えるべきであろう[7]。

そうだとすると、在京の子息より「記録所壁書案」を取り下された竹本三郎左衛門とは、下総国守護所の侍所であったわけで、守護所は在京の守護千葉介貞胤からのルートではなく、独自のルートで「記録所壁書案」＝建武徳政令を入手していたことになる。このことから、建武徳政令も記録所の壁書として公布されていたことが確認されるとともに、在京の竹本氏子息がいかなる地位の存在であったのかがわかれば、記録所の壁書がどのようにして、竹本氏の子息によって書写されたのか推定できるが、今のところ不明である。竹本氏の子息が記録所に出入りできる存在であったのか、それとも建武政権の記録所自体が公開された場であったのであろうか。

そして香取社は、神官のひとりである吉原又四郎が、守護所のあった千葉にいる妹を秘密裏につかうことによって、侍所竹本氏が入手した建武徳政令＝事書案文を手にいれたのであった。(8) 下総国の守護所や一宮香取社が建武徳政令の壁書＝事書自体を入手しようとした前提には、京都からの風聞があったことはもちろんであろう。八月十五日、吉原又四郎が持参した事書案が、香取社において披露されると、さっそく神官衆徒等の衆議が執り行われ、事書案が「少々披露」された衆議では、即座に一つの申し合わせが成立した。それは申状を作成し、守護所に提訴するという決定であった。前掲の〈史料2〉にみえる香取社神官衆徒等申状案がそれである。こうした経過からみて、建武徳政令＝事書案は、吉原又四郎によってたまたま香取社に持ち込まれたのではなく、香取社神官衆徒等の積極的な情報収集活動によって獲得されたものとみるべきであろう。

〈史料2〉の申状案の内容は、「御新法」＝徳政令の趣旨に任せ、厳重の神祭料所であった沽却田畠を本主である神官衆徒等に返付せよ、との守護の「御書下」＝直状を賜りたいというものであった。そして申状の正文は、〈史料2〉の末尾の注記にあるように、正判官代子三郎二郎と雉子（判官代）又二郎によって八月晦日に守護所に持参され、提訴されたのである。つまり、神官衆徒等の沽却田畠に対する徳政要求は、建武徳政令の発布以前からのものであり、建武元年八月晦日の守護への提訴は建武徳政令の発布の風聞をうけて、香取社神官衆徒側が主体的にとった対応であった。

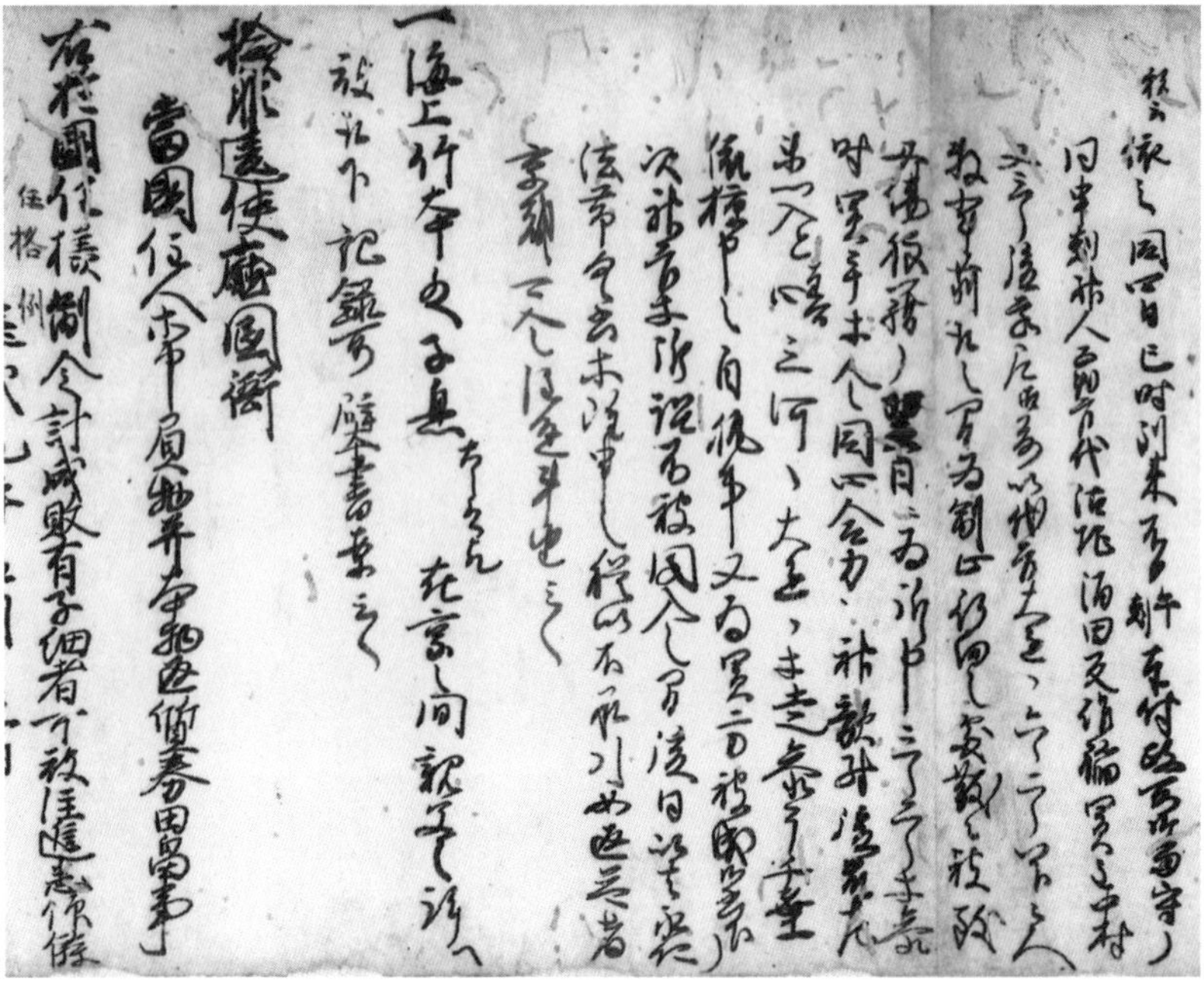

（新田九号―(8)・(9)等の部分）東洋文庫所蔵

他方、千葉の侍所竹本氏は、香取社地頭代の中村氏などの香取社周辺の在地武士と同階層であり、神官衆徒等による本主権の回復によって当知行権を喪失する側の立場にあった。在京の守護ルートとは別に、建武徳政令の「事書案文」を入手したのもそのためであったと推定される。ここからは、徳政令をはじめとする公家・武家・寺社等の中央の諸権力が発布する諸法令の公布伝達の消極性と、本主権と当知行権の相剋のなかで生きる地域権力の側（在地武士と神官衆徒）が積極的に中央の情報を収集しようと先を争う姿とが確認できるのである。

そうした情報収集戦のなかで、以前から香取社側の提訴を受けていた在京の守護千葉介貞胤は、前にふれたように、八月十三日付けの書状（新田九号―(6)）によって、年記沽却地や負物については「使庁の法」＝建武徳政令にしたがって成敗せよ、と守護代の円城寺図書右衛門入道（沙弥蓮一）に指示したのである。そして、守護千葉介貞胤の書状をうけて、九月三日には守護代円城寺蓮一奉書が香取政所

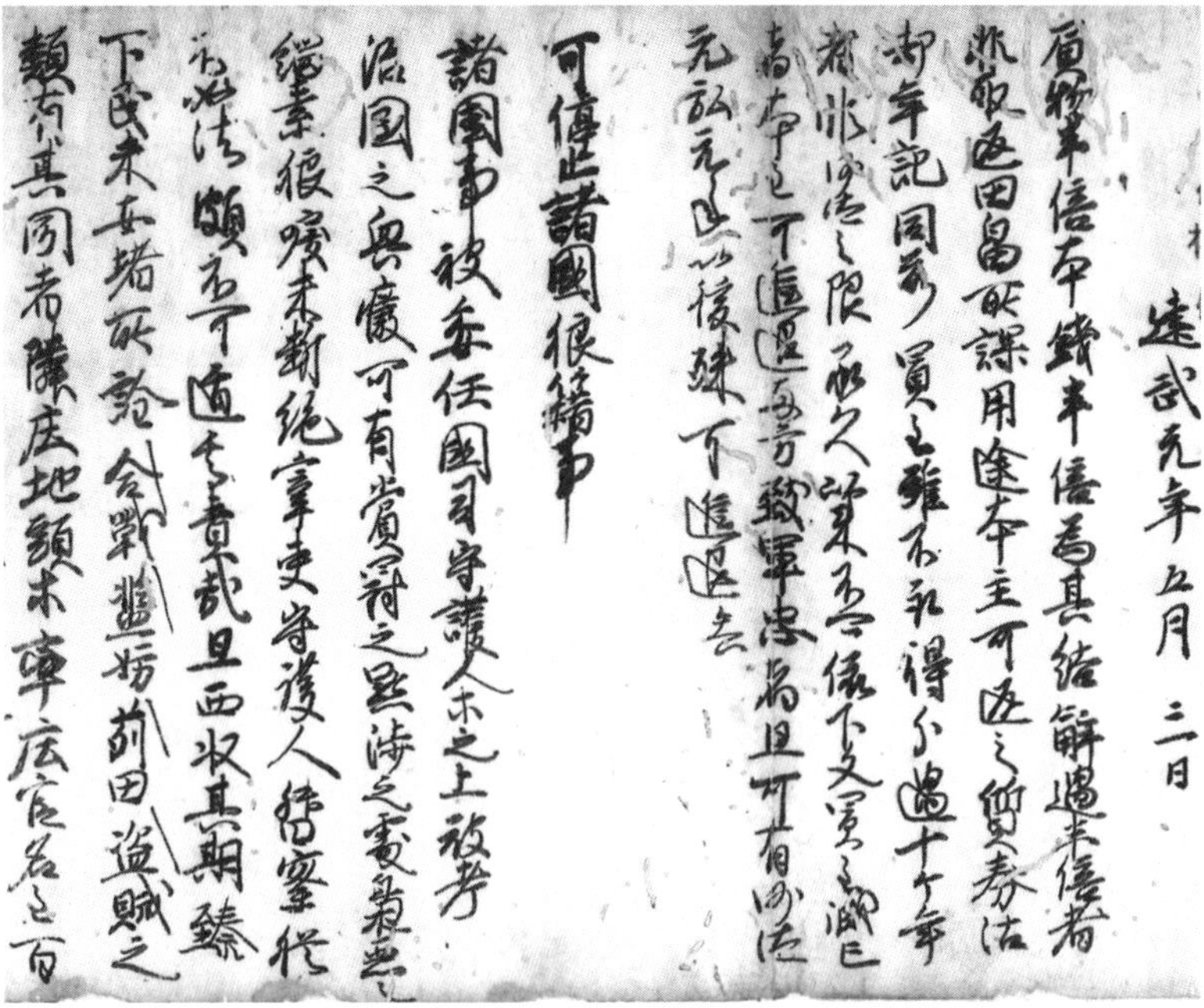

写真12　建武徳政令の事書案文

殿の留守所充てに発せられたのである（〈史料1〉）。つまり、この守護代の奉書は、八月晦日に提出された香取社神官衆徒等申状＝提訴の勝利を意味するものであった。しかし、守護代奉書の意味することを理解していたのは、香取社神官衆徒と侍所竹本氏のもとに結集しつつあった中村氏等の在地武士勢力のみであったのである。

はじめにふれたように、苅田事件のあった日の翌九月五日、訴えのため当事者の正判官代子三郎二郎等が千葉の守護所に参上すると、「神敵」に同心合力した買手側も千葉に走り参り、結局、守護所の執事からは買手側の中村氏に有利な書下が出されてしまうのである。いったい、守護所の執事＝守護代の円城寺蓮一自身は、建武徳政令の内容に照らして「書下」を出したのであろうか。たぶんそうではなかろう。「建武徳政令につき重書案」を作成し、いくつかの注記を挿入した香取社田所の「私」は、〈史料1〉で後藤善心等の守護所での訴えを「掠め申す」と表現しており、「執事はごまかされた」＝掠められたと

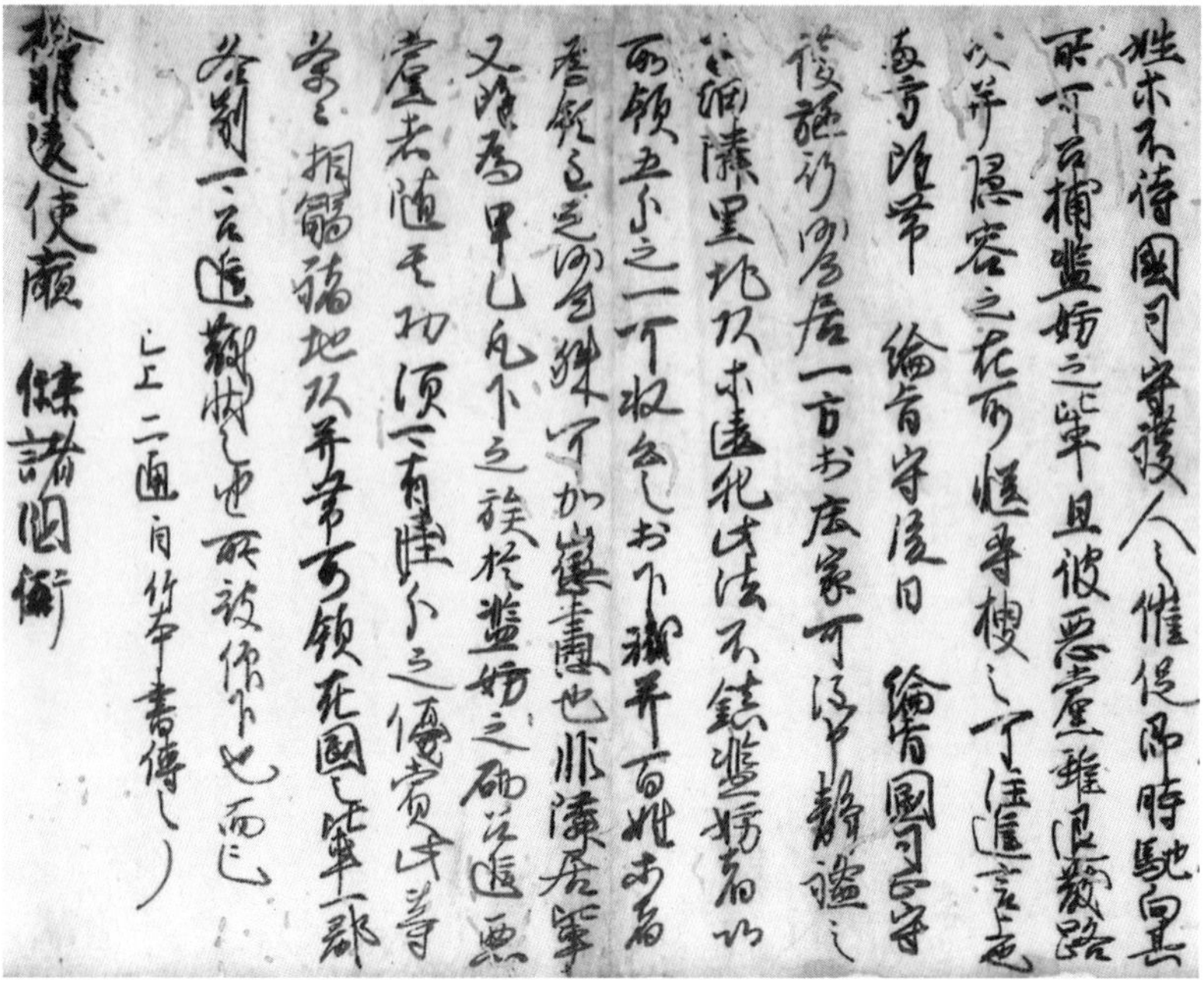

認識していたことは間違いない。執事＝守護代は、建武徳政令の内容そのものを十分には知らなかった可能性が高いのである。中世法の世界における徹底した当事者主義についても、笠松がつとに論じた点であった(9)。建武元年九月四日の苅田事件はこのようにして起ったのであった。

二　鎌倉時代の守護裁判権について

地域諸権力による中央権門の諸法令に関する情報収集は、現地の守護所における裁決を前提としてなされたものと推定される。こうした推定は、鎌倉時代の守護裁判権を否定的にみる通説からすると奇異なものであろう。そこで、鎌倉時代の守護裁判権について簡単にふれておきたい。

鎌倉時代の守護裁判権を否定的にみるというのは、具体的な事例がとぼしく、まとまった研究がなかったということでもある。しかし、下総国守護の千葉氏に関しては、石井進が中山法華経寺の日蓮遺文紙背文書

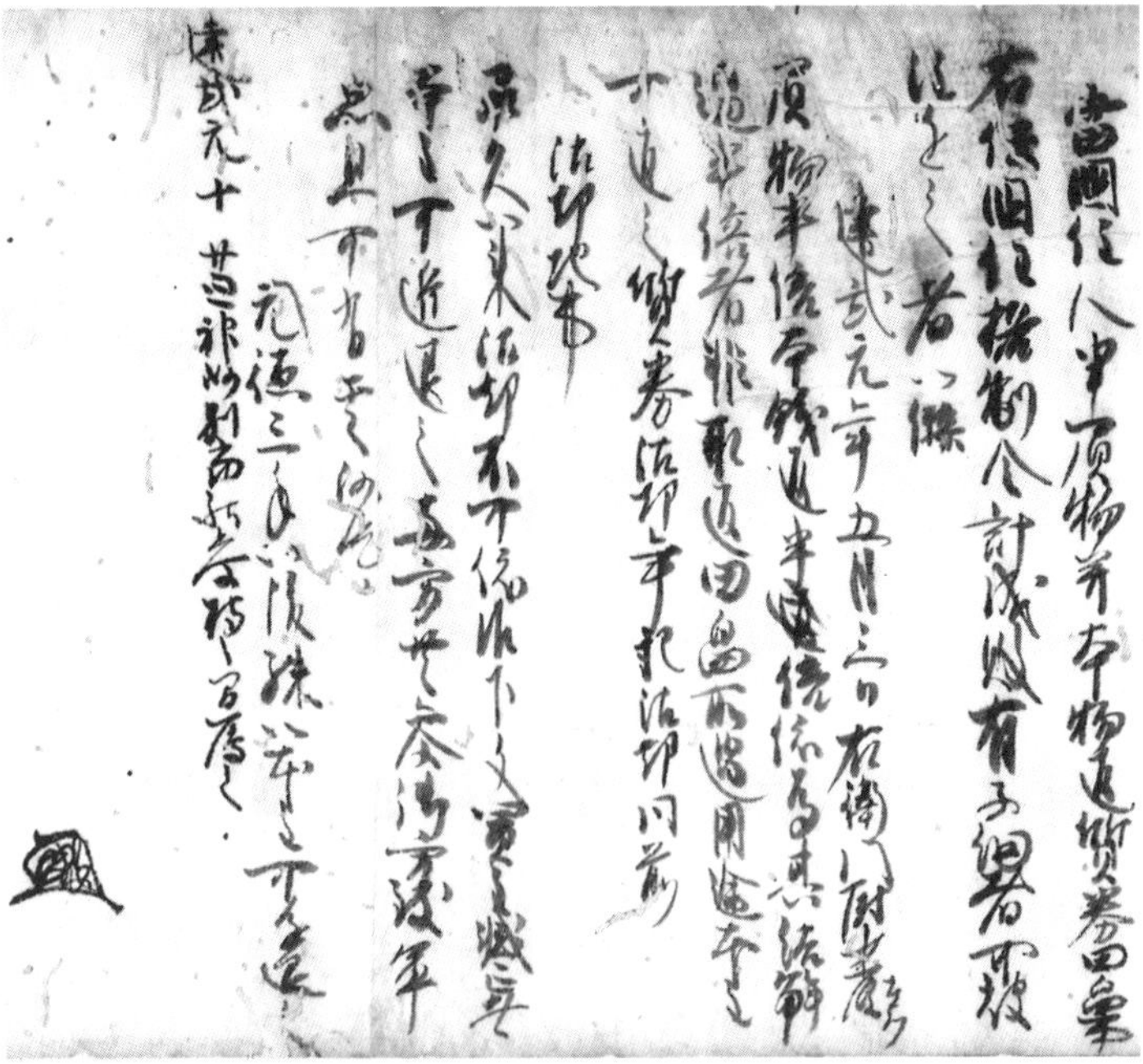

を考察するなかで、千葉氏配下での訴訟裁許の事例を紹介している[10]。ただし石井自身は、千葉氏による裁許が下総国守護としての裁判なのか、在地領主による在地裁判権にもとづくものなのかについては明言していない。そのため、以前から石井や笠松宏至などが主張した在地裁判権論の継承をめざす工藤勝彦は、石井が紹介した千葉氏の裁判事例を豪族的領主による在地裁判権であると整理している[11]。しかしそれでよいのであろうか。石井の紹介した事例内容を素直に理解すれば、千葉氏による裁判は守護裁判権にもとづくものであったといえるのではないか。

先述の守護所に対する香取社神官衆徒等の沽却地返付の訴えは、じつは建武元（一三三四）年以前からのものであった。また、建武元年五月三日に徳政令が発布されると、在京の守護からは八月十三日付けで書状が守護代に下され、守護代はそれをうけて、九月三日付けで香取社充てに奉書を出している。これを建武政権による中央からの徳政令の公布手続きとみることはできないわけで、香取社神官衆徒等による個別的な訴えをうけての措置であったことは確実である。

実際に、香取社側では独自に建武徳政令＝事書案を入手し、徳政令の内容に即して、新たに神官衆徒等申状による提訴をしているわけで、提訴先は守護所とみてよい。守護代の奉書が到来した翌九月四日には、苅田事件が起こってしまうのであるが、この事件が起こらなければ、守護所では、九月三日の奉書とは別に、八月晦日に持ち込まれた香取社神官衆徒等申状〈史料2〉をうけての裁判が行なわれ、建武徳政令にもとづいた裁決が香取社側に下されたものと推測される。(12) そして実際には、苅田事件が起こってしまうと、香取社側からの守護所への訴えに対して、中村氏側からも守護所への弁明が行なわれている。しかし、この時には守護代から買主中村氏側に有利な「書下」が出されてしまったのであった。これに対して、訴訟を聞き入れられなかった（敗訴した）香取社の側は、後日、「永仁法」＝永仁徳政令にもとづいて訴訟をおこしたが、結局は承引されず、守護所からの返答は、京都＝建武政権へ「事由を注進すべし」＝提訴せよ、というものであったのである（〈史料1〉参照）。

この事例は在地裁判権から説明されるものではなく、守護裁判権の事例とみるべきである。しかし、建武政権が元弘三（一三三三）年七月二十三日に「諸国平均安堵法」を発布すると同時に、当知行安堵を諸国（国司・守護）の所管としたことによって成立した、建武政権下の特殊な事例にすぎないとの批判も想定されるが、そうではない。

本章が検討している「建武徳政令につき重書案」のなかには、鎌倉時代の守護裁判権の事例と考えてよい史料が存在する。それは、鎌倉時代の守護の意をうけた次の二通の奉書案である。

〈史料3〉

香取社神官真氏申稲以下事、申状如此、中村彦太郎背御下知状云々、早任彼状、可被沙汰于真氏之由候也、仍執達如件、

正安五年三月廿二日　　　　平在判

僧同

沙弥同

中村六郎入道殿 （新田九号―(3)）

〈史料4〉

香取社神官真氏申稲以下事、請文披露了、所詮下知状分明之上者、任彼状可被沙汰于真氏之由候也、且真氏訴状并下知状案遣之、仍執達如件、

正和五年四月十八日 平在判

左衛門尉同

沙弥同

中村六郎入道殿 （新田九号―(4)）

〈史料3・4〉は、ともに香取社神官真氏申状＝訴状をうけての「守護の裁許」であると推定できる。もともと香取社神官真氏と千葉介家臣の中村氏との間での「稲以下事」をめぐる雑務相論は、永仁五（一二九七）年以前からのものであった。「建武徳政令につき重書案」の二通目の正安元（一二九九）年六月七日幕府政所下知状案に引かれた香取社神官等の主張によれば、「千葉介胤宗従人中村六郎頼景・同孫三郎頼幹・同孫太郎頼常等に、利銭を入れるの間、取り負い畢、然ると雖も法によって糺返せざるの処、彼の代の由を号し、彼の稲以下を押し取られ」たために、神官等は鎌倉幕府に提訴している（新田九号―(2)）[13]。

神官等が中村氏等に利銭を入れ、取り負いながらも、「法」によって利銭を糺返しなかったという「法」とは、前々年の永仁徳政令のこととみてよかろう。周知のように、永仁徳政令には、「利銭出挙事／……自今以後成敗に及ばず

……」とあったわけで、香取社神官等は永仁徳政令を根拠に、利銭を糺返しなかったのである（年表参照）。提訴を受理した幕府は、三度にわたって中村氏側に召文の引付奉書を成したが叙用されなかったため、国雑色を遣わしたという。結局、問注所執事の太田時連が執り進めた千葉介胤宗の去年＝永仁六（一二九八）年正月十二日の請文には、論人＝中村氏等を召し進めるとあったが、一年半たった今にいたるまで、「無音の条、違背の咎遁がれ難し」というわけで、「彼の稲以下においては神官等に糺返すべし」という幕府政所の下知が下ったのである（新田九号―(2)）。結果として、永仁徳政令は香取社領においても適用されたのであった。

〈史料3・4〉は、明らかにこの下知状を前提に出されたものである。〈史料3〉は、幕府政所による下知状が下ってから四年後の正安五（一三〇三）年、再び中村彦太郎が下知状に背き、押し取った稲以下を糺返しない、と香取社神官真氏が訴えたことに対する裁許である。[14] 文書の形式としては、引付頭人奉書ともみることもできそうであるが、充所は被告人に対するものであり、守護所の裁許とみるべきであろう。また、〈史料4〉は、十三年後の正和五（一三一六）年に再度、香取社神官真氏が「稲以下」の糺返を提訴したことに対する下総国守護所の裁許であった。ここでは、正安三（一三〇一）年十一月十八日左衛門尉胤直・沙彌信円連署請文（新田九号―(1)）も披露され、[15] そのうえでやはり正安元年六月七日の幕府政所下知状（新田九号―(2)）にもとづいて、真氏への「稲以下」の糺返が決定され、真氏の訴状と下知状案もつかわされたのである。

〈史料3・4〉はもちろん、幕府政所の下知状を前提としたものではあるが、南北朝時代以降の引付頭人奉書や守護の遵行状とは異なるものであり、守護所の裁許としての下総国守護奉行人奉書案といってよいものと考える。

工藤は、鎌倉時代の守護の裁判権を守護という職に付随する特定の権限、幕府裁判権の一部という性格が強いとしている。しかし、幕府裁判権、守護裁判権、在地裁判権という重層性と、それらの相互関連こそが中世的な裁判権の特徴であり、それは中世法の非公開制と当事者主義、地域権力の側からの情報収集という構造に対応するものであったのではないか。(16)守護＝守護所から有利な裁許をえるためには、中央の法令をいち早く入手し、それにもとづいた訴訟が提起されなければならなかったのである。

以上のように、「建武徳政令につき重書案」は鎌倉後期から南北朝初期にかけての守護裁判権を前提に作成された重書案なのである。次節では、この重書案の性格について整理したいと思う。

三　「建武徳政令につき重書案」の性格

ここまで検討しきた「建武徳政令につき重書案」はいかなる性格の重書案なのであろうか。もちろん表題としたように、建武徳政令についての重書案なのであるが、鎌倉時代の四点の案文は、建武徳政令とどのような関係にあるのか。その構成は次のようなものである。

(1)正安三年十一月十八日　　左衛門尉胤直・沙彌信円連署請文案
(2)正安元年六月七日　　幕府政所下知状案
(3)正安五年三月二十二日　　下総国守護奉行人奉書案〈史料3〉
(4)正和五年四月十八日　　下総国守護奉行人奉書案〈史料4〉
(5)(建武元年八月十五日)　　香取社神官衆徒等申状案〈史料2〉
〈一つ書きの日記が前にある〉
〈注記あり〉
(6)(建武元年)八月十三日　　千葉介貞胤書状案
(7)建武元年九月三日　　下総国守護代円城寺蓮一奉書案〈史料1〉

〈注記あり〉
(8)建武元年五月三日　検非違使庁牒案および事書（建武徳政令）
〈一つ書きの日記が前にある〉
〈注記あり〉
(9)建武元年五月三日　検非違使庁牒案および事書（建武徳政令）〈史料5〉
〈注記あり〉
〈花押あり〉

（写真12）

前欠であり、前欠部分には他にも案文が書き継がれていた可能性もあるが、不明である。

じつはこれらの案文は、建武徳政令の前提となる鎌倉時代の徳政令と密接に絡む重書案なのである。すでに前節で明らかにしたように、(2)正安元（一二九九）年六月七日幕府政所下知状は、永仁徳政令が香取社領へも適用されることを鎌倉幕府が追認したものであった。さらに**年表**に整理してみるといくつかの類推が可能となる[17]。

まず、正安徳政令と(1)左衛門尉胤直・沙彌信円連署請文案との関係である。弘安徳政令の復活を意味した正安徳政令は、(1)の請文案の一カ月前、正安三（一三〇一）年十月二十日に発布されたものである。(1)の請文案は、(2)の幕府政所下知状にもとづいて現地に派遣された遵行使の請文であった。ただし、前欠であり、料紙の天地の損傷が著しいため、十分には意味がとれないのであるが、おおよそ次のような内容のものである。両使節が初めて入部したときには、香取社神官側と中村氏側とが「両方とも子細を申すといえども」、後には両者とも「和与の議をもって訴訟を止めるの由を、互いに承諾した」というわけである。

(2)幕府政所下知状が下されてから、二年五カ月もたってからの遵行使の請文であり、この間にも相論は継続していたものと推定される。両者が和議を結べたのは、「□使節、以前守法、任胤宗之下知状□」せたためであると推定され

年表　徳政令および神領興行法と香取文書

年　月　日	事　　　　　　項
弘安7(1284) 4月	**弘安徳政令** ①神領知行について：甲乙人等、沽却質券の地と称して、猥りに管領の由、其の聞こえあり、子細を尋ねあきらめ、旧のごとく返付せらる……。 ②神領知行について：或いは康元前後の下知を帯び、或いは知行年序を経ると雖も、沽却質券たるの条、異儀なくんばこれを沙汰付くべし。
同年 6月25日	**九州宗社神領興行法**
同年 8月	下総国香取社領においても神領興行法が適用される。 （新宮17号）
弘安8(1285) 2月以前	**伊勢神宮諸御厨興行法**（武家徳政）
弘安9(1286) 閏12月	**弘安8年令の廃止、弘安9年修正令。**
弘安10(1287) 1月	宣旨＝「**公武一同徳政**」へ
永仁5(1297) 3月6日	**永仁徳政令** ①質券売買地事 ・御家人の場合：以前沽却の分に至りては、本主領掌。安堵下文・下知状の地と当知行20年の地は、本主権を認めない。 ・非御家人・凡下輩：年紀を過ぎても売主＝本主権を認める。 ②利銭出挙事：今後は成敗に及ばず。 ③質物を倉庫に入れる事：禁制あたわず。
永仁6(1298)	**永仁の公家興行？**
同年 1月12日	問注所執事太田時連が執り進めた千葉介胤宗請文（論人＝中村氏を召し進める）（新田9号―(2)）
正安元(1299) 6月7日	幕府政所下知状案 ・香取社神官等申す、稲以下の事 ・千葉介胤宗従人に利銭を入れ、取り負う。 ・「法」（永仁徳政令）によって糺返せず。 ・彼の代の由を号し、彼の稲以下を押し取られる。 ・提訴＝三箇度の奉書。（新田9号―(2)）
正安3(1301) 10月20日	**正安徳政令**（弘安9年での8年令廃止を否定し、伊勢神宮諸御厨興行法を復活） ①知行20カ年を過ぎても、非器仁の知行を否定し、寄進の時に仰せつけられた仁の余流に返付。 ②子孫なくんば、「其の仁」（？）挙げ申さるるべし。 ③但し、弘安7年4月以前の成敗地は改替に及ばず。
同年 11月18日	左衛門尉胤直・沙彌信円連署請文案 ・「□使節以前守法、任胤宗之下知状□」 ・和与の議をもって訴訟を止める。（新田9号―(1)）
正安5(1303) 3月22日	下総国守護奉行人奉書案 ・香取社神官真氏申す、稲以下の事 ・中村彦太郎、下知状に背く。（新田9号―(3)）
正和元(1312)	**正和徳政令**（正和の九州五社神領興行法、京都被官は除外＝武家

9月以前 (→6月以前)	興行) ①御家人等知行分（社家より相伝買得の地） ・或いは安堵御下文を掠め給い、或いは知行の年記を過ぎるといえども、(同じく）旧記に任せ、社家に付けらるべし。 ・但し、一円神領たると雖も、天福・寛元以前より、其の所を充て、御家人役を勤め来るの地は、今更相違あるべからず。子細同前。 ②非御家人・凡下輩知行分の場合 ・或いは下知状を帯び、或いは知行の年記を過ぎるといえども、本証跡を糺明し、社家に沙汰付けらるべし。
正和5(1316) 4月18日	下総国守護奉行人奉書案 ・香取社神官真氏申す、稲以下の事 ・請文披露。 ・下知状に任せ真氏に沙汰す。　(新田9号―(4))
元徳3・元弘元(1331)	(参考）元弘の乱。後醍醐京都を脱出。幕府、光厳天皇擁立。
元弘3(1333) 6月	**六月令＝旧領回復令（所領個別安堵法）** 概要：「糸綸を降ろし、牢籠を救う」＝旧領回復は、綸旨によって個別に安堵する。 ①6月15日宣旨：自今以後、綸旨を帯びずんば、自由の妨げを致すなかれ。 ②6月16日宣旨 ・所々濫妨の事、是非をさしおき、先ず本知行の仁を沙汰居えるべき。違犯の輩あらば、永く訴訟を断ずべき事 ・綸旨を帯びず、自由の妨げを致す輩の事
同年 7月23日	**七月令＝諸国平均安堵法** ①今後「此法」(六月令）をさしおく。 ②高時与党以外の「当時知行」の地を一律に安堵。但し、綸旨の勅断を除く。
建武元(1334) 5月3日	**建武徳政令**（検非違使庁牒と格制〔事書〕) ①負物并び本物返質券田畠事 ・負物半倍、本銭返半倍：本主権の保証。 ・半倍を過ぎている場合：田畠を取り返す「のみにあらず」、過ぐる所の用途は本主にこれを返すべし。 ・質券沽却や年記沽却も同前。 ・買主が得分を取っていないといっても、10カ年を過ぎている場合は買主の権利は保証されない（債権の半倍の権利を失う)。 ②沽却地事 ・承久以降の沽却地については、幕府の下文は保証効力をもたない。 ・「その結果、沽却地の所有者が不確定になった場合は、買主が北条氏に属して滅亡したのであれば売主が進退し」、 ・買売主の「両方とも天皇方に軍忠あれば然るべく裁決をする」(一種の闕所地給与の処置法)。 ・元徳三年（元弘元年）以後の沽却地については、北条氏の下文による買主の立場を認めず、一律に本主権を保証する。 (新田9号―(8)・(9))
同年 8月13日	千葉介貞胤書状案 ・年記沽却地の事 ・守護代円城寺氏に対して、今後「使庁の法」に従うべきことを指示。　(新田9号―(6))

同年 8月？日	在京中の千葉の侍所海上竹本殿子息（太郎殿カ）が親父の許へ「記録所の壁書案」を取り下す。（新田9号―(8)）
同年 8月15日	吉原又四郎が千葉の妹を経由して模写した「事書案文」を香取社に持参し、披露。神官衆徒等申し合わせ、申状を作成。（新田9号―(5)）
同年 8月晦日	神人正判官代子三郎二郎・雉子又二郎が、「香取大神宮神官衆徒等申状」の正文を守護所に持参。（新田9号―(5)）
同年 9月3日	下総国守護代円城寺蓮一奉書案 ・御徳政に依るの事 ・社家に披露し、下知せらるべし。 ・充所＝香取政所殿留守所（新田9号―(7)）
同年 9月4日	巳時（10時）：上記の奉書、香取社に到来。 午剋（12時）：政所御留守に付け奉り了。 申剋（16時）：神人正判官代の沽地である酒田1反の作稲を買主の中村又三郎後家尼御前が、代官の大進房六郎二郎以下の人数輩をもって、苅り取るの間、制止の為に行き向かうの処、散々に刃傷狼藉致され了。（新田9号―(7)）
同年 9月5日	・訴えのために、神人正判官代子三郎二郎等が守護所に参る。 ・買手等は、神敵に同心合力し、殊に後藤左衛門入道善心・三河房・大進房等が千葉に走り参り、 ・掠め申すに依って、執事より買方の為に御書下を成され了。（新田9号―(7)）
同年 後日？	・次に神官等訴訟、聞き入れられざるの間、永仁法を以て、具書等を帯び之を申すと雖も、猶以て承引せず、 ・返答の如くんば、京都に事由を注進せしむべし。（新田9号―(7)）
同年 10月24日	・神崎別当が、香取社に持参した建武徳政令の事書案文を写す。（新田9号―(9)）
？	（花押）＝重書案の作成段階

・徳政令および神領興行法については、海津一朗『中世の変革と徳政』（吉川弘文館、1994年）巻末の年表にもとづいて作成。出典などは同書を参照のこと。香取文書からの出典については、本書での注記法にもとづいている。

る（新田九号―(1)）。つまり、ここにみえる「法」とは、一カ月前に復活した弘安徳政令（＝正安徳政令）のことであり、「胤宗之下知状」とは下総国守護千葉介胤宗の裁許とみるべきで、この二点の法的な措置にもとづいて和議は成立したものと推定される。弘安徳政令の主旨は、**年表**にあるように、沽却神領の本主＝神官への返付にあった。この弘安徳政令が九州宗社のみではなく、香取社領でも適用された事例を海津一朗が指摘している[18]。そして、(1)左衛門尉胤直・沙彌信円連署請文案にみえる「法」が正安徳政令のことであるならば、正安徳政令が香取社においても適用された事例となるのである。

また、(4)正和五（一三一六）年四月十八日下総国守護奉行人奉書案は正和徳政令の香取社への適用例となろう。正和徳政令の主旨も沽却神領の本主＝社家への返付であったのであり、正和徳政令の発布をうけて香取社神官真氏は三度目の提訴に踏み切ったと考えられる。なお、正和徳政令の発布された正和元（一三一二）年は、下総国守護の千葉介が胤宗から貞胤へと代替わりした年でもあった。千葉介の代替わりによって、再び無効となった「稲以下」の糺返を新守護の千葉介貞胤に認めさせたものが、(4)の下総国守護奉行人奉書案であった可能性が高い。

香取社神官衆徒等の神領興行闘争は、弘安徳政令以来のものであり、建武徳政令以前の神領興行にかかわる幕府政所下知状案や遵行使の請文案、下総国守護奉行人奉書案などは、鎌倉時代の徳政令が香取社領においても適用されたことを証拠づけるものであった。そのため、これらの文書は、建武徳政令にかかわる事書案をはじめとする関連文書の案文とともに一連の重書案とされ、香取社への神領興行法適用の証拠として書記官役の田所家に記録・保存されたものと考えられる。永仁徳政令が、康永四（一三四五）年九月山城国下久世庄名主百姓申状に添付された具書案として伝来したことはあまりにも有名であるが、建武徳政令の場合はこうして香取田所家文書内の重書案として伝来したのであった(19)。

このようにして伝来した建武徳政令をめぐっては、戦前の佐藤三郎による検討ののち、佐藤進一と黒田俊雄との論争を経て議論が展開してきたのであった(20)。一連の議論をへるなかで、建武徳政令が建武政権の安堵政策の一環として理解されるべきことはほぼ共通認識となっている(21)。すでに建武徳政令の構成や事書については、黒田によって香取田所家文書にもとづき復原されている(22)。ここでは黒田の復原と解釈にもとづき、**年表**を参照しつつ鎌倉時代の徳政令との対比から建武徳政令の性格について検討しておきたい。

徳政令は本主権の確認を本質とする法である。**年表**の「弘安徳政令」の欄からもわかるように、弘安徳政令は、神領興行を趣旨とした徳政令であり、二十年当知行年紀法をも否定して寺社側の本主権を認めている。永仁徳政令では、御家人所領の本主権が確認されたのであるが、買主が非御家人の場合に限り二十年当知行年紀法は否定された。また、永仁徳政令では利銭出挙についても本主権が認められている。正安徳政令は、弘安徳政令の復活であった。**年表**の当該欄に整理したように、正和徳政令も神領興行を目的としたもので、原則的に二十年当知行年紀法は否定されている。

そして**年表**のように、元弘三（一三三三）年六月令では、「本知行の仁」を沙汰居えるべきことが求められ、同年七月令では、六月令をさしおいて、北条高時与党以外は「当時知行」の地を一律に安堵したのであった。元弘三年六月令での「本知行の仁」を沙汰居えるとは、本主権の回復を意味し、七月令での北条高時与党以外は「当時知行」地の安堵は、当知行権の是認を意味したと考えるべきであろう。元弘三年の徳政政策は、本主権の回復と当知行権の是認という二律背反の理念に右往左往したものであった。

これに対して建武徳政令では、**年表**に整理したように、①負物ならびに本物返・質券田畠について、一律に本主権を回復するのではなく、これまでの「利倍法」（利は本銭〔元本〕一倍を過ぐべからず）にもとづいて[23]、利息が元本と同額になった時点で本主権が回復されるという原則を、「半倍（本銭の半分の利息）」によって本主権が回復されると改正し、年紀売りの場合に買主が得分を取っていないといっても十カ年を過ぎている場合は、本主権が回復されるというものであった[24]。

また、②沽却地の事については、承久の乱以降の鎌倉幕府の「下文」（安堵）を全面的に否定したうえで、二十年当知行年紀法によらずに、買主が幕府方で滅亡していれば売主の本主権が一律に認められ、売主と買主の両方が後醍醐天皇方として軍忠があった場合は然るべく裁決すること。また、元徳三（元弘元、一三三一）年の元弘の乱以後については、幕府（北条氏）の下文による買主の立場を認めず、一律に本主権を保証するというものであった。

黒田の評価は、永仁徳政令との対比から、建武徳政令は基本的には①「負物并本物返質券田畠」に限られており、②沽却地の事については一部特定条件のものに結果として徳政的効果を生む処置があったにすぎないというものである。しかし、そうであろうか。①では、永仁徳政令においては「利銭出挙」のみに限定されていた債務の破棄が、「負物并本物返質券田畠」にひろげられ、しかも「半倍」規定によって徳政の内容は限定されながらも、その対象は飛躍的に拡大しているのである。もちろん沽却地に対する措置は、非常に政治的なものであったが、実質的には二十年当知行年紀法を無視する形で立法されたものであり、ここに後醍醐天皇・建武政権の性格が現れているのではないか。

徳政令の対象が飛躍的に拡大された理由は、建武徳政令が「士卒」のみではなく、「民庶」の徳政要求をうけて発布されたためであると考えられる。こうして建武徳政令は領主層のみならず、「士卒民庶」によって構成された地域社会にまで取り込まれ適用されていったのである。

おわりに

最後に、もう一度、香取田所家文書の「建武徳政令につき重書案」にもどりたい。冒頭の苅田事件から二カ月近くたった建武元（一三三四）年十月二十四日、香取社の摂社であった神崎社の別当がある物を香取社に持ち込んだ。そのある物とは、建武徳政令の事書案であった（新田九号―(9)）。この案文は書写され、「建武徳政令につき重書案」に書き継がれたのである。

〈史料5〉

検非違使庁　牒諸国衙

当国住人申、負物并本物返質券田畠事

右、任《(於カ)》国任格制、令計成敗、有子細者可被注進之、者以牒、

建武元年五月三日　　右衛門尉中原在判

負物半倍本銭返半▨〔返〕倍、依為其結解過半倍者、非取返田畠所過（課）用途、本主可返之、質券沽却年記沽却同前、

沽却地事

承久以来沽却、不可依御下文、買主滅亡者、本主可進退之、両方共参御方、致軍忠、且可有其沙汰候、

〵元徳三年以後、殊以本主可進退之、

建武元　十　廿四、神崎別当社参持之間、写之、

（花押）[25]

新たに持ち込まれた事書案（〈史料5〉）と八月十五日に吉原又四郎が持ち来た「竹本より書伝」の事書案（ともに**写真12**参照）とを比べてみると、神崎社別当の持ち込んだ事書案には、①「可停止諸国狼籍（藉）事」以下の部分が欠落し、②「沽却地事」の年号が「元弘元年」ではなく「元徳三年」とあること、そして③検非違使庁牒案の日下に「右衛門尉中原在判」とあるなど書式が整っていること、などの違いがある。いったい神崎（社）別当の持ち込んだ「神崎本」と吉原又四郎が持ち込んだ「竹本本」との相違は何に由来するのであろうか[26]。

もちろんそれは、建武徳政令の事書案が別々のルートからもたらされたことに原因がある。第一節で明らかにしたように、「竹本本」は在京の竹本氏の子息が「記録所壁書案」を千葉に送ったもので、それが密かに書写されて香取社へもたらされたものであった。問題の年号は北朝年号の「元弘」が使用されているわけで、政治的な改変を一部受けている。これに対して、「神崎本」は「可停止諸国狼籍事」以下は欠落しているが、年号は南朝年号の「元徳」が使用されており、「右衛門尉中原在判」とあるなど書式も整っていて、ほとんど政治的な改変を受けていないようである。

しかし残念ながら、「神崎本」の京都からの入手ルートは不明である。

「竹本本」は下総守護所の侍所によって入手されたものであり、建武徳政令＝事書の全文を入手することを前提に書写されたものといえよう。これに対して「神崎本」は、神崎社がたぶん寺社のネットワークを利用して事書案を入手した可能性が高く、事書案の内容が「徳政令」そのものに限られたのも、本主権の回復をもとめる寺社側の目的にそったものとみることができよう。神崎社が手に入れた事書案は、さらに国内の寺社のネットワーク（ここでは本社と摂社の関係であるが、国内の寺社のネットワークは存在したものであろう）によって香取社にもたらされたのである。[27]

中世香取社は、複数のルートから建武徳政令の事書を入手することができたのであり、独自に複数の情報ネットワークをもっていたのである。こうして建武徳政令は東国の地域社会に持ち込まれたのであり、地域社会の法として利用されたのであった。

註

（1）「建武徳政令につき重書案」の枝番は「新田九号―(1)」のように表記する。

（2）通説的には、〈史料1〉の「下総守」は千葉介貞胤であり、「貞胤は従前の守護職を国司の名目で事実上安堵されたと推定される」（佐藤進一『室町幕府守護制度の研究　上』〔東京大学出版会、一九六七年〕一五三頁）。『新県史　中世2』も「千葉貞胤カ」と傍注している。ただし「千葉大系図」には、千葉氏一族の粟飯原常光の家督等を相続した千葉介貞胤の弟氏光が「粟飯原下総守」とされており、その子息清胤も「粟飯原下総守」とある。「千葉大系図」の記述にしたがえば、〈史料1〉の「下総守」が粟飯原氏光の可能性もあるが、佐藤進一の整理にあるように、貞胤が足利尊氏に従うと同時に正式に守護に補任されたとすれば、貞胤の守護補任に伴って貞胤の弟氏光が「下総守」の官途をえたと考えるべきであろう。

（3）吉原又四郎の吉原は、香取社領内の吉原村のことであり、吉原又四郎は神官＝神人としては「吉原検杖」であったと推定される。吉原検杖は、香取社の神官として諸史料に散見する。

（4）笠松宏至「中世の政治社会思想」（同『日本中世法史論』東京大学出版会、一九七九年。初出一九七六年）、同『徳政令—中世の法と慣習—』（岩波書店、一九八三年）など。

（5）前川祐一郎「壁書・高札と室町幕府徳政令」（『史学雑誌』一〇四編一号、一九九五年）、同「『情報』としての徳政令」（『遙かなる中世』一五号、一九九六年）、同「室町幕府法の蓄積と公布・受容」（『歴史学研究』七二九号、一九九九年）。なお、中世の情報論に関しては、佐藤和彦『日本中世の内乱と民衆運動』（校倉書房、一九九六年）、酒井紀美『中世のうわさ—情報伝達のしくみ—』（吉川弘文館、一九九七年）、同『日本中世の在地社会』（吉川弘文館、一九九九年）、西岡芳文「《情報史》の構図」（『歴史学研究』六二五号、一九九一年）、同「日本中世の〈情報〉と〈知識〉」（『歴史学研究』七一六号、一九九八年）、蔵持重裕「中世の村と情報」（同上）、榎原雅治「損免要求と豊凶情報」（『歴史学研究』六二五号、一九九一年）、松薗斉「王朝勢力と〈情報〉」（『歴史学研究』七二九号、一九九九年）などを参照。

（6）金沢文庫文書、年月日未詳湛睿書状土代（『神奈川県史　資料編3　古代・中世（3上）』三八一二号）。また、金沢文庫文書、康永三（一三四四）年卯月十二日下総国守護千葉貞胤遵行状案（『神奈川県史　資料編3　古代・中世（3上）』三七二三号）の充所「竹□□殿」や香取大禰宜家文書、貞和二（一三四六）年七月二十三日千葉貞胤書下案写（新禰一六号）の充所「竹元五郎左衛門尉殿」は、同じ侍所竹元氏であろう。なお、守護所侍所の竹本＝竹元氏については、松本一夫「千葉氏の下総支配の特質」（同『東国守護の歴史的特質』岩田書院、二〇〇一年。初出一九九七年）がまとまった指摘をしている。他に竹元氏にふれた論考には、千野原靖方『千葉氏　鎌倉・南北朝期編』崙書房、一九九五年）、伊藤一男「中世笹本郷の武士と村落」（『シンポジウム　よみがえる笹本城跡』東総文化財センター、一九九五年）、遠山成一「栗山川水系の中世城館跡について」（同上）、同「内乱期下総国における寺領経営の一側面」（『千葉県の文書館』三号、一九九八年）、同「建武期千田庄動乱の再検討」（『千葉史学』三三号、一九九八年）などがある。

（7）ここでの理解が正しければ、下総国守護千葉氏の守護所は、下総国府の周辺ではなく千葉にあったことになる。また、守護所の構成一般については、後考を待つほかないが、守護所には奉行人がおり、侍所があったとすれば、後述する守護裁判権の傍証の一つともなろう。

（8）千葉にいた吉原又四郎の妹は、守護所で仕えていたものか、あるいは竹本＝竹元氏との婚姻関係などによって守護所の内部にいたものであろうか。実際のところは不明であるが、妹がスパイ的な活動をしたことは確実であろう。

（9）笠松前掲『日本中世法史論』など。

（10）石井進『中世を読み解く—古文書入門—』（東京大学出版会、一九九〇年）、同「『日蓮遺文紙背文書』の世界」（小川信編『中世古文書の世界』吉川弘文館、一九九一年）、同「鎌倉時代中期の千葉氏」（『千葉県史研究』創刊号、一九九三年）。

（11）笠松宏至「中世在地裁判権の一考察」（前掲『日本中世法史論』所収。初出一九六七年）、石井進「一四世紀初頭における在地領主法の一形態」（同『日本中世国家史の研究』岩波書店、一九七〇年。初出一九五九年）、工藤勝彦「鎌倉時代における在地裁判権に関する一考察」（『古文書研究』三七号、一九九三年）

（12）裁判になれば、建武徳政令の事書案が香取社神官衆徒等申状に副えられたか、あるいは裁判の過程で証拠として香取社の側から提出されたであろう。

（13）なお『新県史　中世2』では、この下知状案を「関東下知状案」としたが、署判者の「前出羽守藤原朝臣」は、当該期に幕府政所執事であった二階堂行藤であり、「幕府政所下知状案」とすべき文書であった。この点は、佐藤進一『鎌倉幕府訴訟制度の研究』（岩波書店、一九九三年。初出一九四三年）の附録「鎌倉幕府職員表復原の試み」による。なお、これまで幕府政所の雑務沙汰裁許状は佐藤によって一通が紹介されており、それに追加すべきものと思う。

（14）〈史料3〉の年号は「正安五年」とあるが、『新県史　中世2』新田九号—(3)の注記にあるように、「正安四年十一月」に乾元に改元されている。そのため年号に不安があるが、このまま利用する。

（15）ここには「胤宗之下知状」とみえるわけで、守護千葉介胤宗は下知状を発給できる主体であったのである。

（16）工藤前掲「鎌倉時代における在地裁判権に関する一考察」は、在地裁判権の重層性や、地頭代への提訴に際して裁決できなかった場合には関東へ訴えるように命じる事例を紹介し、在地裁判権と関東（幕府）裁判権との関係を下級審・上級審的関係から理解する可能性を示している。ここでの事例—下総国での守護所の裁判権と建武政権（後醍醐綸旨）との関係—も工藤の指摘にあてはまろう。

（17）鎌倉時代の徳政令については、海津一朗『中世の変革と徳政—神領興行法の研究—』（吉川弘文館、一九九四年）の成果を前提としている。また、村井章介「正和の神領興行をめぐって」（同『中世の国家と在地社会』校倉書房、二〇〇五年。初出一九七八年）なども参照。

（18）海津一朗『蒙古襲来―対外戦争の社会史―』（吉川弘文館、一九九八年、一四二頁）。

（19）大禰宜家文書内の具書案を含む複数の重書案が、香取社への神領興行法の適用にかかわっている可能性については、本書第四章で検討した。

（20）佐藤三郎「建武元年の徳政に就いて」（『歴史学研究』五〇号、一九三八年）、赤松俊秀「室町幕府」（『体系日本史叢書1　政治史1』山川出版社、一九六五年）、佐藤進一『日本の歴史9　南北朝の動乱』（中央公論社、一九六五年）、黒田俊雄「建武政権の所領安堵政策」（『黒田俊雄著作集　第七巻』法蔵館、一九九五年。初出一九七二年）、伊藤喜良「香取社領の土地売買について」（同『中世国家と東国・奥羽』校倉書房、一九九九年。初出一九九〇年）など。

（21）近藤成一「本領安堵と当知行地安堵」（石井進編『都と鄙の中世史』吉川弘文館、一九九二年）、吉原弘道「建武政権の安堵に関する一考察」（『古文書研究』四〇号、一九九五年）など。

（22）黒田前掲「建武政権の所領安堵政策」。

（23）笠松前掲『徳政令』。

（24）井原今朝男「日本中世の利息制限法と借書の時効法」（『歴史学研究』八一二号、二〇〇六年）。同論考は建武徳政令と挙銭半倍法についても詳しく論じている。

（25）最後の花押は、この重書案を作成した「私」のものであろうが、この花押＝「私」がだれなのかは、今のところ不明である。

（26）黒田前掲「建武政権の所領安堵政策」は、前者を「神崎本」、後者を「海上本」と呼んだが、後者は「竹本本」と呼ぶことがふさわしいと考える。

（27）一宮と国内寺社のネットワークについては、榎原雅治「荘園公領総社と一国祭祀」・「中世後期の地域社会と村落祭祀」（同『日本中世地域社会の構造』校倉書房、二〇〇〇年。初出は順に一九九〇・一九九二年）。

第七章　香取社領の検注帳

はじめに

香取文書のなかに中世の検注帳が六点ほど存在している。このことは早くから知られており、これまでの香取社領研究において社領の全体構成や内部構造を分析するための基本的な帳簿として検討されてきた。東国の中世史料としてこれほどに纏まった検注帳類は存在せず、香取社領の検注帳分析は東国社会における名や作人の存在形態、さらには農民的土地所有の性格をめぐる議論のなかでも重要な位置をしめるものであった(1)。

ただし、そこでの研究は富澤清人が指摘したように、検注帳に記載された数値を定量分析的に操作したものであり、かつて網野善彦が「全く架空の数字をもとにした空疎な議論」と批判した荘園や名についての個別研究とほぼ同じ方法によるものであったことも事実である(2)。富澤は、網野の批判を「史料学を欠落させたままでは、『検注帳』は『架空の数字』しか語ってくれない、という研究史への反省として受け止めたい」といい、検注帳の分析によって中世における土地所有や領主＝農民関係の問題を考えていくためには、中世検注の実態論的復原と帳簿論が統一して進められる必要があると述べている。富澤は山本隆志などとともに、こうした姿勢から中世検注および検注帳に関する基本的な論考を発表したのであった(3)。

表10　香取社領の土地台帳等と村郷

	西暦	土地台帳名	**綱原(葛原牧)**	**織幡**	**小野**	丁古	佐原	新部	相根		返田	苅馬	鍬山	加符	新田	吉原	大畠	津宮	返田新畠	追野	宮本	小見	木内	福田	浅木葉(浅黄□)	香取	二俣(田俣・多俣)	新家	田太(多田)	津部
									上相根	大相根																				
・応保2年 6月3日	1162	大禰宜大中臣実房譲状(禰)	○	○												□	□					○	○	○	○	□	□	□	□	□
・建長	1249〜56	大禰宜帳(×)																												
①弘長元年 11月25日	1261	葛原牧内小野織幡地帳(案／分)	●	○	○																									
②弘安元年 10月14日	1278	案主帳(○)＝香取神領田数目録(案)				●	○	○	○	○	○	○	○	○	○															
③	?	新田帳(案)													○															
・弘安	1278〜88	録司代帳(×)																												
④正応4年 11月　日	1291	加符村田数目録(案／分)												○																
・永仁	1293〜99	**大禰宜帳**(×)																												
・嘉元2年 4月22日	1304	大中臣実秀等連署和与状(禰)	△	△	△	△	△		△		△			△			△	△		△		△	△	△	△		△			
・文保	1317〜19	田所帳(×)／**録司代帳**(×)																												
⑤正慶2年 4月16日	1333	**案主帳**(○)＝香取大領麦畠検注取帳(案)				■	□	□			□					□	□	□	□											
・建武	1334〜38	**田所帳**(×)																												
⑥応永6年 4月16日	1399	香取九ヶ村諸名帳写(田)				●	○	○	○	○	○	○	○																	
⑦応永6年 5月　日	1399	香取神領検田取帳(禰／案／録)				●	○	○	○	○	○	○	○																	
⑧応永6年 5月　日	1399	**香取神畠検注取帳**(禰／案／録)				■	□	□	＊□		□					□	□	□	□	□	□									

木村礎・高島緑雄編『耕地と集落の歴史』(文雅堂銀行研究社、1969年) 114頁の第2表をもとに作成。

凡例：●○は田地、■□は畠地／村郷名の**ゴチック**は大禰宜家職領→私領、網掛は大宮司職領＝物忌職領／＊□は大禰宜家本と録司代家本にはない。
土地台帳名の○は現存、×は現存しないもの。出典は本文参照。

本章の目的も富澤や山本などの検注論に学び、香取文書に残る検注帳類を史料学的に位置づけようとするものである。また、新しい千葉県史編纂事業に参加し、多くの香取文書の現物を調査する機会があり、検注帳類を史料学的に検証しやすい立場にあるので、あえて調査記録の意味も含めて検討してみたいと思う。千葉県史編纂事業のなかで、応永六（一三九九）年五月日の香取神領検注取帳（香取神領検田取帳と香取神領畠検注取帳）のうち田所家本を除く大禰宜家本（検田取帳・畠検注取帳）・録司代本（同）・案主家本（同）の六本の原本の存在が明らかとなり、写真帳によって相互に比較することが可能となっている[4]。また、第三節で検証するように、田所家本については、『続群書類従』に収録されている「応永六年香取諸名帳」が田所家本の「応永六年検田取帳」であることが明らかとなった。諸本が整うなかで、応永六年検注取帳自体の史料的性格とともに、香取社領における同検注取帳作成の歴史的な意義についても再検討が必要となっている。

そこで本章では、第一節において、香取社領に関する研究史にふれたうえで、社領に属した村郷を中心に香取社領の概要を確認し、第二節では鎌倉時代の検注帳の史料的性格を検討する。そして第三・四節において、応永六年検注取帳の歴史的な意義について検証し、おわりに、香取社領における検注帳の性格と、室町期荘園制とのかかわりについて考えてみたいと思う。

なお、本章で検討する検注帳は、**表10**「香取社領の土地台帳等と村郷」の①から⑧である。

一　香取社領の概要

香取社領についての本格的な研究は西岡虎之助や百瀬今朝雄にはじまったのであるが、社領の全体的な構成に関して実証的な研究を進めたのは福田豊彦であった[5]。福田は、鎌倉・南北朝期の香取社領について、

①神戸や神郡を前提としつつも、一円的神領化は実現しておらず、のちに「香取十二郷」と呼ばれた村郷は神田や神官名田、千葉氏の名田、公田などが混在したものであったこと

②香取大中臣氏の惟房流に大禰宜職が継承され、大禰宜職に附属する私領として小野・織幡村は相伝されたこと

③これに対して神主（大宮司）職は知房流に継承され、神主職に附属する私領として二俣・相根村が相伝されたこと

などを論じていた。福田論考の特徴は、鹿島社領や香取社領が国衙に属した「古代的な」性格の所領であったとするとともに、社領に属する村郷の意義を積極的に評価した点にあったといえよう[6]。

その後、福田による実証的な検討をふまえ、さらに歴史地理学的方法によって社領構造についての研究を深めたのは高島緑雄などであった[7]。高島は、香取社周辺の中核的な社領は律令郷制の解体と在地領主制の展開のなかで成立したものとしたうえで、

①平安末期の社領は、多数の神官名・在地領主名・一般百姓名の集積であり、錯綜・散在していたこと

②そのうち「織幡村」（小野・織幡・綱原村）は大禰宜家私領であったが、「織幡村」以外は一円所領ではなく、大禰宜家の領主名であった犬丸・金丸名も散在的な名であったこと

などを明らかにした。

先にふれたように、福田をはじめとするこれまでの鹿島社領や香取社領の研究では、神領は公領に対置される荘園とは同一視できず、国衙に属する「古代的な」性格のものであるとの評価がなされてきた。こうした評価を否定し、新たな読み替えを行なったのは村井章介であった。村井は鹿島社領を事例として、鹿島社領の「公領的性格」そのものを中世的所領の一形態であるとしたのであり[8]、村井の方法に学んで、私も香取社領の性格が鹿島社領と同様に、中世的な所領形態をもつものであったと論じたことがある。香取社領の場合について、私が明らかにしたことは、

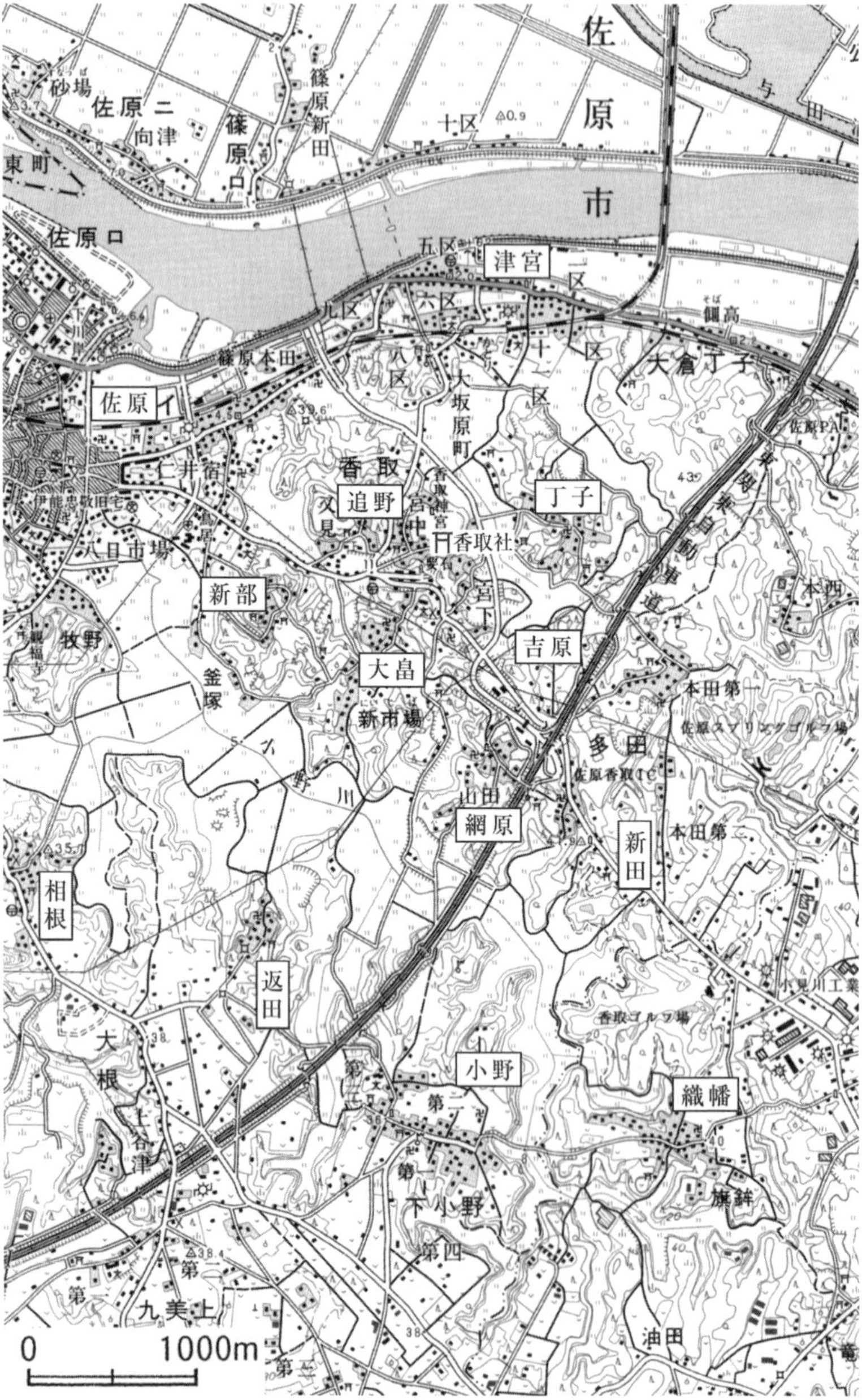

図3　香取社領の概観（国土地理院発行の5万分の1地形図「潮来」を縮小し、改変）（『新県史通史編中世』213頁の図より）

①社領の基本的構成は香取社の神物部分と神官職領とからなっていたこと
②平安末期から確認できる神官職領には、大宮司（神主）職領と大禰宜職領とがあったこと
③そのうち大禰宜職領は大禰宜職が早くに相伝の職となったため職領の私領化が進んだこと
④他方、神主職は遷替の職としての性格が強く、神主職領の私領化は進みにくかったこと

などであった。(9)

こうした研究史をふまえて、ここで香取社領について概観しておきたい。香取社領の性格を考えるに際して、まず検討されるべき史料は応保二（一一六二）年六月三日付けの大禰宜大中臣実（真）房譲状である（旧禰四・五号）。この譲状は、大禰宜大中臣実房が「私領田畠」ならびに香取社の大禰宜職と末社の大戸社宮司（神主）職とその社領などを、前神主（大宮司とも）であった嫡子の惟房に譲与したものであった。このとき次男の知房には、同じく末社の神崎社宮司職とその社領が譲られている。この譲状に記載された所領等は、本来は大禰宜職「職領」であったと考えておくことが妥当であろう。(10)このなかで同時代の史料からも裏付けられる大禰宜家の「私領」を確認しておけば、それは「葛原牧内織服村（織幡村）」と「犬丸・金丸二名」とであった。前者の織幡村を含む綱原（葛原）村と小野村の三カ村は大禰宜家の基本的な私領となるものであり、金丸・犬丸名（総面積＝五二町三段一七八歩）は大禰宜家の支配する領主名であったことが確実である。他の村郷としては、「村々名畠」として香取・大畠・二俣（田俣・多俣）・新家・田太（多田）・吉原・津部などの村名が記載されており、さらに「処々神田等」の所在地として、浅木葉・小見郷・木内郷・福田郷とみえるのであった（表10参照）。

これに対して、大宮司（神主）職領の全体像をある程度示すものが、建永二（一二〇七）年十月日関白前左大臣家政所下文（新本一号、旧禰一二号）と承元三（一二〇九）年三月十七日鎌倉幕府（将軍家）下知状（新本二号、旧禰一三号）である。この二通の文書は、十三世紀初頭の神主大中臣広房と香取社地頭国分胤通との相論に対する裁許な

のであるが、両者の相論は神主職領をめぐるものがほとんどであり、ここでの争点から神主職領の概要を把握することができる。まず、争点の「相根郷（村）」と「灯油田田（多）俣村」（二俣村）は、加符村とともに基本的な神主職領であり、のちには物忌職領として遷替された所領であった。[11] これ以外にも、「大神田并上分田」「渡田」「神宮寺仏聖灯油修理料等」や「神宮寺・柴崎両浦（田畠）」などが神主職領に属したことがわかるが、[12] 本章では神主職領の三カ村郷（相根・二俣・加符）に注目しておきたい（**表10**）。

また、嘉元二（一三〇四）年四月二十二日付けの大中臣実秀等連署和与状（旧禰三八号）は、鎌倉後期の地頭勢力の台頭に対抗して、香取大中臣一族が合力して社領を保全することを目的としたものであった。和与状の事書き部分には、

下総国香取社領葛原牧・小野・織幡・加府・相根・二俣・大畠・佐原・津宮・返田・丁古・追野・小見・木内・福田以下村々祖《（租）》穀検田米、浅黄□《（谷カ）》上分田并金丸・犬丸・大神田・司名々田畠所務等事

とある。ここで和与の対象となった「葛原牧」以下の村郷は、**表10**からわかるように香取社領に属する村郷としてもっとも纏まったものなのであり、大禰宜職領（あるいは私領）および神主職領を含む香取社領のほぼ全体像に近いものとみることができる。**表10**は、上記の三通の文書にみえる村郷名と次節で検討する検注帳類にみえる村郷名とを一覧にし、所収文書（主に土地台帳）との関連を表したものである。また**表11**「検注帳による香取社領の田畠数」は、検注帳類に載る村郷毎の筆数と面積とを表している。**表10**によれば、応保二年大禰宜大中臣実房譲状や建永二年関白前左大臣家政所下文・承元三年鎌倉幕府下知状にみえる社領、そして嘉元二年大中臣実秀等連署和与状にみることができた社領が、香取社領の全体構成のなかのどのような部分（位置）をしめるものなのかが、一目瞭然である。

そこで次節では、**表10・11**を参照しつつ検注帳類の性格について検討していくことにする。

表 11　検注帳による香取社領の田畠数

	①弘長元年（1261）	②弘安元年（1278）	③年月日未詳(新田帳) ④正応 4 年（1291）	⑤**正慶 2 年**（1333）	⑦応永 6 年（1399） 〈神領検田取帳〉	⑧**応永 6 年**（1399） **〈神畠検注取帳〉**
綱　原	167筆，37町1段240歩					
織　幡	158筆，44町8段300歩					
小　野	159筆，32町6段120歩					
丁　古		224筆，44町7段180歩[1]			225筆，44町8段 60歩	
丁　古				44筆，9町1段　0歩		44筆，8町3段120歩
佐　原		122筆，23町0段120歩			123筆，22町5段300歩	
佐　原				52筆，11町2段120歩		61筆，11町7段　0歩
新　部		102筆，18町9段120歩			103筆，19町0段240歩	
新　部				18筆，3町5段240歩		16筆，3町5段240歩
上相根		49筆，10町7段　0歩			48筆，11町3段180歩	
大相根		95筆，16町7段 85歩			94筆，16町5段120歩	
相　根						53筆，66町7段　0歩[3]
返　田		44筆，9町2段 60歩			43筆，10町3段　0歩	
返　田				26筆，3町4段180歩		26筆，4町2段260歩
苅　馬		34筆，7町7段 60歩			35筆，8町1段 60歩	
鍬　山		62筆，13町9段 60歩			62筆，13町4段300歩	
加　符		134筆，28町8段240歩	③140筆，31町3段240歩			
新　田		85筆，4町7段310歩	④ 85筆，4町8段250歩			
吉　原				53筆，10町4段 60歩		53筆，10町5段180歩
大　畠				133筆，28町3段300歩		133筆，28町8段120歩
津　宮				76筆，13町8段180歩		74筆，19町3段 60歩
返田新畠				16筆，記載形式異なる		16筆，記載形式異なる
追　野						16筆，3町2段　0歩
宮　本						56筆，8町4段300歩[4]
合　計	484筆，114町6段300歩	951筆，178町6段155歩	—	402筆，80町0段　0歩[2]	733筆，146町2段180歩	548筆，164町9段200歩

凡例：村郷名の明朝体は田地、ゴチックは畠地。検注帳欄も同じ。

1）三里の下に「堀河」（別筆）とある。2）「返田新畠」の 16 筆を除く。3）大禰宜家本・録司代家本に相根の記載はない。4）あと「4 升」との記載あり。

二　鎌倉時代の検注帳

（1）これまでの研究

これまでの検注帳類の分析方法の問題点については、すでに富澤が検討しているが[13]、ここでは検注帳類の史料的性格についてどのような見方や議論があったのかを確認してみたい。**表10**に記載した検注帳のなかで、①から⑧まで番号を付したものが現存するものであるが、これまで主に検討されてきた帳簿は①②④⑤⑦⑧の六通である。

これらの検注帳の分析によって、香取社領の全体的な構成や性格をはじめて検証した福田にしても、検注帳の分析に先立って検注帳自体の史料学的検討は行っていない。この点は高島も同様であるが、高島は十三世紀末に集中する検注帳作成の目的が、広汎に進行しつつある名の解体に対処し、名の現実の保有者（＝作人）を確定すると同時に、作人の一部を社役負担者として把握し直すためのものであったとしている[14]。また山本充朗は、香取社領の検注帳が、上分の基盤である下地を示したものではなく「地本」の台帳であり、神役勤仕の台帳であったとするが、やはり史料学的な批判はしていないのである[15]。

そこで、**表10**の①から⑤までの現存する鎌倉時代の検注帳の史料的性格についてまず検討してみたい。

（2）史料的な性格

【弘長元年葛原牧内小野織幡地帳（①）】

この弘長元（一二六一）年十一月二十五日葛原牧内小野織幡地帳案（旧案一号）は、大禰宜職領から大禰宜家私領へと変化しつつあった綱原（葛原）・織幡・小野の三カ村についてのものである。後掲するように、冒頭には「注進葛原牧内小野織幡地帳事」と記載されており、綱原（葛原）村が表記されていないが、「合　高房里」から「織幡」の間の坪付が綱原（葛原）村のものであることは、すでに指摘されているとおりで、この検注取帳の最初の坪付部分は綱原（葛原）村のものである。また、この帳簿は検注取帳そのものであり、これまでの検注帳論の成果にしたがえば、香取社領綱原（葛原）・織幡・小野村検田取帳と文書名をつけるべきものであった。

この検注取帳は、案主家文書の写が分飯司家文書（新分二号）に残されているが、案主家のものはもともと冊子であったものが開かれて一紙もの形で裏打ち紙に張られている。表紙にあたる丁はなく、一丁から二一丁の右側までに本文が書かれており、二一丁の左側に「弘長元年十一月廿五日／安主帳」と書かれている。そして裏表紙にあたる可能性がある二二丁は右側しか残されていない。また、一丁から二〇丁までは各丁の左端（綴じ込み部分）に小さな字で「一」から「二十」までの番号がふられている。

これまでは弘長元年十一月二十五日の日付がありながらも、帳簿内の追記などから、この検注取帳は弘長元年のものではないとされてきた(16)。しかし、ほんらい帳簿というものは追記が加えられ、さらに書写されながら利用されていくものである。もともとは冊子であったこの帳簿は、弘長元年の「案主帳」の正文そのものとみてよいのではなかろうか。少なくとも、中世には「案主帳」として利用され、意味をもっていた検注取帳であったと考えられる。なお、分飯司家文書のものは、末尾に「弘長元年十月廿五日」とのみあるが、筆跡からして「案主帳」を後代に写したものであり、しかも「十一月」を「十月」と誤記している。

次に記載内容を確認するため、冒頭部分を掲げておく。

注進　葛原牧内小野・織幡地帳事

合　高房里

一坪六反小内金丸五反 良一反小十一月四日 中太郎判官代　　二坪良二反　中平神主

三坪金丸一反「同人」　「四坪金丸一反小　関田五郎入道」

（「　」内は筆跡は同じだが、墨色が異なる）

検注取帳として記載された事項は、二坪を例にするれば、「二坪」が取帳への記載（取る）順序を示すものであり、「良」が所属する名などを、「二反」が取田の面積を（斗代を示す場合もある）、「中平神主」が名請人（地主あるいは請作者）を示している。すでに福田が指摘しているように、香取文書のなかの検注取帳に記載された条里坪付は実際の条里制地割の存在を意味しておらず、検注における取る作業の順序を示しているにすぎない(17)。

高島が論じたように、この帳簿は大禰宜家の私領に関する検注取帳であったということができる。そして、**表11**に示したように、この検注取帳によれば大禰宜家私領の三カ村（綱原・織幡・小野）は、四八四筆、一一四町六段三〇〇歩ほどの面積があり、大半は金丸名（大禰宜家の支配する領主名）に属していたのである。

【弘安元年香取神領田数目録（②）】

弘安元（一二七八）年十月十四日香取神領田数目録（旧案二号）は、「香取神領田数目録」と『旧県史』では名付けられているが、内容からみて検注取帳であり、「香取神領検田取帳写」が文書名としてふさわしいものである。この帳簿も案主家文書に残されたものであり、もとは冊子であったが、現状では一紙毎に開かれた状態となっている。『旧県史』では、一丁目（第一紙目）の左側に書かれている「香取神領田数目録」をもともとの冊子の表紙にあたると考え、文書名としたのであろうが、袋綴じにすると「香取神領田数目録」の文字は表紙の裏側になってしまうわけで、もともとの表紙ではないのかもしれない。ただしこの帳簿にも、丁（一紙）毎に左奥に「壱」から「三十四」の番号がふられているが、「香取神領田数目録」とある丁が「壱」とされており、もとの冊子の状態から「香取神領田数目録」とある丁が第一紙目として綴じ込まれていたのは確実である。

また、末尾として「本書／弘安元年十月十四日　案主所在判／田所在判藤井／（録司代在判）」とあるのは、三四丁目の右側に書かれており、裏表紙の裏側に記載されたものである。この記載からわかるように、いくつかの追筆等を含んではいるが、この「香取神領田数目録」は弘安元年作成の検注取帳を書写したものとみて間違いない[18]。したがってこの帳簿は、後述するように応永六（一三九九）年の香取神領検田取帳の前提となった「弘安の案主帳」の写とみることができる。

この「香取神領田数目録」は、二丁目からなんらの事書きなどなく[19]、本文がはじまるが、冒頭部分は丁古村である。香取社の「神領」に関する検注取帳において、「丁古」は最初に取られる（検注される）村であった。この帳簿に取られた丁古村以下十カ村は、①の大禰宜家私領に対して神官職領の集合体としての「神領」とみるべきで、十カ村のうちの相根と加符の二カ村は、先にふれたように、確実に大宮司（神主）職領である。記載事項は、①とほぼ同様であり、神領の面積は九五一筆、一七八町六段一五五歩ほどであった（**表11参照**）。

【年月日未詳新田帳（③）】

年月日未詳新田帳（旧案三号）も、案主家文書として伝来するもので、文書名としては香取神領新田検田取帳写とすべきものである。その内容は、②の帳簿の「新田」部分とほぼ同内容であり、この帳簿は②のもととなった「新田」のみの帳簿か、②の帳簿の「新田」部分だけを写したものか、それとも②と共通する元帳簿からの写か、のいずれかである。もちろん、①や②などの帳簿の作成過程を考えてみれば、村毎の「日記」的な帳簿が前にあって、それにもとづいて検注取帳が編成されることは当然ありうることである。しかしこの新田帳は、貼り継がれた三紙に書かれたもの（現状は三紙に分離している）で、写真をみるかぎり一気に（同時に）書き写されたもののようで、「日記」的な様子はないのである[20]。

記載事項は、②の「新田」部分とほぼ同じであり、筆数（「坪」数）はこの帳簿の末尾に「以上八十五坪歟」とあるように、八五坪（筆）であり、面積は②の新田部分よりは若干多い四町八段二五〇歩ほどであった。

【正応四年加符村田数目録（④）】

正応四（一二九一）年十一月日加符村田数目録（旧案五号）も案主家文書として伝来したもので、のちの写が分飯司家に残されている（新分四号）。もともとは一一丁（紙）にわたって冊子とされていたもので、現状は一紙毎になっている。各丁の左端（綴じ込み部分）に、「壱」から「九」までのみ小さく番号がふられている。冒頭には、「注進　正応四年辛卯十一月日加符村検田取帳事」（新分四号で補訂）とあり、正応四年十一月に注進された加符村検田取帳案というべき帳簿である。

この検注取帳の特徴は、「損田数」を追記している点にあり、正応四年十一月段階での加符村の検注の成果として損田数を注記した帳簿なのであった。こうした面で、この帳簿は原本により近いもの、つまり「日記」的な性格をもった帳簿なのである。なお、その筆数は②より六筆多い一四〇筆であり、面積は②より二町五段ほど多い三一町三段二四〇歩ほどであった。

なお、分飯司家文書のものは、案主家文書の加符村検田取帳案の写本であるが、案主家文書のものは傷みがひどく分飯司家文書のものによって補訂することができるという関係になっている。じつは③と④の帳簿は、次節で取り上げる⑥⑦の帳簿と深く関係するものである。

【正慶二年香取大領麦畠検注取帳（⑤）】

正慶二（一三三三）年四月十六日香取大領麦畠検注取帳（旧案七号）は、もともと二九丁にわたる冊子であり（現状は、一紙毎に貼られている）、各丁の左端（綴じ込み部分）に「壱」から「二十九」の番号がふられている。冒頭には、「注進　正きやう《（慶）》二年《みつのとのとり》四月十六日　香取大領麦畠取帳事」とあり、この帳簿は正慶二年四月十六日に作成され、注進された香取大領（大領は「神領」のことであろう）の麦畠の検注取帳であったことがわかる。

ここでも冒頭には村名が記載されていないが、冒頭部分は丁古村の記載である。また、末尾に書かれた「返田新畠」

分の記載事項には、取帳への記載（取る）順序を示す坪が書かれておらず、面積についても記載されていないものも多い。さらに「一升ねぎはうり《（禰宜祝）》」や「二升いち□□」との記載もあり、明らかに他の村郷における記載方法とは異なるのであった。そして、この記載方式は応永六（一三九九）年畠検注取帳にも踏襲されていくのである。この「返田新畠」分を除く、筆数は四〇二筆、面積は八〇町ほどである。ちなみにこの帳簿は、後述するように応永六年畠検注取帳の前提となった「正慶の案主帳」とみることができるのであり、香取社領における畠地の帳簿の成立過程に位置付くものであった。

　以上のように、①弘長元年葛原牧内小野織幡地帳が大禰宜家私領三カ村の田地についての検注取帳であったのに対して、②弘安元年香取神領田数目録は大禰宜私領を除いた、神官職領の田地についての検注取帳であったのであり、①②の検注取帳には応保二（一一六二）年大禰宜大中臣実房譲状や嘉元二（一三〇四）年大中臣実秀等連署和与状にみえる散在神田畠の「小見・木内・福田・浅木葉（浅黄□）」は除外されているのであった。その理由は明確ではないが、散在神田畠については検注取帳が作成されなかったか、あるいは作成されても伝来しなかったのであり、散在神田畠がいわゆる「神領」そのものとは区別された存在であったことは明らかである。そして、香取社領内の田地の場合、鎌倉中期までには基本的な検注取帳が成立していたのであり、③年月日未詳新田帳と④正応四年加符村検田取帳とは、②に位置づけられた神領内の二カ村の検注取帳なのであった。

　これに対して、⑤正慶二年香取大領麦畠検注取帳は畠地についての現存するもっとも古い検注取帳であり、畠地についての検注取帳も、香取社領では鎌倉時代末までには成立していたのである。[21]

三　応永六年香取神領検田取帳について

（1）諸本の性格

香取社領における土地台帳のうちで、もっとも重要な帳簿が、応永六（一三九九）年五月日の日付で作成された⑦⑧の応永六年検注取帳である。⑦が検田取帳であり、⑧が畠検注取帳である。この両帳簿に関しては、これまで次のように評価されてきた。

福田は、応安七（一三七四）年に貞治・応安神訴事件に勝利し、大禰宜職という「神職」における優位性によ る支配から、すべての神官・社領に君臨する封建的な領主に変質した大中臣長房が、「社領把握の統一を期し」たものとし、高島も貞治・応安神訴事件後の社領再編成のために後述する四帳を総合したもので、十三〜四世紀段階の状況を示す統一台帳であり、弘長元年葛原牧内小野織幡地帳（①）とともに香取社領の基本的土地台帳であるとしていた。山本も地頭代などの非法によって荒廃した神領秩序の再建を意図するものであったとしている。しかしこれまでの研究では、十分な史料学的な検討はなされていないのである。(22) そこで本節においても、応永六年検田取帳の史料的な性格から検討していきたい。

さて応永六年検田取帳（⑦）は、大禰宜・録司代・田所・案主の四社家に伝えられたことがわかっている。しかし、現在確認できる原本は、大禰宜家本（新禰二四号）・録司代家本（補録一号）・案主家本（新案二四号）のみであり、田所家本は『続群書類従』（新群二号）で確認されるにすぎない。(23) 本文には若干異同があるが、これらは基本的には同一の帳簿とみていいよいものである。以下、各本の書誌学的特徴を述べておきたい。

【大禰宜家本】

大禰宜家本は現状も冊子であるが、現在の表紙は後代のものであり、本来の表紙の状況は不明である。現状の表紙を除く一丁目は白紙であり、これが本来の表紙だとすると本来の表紙には表題が記載されていなかったことになる。そして、検注取帳の記載は二丁から二七丁にかけてであり、二八丁が白紙であり（本来の裏表紙か）、そして現状の裏表紙となる。

【録司代家本】

録司代家本については、第三章の二でふれたように、虫食いや傷みがほとんどなく、ほぼ作成当時の形態を残している点でたいへん貴重な帳簿である。ただし、現状の表紙・裏表紙は嘉永四（一八五一）年六月に装幀されたもので、渋柿に染められ「嘉永四年辛亥六月装背／録司代家所蔵／香取検田取帳　参」と書かれている。そして、一丁目の本表紙には中央やや左に「香取太神宮検田取帳」とあり、中央やや右下に「録司代慶海」とあるが、ちょうど中央の部分は擦り削ったようになっている（第三章の**写真3・4**参照。九七・九八頁）。中央の擦り消し部分はたいへんに気になるのであるが、何が書かれていたのか、今のところ不明である。しかし、現状の「香取太神宮検田取帳」と「録司代慶海」はほぼ本文と同筆とみて間違いないものである。この点について、嘉永元（一八四八）年になり、やっと録司代家本を確認することができた色川三中は、この冊子を応永年間頃の録司代慶海の自筆本であるとしていた[24]。「録司代慶海」の文字は草書体に近くくずされているが「司代」の部分などは、本文二行目の「録司代帳ハ弘安」とある「司代」と字形がほぼ一致しており、三中の推定は動かないものである。

表紙を一丁目とすると、本文は二丁から二七丁までであり、二丁目から二七丁目までは各丁の左端（綴じ込み部分）に「二」から「二十七」と番号がふられている。そして現状では、二八丁の右側に延文三（一三五八）年五月一日香取九ケ村注文（補録三号）が書写され、左側が本裏表紙となっている。もちろん、現状の裏表紙は表紙と同じ装幀であり、本表紙の裏にあたる一丁目の左側には何も書かれていない。

【田所家本】

『続群書類従』は、「応永六年香取諸名帳　田所文書」としてこれを収録しているが、後掲するようにそれは案文の形式であった。第二章で述べたように、『続群書類従』所収の香取文書は、文化十二（一八一五）年の和学講談所の文書調査によるもので、和学講談所の調査段階で田所家にあったものは案文であり、その案文を書写したと考えるべきであろう。第三章でふれたように、色川三中の調査段階では田所家に「応永六年検田取帳」は存在していたという。しかし、三中は大禰宜家本を影写したうえで「田所案主両家の本を以て校合する事を得たりき」[25]と述べているが、色川稿本「香取大禰宜家文書　十（応永六年検田帳　上）」の校合をみると、三中が「田所本」と呼んでいるものが、じつは後掲の応永二十七（一四二〇）年閏正月二日香取九ケ村諸名帳写であることがわかる。

また、色川稿本「香取大禰宜家文書　十」の奥に記載された三中の按文には、「三中按、大禰宜家蔵本ハ長房ノ書、田所本ハ応永六年ノ後二十二年メニ写シ書ルモノナリ／案主家々蔵全相同シ大禰宜家本ニ、田所家蔵本ハ畠帳ヲ闕ク、案主家本ハ田畠二本全存ス、今大禰宜家本ヲモト、メ両家ノ本ヲ校合スルトコロナリ」とある。[26]

また、応永六年畠検注取帳にあたる色川稿本「香取大禰宜家文書　十一（応永六年検田帳　下）」の三中の注記には「田所家応永六年田検帳ノ写シ二本アリ、然レモ畠帳ヲ失シテ不伝」とあり、三中の調査段階で、田所家本の応永六年検田取帳については二本の写本がありながらも、同畠検注取帳は失なわれていたのであった。たぶん田所家本の二本の写本とは、『続群書類従』所収のものと、次に検討する賜蘆文庫本「香取文書　二」所収のものであろう。前者は案文形式のもので、原本に近いものと考えられる。他方、後者は写と考えてよい。

後者の応永六年香取九ケ村諸名帳写（新写一号）[27]の末尾には、「于時応永廿七年庚子閏正月二日書写了、／執筆師仕乗年齢七十三」とあり、執筆師仕乗が年齢七三歳の時の応永二十七年閏正月二日に書写したものであった。この執筆師仕乗とは翌年の応永二十八年に丁古内の屋敷や田地を弥四郎祐房充てに譲っている「高倉目代師仕乗」と同一人物と考えられる。[28] 譲与先の弥四郎祐房が田所祐房であったことからすると、什乗自身も田所家出身の人物であった可能性が高く、賜蘆文庫本はやはり田所家に伝来したものであった。三中はこれを「田所本」と考えたのである。しかし、田所家本は、原本そして写とも現在は所在不明となっている。

【案主家本】

案主家本も嘉永四（一八五一）年に装幀されたものである。現状の表紙には、「嘉永四年辛亥八月装背／案主家所蔵／香取文書　四」とあり、録司代家本の表紙と同筆と推定される。一丁目は左半分しか残っておらず、本表紙の形態は不明である。本文は二丁から二六丁に記載されているが、案主家本には末尾の起請の一部（「当社大明神御罰お各々身上可罷蒙候、仍所定如件」）と年記および署判が欠落している。最後の二六丁の右側が「……偽申候者」で終わるのであるが、左側は白紙である。ただし、二六丁の右側と左側が一紙なのか、あるいは左側は別の丁なのかは不明である。

なお、録司代家本と案主家本はほぼ同筆と考えてよいが、大禰宜家本は両本とは異筆のようであり、三中は大禰宜家本を「長房ノ書」としている。したがって、録司代家本が当時の録司代慶海の自筆だとすると、案主家本も録司代慶海の筆によるものということになる。また、録司代家本と案主家本の記載内容を比較すると、録司代家本に記載されている事項が案主家本には欠落している場合がある。慶海は、はじめに作成した案主家本に校合を加えて、録司代家本を完成させたのであり、[29] 案主家本を校合するにあたっては田所家本などが参照された可能性が高いのである。

つまり、応永六年検田取帳は録司代慶海の手で、まず案主家本が作成され、それを慶海自身が校合して録司代家本を完成させたのであり、そのうえで大禰宜家本が作成されたと考えることができる。[30]

（2）田所家本と応永六年検田取帳の成立

ところで、応永六年検田取帳は「取帳」とはいっても実検にもとづいた検注取帳ではなく、「四帳を合わせる」ことによって編成されたものであった。では、実際の手続きはどのように行なわれたのであろうか。その点で注目される史料が、『続群書類従』所収の田所家本である。まず田所家本の冒頭と末尾を、原本が存在する他家本と比較してみたい。

〈田所家本の冒頭〉（新群二号）

大禰宜殿帳（ハ脱カ）建長、録□□（司代）帳ハ弘安、(a)田所帳ハ文保、案主帳ハ弘安、□（合）彼四帳、□（ママ）応永六年ニ社家・地頭・公人寄合
テ、為後証□□（所注）□□置也、敢勿疑矣、此外可有注漏候、追可注進作（候）

(b)注進　応永六年卯月十六日
香取九ケ村諸名帳事四帳合

〈田所家本の末尾〉（新群二号）

右、為後証、社家・地頭・公人同心、更不存私、応永六年注置処也、若此条偽申候者、
当社大明神御罰於各々身上可罷蒙候、仍所定如件、
応永六年五月日　　案　主在判
田　所在判
録司代在判
宮□（介）代紀右近三郎左衛門尉在判
大禰宜兼□（大）宮司散位長房在判

〈案主家・録司代・大禰宜家本の冒頭〉（新案二四号・補録一号・新禰二四号）

(c)注進　香取御神領検田取帳事

大禰宜帳ハ建長、録司代帳ハ弘安、田所帳ハ文保、安（案）主帳ハ弘安、合彼四帳、応永六年ニ社家・地頭・公人寄合、
為後証、所注置也、敢勿疑矣、

〈案主家本の末尾〉（新案二四・二七号）

（a′）此外、可有注漏候、追可注進候、
右、為後証、社家・地頭・公人同心、更不存私、応永六年注置処也、若此条偽申候者、
（以下、神文と日付、署判は応永六年畠検注取帳による）
当社太明神御罰於各々身上可罷蒙候、仍□□如件、
［　］六年卯□［　］　［　］案［　］（主〔花押〕カ）［　］
（後筆）「応永六年卯九月（ママ）」　田所（花押）
録司代（花押）
宮介（ママ）紀右近三郎左衛門尉
大禰宜兼大宮司散位長房

〈録司代・大禰宜家本の末尾〉（補録一号・新禰二四号）

（a″）此外、可有注漏候、追可注進候、
右、為後証、社家・地頭・公人同心、更不存私、応永六年注置処也、若此条偽申候者、
当社太明神御罰於各々身上可罷蒙候、仍所定如件、
応永六年己卯五月　日　案主（花押）
田所（花押）
録司代（花押）

宮介代紀右近三郎左衛門尉（花押）

大禰宜兼大宮司散位長房（花押）

まず、冒頭部分を比較してみると、田所家本には他家本の冒頭にある傍線部（c）「注進　香取御神領検田取帳事」がない代わりに、傍線部（b）「注進　応永六年卯月十六日／香取九ケ村諸名帳事四帳合」とある。これは、田所家本の元の検田取帳が、傍線部（b）の「注進　応永六年卯月十六日／香取九ケ村諸名帳事四帳合」から始まるもので、田所家本の冒頭三行や末尾の起請文、署判はのちに書き加えられたことを意味していよう。つまり、傍線部（b）にあるように、この帳簿は応永六年四月十六日に「四帳を合わ（読み合わ）」せて作成されたものであった。四帳とは、「大禰宜帳ハ建長」（建長の大禰宜帳）、「録司代帳ハ弘安」（弘安の録司代帳）、「田所帳ハ文保」（文保の田所帳）、「案主帳ハ弘安」（弘安の案主帳）のことであり（**表10**参照）、この四帳を読み合わせることで作成された帳簿が田所家本の元帳簿＝「香取九ケ村諸名帳[31]」なのである。

その後、この田所家本の元帳簿を前提に、「社家・地頭・公人寄合い」、さらに「後証がため、社家・地頭・公人同心し、更に私を存ぜず、応永六年注し置く」ことを香取社大明神に起請したのが、同年の五月日で、こうした起請手続きによって応永六年検田取帳が確定したのであった。実際には、五月日の日付で最初に作成された応永六年検田取帳は案主家本であったと考えられるが、それに先だって田所家本の元帳簿の検証作業が、録司代・田所・案主によって行われ、田所家本の元帳簿の袖に「大禰宜殿建長……追可注進候」と記載され、さらに奥に起請文が認められたものと推定できる。そのうえで、録司代慶海の手によって案主家本が作成されていった。まず、案主家本では冒頭に傍線部（c）の「注進　香取御神領検田取帳事」と記載し、さらに「大禰宜帳ハ建長、……敢勿疑矣」（「大禰宜殿帳」は「大禰宜帳」と整序し、傍線部（a）「此外、可有注漏候」は末尾に移動）としたうえで、田所家本の元帳簿＝「香取九ケ村諸名帳」の坪付が転載され、末尾に傍線部（a'）「此外、可有注漏候、／右、為後証……若此条偽申候者」と記載されたと考えられる。そして、起請文は同時に作成された応永六年畠検注取帳の末尾に「当社太明神御罰……如件」と記載され、欠損しているが「応永六年己卯五月　日」の日付（左に「応永六年卯（ママ）九月」とあるのは、欠損後の後筆である）と、署判は案主が欠損しているが、案主・田所・録司代が花押をすえたのであった。つまり、田所家本の元帳簿から案主家本が確定された段階で、直接、編成作業に立ち会ったのは案主・田所・録司代であったようである。

次いで録司代慶海は、案主家本を田所家本の元帳簿と校合しつつ、録司代家本を作成したのであり、案主家本では署判者の紀右近三郎左衛門尉を「宮介」と誤記していたものを、田所家本との校合によって「宮介代」と修正している。そして、録司代家本には案主・田所・録司代・宮介代・大禰宜兼大宮司のすべてが花押を捺したのであり、そうした意味では録司代家本は「正文」であった。その後、録司代慶海と別の手で、録司代家本を書写して大禰宜家本が完成され、大禰宜家本にも案主・田所・録司代・宮介代・大禰宜兼大宮司が署判したのである。そして、応永六年検田取帳の元帳簿であった田所家本の署名には「在判」と記入され、応永六年検田取帳の案文であることが示されたものと考えられる。この推定が正しいとすると、応永六年検田取帳の大禰宜家本・録司代家本・案主家本そして田所家本の四本とも原本であったことになる。

この点を補足するために、前掲の「弘安の案主帳」と応永六年検田取帳（田所家本・案主家本・録司代家本・大禰宜家本）の冒頭部分をみておきたい。

〈弘安の案主帳〉（旧案二号）

一坪司神拝田五反内 大祝二反 目代二反 孫太郎一反
二坪吉宗私二反
三坪金丸二反内 脇鷹神一反小 藤二郎入道大（校カ）
四坪吉清私一反小　検□

〈応永六年検田取帳：田所家本〉（新群二号）

一坪司神拝田五反内 二反五藤三郎 田□□ 二反目代 一反大祝

二坪吉次私二反　手

三坪金丸二反内 一反小神□□《（脇鷹祝）》 大藤太太郎

四坪吉清私一反小　検校

〈同：案主家本〉（新案二四号）

一坪司神拝田五反内 二反五藤三郎 二反目代

二坪吉次私二反　手

三坪金丸二反内 一反小神ソハタカ祝 大藤太郎

四坪吉清私一反小　検校

〈同：録司代家本・大禰宜家本〉（補録一号・新禰二四号）

一坪司神拝田五反内 二反五藤三郎 二反目代 二反大祝

二坪吉次私二反　手《（マヽ）》

三坪金丸二反内 一反小神ソハタカ祝 大藤太太郎

四坪吉清私一反小　検校

一坪を見てみれば、「弘安の案主帳」では司神拝田五反内が「大祝二反／目代二反／孫太郎一反」とあったものが、応永六年検田取帳の田所家本では、同年四月十六日に行われた「四帳」の読み合わせの結果として、「二反五藤三郎／二反目代／一反大祝」と修正されている。そして、五月になり録司代慶海が案主家本を作成した際には、「二反五藤三郎／目代二反」として、「一反大祝」を欠落させてしまったのであるが、録司代家本の作成にあたっては、その部分を

「二反大祝《ママ》」（「一反」ではなく「二反」としたのは、「弘安の案主帳」によるものか）と記入し、録司代家本を書写したものと考えられる大禰宜家本にもそれが踏襲されている。

もう一点、三坪の金丸二反内の場合、「弘安の案主帳」では「脇鷹神一反小」とあったものが、田所家本では「一反小神□□□《脇鷹祝》」となり、案主家本で「一反小神ソハタカ祝」と修正され、録司代家本・大禰宜家本では案主家本の記載が踏襲されている。もちろん、校合には他の帳簿が使われた可能性もあり、現存の帳簿のみからこうした帳簿の編成過程や関係・関連を推測することは危険な面もあるかもしれないが、一応こうした関係があったものと考えておきたい。

（3）応永六年検田取帳の意義

応永六年検田取帳は、それ以前に存在した「建長の大禰宜帳」、「弘安の録司代帳」、「文保の田所帳」、「弘安の案主帳」の四帳を合わせて、社家・地頭・公人が寄り合って後証のために注し置いたものであったが、応永六年検田取帳作成の前提となった四帳は残されているのだろうか。**表10**にはこの四帳の位置も示しておいたが（大禰宜帳（×）などとあるもの）、四帳のうちで現存する帳簿と対応する可能性があるものは、残念ながら前節で検討した弘安元年香取神領田数目録（②）のみであり、弘安元年香取神領田数目録（②）を「弘安の案主帳」とみることは十分に可能であると判断している。

しかし、「建長の大禰宜帳」、「弘安の録司代帳」、「文保の田所帳」は不明なため、これらの帳簿にどのような村郷が記載されていたのかは残念ながらわからない。そのため、ここでは「弘安の案主帳」（②）と応永六年検田取帳（⑦）との関係を簡単に検討しておきたい。「弘安の案主帳」が作成されたのは弘安元（一二七八）年であり、応永六（一三九九）年までは一二一年ほど経過しているのであるが、取帳の記載内容に基本的な変化がないことに驚かされる。まず、前に引用した検田取帳部分の冒頭にかぎった場合では、変化したところとしては、一坪が五反内にもかかわらず

「孫太郎一反」が「二反五藤三郎」と変化したことで「五反内」との矛盾がおこっていること、二坪では「吉宗」が「吉次」にかわっていること、三坪では、「脇鷹神」とあったものが「神ソハタカ祝」と記載表現がかわっていること、同じく三坪で「藤二郎入道」が「藤太太郎」にかわっていること、のみである。

また全体的には、「丁古一里」（冒頭部分）において、「弘安の案主帳」では坪数は三六坪までであるのに応永六年検田取帳には「卅七坪吉千代私三反講田手」があること、「弘安の案主帳」には同「三里」の下に別筆で「堀河」と追記されていること、佐原四里は「弘安の案主帳」では一四坪までであるが、応永六年検田取帳には「十五坪司一反同神藤作入道作」とあること、苅馬は「弘安の案主帳」では三四坪であるが、応永六年検田取帳には「卅五坪富永御名三反三郎太郎」があること、大相根三里は「弘安の案主帳」では「廿三坪司大　三郎太郎」まであるが、応安六年検田取帳では二二坪までしか記載されていないこと、同様に返田二里は「弘安の案主帳」では七坪が二度続けて記載されているが、応永六年検田取帳では七坪の記載は一度でおわっていること、などにすぎない。

もちろん、こうした一坪毎の記載内容の変化の意味を問うことも重要であるが、「弘安の案主帳」と応永六年検田取帳とのもっとも重要な相違点は、**表10**からもわかるように、応永六年検田取帳には「新田」と「加符」の部分が抜け落ちていることである。つまり、応永六年検田取帳とは「弘安の案主帳」から、「新田」と「加符」を除いた帳簿ということになるのであり、「彼の四帳を合わせる」とはいっても、四帳をあわせた最大の村郷数ではなく、四帳に共通した村郷が応永六年検田取帳において確定されたのであった。弘安元年から応永六年までの間に、「新田」と「加符」はいわゆる「神領」から除外されたのである。この間の帳簿である「弘安の録司代帳」と「文保の田所帳」には、この点どのように記載されていたのか興味あることだが、これらの帳簿は現存しない。そこで注目される帳簿が、前出の年月日未詳新田帳（③）と加符村検田取帳（④）である。両帳簿の性格については前節で述べたところであるが、年月日未詳新田帳（③）も弘安元年から応永六年までの間に作成されたものだとすると、両帳簿は「新田」と「加符」

とが香取「神領」から分離される過程で、あるいは分離させる目的で作成された帳簿の可能性が高い。

　もともと「弘安の案主帳」（弘安元年香取神領田数目録（②））に記載された丁古村以下十カ村は、弘長元年葛原牧内小野織幡地帳（①）に記載された大禰宜家私領の三カ村（綱原・織幡・小野）を除いた「神領」であったが、その十カ村のうちの二カ村（新田・加符）がさらに「神領」から分離したのである。二カ村のうちの「加符」はもともと相根・田（多）俣（二俣）村とともに大宮司職領であったが、のちには物忌家の私領となり、さらに大中臣長房による大禰宜職と大宮司職の両職兼帯によって大禰宜家私領に取り込まれたものと推定される。[32]他方、「新田」は地頭領に組み込まれたものと考えられる。

　こうして香取「神領」のうち田地は、弘安元（一二七八）年には十カ村、九五一筆、一七八町六段一五五歩ほどであったものが、応永六（一三九九）年には八カ村、七三三筆、一四六町二段一八〇歩と削減されたのであった（表11参照）。しかし、「弘安の案主帳」（②）と応永六年検田取帳（⑦）との間では、「加符」と「新田」が分離したことを除くと、個々の村郷ごとの筆数と面積はほとんど変化していないわけで、この点は香取社領における土地台帳の意味と社領の性格を考えるうえで重要な論点となる。

　次に末尾の起請文と署判について検討してみたい。この起請文によれば、応永六年検田取帳は「社家・地頭・公人が同心」して香取社大明神に起請し、案主・田所・録司代の三奉行と、宮介代と大禰宜兼大宮司の五名が署判していた。この案主・田所・録司代の三奉行と大禰宜のもとに応永六年検田取帳の前提となった四帳があったわけである。

　では、一味同心した社家・地頭・公人とはだれをさすのであろうか。「社家」とは、詳述する余裕はないが、応安年間に大禰宜職と大宮司職をともに相伝し、兼帯することによって香取社の権力を一元的に掌握した大中臣長房のこと、あるいは長房によって大宮司職をも取り込んだ新たな大禰宜家のことを意味している[33]。

「地頭」とは、宮介代紀右近三郎左衛門尉のことであるが、地頭はほんらい香取社地頭のことであり、以前に述べたように、はやくに香取社地頭の地位をえていたのは千葉氏一族の国分胤通であった。(34) 近世の史料には「宮之介千葉ノ氏族ナレトモ私ニ大中臣ト称ス／国分《コクブ》権頭」（新写二号）とあり、宮介＝地頭＝国分との認識はのちの時代にも引き継がれたものであった。(35) また、嘉慶二（一三八八）年の史料には「地頭代兼宮介沙弥生蓮今者胤幹」（旧録二二号）とあり、中村胤幹が地頭代であったことは確実である。(36) 応永六年検田取帳の場合は「宮介代」とあるので「宮介＝社地頭」ならば宮介代とは「地頭代」のこととなる。ところで「紀右近三郎左衛門尉」は、他の史料では「紀右近三郎左衛□□」や「□所　中村三郎左衛門屋敷丁古」とみえる、中村三郎左衛門と同一人物と考えられる。(37)

ちなみに香取社地頭代の中村氏については、貞治・応安神訴事件での地頭側の現地の中心勢力であったことが知られており、なかでも中村胤幹こそは貞治四（一三六五）年正月と翌年二月に香取社の宮中に押し寄せ、仮殿に放火し、神輿に射立て、八龍神木像を切り砕き、神人を殺害刃傷に及んだ張本人であった。(38) しかし、貞治・応安神訴事件が大禰宜長房側の勝利におわったあとは、地頭代は中村胤幹ではなく別の人物が任じられた可能性が高いわけで、胤幹にかわる地頭代こそが「中村三郎左衛門（尉）」であったのではないか。宮介代の「紀右近三郎左衛門尉」とは中村胤幹と同族の中村氏なのであり、胤幹のあとの地頭代は紀右近＝中村三郎左衛門であったとみてほぼ間違いない。したがって、一味同心した「地頭」とは、「宮介代紀右近三郎左衛門尉」と署判した香取社地頭代の中村氏のことであった。

残る「公人」とは、録司代・田所・案主の三奉行のことであろう。中世における公人とは、一般に「公権を所有する権力機構に所属し検断など公的活動に従事する職員」と定義されており、(39) 中世香取社における公人とは録司代・田所・案主の三奉行のこととみてよい。

つまり、応永六年検田取帳を編成するにあたって一味同心した社家・地頭・公人とは、当然のことであるが、この起請文に署判した大禰宜兼大宮司（＝社家）と宮介代（＝香取社地頭代）と三奉行（＝香取社公人）のことであった。

これまでにも指摘されてきたように、この帳簿は神訴によって社家の大禰宜長房側が千葉氏などの地頭勢力によって押領されつつあった「神領」を回復し、そのことを証明するものとして作成されたものである。したがって、香取社地頭代の中村氏が宮介代として起請文に署判していることが重要なのである。こうした意味で、応永六年検注取帳（検田取帳と後述の畠検注取帳ともに）に記載された田畠は、地頭あるいは地頭代側も認めた「神領」を意味したのであり[40]、応永六年検注取帳は応永六年段階の香取「神領」を確定したもので、それは鎌倉中期段階までの香取社領を縮小するかたちで再編されたものであった。

四　応永六年香取神領畠検注取帳について

（1）諸本の性格

次に応永六（一三九九）年香取神領畠検注取帳（⑧）について検討してみたい[41]。応永六年畠検注取帳は、応永六年検田取帳（⑦）が田地の帳簿であったのに対して畠地の検注取帳であった。中世の香取社領においては、応永六年五月に「神領」の田地と畠地の両方の帳簿が整えられたのである。応永六年畠検注取帳の冒頭部分には次のように記載されている。

注進　香取御神畠検注取帳事
大禰宜帳ハ永仁、録司代帳ハ文保、田所帳ハ建武、案主帳ハ正慶、合彼四帳、応永六年ニ社家・地頭・公人寄合、
為後証所注置也、

応永六（一三九九）年畠検注取帳の場合は、「永仁の大禰宜帳」、「文保の録司代帳」、「建武の田所帳」、「正慶の案主帳」の四帳を合わせることで作成されたのであった。

表10からわかるように（**大禰宜帳**〔×〕などとあるもの）、畠検注取帳の場合も「永仁の大禰宜帳」と「文保の録司代帳」、「建武の田所帳」は現存していないのであるが、「正慶の案主帳」は第一節で検討した正慶二（一三三三）年四月十六日香取大領麦畠検注取帳（⑤）にあたるものと考えられる。また応永六年畠検注取帳も、大禰宜家本・録司代家本・田所家本・案主家本の四本が伝来したものと考えられるが、現存するものは大禰宜家本・録司代家本・案主家本のみであり、先述のように、田所家本の畠地帳は色川三中の調査段階で、すでに失われていた。また、各家本の史料的な性格は応永六年検田取帳と基本的には同じであるが、畠検注取帳のみに関する所見を記しておきたい。

【大禰宜家本】

大禰宜家本は畠検注取帳も冊子であり、表紙・裏表紙とも検田取帳と同じである。本来のものと思われる表紙・裏表紙とも文字の記載はなく白紙である。本文の記載は二丁から三二丁にかけてであり、三三丁が本来の裏表紙であろう。なお、三二丁の左側奥（綴じ込み部分）に「已上卅一丁」とみえることからすれば、一丁目と三三丁目は表紙と裏表紙として、丁数に入れていないことがわかる。また、検田取帳と同筆である。

【録司代家本】

録司代家本は畠検注取帳の場合も、虫食いや傷みがほとんどなく、ほぼ作成当時の形態を残している帳簿であり、現状の表紙・裏表紙も検田取帳と同じく嘉永四（一八五一）年六月に装幀されたもので、渋柿に染められ「嘉永四年辛亥六月装背／録司代家所蔵／香取御神畠検注帳　四」と書かれている。そして一丁目の本表紙には中央やや左に「香取太神宮御神畠検注取帳」とあり、中央やや右下に「録司代慶海」とあるが、ちょうど中央の部分は擦り削ったようになっている。畠検注取帳も慶海の自筆とみてよく、本来の表紙を一丁とすると本文は二丁から一九丁までであり、畠検注取帳の場合もこのあと二〇・二一丁に、延文三（一三五八）年の帳を書写したとある香取社領相根村畠検注取帳写（補録四号）が綴じ込まれ、二二丁目が本来の裏表紙になるのである。(42)

【案主家本】

案主家本の畠検注取帳も嘉永四年に装幀されたものであり、現状の表紙には、「嘉永四年辛亥八月装背／案主家所蔵／香取文書　五」とあり、やはり録司代本の表紙と同筆と推定される。一丁目の傷みはひどく、裏打ち紙に張られており、本来の表紙部分に文字は記載されていない。本文は二丁から二一丁に記載されており、本来の裏表紙部分は右側しか残っていない。起請文の書かれた二一丁の折り目部分ははなはだしく欠損している。

畠検注取帳の場合も、録司代家本と案主家本はほぼ同筆で、録司代慶海の筆によるものと考えてよい。そうだとすると、畠検注取帳の場合も四帳を前提に案主家本が録司代慶海によって作成され、さらに慶海は録司代家本を編成し、録司代家本にしたがって大禰宜家本が完成されたものと考えられる。

（2）応永六年畠検注取帳の意義

では応永六年検田取帳と同様に、応永六年畠検注取帳の前提となった四帳の一つの「正慶の案主帳」（⑤）と応永六年畠検注取帳（⑧）の案主家本、録司家本そして大禰宜家本の関係を確認しておきたい。まずは、各家本の冒頭部分を比較してみたい。

〈正慶の案主帳〉（旧案七号）

一坪吉千与私五反内　五郎四郎
二坪吉千与私一反　二郎三郎
三坪吉通私二反小内 一反六十歩　六郎次郎 / 一反六十歩　大六四郎入道
四坪吉安□□□　ほつけう

〈応永六年畠検注取帳：案主家本・録司代家本・大禰宜家本〉（新案二七号・補録二号・新禰二五号）

一坪吉千代私五反内豊前房　五郎四郎　次郎三郎　女子二人
二坪吉千代私二反　同人
三坪行事禰宜私二反小　手
四坪吉安私二反　静覚法橋

引用部分の一坪では、「五郎四郎」が複数名に変化しており、二坪では面積が一反から二反へ、そして「二郎三郎」が同じく複数名に変化している。三坪では「吉通」が「行事禰宜」となり、作人の記載も変化している。四坪では作人名が「ほっけう（法橋）」から「静覚法橋」へと変化している。これが六六年間の変化ということになる。なお引用部分については、応永六年畠検注取帳の案主家本以下の諸本には異同はない。

　また、全体を見てみると、吉原二里において「正慶の案主帳」⑤には「十七坪良一反　さうめうつくり」とあるが、応永六年畠検注取帳⑧の案主家本と録司代家本には、一七坪は記載されておらず、大禰宜家本においては「十七坪良一反　権禰宜四郎」とある。畠検注取帳の場合、大禰宜家本は録司代家本をそのまま書写したものではなかった。また、返田新畠については、「正慶の案主帳」には一六筆目として「二升　いち□□」があるが、応永六年畠検注取帳の各家本には記載されていない。応永六年畠検注取帳の作成に際して、四帳を合わせる過程で除外されたものであろう。

　こうした個別的な相違点に対して、大きな違いの第一は、「正慶の案主帳」⑤にはまったく記載されていなかった追野村一六坪（筆）と宮本の二里にわたる五六坪（筆）が応永六年畠検注取帳の各家本には記載されていること、第二は、「正慶の案主帳」⑤にもなかった相根の二里にわたる四八坪（筆）が、応永六年畠検注取帳⑧の案主家本にのみ記載されていることである。これらをどのように整合的に理解するか難しいところである。また先にふれたように、録司代家文書のなかに延文三（一三五八）年に書写された相根本畠（二里四七坪）と相根新畠（四坪）についての検注取帳写（補録四号）が残されており、この相根村の本新畠についての検注取帳も応永六年畠検注取帳の作成に関連するものと推測されるが、まだ十分に説明することができない。

次に**表10**によって、応保二（一一六二）年大禰宜大中臣実房譲状や「正慶の案主帳」⑤との関係をみておきたい。第一に気づく点は、応保二年大禰宜大中臣実房譲状に「一　村々名畠坪付　金丸・犬丸」として載る「香取村・大畠村・二俣（田俣）村・新家村・田太（多田）村・吉原村・津部」の七カ村うち、応永六年畠検注取帳に載るのは「大畠」と「吉原」のみであり、他の五カ村は記載されていないことである。先述のように、これらのうち二俣（田俣）村はもともとは大宮司職領であったと考えられ、一時は物忌職領として伝領したものであるが、この五カ村ははやくから地頭領に組み込まれつつあった田太（多田）村とともに、地頭領として応永六年畠検注取帳から除外されたものと推測される。

第二に、応永六年畠検注取帳には、「正慶の案主帳」には記載されていなかった「追野」と「宮本」とが記載されていることである。そのため応永六年畠検注取帳の場合には、応永六年検田取帳とは逆に検注取帳の村落数・筆数・面積とも増加しているのであった。そこには田地と畠地との性格の違いがあるものと推測される。

なお、応永六年畠検注取帳の場合、案主家本が特異な位置を有している。それは案主家本のみに「相根」（五三筆、六六町七段）の記載があることである。じつは相根の部分はちょうど二丁にわたって記載されており、帳簿上の不整合はないのであるが、写真帳によるかぎり、相根二丁分の筆は他と同筆ではあるが、同時に書かれたものではなく、のちに挿入されたものである可能性が高い。ただし、挿入された理由や時期については未詳である。

次いで、応永六年畠検注取帳の各家本の起請文と年記と署判についてみておきたい。起請文の文言などについては、前掲の応永六年検田取帳の起請文と基本的には同じであるが、いくつか指摘しておくべき点がある。まず、案主家本であるが、先述したように、起請文の書かれた二一丁ははなはだしく欠損しており、年記部分と案主の署判部分は一部しか確認できない。花押は田所と録司代にはあるが（欠損部分の案主にも花押はあったものと推定される）、「宮介紀右近三郎左衛門尉」と「大禰宜兼大宮司散位長房」には花押が書かれていない。もともとの年記部分の左に後筆で「応永六(ママ)年卯九月」と書かれているが、もちろん「卯九月」の部分は誤りである。また、大禰宜家本には、応永六年検田取帳の各家本と同様に起請文の前に「此外、可有注漏候、追可注進候」とあるが、応永六年畠検注取帳の録司代家本以外には、この文言は欠落している。こうしたことからみると、大禰宜家本こそが応永六年畠検注取帳の正文というべき帳簿なのかもしれない。ただし、「宮介紀右近……」に関しては、応永六年検田取帳の録司代家本と大禰宜家本とはともに「宮介代紀右近……」とあったが、畠検注取帳の場合では、案主家本・大禰宜家本ともに「宮介紀右近」であり、録司代家本のみ「宮介紀《代》右近」と「代」が追筆されている。また、録司代家本のみに、佐原村一里の「卅六坪御名一反内半八安主半八六司代御弊(幣)所」あり、こうした点からは録司代家本がもっとも注意深く作成され、また利用されたものといえそうである。

最後に、応永六年検注取帳の花押についてふれておく、検田取帳と畠検注取帳あわせて六本存在する応永六年検注取帳のうち、署判者五名の花押が揃っているものは、録司代家本と大禰宜家本の各帳簿の四本であった。四本の署判の特徴は、署判者の花押の大きさである。大禰宜家本の畠検注取帳を除く他の三本の花押の場合、明らかに「宮介(代)紀右近三郎左衛門尉」の花押は、右の録司代の花押と左の大禰宜兼大宮司長房の花押との間に小さく縮こまって書かれている。つまり、四本の帳簿の花押は録司代・田所・案主そして大禰宜兼大宮司長房が書いたあとに、宮介代すなわち香取社地頭代の中村氏が花押を書いたために、両者の間に縮こまって書かざるをえなかったものと考えられる。ただし、大禰宜家本の畠検注取帳の場合は、署判の位置にスペースがあったため、「宮介紀(ママ)右近」の花押は大きく書かれているのであった。こうした花押のあり方にも、応永六年検注取帳の編成過程と政治状況とが反映しているものと推測されるのである。

おわりに

おわりに、応永六（一三九九）年検注取帳に集約された香取「神領」の性格について、近年の室町期荘園制論の視角から検討してみたい。

まず、第三節で検討した応永六年検田取帳についてである。応永六年検田取帳は鎌倉時代からの諸史料によって確認することができる香取社領の全体構成からすると、社領内のかぎられた所領に関する帳簿にすぎなかった。すなわち、応永六年検田取帳には、表10の弘長元（一二六一）年葛原牧内小野織幡地帳（①）に帳付けされた大禰宜家私領は除外され、さらに大宮司職領のうち地頭領や大禰宜家私領に取り込まれた村郷も除かれていた。もちろん、平安末期からその存在が確認できる散在神田畠も除外されている。つまり、応永六年検田取帳は香取社領に属する田地のうち、大禰宜家私領や地頭領に取り込まれずに残された（あるいは地頭押領地であったものが返却された）ものだけの帳簿なのである。

表11の田数でいえば、応永六年検田取帳は、弘長元年葛原牧内小野織幡地帳（①）＝大禰宜私領と弘安元（一二七八）年香取神領田数目録（②）＝「弘安の案主帳」を合計した概算値の二九三町三段余に対して、一四六町二段余にすぎないわけで、応永六年検田取帳には香取社領に属する田地の半分ほどしか書き上げられていないのである。たぶん、応永六年検田取帳は香取社領内の田畠のうち、いわゆる「公田」(43)に関する帳簿であり、そのために坪付け毎の数値にほとんど変化がないものと考えられる。

つまり、応永六年検田取帳は香取社領のうちで大禰宜家私領や地頭領（＝武家領）に組み込まれずにすんだ（あるいは返却された）、いわゆる荘園制の枠組みを支えた公田に関する帳簿なのである。そうだとすると室町期荘園制の枠組みのなかに残された所領が「神領」なのであり、香取社領内の田地のうちの約半分にあたる所領が、荘園制の枠組みを残すことになったのである。

これまで中世後期には荘園制の枠組みは解体し、寺社本所一円領と武家領（地頭領）とに整理されていくとされてきたのであるが[44]、香取社領の場合には、荘園制的な枠組みは社領内の半分の田地が「神領」として再編成されることによって維持されたのであった。そして、それを保証する帳簿こそが応永六年検田取帳であったのであるが[45]、その数値は鎌倉時代からの形式的な公田数であり、実質的な社領の再編がなされたとは考えられない。

これに対して応永六年畠検注取帳（⑧）は、正慶二（一三三三）年香取大領麦畠検注取帳（⑤）＝「正慶の案主帳」と比較して、村郷名では追野と宮本（あるいは相根。相根は案主家本のみ）が増えており、畠数では正慶二年香取大領麦畠検注取帳が八〇町に対して、応永六年畠検注取帳は案主家本の相根を含めて一六四町九段二〇〇歩余りに増加しているのであった。これには中世における田地と畠地の性格の違いが関係しているものと考えられよう。もちろん、畠検注取帳も公畠の帳簿とみるべきであろうが、畠地に対する支配は、田地＝公田とは異なって現実的な支配が進行していたみることができそうである[46]。応永六年畠検注取帳の場合も、少なくとも地頭領（＝武家領）が除外されていることは確実である。

そして、こうした香取「神領」の再編にあたって、「香取社地頭」あるいは「同地頭代」は「宮介」あるいは「宮介代」として香取社の神官職に取り込まれたのであった[47]。

註

（1）　香取社領の検注帳をめぐる主な研究には、福田豊彦「下総国香取神社の中世への変容」（同『中世成立期の軍制と内乱』吉川弘文館、一九九五年。初出一九六〇年）、高島緑雄「中世における香取社領と村落」（『地方史研究』四九号、一九六一年）、同「中世香取社領の展開と構造」（木村礎・高島緑雄編『耕地と集落の歴史—香取社領村落の中世と近世—』文雅堂銀行研究社、一九六九年。一部初出一九六一年）、村川幸三郎「古代末期の『村』と在地領主制」（『法政史学』一九号、一九六七年）、富澤清人「鎌倉期東国の在地構造研究のためのノート」（富澤清人遺稿集刊行委員会編『中世荘園への道—富澤清人の世界—』一九九七年。初出一九七一年）、山本充朗「中世東国の農民についての一考察」（『日本歴史』三七七号、一九七九年）、段木一行「中世村落構造の一考察」（同『中世村落構造の研究』吉川弘文館、一九八六年）などがある。

（2）　富澤清人「中世検注の特質」（同『中世荘園と検注』吉川弘文館、一九九六年。初出一九八二年）。網野善彦『中世東寺と東寺領荘園』第Ⅰ部第五章「東寺における自治の発展」（東京大学出版会、一九七八年。初出一九六八年）。網野は初出論考を同書に再録するにあたって、批判の趣旨が「時代の異なる検注帳の、『名請人』の百姓の田畠を、たとえば名田部分と散田、一色田部分、あるいは取帳と名寄・目録とをなんら区別することなく、集計、比較し、農民層分解、小農民自立を論ずることの『空虚さ』」を指摘したものであると述べている（同書二五八頁の註〔7〕）。

（3）　富澤前掲『中世荘園と検注』六九頁。また山本隆志『荘園制の展開と地域社会』（刀水書房、一九九四年）、半田晃章「中世の検注と百姓」（『国史談話会雑誌』二九号、一九八八年）も参照。富澤や山本らによる検注帳論の前提には、細川亀市「中世庄園の検注」（『社会経済史学』四巻七号、一九三四年）や寶月圭吾による「高山寺方便智院領小木曾庄について」・「中世検注における一・二の問題」・「庄園における検注使の生活実態」（ともに同『中世日本の売券と徳政』吉川弘文館、一九九九年。初出は順に一九八〇・五八・八五年）、同「中世の検注について」（『地方史研究』九一号、一九六八年）などの一連の論考があった。また最近の研究には、渡辺滋「日本の古代・中世移行期における『帳簿』の特質」（『民衆史研究』七二号、二〇〇六年）や春田直紀「荘園土地台帳の内と外」（同ほか編著『日英中世史料論』日本経済評論社、二〇〇八年）などがある。

なお、富澤の初期の論考である富澤前掲「鎌倉期東国の在地構造研究のためのノート」は、まさに香取文書のなかの六通の検注帳の分析をめぐるものであった。富澤の研究は未完に終わったが、富澤による検注研究は香取文書の検注帳類の分析に「回帰」するはずだったのではないかと考える。

（4）　応永六年検注取帳は、『旧県史』に採録されておらず、これまでは刊本『香取文書纂』によっていたが、『新県史』には、大禰宜家本と案主家本を『新県史　中世2』（新禰二四・二五号、新案二四・二七号）に、新発見の録司代家本を『新県史　中世3』（補録一・二号）に、『続群書類従』所収の田所家本を『新県史　中世5』（新群二号）に収録した。また、田所家本の写である賜蘆文庫本の応永六年「香取九カ村諸名帳」は『新県史　中世2』（新写一号）に収録している。なお、本章で検討した香取文書については、千葉県史料研究財団架蔵の写真帳等によって校訂を加えて使用した。

（5）　西岡虎之助「坂東八カ国における武士領荘園の発達」（同『荘園史の研究　下巻一』岩波書店、一九五六年）、百瀬今朝雄「下総国における香取氏と千葉氏の対抗」（『歴史学研究』一五三号、一九五一年）、福田前掲「下総国香取神社の中世への変容」。以下、引用する福田の議論はこの論考による。

（6）　香取社領にみえる村郷をどう位置づけるかについては、これまでいくつかの議論があり、中世東国の村落論として、また荘園公領制と村郷の関係を考えるための素材として重要である。この点で福田前掲論考は基本的な研究であった。なお東国の村郷をめぐる議論については、鈴木哲雄「荘園公領制と東国の村郷」（『歴史評論』六二二号、二〇〇二年）参照。

（7）　高島前掲「中世香取社領の展開と構造」。なお、高島は「織幡村」を小野・織幡・綱原の三カ村をあわせての名称ともみているが、本章では織幡村は小野村・綱原村と並存した村郷と考えている。以下、引用する高島の議論はこの論考による。

（8）　村井章介「鹿島社領」（『東北・関東・東海地方の荘園』〈講座日本荘園史5〉吉川弘文館、一九九〇年）。

（9）　鈴木哲雄「中世香取社による内海支配」（同『中世関東の内海世界』岩田書院、二〇〇五年。初出一九九三年）。以下に記す社領構成についても、この論考による。

（10）　鈴木前掲「中世香取社による内海支配」の初出論考では、大禰宜大中臣実房の譲状にみえる所領について、大禰宜職領や大禰宜家私領をはるかにこえて香取社領全体におよんでいる可能性もあると述べたが、このように修正する。

（11）　本書第八章参照。

（12）　その後、千葉氏などの地頭勢力による社領押領が進んだが、中心になったのは香取社地頭＝国分氏によるもので、「社地頭」の国分氏は神主職領や神物部分に対して支配権を拡大していったのである。この点、鈴木前掲「中世香取社による内海支配」参照。

（13）　富澤前掲「鎌倉期東国の在地構造研究のためのノート」。

(14) なお高島は、前掲『耕地と集落の歴史』の一七一頁以下で一紙ものの「検注取帳」「検注雑事帳」についても検討しているが、本章では検討できない。一紙ものの検注取帳類についての検討は後日を期したい。

(15) 山本前掲「中世東国の農民についての一考察」。なお山本論考は、鎌倉・南北朝期の香取社領の検注帳を分析しつつ「地本」に注目した特筆すべき論考である。ただし、山本の「地本」の理解は「神官、百姓等の領作と神役勤仕を成立させている場」とか「公田畠における勧農の場」との理解であるが、私は「地本」とは「下地―所当」という所務の次元の土地所有の関係ではなく、「地本―作毛」という雑務次元の土地所有の関係を意味する語であったと考えている。この点については、鈴木哲雄「地本と下地について」(鎌倉遺文研究会編『鎌倉期社会と史料論』東京堂出版、二〇〇二年)を参照願いたい。

なお、香取文書にみえる「地本」については、右の土地所有の視点から、鈴木「香取社領における地本と下地について」(『千葉県史研究』一一号別冊、二〇〇三年)で詳しく検討した。

(16) 高島前掲「中世香取社領の展開と構造」の注28参照(『耕地と集落の歴史』一五〇頁)。

(17) 福田前掲「下総国香取神社の中世への変容」。この点について福田は、「坪」とは鎌倉中末期のある時期に一名一作人の一耕地塊を便宜的に一坪としたものであり、「里」とは順次、検注して三六個の坪ごとに適宜に一里と記したもので、この辺に律令的条里制の施行されていたことが慣習的に残ったものとみることができるが、「里」「坪」は律令の里・坪のごとく固定した土地を指すものではない、と的確に指摘している(福田前掲『中世成立期の軍制と内乱』三〇〇―三〇一頁)。

(18) 署判の「録司代在判」部分は、案主家文書の現状では損傷してしまっており、全くみえない。なお、色川稿本「香取案主家文書　四」から『新県史　中世2』に採録した香取社領新田検注帳写(新案二号)は、香取神領田数目録の末尾にあたる「新田三里」についての検注取帳の写である。該当部分を書写したあと数行分余白をとって

本書
弘安元年十月十四日　案主所在判
田所在判藤井
録司代在判
大宮司在判

と記載されている。これは明らかに弘安元年香取神領田数目録の一部を写したものであり、香取神領田数目録は「弘安の案

主帳」のほぼ全体を書写したものと考えられる。弘安元年香取神領田数目録の「本書」以下の署判の欠落部分は、右に引用した香取社領新田検注帳写によって補訂できる。なお、色川三中は右の署判部分に「此書ハ弘安ノ本書ニハアラネト、彼田数目録ト同筆トオホシケレバ、イツレモ其本書ノマヽニ書タル物トハミユルナリ」と的確な注記をしている。

（19）ふつうは①④⑤⑥⑦⑧のように、「注進　……検田取帳事」などとあることからしても、「香取神領田数目録」は「弘安の案主帳」を写したものといえよう。

（20）榎原雅治「荘園文書と惣村文書の接点」（同『日本中世地域社会の構造』校倉書房、二〇〇〇年。初出一九九六年）が検討した「日記と呼ばれた文書」という視点は、検注帳論にも有効なものだと考えられる。

（21）中世の畠作に関しては、木村茂光『日本古代・中世畠作史の研究』（校倉書房、一九九二年）を参照。

（22）福田前掲「下総国香取神社の中世への変容」（『中世成立期の軍制と内乱』三三三頁）、高島前掲「中世香取社領の展開と構造」（『耕地と集落の歴史』一五三―一五四頁）、山本前掲「中世東国の農民についての一考察」。

（23）前稿の鈴木哲雄「資料解説　香取文書の構成と調査の沿革」（『新県史　中世2』）において、大禰宜家本が写である可能性を指摘したが、現在は三本ともほぼ正文とみていよいものと判断している。

（24）色川稿本「香取録司代家文書」の嘉永元（一八四八）年九月七日付けの後序（刊本『香取文書纂』〈第七分冊〉巻七にも収録）。鈴木前掲「資料解説　香取文書の構成と調査の沿革」および『新県史　中世3』の資料解説「第五章　香取文書」（鈴木哲雄執筆）。本書第三章も参照。

（25）前掲の色川稿本「香取録司代家文書」の後序。

（26）中井信彦「色川三中の香取文書調査について」（『古文書研究』二三号、一九八四年）は注（20）において、三中によるこの按文を引き、前段が朱書で後段が藍書であることを、そして「大禰宜本」への校合が「田所本」は朱、「案主本」は藍を用いて書き入れていることをすでに指摘している。

（27）鈴木の旧稿「香取社領の検注帳について」（『国立歴史民俗博物館研究報告』一〇四集、二〇〇三年）では、田所家本は所在不明であり、賜蘆文庫本が田所家本の可能性もあるとしながらも、応永六年検田取帳の作成過程に位置付くものと考えたが、本文のように修正する。なお『新県史　中世2』では、賜蘆文庫本について「香取社検田取帳写」という文書名を採用したが、本章では「香取九ヶ村諸名帳写」と改めた。
(28) 応永二十八（一四二一）年五月十日高倉目代師什乗譲状（新田三七号）
(29) なお、録司代家本の冒頭（丁古）の六里二坪の「神主」、同里二七坪の「神主」、鍬山の「一坪金丸七反」の「神主分アリ」という異筆の追記は、録司代家本のみに見ることができる。
(30) 鈴木前掲「香取社領の検注帳について」で誤解したように、大禰宜家本が「写」的にみえるのは、同家本が録司代家本・案主家本とは異筆であり、録司代家本を書写することによって作成されたためだと考えられる。だからといって、大禰宜家本を写とみることはこうした帳簿類に関しては誤りであった。
(31) なお、ここに「香取九ヶ村」とあるが、香取九ヶ村については前出の延文三（一三五八）年五月一日杳取九ヶ村注文（補録三号）にみえる九ヶ村との関連が気になるところである。ちなみに、香取九ヶ村注文に記載された九ヶ村とは「丁古・宮本・吉原・追野・津宮・大畠・新辺（部）・相根・辺田」のことであり、さらに「たまた（田俣・多俣）」は丁古内に、「新寺」・「鍬山」は宮本内に、「しの（篠）原」・「井戸庭」・「さわら（佐原）」は追野内に、「ほつ（堀）川」は津宮内に、「ひちやおりたち」・「かなくほよこを」は大畠内に、「かふや」は新部内に位置づけられている。香取九ヶ村についての詳しい検討は、今後の課題とする。
(32) 本書第八章参照。なお、正応四（一二九一）年の加符村田数目録（④）の作成は、物忌職領としての加符村の私領化と関連する可能性が高い。
(33) 大禰宜長房は、至徳四（一三八七）年五月一日に嫡子万寿丸（幸房）と庶子かん寿丸（憲房）に譲状を認めるとともに、同日付けで置文を書いている。この置文には、「社家繁盛」のために置文をすること、そして「神官等は万寿と一同の思いをなし、社家の法をかたく用いて、万寿に背く事あるべから」ざることなどを定めている（旧禰一五一・一五二・一五三号）。ここでの社家とは、大禰宜家のことである。この点については、伊藤喜良「死亡逃亡跡と買地安堵」（同『中世国家と東国・奥羽』校倉書房、一九九九年所収。初出一九八一年）参照。
(34) 鈴木前掲「中世香取社による内海支配」。
(35) また、偽文書の可能性が高い元暦元（一一八四）年正月七日香取社神宮寺七日七夜頭番等注文写（新源三号）にも「地頭兼宮之助平胤政」とあり、香取社地頭＝宮介との認識が香取社周辺にあったことは確実である。

（36）　また、応安五（一三七二）年十一月日大禰宜大中臣長房訴状（旧禰八九号）には「地頭代胤幹」とみえるが、「地頭代」とは香取社地頭代のことである。なお、段木一行「下総国千田庄地頭代中村胤幹」（段木前掲『中世村落構造の研究』。初出一九八一年）は中村胤幹を千田庄地頭代とするが、香取社地頭代とみるべきものと考える。

（37）　年月日未詳香取社神官等連署状（新案七六号）の署判者に「紀右近三郎左衛「　」」とみえ、康応元（一三八九）年七月大禰宜大中臣長房契状案（旧録二八号）には、「□所　中村三郎左衛門屋敷丁古」とみえる。また、年月日未詳香取社神官死亡逃亡跡屋敷田畠目録（新田二二号）には、中村「胤幹」とともに「中村三郎さえもん」の名がみえ、年月日未詳海夫注文（旧禰一二四号）にも「すくゐの津中村三郎左□□知行分」や「ほつかわの津中村三郎左衛門内山中務今ハ中澤知行分」、「つのミやの津中村式部知行分」などとある。

（38）　応安五（一三七二）年十一月日大禰宜大中臣長房訴状（旧禰八九号）。なお、貞治・応安神訴事件については、小川信「香取社の造営と千葉一族」（『神道学』三九号、一九六三年）、高村隆「香取文書にみえる嫐殿攻撃と国行事職についてのノート」（川村優編『論集　房総史研究』名著出版、一九八二年）、小国浩寿「香取社応安訴訟事件の一背景」（同『鎌倉府体制と東国』吉川弘文館、二〇〇一年。初出一九九七年）など参照。

（39）　稲葉伸道「中世の公人」（同『中世寺院の権力構造』岩波書店、一九九七年。初出一九八〇年）。

（40）　そうだとすると、応永六年検注取帳は宮介代＝地頭代の中村氏側にも保管されたものと考えられる。

（41）　大禰宜家本は新禰二五号、案主家本は新案二七号、録司代家本は補録二号。なお、註（23）も参照のこと。

（42）　ただし、応永六年畠検注取帳の場合、綴じ込まれた丁毎に付された番号は、本来の表紙を数えていないため、丁毎の綴じ込み部分に書かれた実際の数字とは一つずれている。

（43）　中世の公田については、入間田宣夫「公田と領主制」（『歴史』三八輯、一九六九年）、田沼睦「中世的公田体制の成立と展開」（同『中世後期社会と公田体制』岩田書院、二〇〇七年。初出一九七〇年）、中野栄夫「鎌倉時代における公田について」（『法政大学文学部紀要』二七号、一九八一年）、酒井紀美「南北朝・室町期の公田と農民」（同『中世日本の在地社会』吉川弘文館、一九九九年。初出一九七六年）など参照。

（44）　工藤敬一「荘園制の展開」・「荘園制社会の基本構造」（同『荘園制社会の基本構造』校倉書房、二〇〇二年。初出は順に一

九七五・二〇〇二年）、高橋典幸「鎌倉幕府軍制の構造と展開」・「荘園制と武家政権」（同『鎌倉幕府軍制と御家人制』吉川弘文館、二〇〇八年。初出は順に一九九六・二〇〇二年）。

（45）　大中臣長房は、至徳二（一三八五）年十月四日に嫡子満寿丸（幸房）充てに譲状を書いているが、そこに書き上げられた「諸職ならびに所帯等」は、

①大禰宜職私領神領ならびに散在神田畠等事
②金丸・犬丸・司・大神田租石（穀）検田米以下名々事
③小野・織幡両村ならびに綱原の村事
（中略）
④神主職ならびに加符・相根両村事
⑤香取十二ケ村散在の神田畠等、諸々の名々事
（以下略）

などであった（旧禰一四九号）。このなかの⑤が応永六年検注取帳に書き上げられることになる「神領」であろう。ところが、二年後の至徳四（一四〇一）年五月一日に改めて長房が大禰宜兼大宮司長房として嫡子満寿丸充てに作成した「御神領ならびに所職、同私領田畠等事、司名下地田畠」の譲状には、「大禰宜職私領小野・織幡・葛原村、十二ケ村うちの散在の犬丸・金丸・司名・大神田以下の名々、とんちやう（土帳）目録に任せて知行すべし」と①から⑤が一括して書かれているようにみえながら、子細に比較すると④と⑤については明確な記載がないのである（旧禰一五三号）。ということは、大禰宜長房は一度は香取社領の全体を支配し、嫡子幸房に譲与できたかにみえながら、実際には④の神主職および神主職領や、⑤の「香取十二カ村散在神田畠等諸々名々」は私領として譲与することはできなかったのではないか。こうした点からも、応永六年検注取帳に示された「神田畠」は、大禰宜家私領や地頭領には組み込まれなかった「神領」なのである。

（46）　木村前掲『日本古代・中世畠作史の研究』参照。

（47）　近世の「宮介」については、本書第三章第一節を参照。

Ⅲ　香取文書の周辺

第八章　香取大宮司職と「女の系図」

はじめに

本章は、『続群書類従』（巻一七九）所載「香取大宮司系図」にみえる「女子」や「女」、「氏女」、「母」などの記載に注目し、中世香取社の大宮司職と大宮司周辺の女性の存在について考察するものである。また、本書の主題である香取文書論の周辺に位置付く神官の系図を、女性史の視点から読み解くことを目指している。

『続群書類従』には、「香取大宮司系図」の他に「香取大禰宜系図」が所載されている。すでに両系図については、萩原龍夫による詳しい解題があり、諸本との関係や概要についてはここではふれない(1)。

萩原が指摘しているように、「香取大宮司系図」で注目すべきことは次の三点である。第一に、中世にあたる部分の書き方が、血統を示すよりも大宮司職の補任次第的な形式を備えていること（以下、本体部分と呼ぶ）。第二に、平安時代末の大中臣惟房以下には長文の補入が行われ、惟房以降の大中臣氏の血統が示されていること（以下、補入部分と呼ぶ）。第三に、中世の本体部分（大宮司の補任次第的な形式）のなかに、しばしば女性の項目が介在することである。まずは、この第三の点について検討してみたい。

一　香取大宮司系図にみえる女性

すでに萩原は、第三の点について、「(大宮司）補任が女系を介して相続されたという意味をもつのであろう」としている。萩原が「女系を介して」というのは、「大宮司周房の次の女子」、「大宮司実広の次の女」、「大宮司実佳の次の氏女」、「大宮司実盛の次の女」、「大宮司実公の次の母」、の五例のことである。男性と思われる人物のすべてには、「大宮司」の添え書きがあるが、五人の女性には、「大宮司」の添え書きはない。しかし、個別の添え書きがあり、まずはこの添え書きの実否について考えてみたい。

【①周房の次の女子】

本体部分に添え書きはないが、補入部分には、「周房―女子―実盛」とあり、この女性は血統上は大中臣周房の女子で、実盛の母ということになる。刊本『香取文書纂』の編纂に携わった伊藤泰歳や福田豊彦が補訂した系図では、この女子と実盛はともに周房の子であり、女子は「神主実広ノ室」とされている。(2)

【②実広の次の女】

本体部分には「実広妻」とあり、補入部分には「実広―女子」として「実広室。大宮司職勅許。」と添え書きされている。萩原はこれを「何か相続上の記事を誤記し」たものとする。「実広室」とは、先の伊藤や福田作成の系図にあるように、周房の女子のことであろう。本体部分で実広の次に実広妻が置かれていることは、実広の次の大宮司職が実広妻であったことを意味しようか。補入部分に「大宮司職勅許」とあることにも符合する。

【③実佳の次の氏女】

本体部分には「亀若女」、「実、実村女。正応元年為物忌職。一本実高次出。」とあり、補入部分には「実村―女子」

として「亀若女。物忌。」とある。香取文書で「亀若女」とされる女性は、大宮司家文書にみえる「大中臣氏女」である。大中臣氏女＝亀若女は大中臣実盛の女子であり、文永八（一二七一）年から正応二（一二八九）年にかけて同家文書で確認される（新宮一四・一五・一七・一八号）。したがって、「実佳の次の氏女」への「亀若女」との添え書きは誤りである。次項④の「亀松女」こそが「亀若女」に該当する。亀若女と亀松女とは、「香取大宮司系図」では入れ替わっており、実村の女とは、「亀若女」ではなく「亀松女」のことである。亀松女は、元亨三（一三二三）年七月八日関白九条房実家御教書写にその名がみえるのであり（新宮二七号）、「実佳の次の氏女」とは、「亀松女」「実、実村女。元亨三年為物忌職。一本実高次出。」と添え書きされるべきものであった。

【④実盛の次の女】

本体部分では、「亀松女」「実盛女。元亨三年物忌職。」とあり、補入部分では「実盛―氏女」とのみある。前項③のように、実盛の女とは、「大中臣氏女亀若女」のことであり、本来は「亀若女」「実盛女。正応元年物忌職。」とあるべきものであった。伊藤は、「実盛―女子」として「神主実康ノ室。大中臣亀若女。」と補訂しており、福田も「実康室」とする。なお、「実康室」について補入部分では「実康―女」として「実康室。両職兼帯。」とあり、伊藤や福田の補訂のように亀若女が実康の妻であった可能性は高いのである。

【⑤実公の次の母】

本体部分では、「実公母。」とするが、伊藤は、「実幸―女子」として「長房ノ母。大中臣氏女。」と補訂している。萩原は先の解題で、「他の史料から当然『実公女　実長室』（したがって長房母）とすべきものである」とし、南北朝末期に、男系で大禰宜職を継いだ大中臣長房は、女系で大宮司職を継いで、両職を兼帯したのだとしている。

以上が、「香取大宮司系図」から、萩原が女系を介して大宮司職が相続された、と指摘したことの具体的内容である。

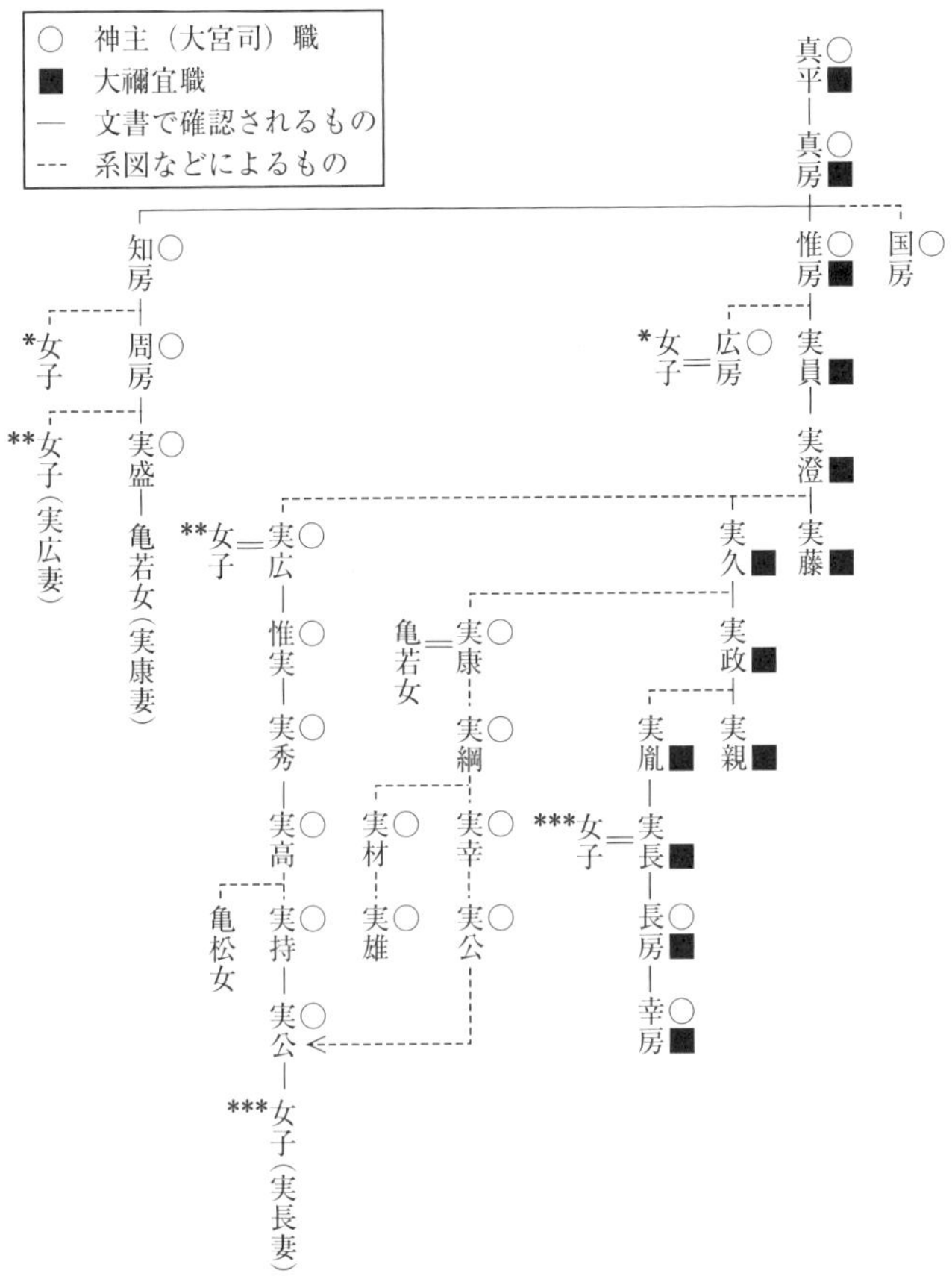

系図2　香取大中臣氏略系図（「男の系図」）

二　香取大中臣氏略系図の作成

系図2「香取大中臣氏略系図（「男の系図」）」は、『旧県史』や『新県史』などに収録された香取文書の内容を前提に、すでに発表されている諸系図および前節での考察を踏まえて作成したものである。

系図2からすれば、香取大中臣氏では、惟房以降、嫡子系が大禰宜職を相伝し、庶子系が大宮司（神主）職を遷替していることになろう。大禰宜職が相伝の職であったのに対して、大宮司職は遷替の職であった。史料上では、「当流之習、以嫡子補大禰宜、以二

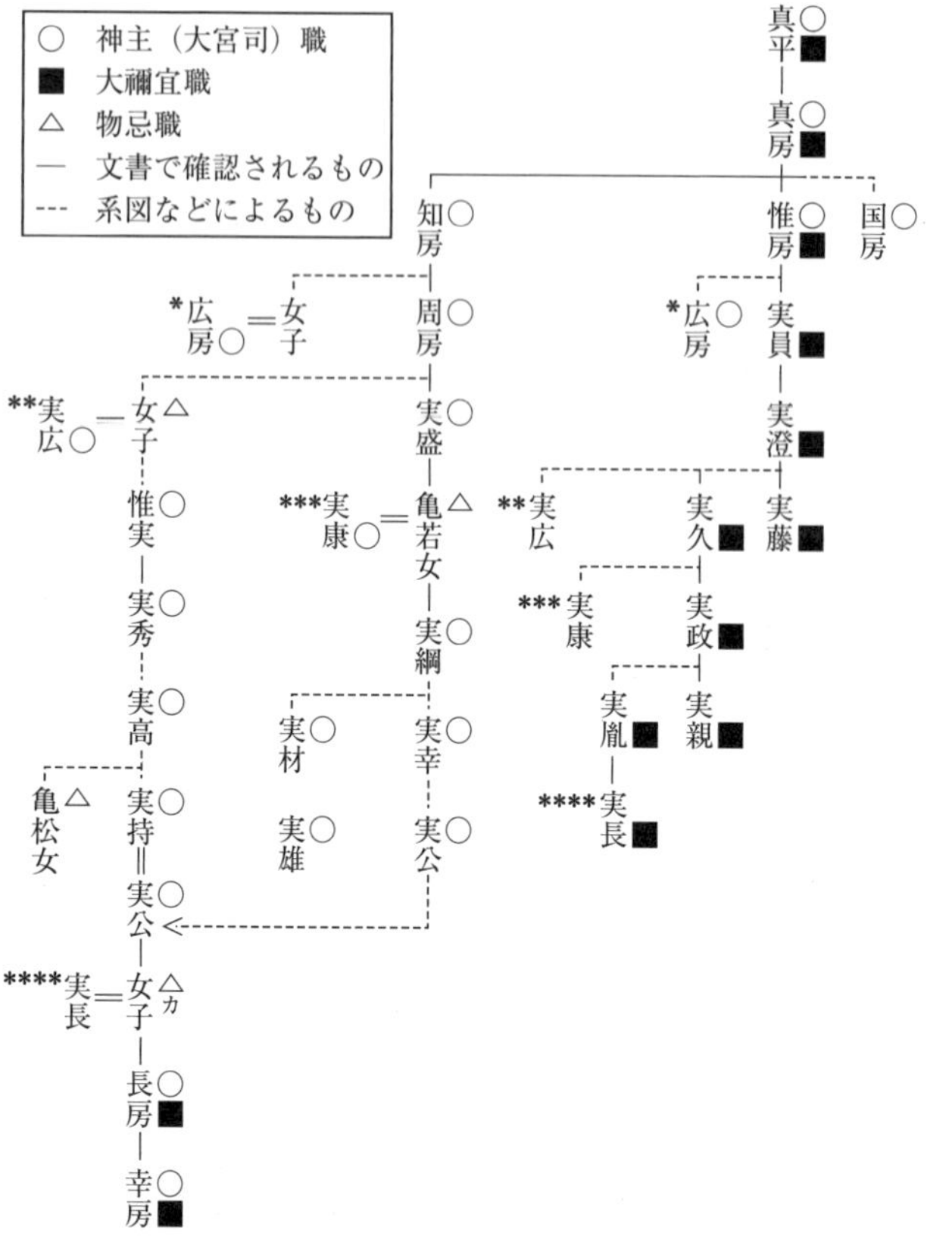

系図3　香取大中臣氏略系図（「女の系図」）

男被補神主」（『玉蘂』寛喜元（一二二九）年五月一日条）と表現されるものである。

安元元（一一七五）年八月日関白藤原基房家政所下文案写によれば、大中臣知房は「鹿嶋・香取両社神主者、以六ケ年為任限、以大中臣被置其職者、承前不易之例也」と主張している（新宮五号）。神主（大宮司）職は、六カ年の遷替の職であり、大中臣氏に補任される神職であるというのである。

系図2からすれば、大宮司職は、「知房—周房—(広房)—実盛」（知房系）、「実広—惟実—実秀—実高—実持」（実広系）、「実康—実綱—実幸—実公」（実康系）、という香取大中臣氏の庶子三系統に引き継がれているわけで、この三系統は、「広房」を含めて女性を介することによって結びつくのであった。

系図2は、これまでの諸系図に準じて男系を前提として作成した「男の系図」であるが、この系図を女系を前提に

「女の系図」として再構成すれば、**系図3**となる。**系図3**（「女の系図」）からすれば、大宮司（神主）職は遷替の職ではありながらも、大中臣真（実）房の次（三）男知房系に「相伝」されていったことは明らかである。「知房―周房」そして知房の女子を介して惟房の子広房へと遷替された大宮司職は、周房の女子から実広―惟実系に「相伝」され、他方では実盛の女子の亀若女から実康―実綱系に「相伝」されて、二系統に分裂する。この二系統は、亀若女系の実公が周房の女子系の実持の養子となることによって再統一され、大宮司実公の女子が大禰宜実長の妻となることによって、真（実）房以来の大中臣氏の複数の系統は、その子長房をもって全体的統一がはかられたのであった。こうした事実からは、大宮司職を遷替した香取大中臣氏の庶子（知房）系に、大禰宜職を相伝した嫡子（惟房）系が取り込まれたと解釈することも可能なのである。「女の系図」とはそういうものであった。

「大禰宜兼大宮司」を称した大中臣長房の香取大中臣氏系図上の位置はここにあり、萩原の述べたように、南北朝末期に男系で大禰宜職を継いだ長房は、女系で大宮司職を継いで、両職を兼帯したのである。大禰宜兼大宮司長房の香取大中臣氏の系譜上の位置は、**系図2**（「男の系図」）と**系図3**（「女の系図」）の双方によるとき、より明確となる。

三　大宮司職と物忌職

亀若女（実盛の女子、実康妻）は、「香取大宮司系図」では本来「実盛女。正応元年物忌職。」と添え書きされるべき女性であり、補入部分では「両職兼帯」とされていた。亀若女の文書上の初見は、文永八（一二七一）年三月日関白前左大臣鷹司基忠家政所下文写である（新宮一四号）。亀若女は大中臣氏女とも呼ばれており、大中臣惟実（惟実は別の文書〔旧禰二一号〕で神主とある）の新儀の濫妨を停止し、手継証文の道理に任せて、香取社領の「三角田参段・上分田参段屋敷等」の進退領掌を認められている。

また、弘安五（一二八二）年十月日関白前太政大臣鷹司兼平家政所下文写では、亡父大中臣実盛の譲状に任せて、香取社の「神領灯油料田二俣村・加符村・相根村等田畠屋敷等」の進退領掌が認められていた。亀若女＝大中臣氏女は、この時の訴状で「件の所領は、当社神主大中臣実房、相伝領掌の私領なり」、「亡父実盛、去康元元年十二月廿八日、氏女に譲与する所なり」と主張している（新宮一五号）。つまり、「二俣村・加符村・相根村等田畠屋敷等」は、神主（大宮司）としての実（真）房から「（知房）—（周房）—実盛」へと相伝された神主「私領」であり、それを康元元（一二五六）年に父実盛から譲られたというのである。

亀若女による「件の三箇村」の相伝に異議をとなえたのが、神主惟実の子（実広の孫）の神主実秀であった。正応元（一二八八）年十一月日関白前左大臣二条師忠家政所下文写（新宮一七号）の引く大中臣氏女（亀若女）の解状によれば、当神主実秀は去る弘安七（一二八四）年八月日に彼の三箇村を所職に載せた神主職補任の御下文を得たとして、三箇村を押領したという。訴陳三問三答に及ぶなかで、実秀は祖父実広の譲りがあると号し、これに対して亀若女は、その譲状は謀書であると主張した。その裁定である同下文では、神主実秀の新儀の濫妨が停止され、亀若女に元のごとく「当社御灯油料所田俣・加符・相根三箇村以下屋敷名田等」が安堵されたのであった。この三箇村については、翌年の正応二（一二八九）年閏十月二十八日藤氏長者近衛家基宣写（新宮一八号）でも、亀若女所に安堵されており、そこでは「実秀の証文のごとくんば、実広、惟実に譲るといえども、実広、以前の手継帯ざるなり、氏女においては、実房以来代々の手継炳焉なり」とされている。

中世の香取社領の構成については、西岡虎之助や福田らの研究(3)に詳しいが、大まかにいえば、本来の神物部分と神官職領から構成されていたといえよう。以前に述べたように、神官職領のうち、平安末期から確認される神官職領には、大禰宜職領と大宮司職領とがあったが、村井章介が明らかにした鹿嶋社の場合と同様に、香取社においても大禰宜職領は、大禰宜職自体が早くに香取大中臣氏の嫡子系の相伝の職となったことにより、大禰宜家相伝の私領化が進んだ。これに対して大宮司職は、遷替の職としての性格を強く残したために、職領自体も本来の神物部分と相俟って、私領化が遅れるのであった[4]。

たとえば、亀若女が手継証文に任せて相伝したとされる「三角田・上分田」および「二俣（田俣・多俣）村・加符村・相根村」は、大宮司（神主）職領にあたるものである。前稿[5]では、大宮司家文書の検討が不十分であったため、大宮司職領（あるいはその一部）が「相伝の私領」と主張されていた事実を指摘できなかったが、鎌倉後期には、遷替される大宮司職とその職領とが分離していたことは確実であり、大宮司職領について亀若女の主張する「実（真）房以来代々の手継」が事実ならば、それは平安末期からのことであった。

先の正応元（一二八八）年の関白前左大臣家政所下文には、当神主実秀が「去弘安七年八月日、始掠申、載彼三ケ村於所職補任御下文」（新宮一七号）とあった。神主実秀の主張は、彼の三箇村を「所職」＝神主職の職領と明記した神主職補任の下文を得ているというのであり、実秀の父であった神主惟実が、亀若女が相伝したという「三角田・上分田」を押領しようとしたという事実も、惟実が神主職としてその職領を回復せんとした行為であったといえよう。しかし、神主（大宮司）職と職領の分離に抗すことは、すでに不可能となっていた。

神主実秀は、二俣・加符・相根三箇村をめぐる亀若女との訴陳で、祖父実広の譲状があると新たに相伝の事実を主張したが、亀若女側からの謀書であるとの反論をうけ、さらに「実秀の証文のごとくんば、実広、惟実に譲るといえども、実広、以前の手継帯びざるなり」として主張は退けられている（新宮一八号）。神主実秀は相伝の論理においても、亀若女側からの「実房以来代々の手継」という主張に対抗することはできなかったのである。

ただし、惟実は知房の孫（周房の女子）であった女性を母としており、この実広妻は「香取大宮司系図」では「大宮司職」とあった。周房の女子＝実広妻を介して実広系へ大宮司職は引き継がれたはずである（**系図2**）。私は、この女性が「香取大宮司系図」で「大宮司職」とされたのは、大宮司職領を相伝した人物であったことを意味しているのではないかと推測する。知房系から実広系への神主職の「相伝」は、単なる婚姻関係というのではなく、周房の女子（実広妻）が大宮司職領を相伝したという事実を介して成立したのではないか。もちろん、大宮司職領とは、「三角田・上分田」あるいは「二俣村・加符村・相根村」のことである。

ならば、周房の女子の子・孫にあたる惟実―実秀は、当然、大宮司職領を相伝できたはずであるが、じつはそうではなかった。なぜなら、「三角田・上分田」や「二俣村・加符村・相根村」などの大宮司職領は、知房系の特定の女性にのみ継承される職領であったからである。その「特定の女性」とは、「香取大宮司系図」において「亀若女」や「亀松女」に添えられた「物忌職」の女性であったと考えられる。大宮司職領とは、本来は物忌職領であり、物忌職領は大宮司職に引きつけられて、大宮司職領となっていた。大宮司職自体も女性たる物忌の存在を介にして存立しえた神職であったのではないか。大宮司職と物忌職とは、神職としては表裏の関係にあったのであり、知房系での大宮司職の「相伝」は、大中臣氏内の特定の女性に物忌職が引き継がれたことを前提とした「表の世界」のものであった。

それゆえ、周房の女子（実広妻）のもつ物忌職領＝大宮司職領は、その子の惟実へではなく、次の物忌である実盛の女子（亀若女）に継承されたのである。亀若女が相伝したという「実房以来代々の手継」とは、その形態はともかく、実態は物忌職領の「相伝」の事実を示すものであったのではないか。「香取大宮司系図」において「正応元年物忌職」とされるべき亀若女が、物忌職に補任されたはずの年＝正応元（一二八八）年が、関白前左大臣家政所下文で彼女が「当社灯油料田二俣・加符・相根三箇村以下屋敷名田等」を安堵された年に対応するのはそのためであろう。

そして亀若女が、藤氏長者宣によって物忌職領＝大宮司職領の安堵をうけた四年後の永仁元（一二九三）年十一月には、実秀の神主職が停止され、代わって亀若女の夫実康が神主職に補任されるのであった（新宮一九号）。実康の神主職は、妻亀若女の物忌職を前提としたものと考えられる。(6) それ以降、大宮司職は、周房の女子系と亀若女系の間で相論を繰り返しながら遷替されていくが（**系図3**）、周知のように、鎌倉後期以降の香取社をめぐる政治情勢は大変複

写真13　嘉暦三年八月十九日藤氏長者宣（物忌職亀松女充て）香取神宮所蔵

雑であり、大宮司職の遷替も「女の系図」の視点のみでは、説明できないというべきであろう。

こうしたなかに登場するのが、「香取大宮司系図」においてもう一人の「物忌職」とみえる亀松女であった。「香取大宮司系図」では、「亀松女」「実、実村女。元亨三年物忌職。一本実高次出。」とあるべきものであり、系図の上では「実村女」ではなく、「一本実高次出」を取るべきであろう（**系図2・3**参照）。亀松女は、元亨三（一三二三）年七月八日関白九条房実家御教書写で「香取社領加符・相根両村」の領掌を安堵されており（新宮二七号）、これも「元亨三年物忌職」と対応するのである。さらに、嘉暦三（一三二八）年八月十九日藤氏長者二条道平宣によって、「加符・相根両村」の領掌を安堵されている（新宮三〇号、**写真13**）。亀若女の場合と同じく、「加符・相根両村」とは物忌職領＝大宮司職領の一部であった（二保村が欠落していることについては、別に検討したい）。亀松女は亀若女の次の物忌であり、**系図2・3**にみえる実高・実持などの大宮司職は、亀松女の物忌職を前提とするものであろう。

また、康永三（一三四四）年五月香取社神主大中臣実材重申状写によれば、「去る建武二（一三三五）年、当国相馬郡戸頭村を以て、御寄附あるの処、神主実材在国の間、物忌これを掠め給う」とあるが、この物忌とはたぶん亀松女であり、物忌は神主不在の場合には社務を統括しうる存在であった（新宮四二号）。

その後、周房の女子系の実持の養子に亀若女系の実公が入ることにより、両系統は統一される。実公の神主補任は、応安六（一三七三）年閏十月十四日藤氏長者二条師良宣（旧禰九二号、新宮六〇号）によってなされ、二年後の永和元（一三七五）年十二月二十三日藤氏長者二条師良宣では、「香取社領加符・相根・田俣・司・大神田・犬丸・金丸以下名田畠屋敷在家等」の相伝管領が実公に安堵されている（新宮六二号）。後者の事実はたいへん重要であった。神主実公に安堵された社領のうち「加符・相根・田俣（二俣）」こそは、物忌職領＝大宮司職領であったからである。

じつは、実公が神主職を補任された翌年の応安七年、大宮司（神主）実公と大禰宜長房など、物忌を除く二三名以上の神官が連署で、宮中に居住して神事に出仕すべき物忌が他国に住してその勤めをしていないと訴えている。さらに、去る三月には神訴のために「神輿を動坐奉り、神官供僧等残る所なく御共申し、一同神訴致すの処、彼惣忌神恩を忘れ、社家同心の儀に背く」ものとされている。神官等はこれを理由に、物忌が望む社領について、「諸神官等一同令追出所職」め、物忌の社領支配を否定しようとしていた（旧源七号）。この物忌も亀松女であり、物忌職の亀松女の支配が否定されようとしている社領とは、「加符・相根両村」などの物忌職領であったといえよう。大宮司実公が、「加符・相根両村」を含む社領の相伝を安堵されたのは、その翌年のことであった。そして物忌職は大宮司実公の女子が継いだ可能性が高いのである。

この段階で、ほぼ物忌職領は大宮司職領に取り込まれるとともに、大宮司職領自体もほぼ完全に私領化したものといえよう。そして、実公の次に大宮司職に補任される人物が、すでに男系で大禰宜職を相伝していた大中臣長房であった。先にふれたように、長房の母は物忌の「実公の女子」であり、大禰宜長房は物忌の母を介して大宮司職を世

襲することができたのである。(7)

おわりに―香取社神官における女性の意味

西垣晴次の「中世香取社の神官と神事」に関する研究は、香取社神官についての基本的論考である。(8) 西垣の明らかにしたところによれば、物忌はすでに『延喜式』に宮司、禰宜とともにみえる香取社の中心的神官であり、「宮中に居住し、御神事のとき出仕を遂げ、御台を洗い、御箸を備える」(旧源七号)という役であった。宇佐八幡宮の女禰宜は、境内にその御所があったとされるが、香取社の物忌の場合も「居住宮中」というところに、その性格が端的に示されていよう。また、著名な鹿嶋社の物忌は、当禰宜家を後だてとするもので、神鍵を預かり神殿の御扉を開けて内陣を奉仕する役であった。また、物忌―当禰宜の関係は大体が妹―兄によるもので、これはオナリ神信仰とかかわるという。(9) 香取社の物忌と大宮司の関係や「御台を洗い、御箸を備える」という内陣での奉仕は、鹿嶋社の物忌とほぼ同じものであろう。(10)

宇佐八幡宮の女禰宜については、中野幡能らの研究をうけて、飯沼賢司が精力的に仕事を進めている。飯沼は、宇佐八幡宮での女性神官=禰宜と男性神官=主神・祝という職掌の区分から、ヒメ・ヒコ制の伝統をみいだすとともに、女禰宜が八世紀までの託宣を司る女性シャーマン(辛島禰宜)から、八幡神に近侍し、御神体である御験を直接扱える唯一の女官(大神禰宜)へと変遷し、十四世紀のはじめごろに姿を消すことを明らかにしている。(11) 香取社の大宮司と物忌との関係も、オナリ神信仰やヒコ・ヒメ制の変形として処理できるかもしれないし、物忌職領の消滅は宇佐八幡宮の女禰宜の終末とほぼ同時期であった。

また菅原正子は、宇佐八幡宮の女禰宜とともに中世の武雄社における女性の大宮司(本司)の存在を明らかにし、女性の宮司・禰宜の存在を九州北部の地域性から説明している。[12] 本章での指摘が正しければ、九州北部のみの問題としてではなく、もっと広く古代・中世の女性神官の意味はとらえられることになろう。

社家の系図を扱った研究には、網野善彦の仕事があった。[13] 網野は、「若狭一二宮社務系図」が正しくは、「禰宜系図」であることを明らかにしたうえで、女系の系譜を丹念に解明している。「若狭一二宮禰宜系図」おいて、平安末期から南北朝期にかけて女系の系譜が詳しく記された意味を、西国の系図の特徴とみるとともに、「譲与・相続の対象となりうる所職・所領の本格的成立という一般的動向のなかで、それまで潜在していた女性の立場がはじめて表面化してきた」と解すべきだとしている。香取社の女性の大宮司＝物忌の存在も、網野が示した理解に従うものであろうが、東国においても「潜在していた女性の立場がはじめて表面化」する事態といえそうである。また、網野が指摘した、若狭一二宮の御子勾当職が完全に女系子孫に伝領されている事実は、香取社における物忌職の伝領と近い関係にあろう。

註

（1）『群書解題』第一、一三〇頁以下。
（2）伊藤泰歳纂訂本「香取氏系図（2）」（刊本『香取文書纂』第一六分冊（巻十七）。『改訂房総叢書』第五輯にも「香取系図其二」として収められている）。福田豊彦「下総国香取神社の中世への変容」（同『中世成立期の軍制と内乱』吉川弘文館、一九九五年。初出一九六〇年）。
（3）西岡虎之助「坂東八カ国における武士領荘園の発達」（同『荘園史の研究　下巻一』岩波書店、一九五六年）、福田前掲「下総国香取神社の中世への変容」。
（4）村井章介「鹿嶋社領」（『講座日本荘園史5』、吉川弘文館、一九九〇年）、鈴木哲雄「中世香取社による内海支配」（同『中世関東の内海世界』岩田書院、二〇〇五年。初出一九九三年）。
（5）鈴木前掲「中世香取社による内海支配」。

（6）福田前掲「下総国香取神社の中世への変容」は、この間の事情にそくして、亀若女による「先祖相伝之私領」という主張には疑問があるとしているが、史料の解釈上の問題もあるので、この点については別に検討の機会をもちたい。
（7）大中臣長房については、鈴木哲雄「大禰宜長房」（『千葉史学』五四号、二〇〇九年）も参照。
（8）西垣晴次「中世香取社の神官と神事」（木村礎・高島緑雄編『耕地と集落の歴史―香取社領村落の中世と近世―』文雅堂銀行研究社、一九六九年）。
（9）丸山輝子「鹿島神宮物忌について」（『信濃』三二巻一号、一九八〇年）。同論考は、野口孝子の教示による。
（10）鹿嶋社と香取社の物忌の本質については、大和岩雄「香取神宮」・「鹿島神宮」（谷川健一編『日本の神々―神社と聖地―』第十一巻「関東」白水社、一九八四年）が大変に興味深い考察をしている。また、森本ちづる「鹿島神宮物忌職の祭祀」（薗田稔・福原敏男編『祭礼と芸能の文化史』思文閣出版、二〇〇三年）は、鹿島社の物忌に関して総括的に論じている。
（11）中野幡能『八幡信仰』（塙書房、一九八五年）など。飯沼賢司『八幡神とはなにか』（角川書店、二〇〇四年）など。
（12）菅原正子「女性の宮司・祢宜」（『民衆史研究会会報』三七号、一九九四年）。
（13）網野善彦「『若狭一二宮社務系図』」（同『日本中世史料学の課題』弘文堂、一九九六年。初出一九七〇年）、同『東と西の語る日本の歴史』（そしえて、一九八二年）。

第九章　権検非違使家本「香取神宮神幸祭絵巻」と造営注文

はじめに

ここで検討する「香取神宮神幸祭絵巻」は、香取神宮の旧社家の権検非違使家（本宮家）に所蔵されているものである。すでに、『香取群書集成　第三巻』（香取神宮社務所、一九八〇年）に収録・紹介されているが、新しい千葉県史編纂事業においても原本調査を実施し、『千葉県史研究』に資料紹介している。(1) 本章は、そこでの資料紹介文を改稿して、権検非違使家本の絵巻の内容が鎌倉時代の香取社造営関係史料と見事に対応することを確認しつつ、権検非違使家本の史料的な性格と神幸祭の歴史的な意味を明らかにしようとするものである。

なお、『香取群書集成　第三巻』には、権検非違使家本・彰考館本・大禰宜家本・日本民芸館本・成田図書館本・多田家本の六種の「同絵巻」が紹介されている。なかでも、権検非違使家本は、「もっとも古色を伝える善本と思われる」（同書解題）として原色で全巻を収録している。また、後代のものであるが構図を異にする成田図書館本の全巻を収めたほかは、権検非違使家本と同じ構図のものであり、参考として各々の一部分を掲載している。さらに同書の解題には、権検非違使家本が、縦三〇センチメートル、全長一三五〇センチメートルで、料紙は厚手の楮紙であることが、すでに述べられている。旧権検非違使家では、千葉県史編纂事業での調査に前後して、二〇〇一年に傷みのひどかった「同絵巻」を修補・成巻し直している。

また、中世香取社の造営に関しては、いくつかの論考[2]があるが、本章が具体的に検討する鎌倉時代の造営については、青木文彦「鎌倉幕府と東国寺社—下総国一宮香取社造営を中心に—」(『埼玉地方史』三三号、一九九四年)や菊池龍太郎「中世における神社修造—鎌倉期・香取社を事例として—」(『国学院雑誌』一〇三巻一一号、二〇〇二年)などの専論がある。

一 権検非違使家本の性格

この絵巻の主題である「香取神宮神幸祭」は、現在では式年神幸祭と呼ばれ、一二年毎の香取神宮における最大の祭礼である。神幸祭の由来については諸説あるが、この祭礼の見せ場は津宮から現在の利根川(近世以前は香取内海)に「御座船」が水上行幸することにあった(本書二一六頁の図3参照)。そのためこの祭礼は、中世には「御船遊」とも呼ばれ、旧暦の三月に行われたために「三月神事」「三月御幸」などとも記録されている。たとえば、至徳三(一三八六)年六月日に書写された香取社年中神事目録(新田一八号)には「□(三)月一日御神事」とある。また、至徳元(一三八四)年頃のものと推定される香取社神事酒等注文(新田三三号)には「三月御祭」とあり、午日には「とうのるいの御酒」、巳日には「御細工御酒」、丑日には「とらこ作」の大瓶、寅日には「御船木」の大瓶あるいは「御船木ノ御やすミ所ニあらこも九まい」など、御酒等の勤めについての詳しい記述がみえる。永禄十一(一五六八)年三月神事目録案(旧案二四四号、新禰四八号)には、「香取大神宮毎年三月初午御幸御祭、異国追伐御祭向之次第目録、住往(任)昔例式所誌置之事」として、往昔の例式が記載されている。

しかし、近世の天和元(一六八一)年十二月二日の香取社祭礼帳写(新田八三号)には、三月の神事は記載されておらず、ほぼ同時期のものと推定される香取社祭礼帳写（新田八四号）には、「三月幸御神事」は「上ノ巳午ノ日　今ハ神事無之」とあり、近世には行われなくなっていた[3]。その後、一八七五（明治八）年四月に年中行事として再興され、一八八二（明治十五）年以降には、一二年毎に執行されることになった。なお、神幸祭の変遷については、伊藤泰歳による「祭典旧儀下調書」（『香取群書集成　第二巻』香取神宮社務所、一九四四年）が詳しく記述している。

さて、権検非違使家本の同絵巻は、香取社の正神殿から香取内海の岸辺の津宮に至る祭礼行列を描いたもので、次のような袖書と奥書とが付されている。

〈袖書〉

一　当日之共（供）奉之事、次第者堅任此図籍、莫及後日之異論云々。

〈奥書〉

至于永徳年中者、如此御神事無退転者也、

右、件於目録者、以建仁二年帳、至徳三季改誌者也、然者又依虫食損、以至徳三年之帳、当時任其旨改録之処也、

尤可為後代之証拠故也、仍如件、

永正十三年八月廿一日写之畢　　案主

田所

録司代

大禰宜散位大中臣真之[4]

すでに『香取群書集成　第三巻』の解題が指摘しているように、袖書や奥書からは、この絵巻が神幸祭の供奉の次第が後世にも変更されないように、後代の証拠として記されたものであったことがわかる。奥書からは、①永徳年間（一三八一〜八四）には退転なく実施されていた神事であったこと、②建仁二（一二〇二）年帳の図籍（絵巻あるいは

目録）が至徳三（一三八六）年に写され、それをさらに永正十三（一五一六）年に書写したものであること、の二点がわかる。同解題は、永正十三年の書写とあることから、「室町期のものと見て支障ないであろう」としている。この奥書でもう一つ重要なことは、この絵巻（図籍・目録）は鎌倉時代初期の建仁二年のものを書写したとある点である。そうだとすると、この絵巻に描かれた神幸祭（御船遊）の行列や正神殿・神宮寺の姿は、鎌倉時代初期の形態を示していることになり、権検非違使家本は鎌倉時代の香取社や神宮寺、神幸祭についての基本資料ということになる。

ただし、この奥書の署名「案主／田所／録司代／大禰宜散位大中臣真之」に花押がないのはどうしてか、などといった問題がある。そのため、権検非違使家本が永正十三年の書写本そのものなのか、それとも永正十三年書写本の良質な写なのかについては保留しておきたい。なお、他の文書類での当時の大禰宜は「大中臣実之」とあり、権検非違使家本の真之＝実之である。(5)

また、ともに本来は大宮司家周辺に伝来したと考えられる権検非違使家本「香取神宮神幸祭絵巻」と「本宮雄之家（旧権検非違使家）文書」とを権検非違使家が入手した経緯については、本書の第三章第一節で詳述したところである。再確認しておけば、享保年間に大宮司和雄によって確保された可能性のある「御幸絵図面・古文書各二巻」は、その後、大禰宜家に移動し、さらに篠原村（香取市篠原）の「喜平次」家に入ったものであり、それを万延元（一八六〇）年に権検非違使家が入手したものであった（本書の結も参照）。

二　正神殿と香取社造営注文

神幸祭の行列は、絵巻の一番奥に描かれている正神殿（**図4**）から出発した。正神殿の前には、白壁・朱柱の楼門と回廊が描かれ、楼門先の左右には褐色の仁王像が置かれている。楼門を入ると御幣棚があり、御留守役の控える建

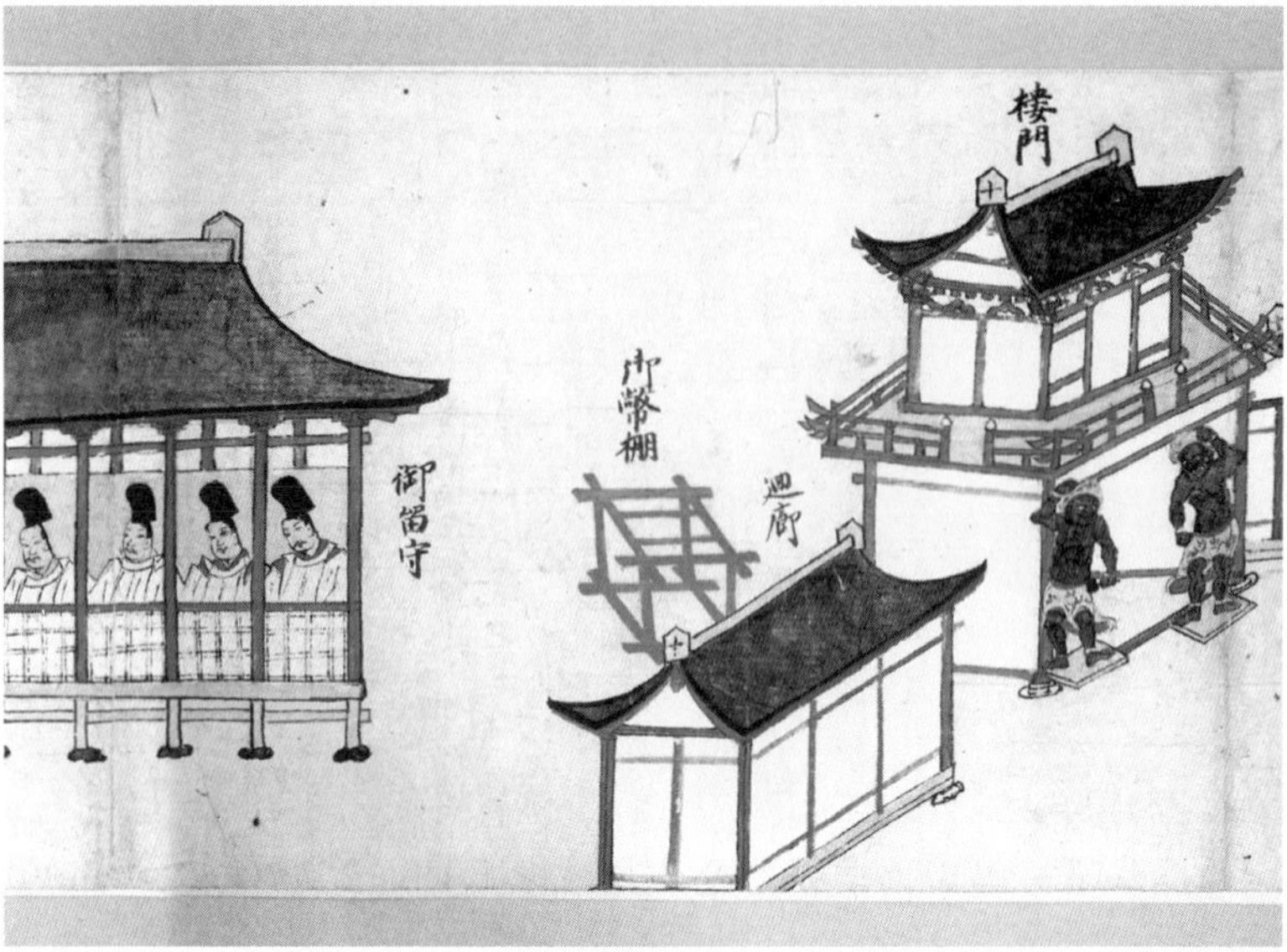

楼門等)。正神殿御戸前には青・赤の狛犬が見える。個人蔵

物そして中門があって、正神殿となる。正神殿については、すでに先の解題が次のような点に注目している。

①　行五間に妻三間、檜皮葺切妻造り、前面に一間の階隠(はしかくし)がある。

②　珍しいのは正面中央の白壁で、その左右に丹塗りの扉がある。

③　屋根には瓦木の上に山形の堅魚木四本を置いて、二羽の鳳凰を載せる。

④　瓦木の端には鬼板を飾り、破風板には雲形が描かれている。

⑤　目をひくのは丹塗りの柱ごとに龍頭が取り付けられていることである。

そして、「これらは建久ならびに文永度の遷宮記録とも合致するので、鎌倉時代の社殿の規模が知られる意味で好資料ともなる」との重要な指摘がなされている。二番煎じとなるが、同解題によるこの注目すべき指摘について、確認していくことにする。(6)

香取文書のなかで比較的まとまった造営記録は、文永八(一二七一)年十二月十日の遷宮(造営の宣旨は弘長元〔一

図 4　権検非違使家本「香取神宮神幸祭絵巻」（正神殿・

二六一）年に出された。）にかかわる香取社造営注文である（旧神九号）。文永八年の造営注文のなかの「一正神殿已下所々社屋等用途支配事」には、正神殿について「正神殿一宇　五間　檜皮葺、金銅金物、在日隠間、登□棟、」とあり、また「正神殿御戸二間」ともみえる。文永八年に遷宮された正神殿は、五間の檜皮葺の建物であり、「日隠間（ひかくしのま）」とは中央の庇のことで、「階隠間」と同じである。そして、正神殿の御戸は二間であった。同解題の指摘の通り、文永度の造営による正神殿は、ほぼ権検非違使家本の正神殿（**図4**）と同じものであった。

また、同造営注文には「一御神宝物等」として、次のようなものが記載されている。

宮殿二基　（略）各在台、御座二帖、（略）
御鏡六面　面六寸、正神殿御戸懸之、三尺結組、
（中略）
師子狛犬二頭　高三尺、身長三尺八寸、以金銀薄押之、其上色々採色、正神殿置之、
雲形四枚　採色、長二尺、弘一尺、正神殿下□□□（魚打之カ）
鳳凰四羽　高三尺、長二尺五寸已上採色、正神殿棟鰹木上立之、
龍形十八頭　採色、長一尺四寸、正神殿御柱打之、

（中略）

八龍神六体

大楯二枚　一枚別八龍神絵書之、

まず「師子狛犬二頭」（高さ三尺、身長三尺八寸）は、金銀薄が押され、そのうえに採色されており、正神殿に置かれたとある。図4にみえる正神殿御戸前の青・赤二頭の狛犬に見事に対応する。「雲形四枚（長二尺、弘一尺）」の「正神殿下□□□《（魚打之カ）》」の「下魚」とは「懸魚」のことであろう。そうだとすると、同解題のいう破風板の雲形に対応する。「鳳凰四羽」は、正神殿棟の鰹木のうえに立てられたとあるが、図4では二羽である。「龍形十八頭」とは、絵巻にみえる正神殿の柱に付けられた龍頭のことであろう。五間三間の正神殿の柱は一六本であり、一六頭でよいはずだが、鳳凰が二羽多いのと同様に二頭分は予備であろうか。なお、「宮殿二基」、「各おの台あり、御座二帖」とあるのは正神殿の御戸が二間＝二つあることとかかわろう。この点は相殿についても考える必要があり、祭神にかかわって重要であるが、指摘するにとどめたい。

「御鏡六面」は、正神殿の御戸に懸けるものであったようだが、権検非違使家本にははっきり見えず、御戸の内側に懸けたものであろうか。また、権検非違使家本には六体の「八龍神」そのものはみえないが、「大楯二枚」と「一枚別八龍神絵書之」は、行列の先頭の御船木の間に描かれている（図8参照）。

以上のように、権検非違使家本に描かれている正神殿などの図像と、文永八（一二七一）年の香取社造営注文の正神殿関係の書き上げの多くが一致するのであった。つまり、権検非違使家本の原図を鎌倉時代初期の建仁二（一二〇二）年頃のものと考えて矛盾はないのである。なお、旧大禰宜家所蔵の「香取神宮古図（香取曼陀羅とも）」（『図説千葉県の歴史』〈河出書房新社、一九八九年〉口絵ほか）に描かれた正神殿は、壁板で御戸は一つである。したがって、この「香取神宮古図」の正神殿は、旧権検非違使家本にみえる鎌倉時代の正神殿と元禄十三（一七〇〇）年に造営された現在の本殿との間に位置付くことになろう。

三 神輿と神宮寺

次に神輿をみてみたい（図5）。文永八年の造営注文には、神輿にかかわって次のような記載がある。

図5 同前（神輿）。鏡＝懸仏に注目。

一御神宝物等調進事
　御輿一基　御内天井組入、黒染
　（中略）
　御簾一間　（略）
一御輿正面懸也
　（中略）
　御鏡八面　面六寸、四面以三尺結組作、今度懸□（之カ）、
　鈴八口　各一寸、御輿御綱付之、
　鳳凰一羽　金銅打物、（略）
　鷲四羽　金銅打物、（略）
　蕨形四枚　金銅打物、在曾利
　（中略）
　師子四面　半出也、金銅金物、高二寸三分、長四寸五分、

ここでの記載が、権検非違使家本に描かれた神輿の図像とよ

写真14　香取神の本地仏十一面観音（懸仏四体の一つ）。弘安五年に造仏。香取市観福寺所蔵

く対応することは間違いないところであるが、注目すべきは、傍線部の「御鏡八面」で直径六寸の鏡の四面をもって三尺に結い組み、これを懸けたとある点である。**図5**の神輿をよくみると、鏡に当たるものは明らかに懸仏であった。香取社には、明治初年の廃仏毀釈によって取り払われるまで、本殿には四面の懸仏が香取神の本地仏（四体＝釈迦如来・十一面観音・地蔵菩薩・薬師如来）として安置されていたという（**写真14**）。本殿に安置されていた四体の懸仏は、どれも一尺以上ある大型のもので、弘安五（一二八二）[7]年や延慶二（一三〇九）年の銘文をもち、文永八年の造営注文の六尺の鏡には対応しない。また、正神殿の御戸に懸けられた六面の鏡も六寸のものであった。そのため、文永八年の造営注文にみえる正神殿の二つの御戸や神輿に懸けられた鏡が、懸仏であったかどうかは不明であるが、権検非違使家本による限り、神輿に懸けられた鏡は懸仏であった。そして、権検非違使家本の神輿に懸けられた鏡＝懸仏からも、中世香取社における神仏習合の姿がはっきりと確認できるのである。

図6　同前（楼門二王堂・塔・神宮寺など）。楼門前に「宮介」と「国司代」が控える。

神仏習合といえば、この絵巻には神宮寺が描かれている（図6）。楼門二王堂（仁王門）、紅白の仁王像、白壁の回廊、三重塔と本堂そして鐘楼。廃仏毀釈以前には、香取社境内にも経堂・愛染堂・護摩堂などが存在し、香取山周辺には神宮寺（金剛宝寺）以外にも、惣持院・大聖院・妙幡院・延寿院・根本寺・不断所などが存在した(8)。現在も「定額」の小字が残り、寺院跡には板碑が現存し、香取神宮の境内にも板碑が残されている。しかし、廃仏毀釈によって多くの寺院が失われた。たとえば、神宮寺の三重塔は「九輪に綱を掛けて引き仆《（倒）》さんとしたけれど、仆れなかつたので、半壊にして朽廃に任かし、椽《（縁カ）》板は泥溝の修繕等に使用せられた」という有様であった(9)。しかし、幸いなことに、神宮寺の本尊である十一面観音像（香取神の本地仏）は、香取市佐原の荘厳寺の所蔵に帰し、先の本殿内の懸仏四体は香取市牧野の観福寺に所蔵されており、ともに国の重要文化財となっている(10)。また、神宮寺の鐘楼にあったと推定される至徳三（一三八六）年銘の梵鐘は、神奈川県藤沢市羽鳥の御霊神社に所蔵されている(11)。

なお、楼門二王堂の前に座す「国司代」については、すでに湯浅治久が、鎌倉時代以来の「在庁官人次郎介」（桑原氏）であることを明らかにしている(12)。また、「宮介」については第七章でふれたように、鎌倉前期の「香取社地頭」のことであり、近世には「国分宮之介」と呼ばれた神職と

図7　同前（物忌と八乙女）。物忌は馬とともに逆を向く。

なっている。「宮介」「国司代」とも中世後期には、香取社の神官として取り込まれていくのであるが、鎌倉時代には、社地頭や国衙の役人として祭礼を見守る存在であった。この点については、すでに西垣晴次が香取社神幸祭は国衙とゆかりの深い神事であったとしていた(13)。

またもう一点注目したいことは、行列のなかで物忌が、馬とともに行列の向きと逆方向を向いていることである（**図7**）。香取社の物忌の性格については、第八章でふれたところであるが、女人神職としての物忌や八乙女は神にもっとも近い存在であり、物忌は神主（大宮司）の本来的なあり方にかかわる存在であった。この絵巻での物忌の特異な行動は、こうした物忌の性格に関連するかもしれない。そして、物忌と対で描かれている馬上の八乙女と、歩行で神楽を舞う八人女の違いにも留意しておきたい。

おわりに―神幸祭と御船木

第五章で検討したように、神幸祭＝御船遊の核心は、行列の先頭で担がれる三隻の「御船（木）」にあった（**図8**）。すでに宮井義雄が、小林重規「香取志」（『香取群書集成　第一巻』香取神宮社務所、一九四四年所収）の記述を引用して論じたように、御船遊は常陸国一宮の鹿嶋神宮においても行われるもので、その起源は『常陸風土記』香島郡条にみることができるのであり、その主題は年別に新たな船三隻を造って津宮に納め奉ることにあった。この鹿嶋社における御船遊の由来が、香取社の御船遊の由来にも合致する可能性は高く、御船遊の本質は、新たなる船三隻（御船あるいは御船木）を津宮に奉納することにあったとみることができる[14]。もちろん、御船遊は鹿嶋社では七月十日・十一日に行われており、香取社は三月初めの巳午の日となっていることに注意しておく必要もあるが、香取社の神幸祭＝御船遊は香取内海における船の支配や舟木山の支配にかかわる祭礼であったことは確実である[15]。

最後に簡単なまとめをしておけば、第一に、権検非違使家本「香取神宮神幸祭絵巻」の図像は、ほぼ鎌倉時代初期の御船遊（のちの神幸祭）の様子や香取社・神宮寺の姿を示すものであり、この絵巻は鎌倉時代の香取社や神宮寺、御船遊についての基本資料であること。第二に、御船遊の本質は、三隻の船（船木）を津宮に納めることにあり、香取内海の船や船木山の支配にかかわる祭礼であったことである。宮井が述べた、鹿嶋社の祭礼があくまでも武神のものであるのに対して、香取社の祭礼は「本質的にはどこまでも舟人の神の祭である。これを軍祭としたのは、鹿島と組んだからであろう[16]」とは、卓見であったし、宮井のいう「舟人」とは中世の香取内海の海夫のことであった。

註

（1）『千葉県史研究』一五号（二〇〇七年）の「口絵：香取神宮神幸祭絵巻（権検非違使家本）について」。

（2）小川信「香取社の造営と千葉一族」（『神道学』三九号、一九六三年）、『佐原市史』（佐原市役所、一九六六年。復刻版は臨川書店、一九八六年）、高村隆「香取文書にみえる嫐殿攻撃と国行事職についてのノート」（川村優編『論集　房総史研究』名著出版、一九八二年）、遠山成一「室町前期における下総千葉氏の権力構造についての一考察」（『千葉史学』一六号、一九九〇年）、小森正明「香取社の造営についての覚書」（『日本史学集録』二五号、二〇〇二年）、同『室町期東国社会と寺社造

八龍神絵などが見える。津宮の前には香取内海が広がる。

宮』（思文閣出版、二〇〇八年）第一・二章も参照。

(3)「香取大宮司本系図」（『続群書類従』巻一七九所収）の「大宮司盛房」の項には、「天正十四年三月十二日、神幸神事御釜迄渡御。是後此祭断絶」とある。

(4) 同文の写が、大禰宜家文書に存在する（新禰四一号）。

(5) 大中臣実之が、香取文書で「大禰宜」とみえるのは、ほぼ明応九（一五〇〇）年〜享禄三（一五三〇）年の間である（新福三〇号および旧禰二四六号）。本書七〇頁の**系図1**の秀房（幸房の子）の孫にあたる。

(6) すでに『重要文化財　香取神宮本殿保存修理工事報告書』（香取神宮、一九七九年）第一章第四節「神宮本殿の式年造営についての沿革」（執筆等：増田家淳・額賀大成・尾崎保博）にも同様の指摘がある。

(7) 現在は香取市牧野の観福寺所蔵。前掲『佐原市史』九一五頁―九一九頁。図録『房総の神と仏』（千葉市美術館、一九九九年）。『新県史　通史編　中世』（千葉県、二〇〇七年）第一編第三章「コラム：香取社に奉納された懸仏」（執筆：鈴木哲雄）など参照。

(8) 高森良昌「神仏分離―香取山・金剛宝寺の事例―」（『千葉県の歴史』四六号、一九九四年）、同「香取大神宮寺、金剛宝寺考」（『香取民衆史』八号、一九九七年）、矢島英雄「佐原市香取神宮『大別当』惣持院について（その一・二）」（『常総の歴史』三〇・三三号、二〇〇三・〇五年）など。

(9) 鷲尾順敬「下総香取社神仏分離の始末」（『新編明治維新　神仏分離史料　第三巻』名著出版、二〇〇一年。初出一九二七年）。なお、高森前掲「神仏分離」・「香取大神宮寺、金剛宝寺考」も参照。

図8　同前（行列の先頭は津宮に至る）。御船木・大楯・

（10）　前掲図録『房総の神と仏』。高森前掲「神仏分離」・「香取大神宮寺、金剛宝寺考」。

（11）　梵鐘の銘文は、「奉懸／下総州香取太神宮寺大鐘一口／大旦那周防守宗廣／大工秦景重／于時至徳三年丙寅十月　日敬白」（『金石文編　二』県外三二号）。

（12）　湯浅治久「在庁官人次郎介桑原氏から六所神社神主桑原氏へ」（『平成一七年度　市立市川歴史博物館館報』同博物館、二〇〇七年）。

（13）　西垣晴次「中世香取社の神官と神事」（木村礎・高島緑雄編『耕地と集落の歴史―香取社領村落の中世と近世―』文雅堂銀行研究社、一九六九年）。なお、湯浅は右の論考において、神幸祭に下総国衙近傍にあった六所神社の神主が参加したことも明らかにしている。

（14）　宮井義雄『歴史の中の鹿島と香取』（春秋社、一九八九年）。

（15）　鈴木哲雄「中世香取社による内海支配」（同『中世関東の内海支配』岩田書院、二〇〇五年。初出一九九三年）、高村隆「香取の山」（『千葉県史のしおり』第二回、一九九七年）。

（16）　宮井前掲『歴史の中の鹿島と香取』一九四頁。

（追記）

『東光山金剛寶寺　惣持院の歴史』（東光山惣持院、二〇〇九年）によれば、惣持院の本尊愛染明王（秘仏）は、もとは香取神宮社殿前の愛染堂の本尊であり、明治初年の廃仏毀釈によって愛染堂が破壊された際、惣持院に移管されたものと伝えられているという（同書六九頁）。

第十章　中世枡と色川三中旧蔵「香取諸家所蔵古升図」

はじめに

ここで色川三中旧蔵「香取諸家所蔵古升図」を紹介しようとする意図は、第一に、幕末までは確実に香取社の神官諸家に所蔵されていた古枡が中世以来の枡か、あるいは中世枡の系譜を引くものではないかと考えたからであり、第二には、この「香取諸家所蔵古升図」がそれらの拓本の実物であるからである。

色川三中旧蔵「香取諸家所蔵古升図」は、現在、静嘉堂文庫が所蔵するものであり、ほんらいは色川本「香取文書纂」の一部である（本書第二章参照）。すでに中井信彦が検討しているように、香取社の神官諸家が所蔵した古枡の拓本集である「香取諸家所蔵古升図」は、三中による「香取文書纂」編纂のなかでも特筆されるものであり、中井は「三中の研究主題である田制史にとって不可欠な度量衡の歴史のための資料を、文献という枠をこえて遺物にまで拡げている点で、その着眼は高く評価されて然るべきものである」と述べている。[1] 本章は中井の評価にしたがって、「香取諸家所蔵古升図」を全編にわたり写真紹介するものである。

三中自身は、「諸家所蔵の升ともハ三升三合入、二升三合入、神祭に付て古儀をうしなはす、今に至迄其儘なるいとめて度器ともなり。年を経て失ひたるも多かれハ、此後しも尚いか、あらむとおほつかねは、古のあとの年月にかくれゆかむ事いとほしみうれたみ、今悉くさぐり求めて、其形を図し、其積を算計し、他社の例をも考へ、其よしを書記して、巻末に附出す。」と述べている。(2)三中は、諸家所蔵の古枡を「神祭に付て古儀をうしなは」ざるものと考えていた。

中井が明らかにしたところでは、三中は香取諸家の古枡調査に続いて、「諸所で得た古升図をも合せて収録し、一点ずつに解説・考証を加えた図録『本朝量品』を編んでいる」のであった。(3)本資料紹介も、ほんらいは『本朝量品』(土浦市立博物館所蔵)を精査したうえで行うべきものであるが、『本朝量品』については十分な検討ができていない。三中による『本朝量品』の成果をふまえたうえでの「香取枡」の本格的な検討は、別に果たしたいと考えている。

なお、資料紹介にあたって、特別な配慮によりご許可いただいた現蔵者の静嘉堂文庫に対して、深謝申し上げる。

一　中世枡の研究

本紹介が意図する第一の点にかかわって、中世枡についての研究史を概観しておくことにする。周知のように、中世枡に関する基本的な研究成果には、寶月圭吾の大著『中世量制史の研究』(4)がある。十分に消化し切れているわけではないが、寶月による中世枡に関する研究成果を確認しておけば、

① 「中世における古代量制の残存」として平安後期には「本斗」「国斗」などの国衙枡が成立し、国家の公定枡である「宣旨斗」が制定され、さらに「主殿寮斗」なども成立したこと。

② 「中世的量制の展開」として、荘園領主が年貢収納にあたって各荘園ごとに指定した「庄斗」、各荘園ごとに収納した年貢を統一的に計量するための「領主斗」、荘園領主が内部機関・組織あるいは行事等の執行のために収納物を下行するに際して使用する「下行斗」が成立したこと。

③ 室町時代には「中世量制の崩壊過程」として、中世的な職得分の計量に使用される「地頭職枡」や「名主職枡」

などの「職枡」の私枡化の現象が頂点に達するとともに、小地域のみを通用対象とする収納枡＝「小地域枡」が発達したこと。

④　織豊政権によって、中世にはみられなかった公定枡としての「京枡」が成立したこと。

ということになろう。しかしその後の研究で、こうした寶月の中世量制論は積極的な意味で読み替えられつつある。たとえば、①にかかわって、石井進が延久の宣旨斗を院政政権の基調施策として位置づけたように、平安後期つまり中世成立期に成立した「本斗」「国斗」などの国衙枡の成立を含めて、①の枡が成立したことが、中世枡あるいは中世量制の成立を意味したことは確実である[5]。なお寶月は、中世香取社の遷宮用途注進状（旧禰九号）に「宣旨斗」とあることを紹介し、香取社は藤原氏との関係によって早くから宣旨斗を使用していたと指摘していた[6]。また、②の「庄斗」「領主斗」や「下行斗」は、いわゆる荘園領主経済にかかわる収納と下行のための枡であり、③の「地頭職枡」や「名主職枡」などの「職枡」とほぼ同時に存在した中世枡であった。寶月による論理構成では、②による荘園制的な枡の秩序（「中世的量制」あるいは「中世量制」）は職権の得分化の進行、つまり「職枡」の私枡化によって崩壊していくことになる。そのため寶月は、③での「小地域枡」を室町時代における量制の紊乱現象の一つとみたのであった。

こうした中世枡論を読み替えたのは、まず村田修三である。村田は戦国時代の近江国での事例から、十五世紀中頃に出現した地域枡は十六世紀には比較的広域にわたって使用基準性をそなえたものとなったのであり、このことは惣村を基礎とする地域権力が荘園領主権力にかわって枡の基準性を保証できたからである、と地域枡成立の意義を評価しなおすとともに、中世枡の重層性を指摘したのであった[7]。

中世枡の重層性については、湯浅治久がさらに検討している。湯浅は戦国期の朽木氏の収取機構を分析するなかで、「武家一円領」の近江国朽木庄において、

a「七合枡」：本年貢を計量する収納枡
b「彦枡」　：朽木氏の直営田を対象とするもの
c「新開枡」：新開地を対象とするもの
d「売買枡」：商業枡

などの複数の枡が重層的に使用されていたことを明らかにしている。(8)

こうした新たな研究動向をふまえたうえで、稲葉継陽は中世後期の一荘園内に複数存在する年貢収納枡について体系的な検討を加えている。(9)稲葉論考では、「寺社本所一円領」の播磨国鵤庄の十五世紀後半の収納機構に対応して、複数の収納枡が使用されていたことを明快に論じている。具体的には、

A「返抄枡」：百姓名の年貢米を計量するもの
B「吉永枡」：領主名としての一色田などを計量するもの（ただし、この段階には実在せず、会米枡に対して「三升交納分」として算出）
C「会米枡」：下行枡としてのもの
D「単枡」　：名役佃の年貢や貢納物の運送等にかかわる支出を計量するもの
E「十合枡」：商業枡

などがあったという。

湯浅や稲葉が整理した複数の枡を、いま一度整理すれば、中世の荘園制下における〈年貢収納枡〉には、

（ア）百姓名からの本年貢を計量する「七合枡」や「返抄枡」などの百姓名の枡。これは寳月が論じた「庄斗」にあたろう。
（イ）領主名あるいは領主直営田などの一色田を対象とする「彦枡」や「吉永枡」などの領主名の枡。

（ウ）新開地を対象とする枡。

があり、〈下行枡〉には、

（エ）荘園領主が内部機関・組織あるいは行事等の執行のために収納物を下行するためのもの。

（オ）収納物の運送等にかかわる支出を計量するもの。

があったことになる。そして、これらの中世枡は枡の使用基準性にもとづくものであった。これに対して、中世後期には、代銭納にともなって尺度の基準性にもとづく「売買枡」（商業枡）や「地域枡」（「村の枡」）が使用されるようになり、使用基準性にもとづく中世枡の体系は崩壊していき、代わって尺度の基準性のもとづく地域的な枡が一般化した。そして、その行き着く先が「京枡」であったことになろう。

稲葉は、中世社会において複数の枡が乱立した理由は、荘園の収取機構と対応した計量対象地や年貢米の用途といった枡の使用上の基準性が、枡の尺度の基準性よりも規定的であったためであるとしている。稲葉によるこの指摘は、寶月による中世量制の細分化論に代わる新たな中世枡論として画期的な意味をもっていた。

こうした研究成果に学ぶとき、ここで紹介する「香取諸家所蔵古升図」が幕末に採拓されたものであるにもかかわらず、中世の香取社周辺で使用された複数の枡、あるいはこうした中世枡の系譜を引くものである可能性が高いのではないか。これが冒頭に述べた本資料紹介の意図するところである。以下、資料を紹介する。

二　「香取諸家所蔵古升図」の概要

〈体裁〉

折本形式であり、表紙と裏表紙はともに木製である（**写真1・24**）。「香取諸家所蔵古升図」の表題は直接書かれている。表紙の右下には、静嘉堂文庫の登録番号が張られ、左上の貼紙には「七号ノ六□」とあり、左下の貼紙には『色川蔵書』（朱書）とある。裏表紙には、特別な記載や貼紙などはない。なお、拓本部分の冒頭に『色川三中蔵書』と『静嘉堂蔵書』の朱印が捺されている。

表紙・裏表紙の採寸は縦三五・五×横二〇・五センチメートル（以下、センチと略す）である。

〈凡例〉

・「　」は墨書、『　』は朱書である。
・各古枡図毎に（a）（b）……の番号を付し、現採寸を記入した。
・採寸は、原図のまま縦×横である。なお、枡の状態により拓本にはぶれが生ずるため、拓本の採寸数値には不整合が生じているが、採寸数値には特別な修正をほどこしていない。
・内法の縦×横×深が採寸できたものは、試みに容積の概算を◎として記載した。

【古升図①】（写真2～4）

『大禰宜蔵机升』　「内ノリ径六寸六分「五」（一六）の字の上に重ね書き厘許　深三寸四分」

（a）枡横：二三・二×一一・三センチ。厚さ上下底とも一・五センチ。内法深さ九・八センチ
　木釘跡が右上と左下に二カ所ずつみえる。

（b）枡横：二三・二×一一・三センチ。厚さ上下底とも一・五センチ。内法深さ九・八センチ
　木釘跡が右上と左下に二カ所ずつみえる。

『大禰宜蔵』

『内方六寸六分六厘許　深三寸四分』

（c）枡口：外法二三・三×二二・九センチ。内法二一・一×二〇・〇センチ。厚さ一・五センチ

＊『□□□五枚ノ内』は拓本についての注記か。

（d）枡底：二三・二×二二・九センチ。

陰刻は、「弐升二合／御杁升　東／以古升製之」である。

木釘跡が上下左右に三カ所ずつみえる。

◎容積：二一・一×二〇・〇×九・八＝四一三五・六立方センチ

【古升図②】（写真5）

『御手洗』

『内方四寸八分五厘　深二寸六分五厘』

『厚五分弱』　『以楠木造之、四角はヘリテ円クナル』

『塙《ミタラシ》祝香取小膳所蔵』　『入実今升九合六夕』

（a）枡口：外法一七・二×一七・二センチ。内法一五・三×一五・三センチ。厚さ〇・九センチ

（b）枡横：一七・二×九・二。厚さ一・四センチ。内法深さ七・八センチ

木釘跡が右上と左下に二カ所ずつみえる。

◎容積：一五・三×一五・三×七・八＝一八二五・九立方センチ

【古升図③】（写真6・7）

『御手洗庚申講ノ節、此升ニテ白米一杯ツ、ヲ出ス定リト云フ』

『内方四寸弐分　深二寸弐分半許』

『掾（縁）滅シテ不正』

『講ノ差符ニソヘテ持廻□ス』
（a）枡口：外法一四・五×一四・五センチ。内法一三・一×一三・〇センチ。厚さ〇・七センチ
（b）枡底：一四・六×一四・七センチ。
木釘跡が上下左右に三カ所ずつみえる。

『庚申升』
（c）枡口：外法一四・二×一四・五センチ。内法一三・一×一三・〇センチ。厚さ〇・六〜〇・八センチ
＊（a）の拓本と同じ枡口のものと考えられる。
（d）枡横：七・四×一四・六センチ。厚さ〇・八〜〇・九センチ。内法深さ六・六センチ
（e）枡横：七・八×一四・四センチ。厚さ〇・九センチ。内法深さ六・九センチ
（f）枡横：七・六×一四・七センチ。厚さ〇・八〜一・〇センチ。内法深さ六・八センチ
（g）枡横：七・五×一四・六センチ。厚さ〇・九センチ。内法深さ六・六センチ
＊枡横（d）〜（g）は天地が逆に採拓されている。
◎容積：一三・一×一三・〇×六・九＝一一七五・一立方センチ

【古升図④】（写真7・8）

『○新底・・添板』（新底の添板部分に「・・」の印が記入されている）
（a）枡横：二三・七×一〇・三センチ。厚さは上一・二／下一・五／新底一・二センチ
木釘跡が左上に一カ所みえる。

「深サ三寸」

『底ニ新シキ板ヲ用テ添木ヲメ、深サヲ

一分フカクナシタリ、按此升二升三合ニミタズ、故ニ深サヲ一分増タリトミユ』

『大禰宜家蔵ト其径異ナリ』

『疑ハ別ニ一種ノ升』

（b）枡口：外法二三・五×二三・四センチ。内法二一・〇×二一・〇センチ。厚さ一・二〜一・三センチ

〔以下、（b）の拓本の内側に書かれている〕

「深三寸」

「内方六寸九分半」

『戊申ノ九月ヨリ十月ニ至ルマテ久シク香取ニ在テ
神宮及神官諸家所蔵スル所ノ升ヲミル、其中三升三合ノ升、名ノミ有テ其物ヲ失フ、普ク神官寺院ヲ捜索スルニ得ルヿアタワス、後金剛宝寺中ニ一ノ升ヲ出ス、則此升ナリ、内方六寸九分半許、始是ヲシテ三升三合ノ升ヲ改テ、二升三合ニ造ランカ為ニ、其深サヲ切ツメテタラヌ分ニ木ヲソヘタルモノトオモヘルニ、シカニハ非ス、底ハサルヿナレ𪜈、升ノ上下ノサマ年旧手スレタルニ、年暦アルヿヲシル、別ニ一種ノ升トスベシ、是ハ二升三合ニセンカタメニ、一種ノ升ノアルニ木ヲソヘ底ヲ改タリトミユ、底ハ年フリテイツレノ升モ損シタレハ、一旦トリノケタランニハ新ナル木ヲ以テ底ノミヲ改メ造ラ子ハ、用ニタルマシクオモハルレハ也、コハ自余ノ古升ヲミテサルヿヲサトルベシ』

◎容積：未（内法の深さ、採寸できず）

【古升図⑤】（写真9・10）

『田所家蔵』　「方四寸八分　深二寸六分五厘」

（a）枡口：外法一六・七×一六・二センチ。内法一五・四×一四・八センチ。厚さ〇・八センチ

（b）枡横：一六・九×七・九。厚さ〇・九センチ。内法深さ七・〇センチ
『田所蔵』
（c）枡底：一七・二×一六・四センチ。
　　木釘跡が上下左右に三カ所ずつみえる。
（d）枡横：一七・〇×八・〇。厚さ一・〇〜一・三センチ。内法深さ七・〇センチ
◎容積：一五・四×一四・八×七・〇＝一五九五・四立方センチ

【古升図⑥】（写真10〜12）
（a）枡口：外法二三・七×二三・四センチ。内法二〇・三×二〇・三センチ。厚さ〇・九〜一・二センチ
　〔（a）の拓本の内側に書かれている〕
　「径六寸六分　深三寸壱分」
『田所家所蔵』
（b）枡横：二二・九×九・六センチ。厚さ上下一・五／底〇・五センチ。内法深さ九・一センチ
『田所家所蔵』
（c）枡口：外法二三・五×二三・三センチ。内法二〇・五×二〇・三センチ。厚さ〇・九〜一・一センチ
　＊（a）の拓本と同じ枡口のものと考えられる。
　〔（a）の拓本の内側に書かれている〕
　「径六寸六分　深三寸壱分」
◎容積：二〇・五×二〇・三×九・一＝三七八七・〇立方センチ

【古升図⑦】（写真12）

『田所家所蔵』

「方三寸六分五厘」

（a）枡口：外法一二・六×一二・六センチ。内法一一・三×一一・二センチ。厚さ〇・六〜〇・八センチ

「深壱寸九分五厘」「壱寸九分歟難決」

「上」

（b）枡横：一三・〇×六・二センチ。厚さ〇・六〜〇・八センチ。内法深さ五・六センチ

◎容積：一一・三×一一・二×五・六＝七〇八・七立方センチ

【古升図⑧】（**写真13**）

（a）枡横：一九・〇×九・五センチ。厚さ上一・九／下二・〇／底一・四センチ。内法深さ八・一センチ

木釘跡が右の上下に二カ所ずつみえる。

（b）枡口：外法一八・八×一八・八センチ。内法一四・九×一四・九センチ。厚さ一・八〜二・〇センチ

『田所家蔵』　「欅ニテ作ル甚重シ」　「方四寸九分　深二寸八分」

◎容積：一四・九×一四・九×八・一＝一七九八・三立方センチ

【古升図⑨】（**写真14**）

『田所家所蔵』

「方二寸八分　深壱寸四分」

（a）枡口：外法一一・〇×一〇・九センチ。内法八・七×八・六センチ。厚さ一・〇〜一・一センチ

（b）枡横：一〇・九×四・九センチ。厚さ下一・一／底〇・八センチ。内法深さ四・一センチ

木釘跡が上に二カ所みえる。

（c）枡底：一〇・九×一〇・六センチ。
　木釘跡が上下左右に三カ所ずつみえる。
◎容積：八・七×八・六×四・一＝三〇六・八立方センチ

【古升図⑩】（**写真14～16**）
『源太祝蔵』　『内方四寸八分強　深二寸七分』
（a）枡口：外法一六・九×一六・四センチ。内法一五・二×一五・一センチ。厚さ〇・六～〇・九センチ
　『底』
（b）枡底：一六・九×一六・五センチ。
「源太祝家四枚之内」　「烙印」
（c）枡横：一六・六×八・八センチ。厚さ上〇・七／下〇・八／底〇・七センチ。内法深さ八・一センチ
　烙印は六角で「北」。大きさ二・九×三・四センチ（拓本の縦横のまま）。

「径四寸八分強　深二寸七分」
（d）枡口：外法一六・八×一六・三センチ。内法一五・四×一五・三センチ。厚さ〇・五～〇・八センチ
＊（a）の拓本と同じ枡口のものと考えられる。
◎容積：一五・二×一五・一×八・一＝一八五九・一立方センチ

【古升図⑪】（**写真16～19**）
『此処長一尺二寸九分』（右上）　『長一尺二寸九分』（右下）
　『板厚壱寸強』
（a）枡口：外法二九・五×上三八・二／下三八・七／中央三六・五センチ。内法二三・五×三　・六センチ

厚さ上三・〇／下二・六／左二・九／右二・六センチ

〔上の木枠に沿った記載〕

『長壱尺五分』　『深四寸四分半』

〔右の木枠に沿った記載〕

『横七寸七分』　『高四寸四分半』

〔下の木枠に沿った記載〕

『外ノリ底一尺二寸「八」《八》分』（「七」の字の上に重ね書き）

〔（a）の拓本の内側の記載〕

『此箱ハモトヨリ参籠所ニアリテ、人ノ初穂米ヲ奉ルモノアレハ、先此箱ニ納オキテ満ルヲ俟テ、御手洗ノ御蔵升ヲ以テ量テ御倉ニ入ル、今猶然リ、シカルニ神前日記ヲ入ル、箱ナリトシテ、時《ヒ》トモスレバ其帳ヲ入ル、ヿナト有ハ、似合ハシキモノ故サルヿシ、ナラヒシナルヘケレ𪜈誤ナリ』

『慶長御造替元禄御修理ノ時ナトニ何トナク、以前ノ寸法ノマ、ニ造リ改メ置シ箱ナルニヤ、材最美ニメ、其造リサマ甚廉ナリ』

『今升五升五合五夕ヲ納ル』

（b）：（a）の拓本の枡口と同じものと考えられる（採寸省略）。

（c）枡横：一五・六×三八・六センチ。厚さ底二・一センチ。内法深さ一三・五センチ

（d）枡横：一五・八×二九・〇センチ。厚さ右三・〇／左二・九／底二・四センチ。内法深さ一三・四センチ

◎容積：二三・五×三一・六×一三・五＝一〇〇二五・一立方センチ

【古升図⑫】（写真20・21）

「御供所二合五勺升」　「径二寸五分　深二寸壱分」

（a）枡横：六・八×九・一センチ。厚さ右〇・八／底〇・七。内法深さ六・一センチ

（b）枡横：七・〇×九・一センチ。厚さ右〇・七／底〇・七。内法深さ六・三センチ

（c）枡横：六・八×九・一センチ。厚さ右〇・七／底〇・七。内法深さ六・一センチ

（d）枡横：七・〇×九・二センチ。厚さ右〇・七／底〇・七。内法深さ六・三センチ

（e）枡底：九・一×九・〇センチ。

（f）枡口：外法九・一×八・九センチ。内法七・八×七・八センチ。

（g）：（f）の拓本の枡口と同じものと考えられる（採寸省略）。

（h）：（e）の拓本の枡底と同じものと考えられる（採寸省略）。

『九月晦日洗ヒ浄メテ摺ル』

（i）：（f）の拓本の枡口と同じものと考えられる（採寸省略）。

（j）：（e）の拓本の枡底と同じものと考えられる（採寸省略）。

◎容積：七・八×七・八×六・三＝三八三・三立方センチ

【古升図⑬】（写真21〜23）

『香取大禰宜家蔵祭器小者』

（a）祭器口：内径二八・九センチ。外径三〇・一センチ

（b）祭器足：内径一六・三センチ。外径一七・九センチ

『大禰宜蔵祭器小者』　『径九寸九分
内径九寸四分　厚二分半』

「惣高三寸八分　深サ三寸　足高四分
厚三分弱」
『文政年中塗替ノ姓名アリ、其以前相馬葛飾二郡大□節ニ葉講中塗替トイフ、神前金トウロ上ル節ナリ』
（c）（d）：（a）（b）の拓本の口と足と同じものと考えられる（採寸省略）。
◎容積：未計算

三　中世枡の可能性

ここでは、「香取諸家所蔵古升図」のなかに中世枡はないのかを、若干検討するが、その前に「香取諸家所蔵古升図」内の注記について確認しておきたい。「同古升図」には墨書と朱書による注記があるが、墨書は採拓とほぼ同時に記入されたものと考えられ、多くは採寸などの基本的なデータである。これに対して朱書には、枡の名称や所蔵家をはじめとする多くの情報が書き込まれており、採拓後に調査成果を整理したうえで記入したものと推定される。ところで、『静嘉堂文庫図書分類目録』には「香取諸家所蔵古升図（黒川春村書入本）一帖刊」とあり、同目録では「書入」を黒川春村とみているが、墨書および朱書による注記はほぼ同筆であり、採拓者によって付せられたものとみることが、注記の内容からしても自然である。

もちろん、採拓者も黒川春村ならば、注記者も春村でよいのであるが、すでに中井による検討や私などが新しい千葉県史編纂事業のなかで体系的な検討を進めてきたように、「香取諸家所蔵古升図」が三中の手によるものであることは動かない。ちなみに、「同古升図」の【古升図④】に付せられた長文の朱注には、「戊申ノ九月ヨリ十月ニ至ルマテ久シク香取ニ在テ、神宮及神官諸家所蔵スル所ノ升ヲミル」とあるが、戊申年は嘉永元（一八四八）年と考えてよく、この年の九月から三中は第四次の香取文書調査を行なっており、(10) 本資料の注記が三中自身によることは明らかである。

（1）「金丸枡」

【古升図①】は大禰宜家所蔵のもので「大禰宜蔵机升」と呼ばれており、内径六寸六分五厘許、深二寸四分のものであった。枡底の陰刻には「弐升三合／御机升　東／以古升製之」とあり、古枡にもとづいて作製されたものであった。ちなみに、刊本『香取文書纂』第一六分冊「諸家雑輯」の十丁には、「金丸升之図　机升トモ云」として、次頁の**図9**が載せられている。

この図は、色川三中旧蔵「香取諸家所蔵古升図」にはないもので、刊本『香取文書纂』の編纂にあたって独自に資料化されたものである。(11) この「金丸升」も「机升トモ云」とあり、三中が採拓した【古升図①】の「大禰宜蔵机升」（陰刻では「御机升」）との関連が注目される。ただし、内径・深とも数値がずれており、容積の数値は若干「金丸升」の方が小さい。しかし、両者とも枡底の陰刻では「二升三合」の枡で、ともに「古升をもって」作製された枡なのであり、同じ「金丸枡」とみてよかろう。

なお、中井の紹介によれば、「金丸枡」については色川三中自身の考えが残されている。それは長嶋尉信の著作『負暄談』の岩瀬文庫本（郁岡良弼旧蔵本で明治前半期の書写と推定されている）に、

色川云、
八合古ノ一升　九合六勺古ノ十二合　又一升寛文マテ通　十合古ノ十二合五勺　今通用ノモノ
古方取升一升四勺ヤリ　升九合六升
香取ノ二升三合枡ハ八合升九六ノ三升枡ナリ　又三升三合枡ハ八合バン一升四勺枡ノ四升也、是ヲ金丸枡と
云、八合九六ノ枡ハ今ハ菓子屋ニテ多用ユト

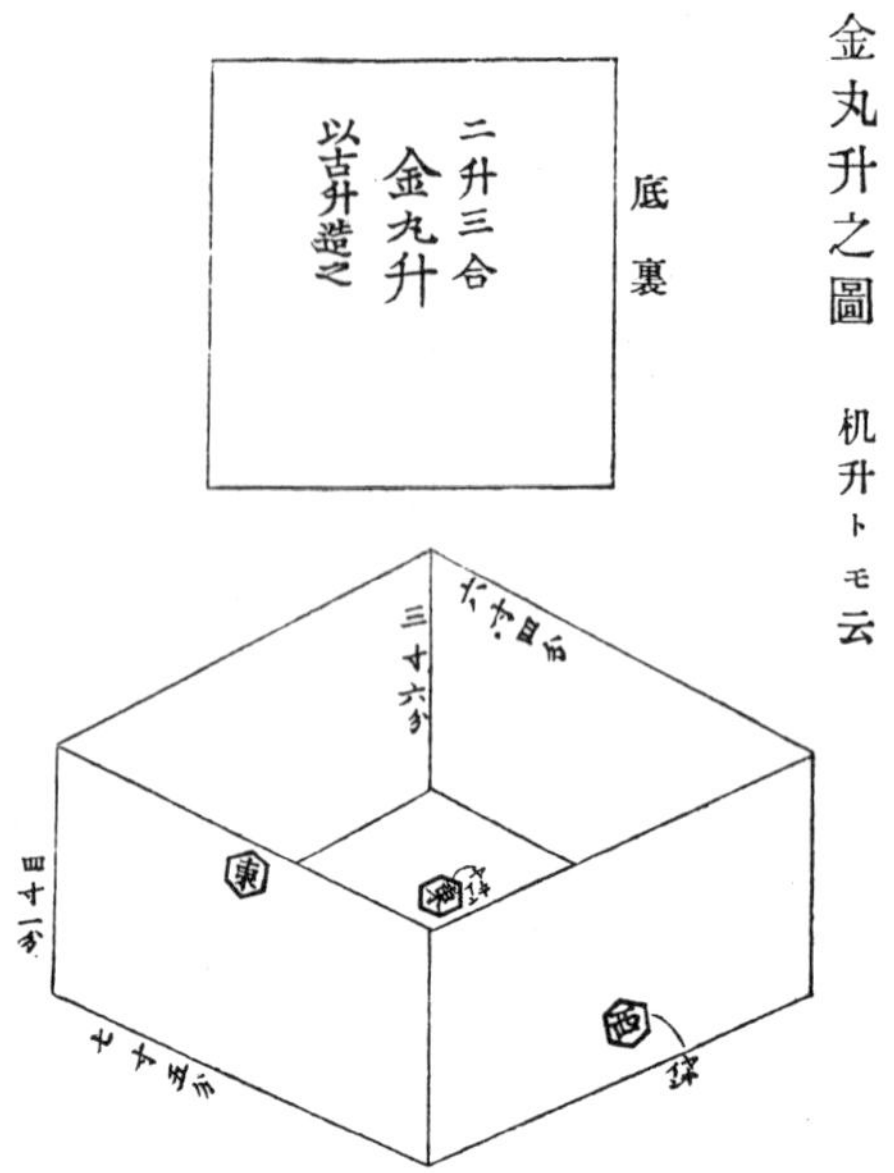

図9　刊本『香取文書纂』所載の「金丸枡」

とある付箋の一部である。中井は、この付箋を「尉信が三中から聞いた量衡の説を書き留めたものであるに相違ない」としている。(12) 三中自身は、先に引用したように「諸家所蔵の升とも八三升三合入、二升三合入神祭に付て古儀をうしなはす」と、「三升三合入」と「二升三合入」を香取諸家所蔵古升の代表と考えて、それが神祭に利用されてきたもので、「古儀」を失っていないとしていた。『負喧談』付箋とあわせて考えてみれば、「金丸枡」には「二升三合枡」と「三升三合枡」の二種があったことがわかる。ということは、【古升図①】の「大禰宜蔵机升（御机升）」＝刊本『香取文書纂』の「金丸升」は、『負喧談』付箋にある「金丸枡」のうちの「二升三合枡」のことであった。

ちなみに「金丸」とは、中世の香取社領内の大禰宜家の領主名であった「金丸名」のことと推定されるわけで（本書第七章参照）、「金丸枡」は先にふれた近江国朽木庄の「彦枡」や播磨国鵤庄の「永吉枡」と同様の領主名における年貢収納枡であった可能性が高いのである。つまり、「弐升三合／御机升　東／以古升製之」と陰刻されていた【古升図①】の「大禰宜蔵机升（御机升）」は、「金丸枡」と呼ばれた中世の領主名（大禰宜家の金丸名）の枡であり、三中のいうように「神祭に付て古儀をうしなは」ざるもので、「古儀」とは中世領主名の年貢収納枡のことをじつは意味したといえそうである。

【古升図④】は、もう一種の「金丸枡」である「三升三合枡」を探査するなかで三中が見出したものであった。【古升図④】に附せられた三中の朱注によれば、嘉永元（一八四八）年の「戊申の九月より十月に至るまで久しく香取に在て、神宮及び神官諸家所蔵する所の升を」調査するなかで、「三升三合枡」は名前だけあって実物が失われていること、そしてすべての神官寺院を捜索することはできなかったが、のちに香取神宮の神宮寺であった金剛宝寺で一つの枡を見出したのである。それが【古升図④】であった。三中は当初、この枡は「三升三合枡」を「二升三合枡」に改造したもので、そのために深さを切りつめて足らなくなった分に木を添えて修正したものと考えたのであるが、結局はこの枡は「三升三合枡」ではなく、別種の枡であるとの判断に至ったという。新底に添板があるのは、枡が老朽化して新しい底を造った際のものであり、「底に新しき板を用て添木をして、深さを一分深くなしたり、按ずるに、この升二升三合にみたず、故に深さを一分増たりとみゆ」との結論に達したのであった。

したがって、この枡も「二升三合」の枡なのであるが、【古升図①】の「大禰宜蔵机升」＝「二升三合枡」とは、その内径等（内径六寸九分半・深三寸）が異なるもので、容積は「大禰宜蔵机升」より若干小さな枡であった。三中が探したもう一種の「金丸枡」＝「三升三合枡」は、確認できないままである。

（2）「御手洗御蔵枡」など

【古升図②】は御手洗の塙祝香取小膳所蔵のものであり、内径四寸八分五厘、深二寸六分五厘の枡である。楠木製のもので、四角は減ってすでに円くなっているという。容積は幕末当時の枡では「九合六夕」であった。【古升図③】は、「御手洗庚申講ノ節」に、この枡に白米一杯ずつを出した「庚申枡」であった。実際は、庚申講の差符に添えて持ち廻したようである。内径四寸弐分、深二寸弐分半ばかりであるが、この枡も縁が減した古い枡であった。私は、この庚申枡ももともとは中世の収納枡に淵源をもつのではないかと考える。

御手洗にかかわっては、色川三中の『本朝量品』（土浦市立博物館所蔵）に「御手洗御蔵枡」という一合枡が掲載されている。容量は、内径二寸四分、深一寸三分五厘強であり、「此一升マスアリ、近年失フト云」とあり、もとは一升枡も存在したようである。(13)

【古升図⑪】の枡は、拓本によるかぎり幕末当時には大分歪んでしまっていた枡であった。基本的なデータは、内径の長さ一尺五分、横七寸七分、深四寸四分半である。三中の朱注によれば、この枡の当時の容積は「五升五合五夕」であり、神前日記を入れる箱として転用されていたものである。しかし、この箱はもともと参籠所にあったもので、初穂米を奉る人がいたときにこの箱に納めたものであり、箱が満杯になったら、「御手洗ノ御蔵升」で計り直して「御倉」に入れたという。「御手洗ノ御蔵升」とは、右の『本朝量品』に載る「御手洗御蔵枡」のことであろう。室町時代から戦国時代にかけて、香取社領周辺において「蔵本」が成立していたことはよく知られている。(14)【古升図⑪】の枡や「御手洗御蔵枡」そして「御倉」は、ともに香取社周辺の蔵本の経営にかかわるものであった可能性が高い。この点は、初穂や出挙そして売券（本銭返）とも絡んで注目すべき事柄である。三中は、慶長年間の香取社造替や元禄年間の修理の時に「以前の寸法のままに造り改め置し箱」ではないかと朱注している。三中は根拠を示していないが、三中の指摘が正しいとすると、【古升図⑪】の枡は当然、中世にさかのぼる枡ということになる。

なお、三中は『本朝量品』において、【古升図⑪】の「香取参籠所枡」や【古升図②】の「御手洗塙祝香取小膳所蔵」の枡、【古升図③】の「御手洗庚申枡」についてもふれている。(15)

（3）　他の箱形枡

【古升図⑤】から【古升図⑨】は田所家所蔵の枡であった。【古升図⑤】は内径四寸八分、深二寸六分五厘、【古升図⑥】は内径六寸六分、深三寸壱分、【古升図⑦】は内径三寸六分五厘、深壱寸九分五厘ほど、【古升図⑧】は内径四寸九分、深二寸八分であり、欅で作られたはなはだ重い枡であった。また、【古升図⑨】は内径二寸八分、深壱寸四分の枡であった。中世の田所職が、香取社領の土地帳簿や年貢収納さらに香取社の年中行事の中心的な神職であったことや、所蔵する枡の多さ（もちろん、それは三中のいうように「神祭」に利用されてきたものであろうが）を考えると、田所家所蔵のこれらの枡にも中世に遡るものがあることは十分に考えられる。

【古升図⑩】は、源太祝家所蔵の枡で、内径四寸八分強、深二寸七分であった。源太祝家には同様の枡が「四枚」あったようである。「北」の烙印は源太祝家の屋号である「北の内」を意味している。【古升図⑫】は御供所の二合五勺升であり、内径二寸五分、深二寸壱分であった。朱注の「九月晦日洗ヒ浄メテ摺ル」とは、嘉永元年（戊申年）九月から の三中による調査において、九月晦日にこの枡を洗い浄めてから拓本を摺ったというのであろう。

（4）祭　器

【古升図①〜⑫】までが枡そのものの拓本であったのに対して、【古升図⑬】は大禰宜家が所蔵した祭器の小者であった。外径九寸九分、内径九寸四分、厚二分半、惣高三寸八分、厚三分弱、深さ三寸、足高四分の器である。三中の朱注によれば、この祭器には文政年中（一八一八〜三〇年）に塗り替えた者の姓名が記されており、さらに、それ以前には相馬・葛飾二郡の「大□節二葉講中」が塗り替えたものという。残念ながら「大□節」の部分がよく読めず、さらに「二葉講」についても未詳である。なお、「神前金トウロ上ル節ナリ」とは、香取社の神前に金灯籠が奉納された折ということであろう。ちなみに、この神前の金灯籠が、現在の香取神宮の拝殿前にある一対の銅灯籠のことだとすれば、この銅灯籠には「下総国香取郡／香取太神宮／奉納御宝前／銅灯籠二宇／宝永三年丙戌歳／正月吉日」との銘文があり、この銅灯籠が奉納された宝永三（一七〇六）年正月にも、【古升図⑬】の祭器は塗り替えられていた。そうだとすると、この祭器自体は宝永三年以前から存在していたことになる。

おわりに

以上、不十分な検討ではあったが、当面、次の二点を確認しておきたい。

第一点目は、中世枡としての「金丸枡」についてである。「金丸枡」には、「二合三升枡」と「三合三升枡」の二種があったが、そのうち「二合三升枡」は、幕末あるいは明治時代までは、刊本『香取文書纂』に記載されている「金丸升」や【古升図①】の「大禰宜蔵杋升（御杋升）」として香取社周辺に存在していたが、「三合三升枡」は、色川三中による調査では確認されず、その後も未詳のままである。「金丸枡」は、中世香取社領内の大禰宜家領主名＝金丸名の年貢収納枡であった可能性が高く、前者は「金丸枡」としてそのまま伝来したものであり、後者は神饌用の杋枡＝「御杋升」として継承されたものであろう(16)。

第二点目は、【古升図③】の御手洗の「庚申升」は、三中が『本朝量品』で検討した「御手洗御蔵升」ともかかわるものであり、幕末には神前日記を入れる箱に転用されていたという【古升図⑪】の「五升五合五夕」の枡も、三中の注記によれば、「御手洗御蔵升」と関連するものであった。なかでも、【古升図⑪】の「五升五合五夕」の枡が、参籠所において初穂米を納める箱であり、この枡に納められた初穂米が「御手洗御蔵升」で計り直されて「御倉（蔵）」に入れられたのだとすれば、【古升図③】の御手洗の「庚申升」とともに【古升図⑪】の「参籠所枡」は、中世後期の香取社周辺における蔵本の活動と密接にかかわる中世枡であったと考えられる。そうだとすると、蔵本の活動は庚申講や初穂米の奉納と結びついたものであったことになろう。

色川三中の『本朝量品』についての研究や、現在の香取神宮周辺には「香取諸家所蔵古升図」に載る古枡などは残されていないか、などについてはさらに今後の課題である。

註

（1）中井信彦「田制史研究と長嶋尉信との関係」（同『色川三中の研究　伝記編』塙書房、一九八八年。三〇七—三〇八頁）。なお、色川三中旧蔵本の伝来の経緯などについては、土浦市史編纂委員会編〈土浦市史編纂資料第三集〉『色川三中関係資料目録』（土浦市教育委員会、一九八九年）の「解説」（岩崎宏之執筆）に詳しい。

（2）刊本『香取文書目録　全』（伊藤泰歳出版、一八八四年）所収の序に次ぐ凡例、および刊本『香取文書纂』第二分冊所収「纂輯例略」。土浦市立博物館所蔵の色川稿本「香取文書纂序」にもほぼ同文の清書前の稿本がある。

（3）中井前掲「田制史研究と長嶋尉信との関係」（『色川三中の研究　伝記編』三〇八頁）。

（4）寶月圭吾『中世量制史の研究』（吉川弘文館、一九六一年）。また、阿部猛『度量衡の事典』（同成社、二〇〇六年）を開けば、中世枡の多様性は一目瞭然である。

（5）石井進「院政時代」『講座日本史2』〈封建社会の成立〉（東京大学出版会、一九七〇年）。

（6）寶月前掲『中世量制史の研究』九六頁。また寶月は、慶長四（一五九九）年十一月吉日録司代某田地四年期売券案に「年くハ四はい入にて三斗□《（入）》四俵なり」（旧案二五一号）とあることを引いて、戦国時代の房総では「四升入りの一斗枡」が使用されていたとしている（同書二五九頁）。なお寶月は、宣旨斗の容積にかかわって中世における枡の寸法についても検討を加えており（同書一〇七—八頁）、本章の観点からも注目される。

（7）村田修三「地域枡と地域権力」（『史林』五五巻一号、一九七二年）。

（8）湯浅治久「中世後期における在地領主の収取と財政」（同『中世後期の地域と在地領主』吉川弘文館、二〇〇二年。初出一九八八年）。

（9）稲葉継陽「中世社会の年貢収納枡」（同『戦国時代の荘園制と村落』校倉書房、一九九八年。初出一九九三年）。

（10）中井前掲「田制史研究と長嶋尉信との関係」なお、同論考三〇五頁に「第五次」とあるのは「第四次」の誤植である。

（11）刊本『香取文書纂』の編纂が、三中による色川本「香取文書纂」の成果を前提にしながらも、独自の編纂作業を加えたものであったことは、本書第二章で明らかにした。なお、私は旧稿「香取文書の概要と史料の構成」（『千葉県史研究』四号、一九九六年）において、刊本『香取文書纂』に採録されている「金丸升之図」を色川三中旧蔵「香取諸家所蔵古升図」に載るものと推測したが、それは誤りであった。本文のように訂正する。

(12) 中井前掲「田制史研究と長嶋尉信との関係」三二一―三二二頁。引用した付箋の一部も同書による。
(13) 中井前掲「田制史研究と長嶋尉信との関係」三〇七頁に写真が掲載されている。
(14) 小森正明「中世後期東国における商業史の一視点」(『史境』二二号、一九九一年)など。同「下総国香取社領の長者伝説と御手洗常満」(『日本社会史研究』三八号、一九九五年)は御手洗氏にかかわる専論である。両論文は、同『室町期東国社会と寺社造営』(思文閣出版、二〇〇八年)の第四章に含み込まれている。また、湯浅治久「有徳人井戸庭弥次郎とその時代」(『年報　三田中世史研究』一三号、二〇〇六年)も参照。
(15) 中井前掲「田制史研究と長嶋尉信との関係」三一三―三一四頁。
(16) まだ、精査できているわけではないが、幕末維新期の香取録司代で色川三中の弟子でもあった香取左織(豊敏)の著とされる「香取宮年中祭典記」(『香取群書集成　第二巻』香取神宮社務所、一九四四年。三六二頁)には、元三祭のための「十二月廿九日御饌炊之図」として饌飯を枡で計量している場面が描かれている。そこには「金丸升ニ而五斗五升ナラバ普通升ニ而ハ／壱石二斗六升五合ニナン当ルベキ歟」(三六二頁)と注記されており、明治初年までは「十二月廿九日御饌炊」にあたって「金丸枡」が使用されていたことがわかる。また、同祭典記をめぐっていくと「一杌米三升、但し三升三合升、即九升九合也、」(たとえば、『香取群書集成　第二巻』五七四頁)などとみえるわけで、これは「三升三合」の「金丸枡」(あるいは「御杌升」)によったものと考えられる。さらに、小林重規「香取志　上巻」(天保四年〔一八三三〕刊行)は、「祭祀之事」の「元三」のところで「御杌升《ツクヘマス》と云る以て米五斗五升を炊く、此升は今ノ升にて二升三合を入ル、然ば五斗五升は今ノ升にて一斛二斗六升五合也」(『香取群書集成　第一巻』香取神宮社務所、一九四三年、二二〇頁)とある。「十二月廿九日御饌炊之図」の説明と「香取志」の記事は、同じ元三祭の大御饌などを炊く際のことであり、「金丸枡」=「御杌升」なのである。

＊原本調査は、千葉県史料研究財団研究員(当時)の田村浩とともに行ったものである。

図版【色川三中旧蔵「香取諸家所蔵古升図」】

静嘉堂文庫所蔵

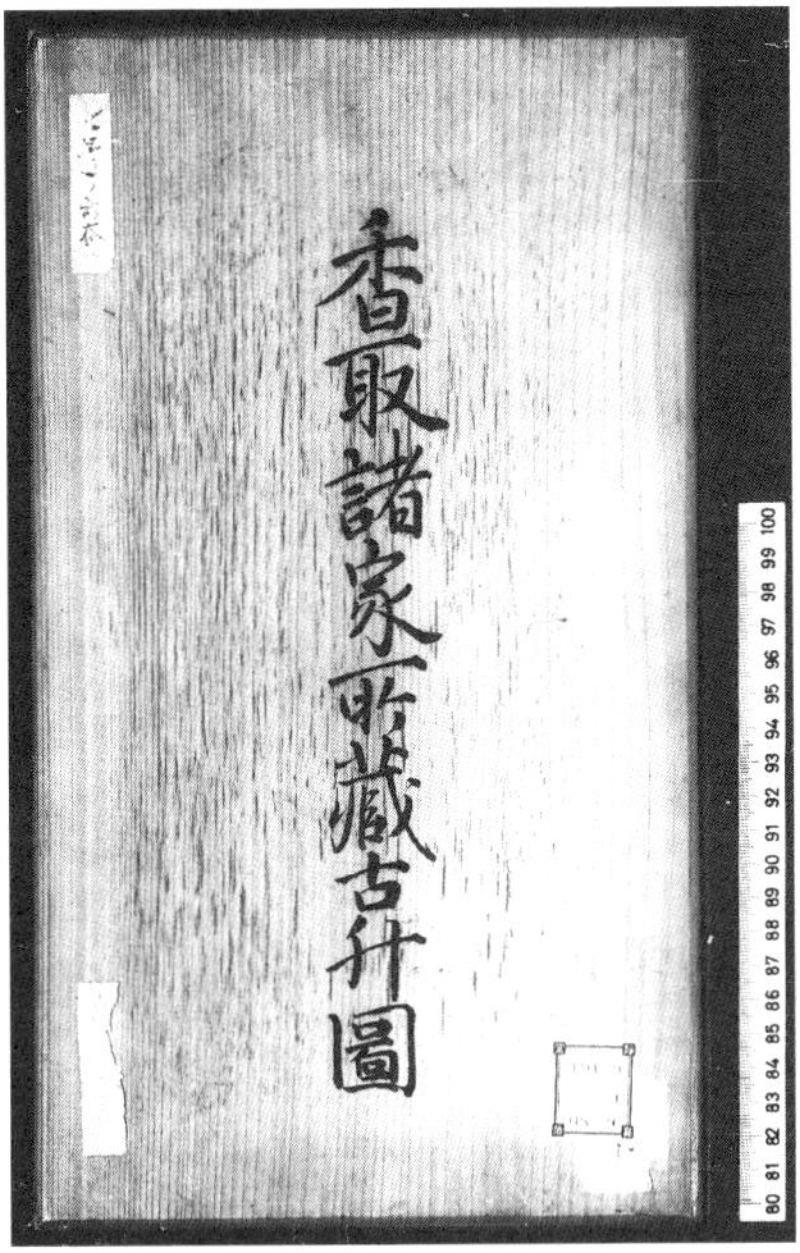

写真１

写真２

写真 3

写真 4

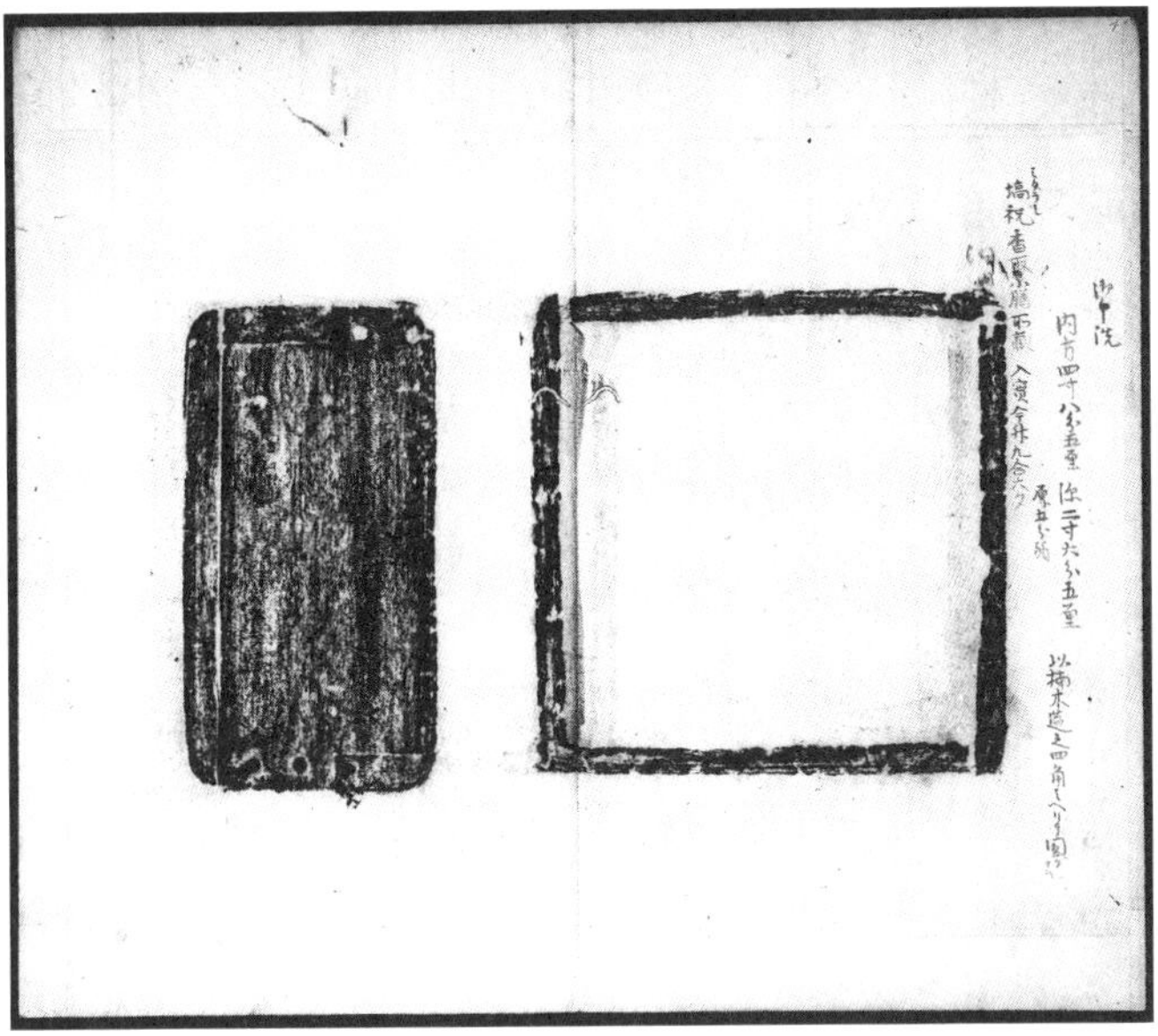

写真 5

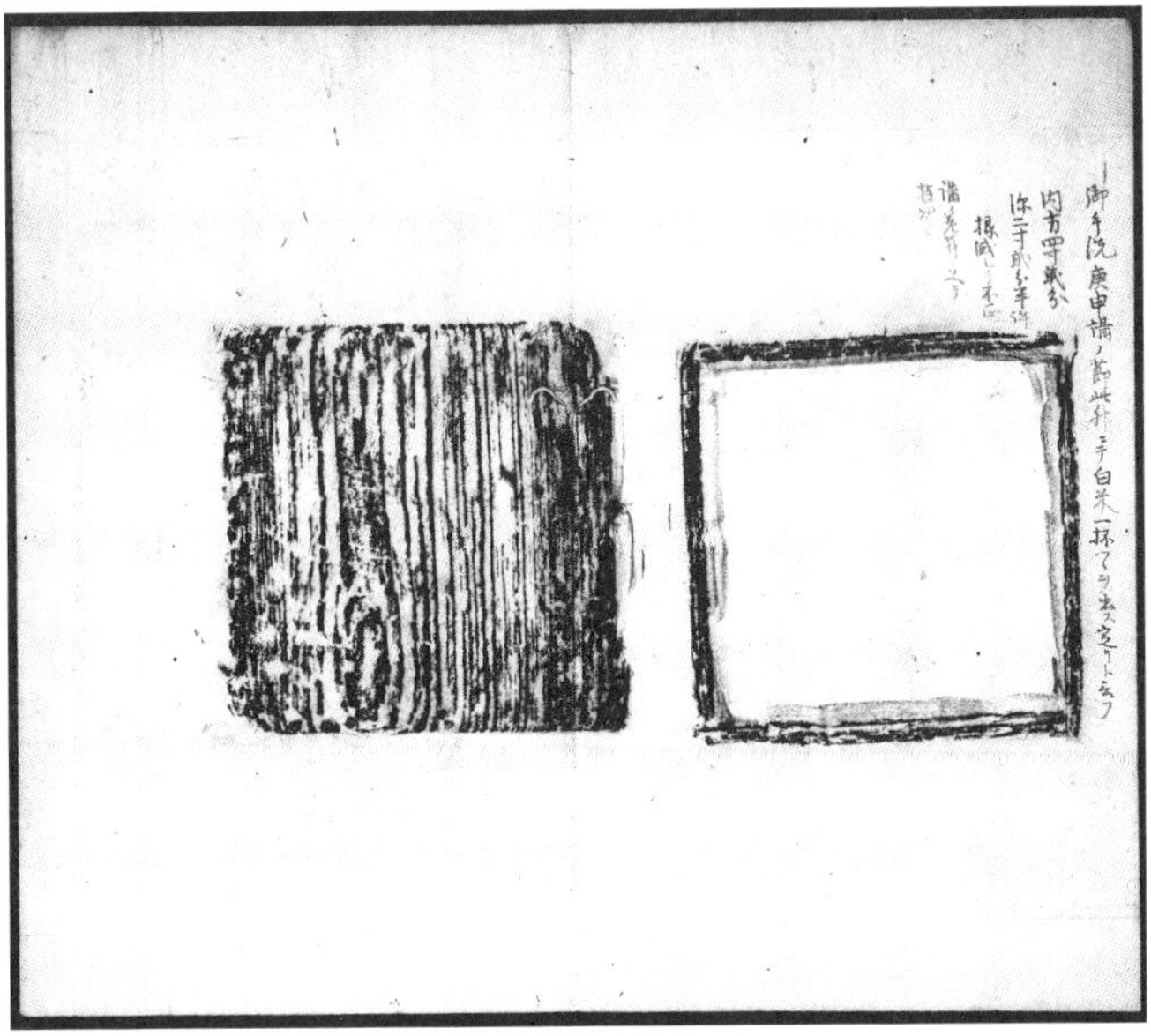

写真 6

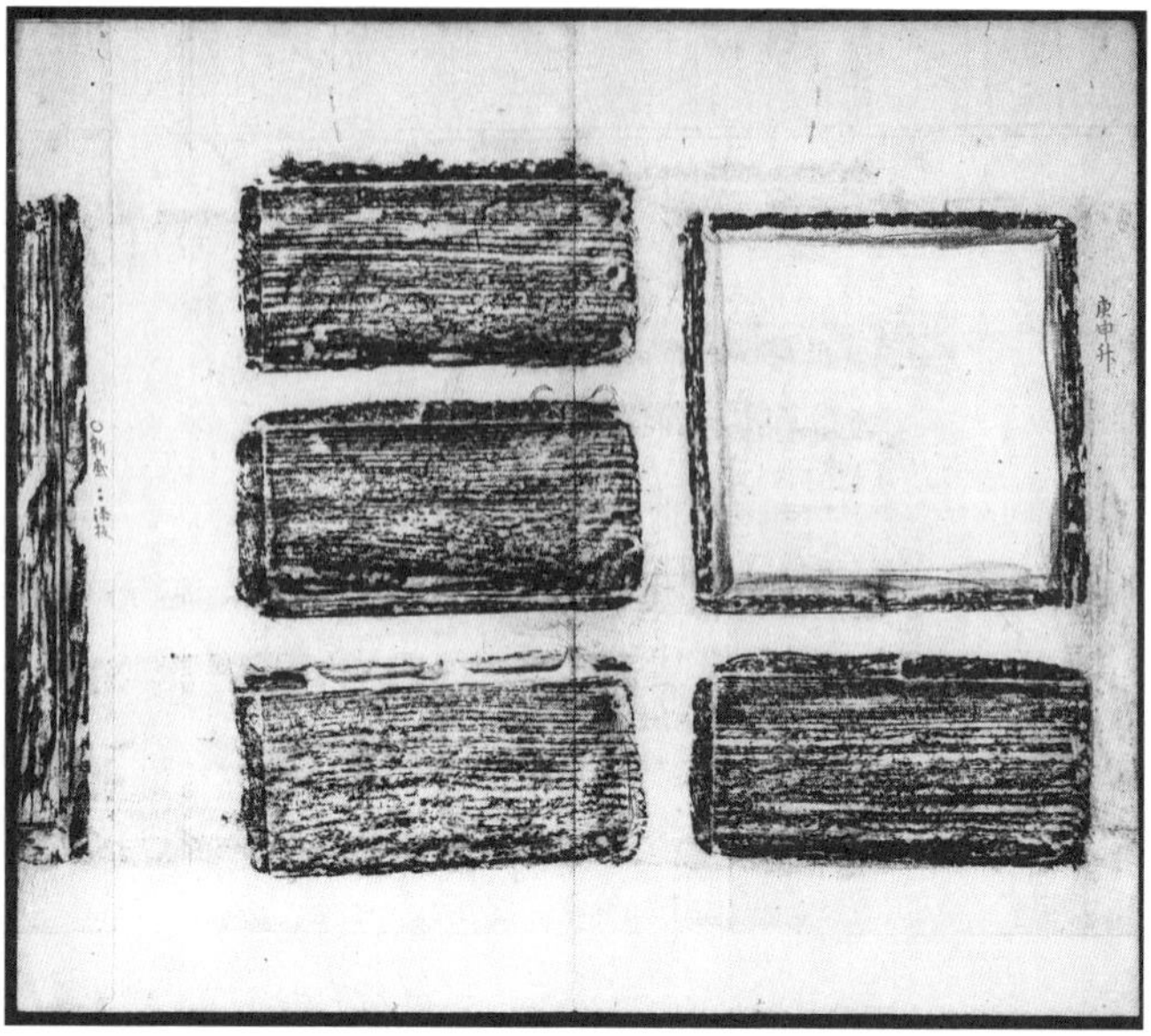

写真 7

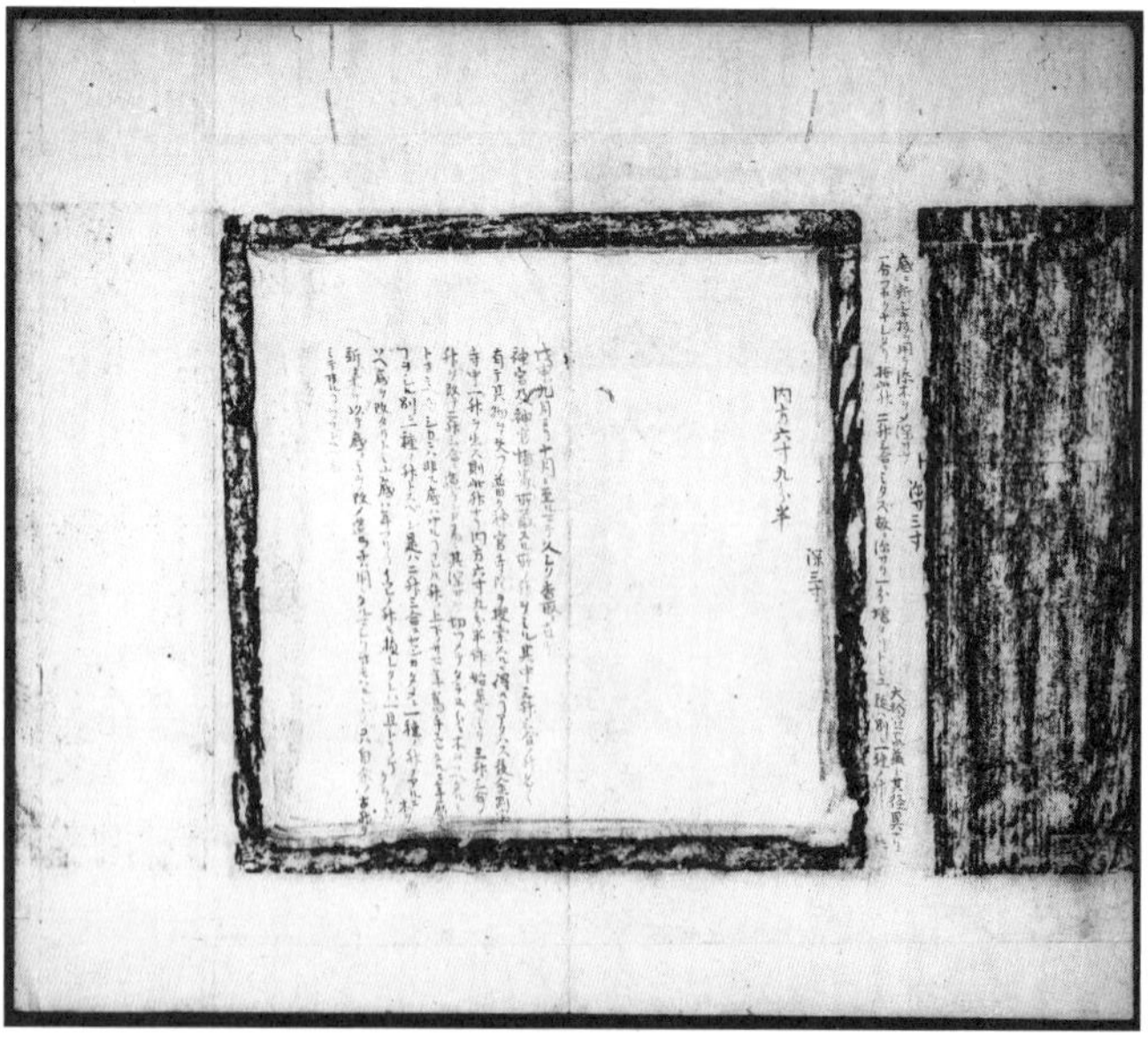

写真 8

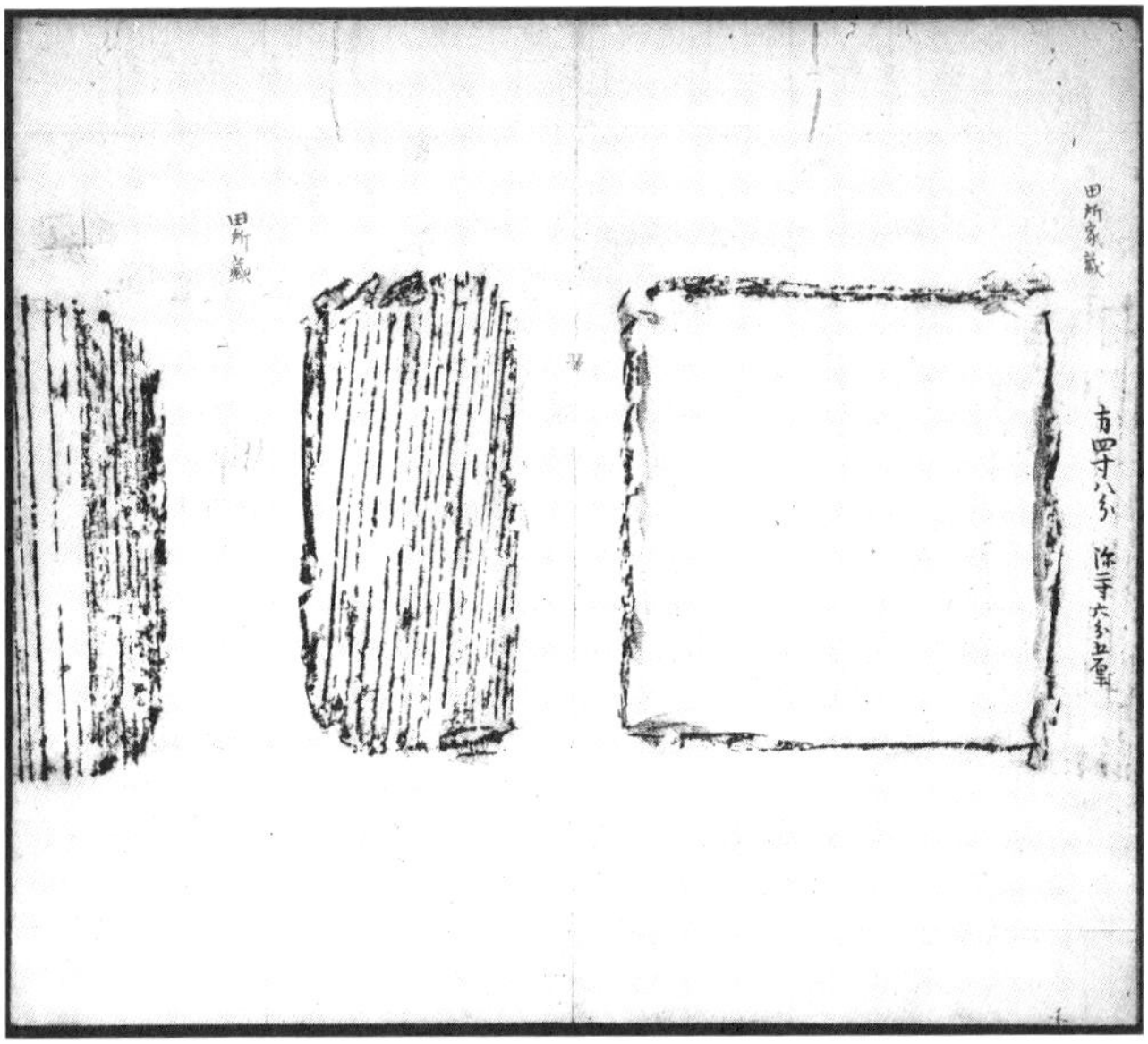

写真 9

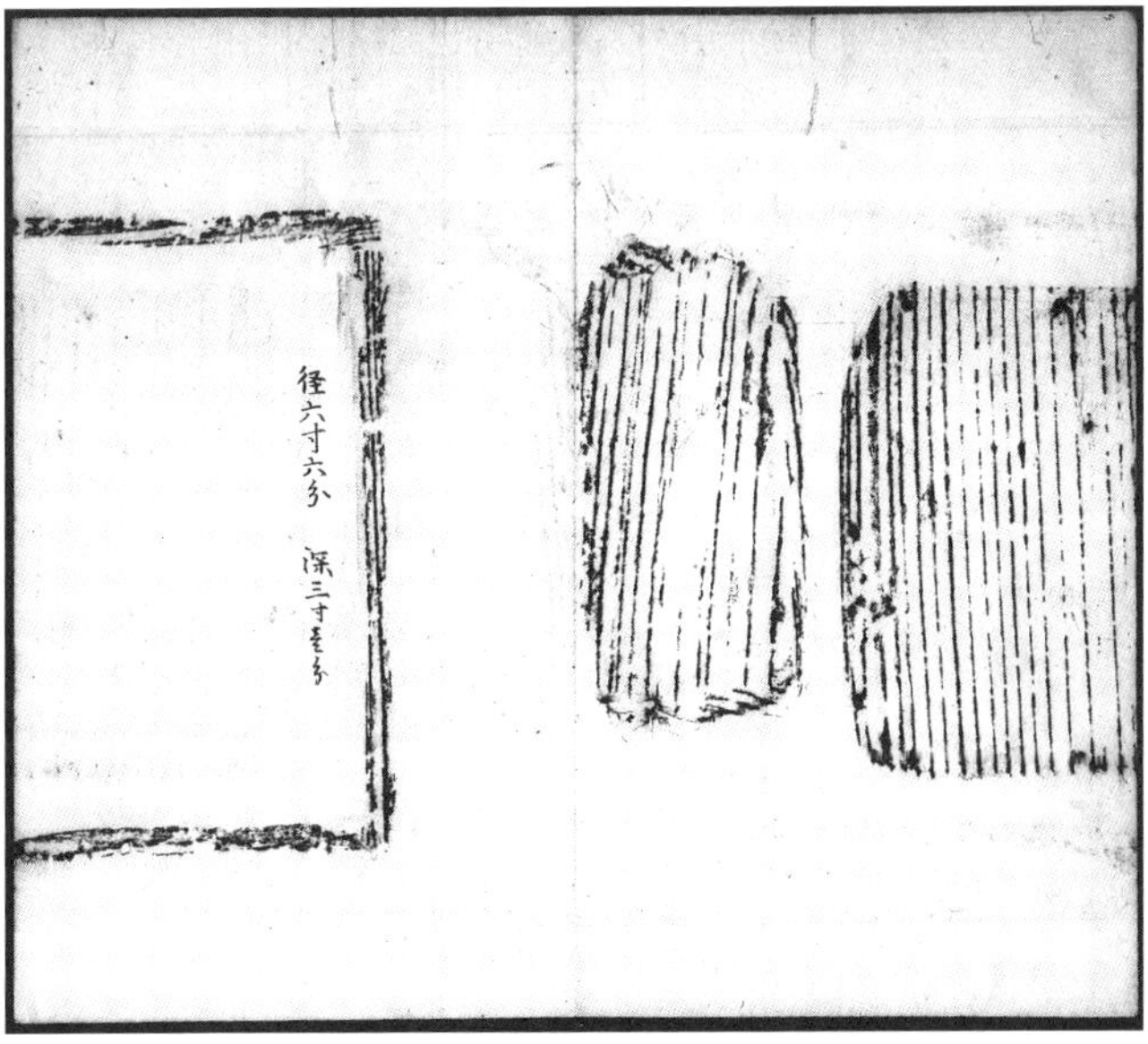

写真 10

写真 11

写真 12

写真 13

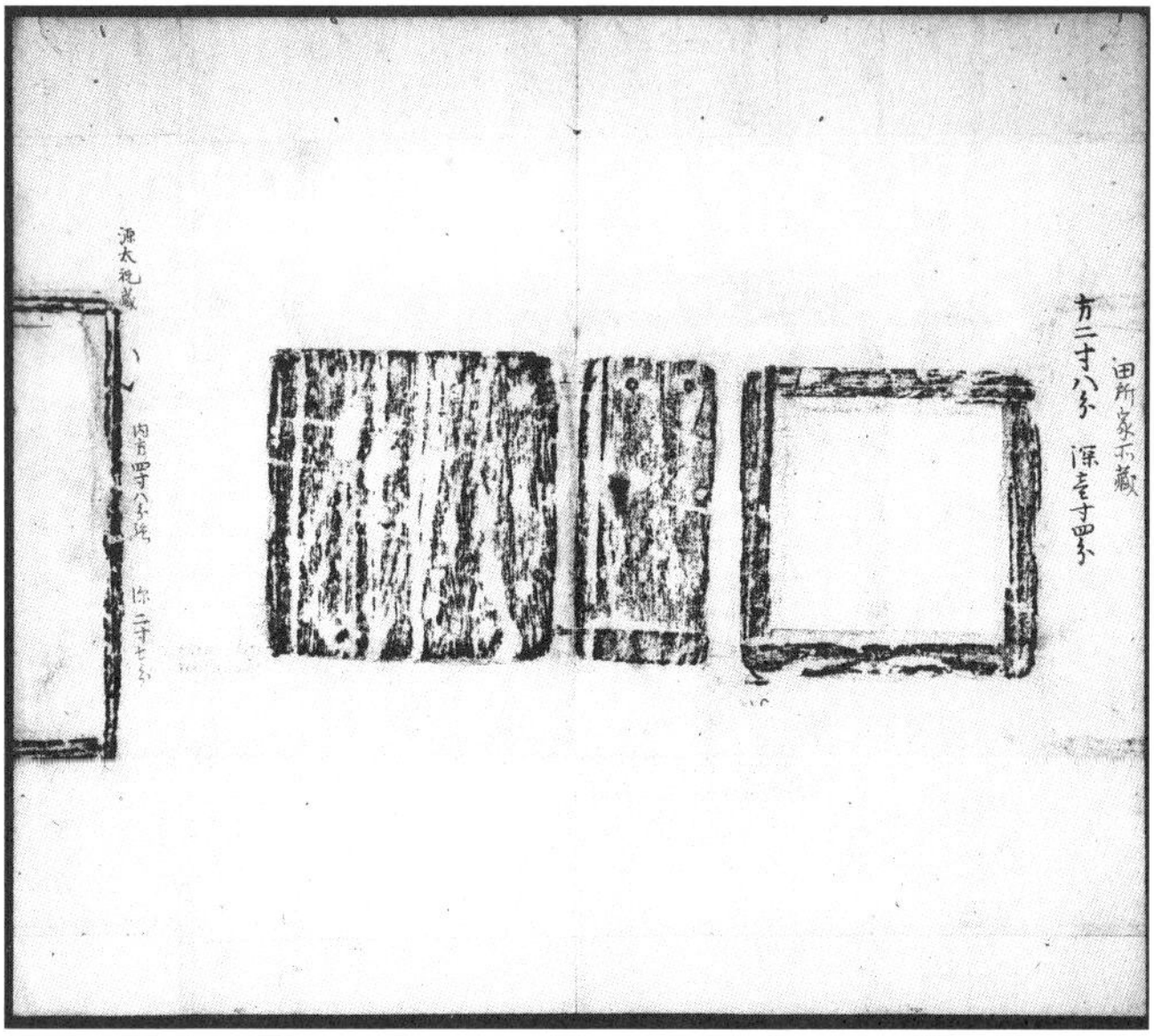

写真 14

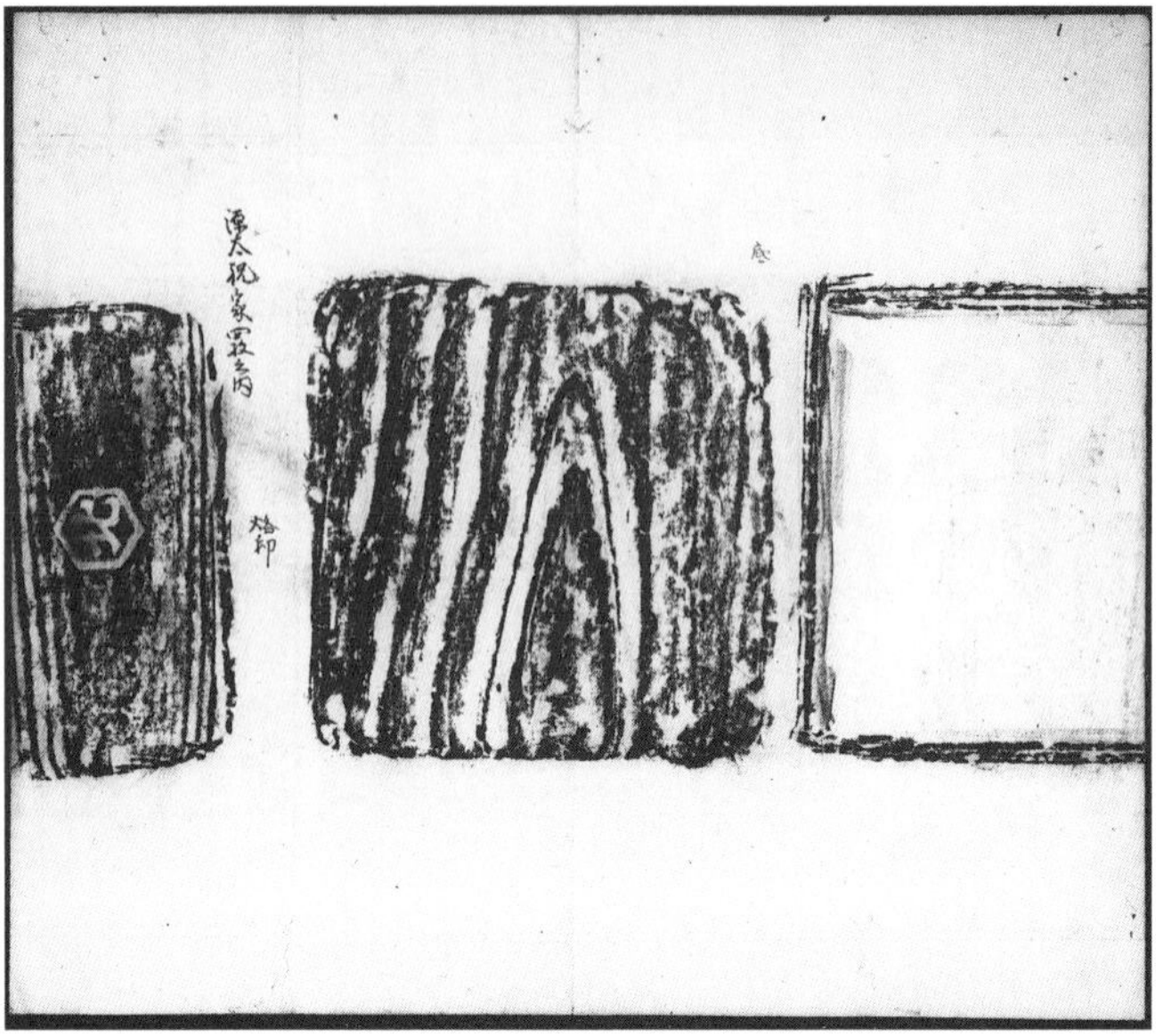

写真 15

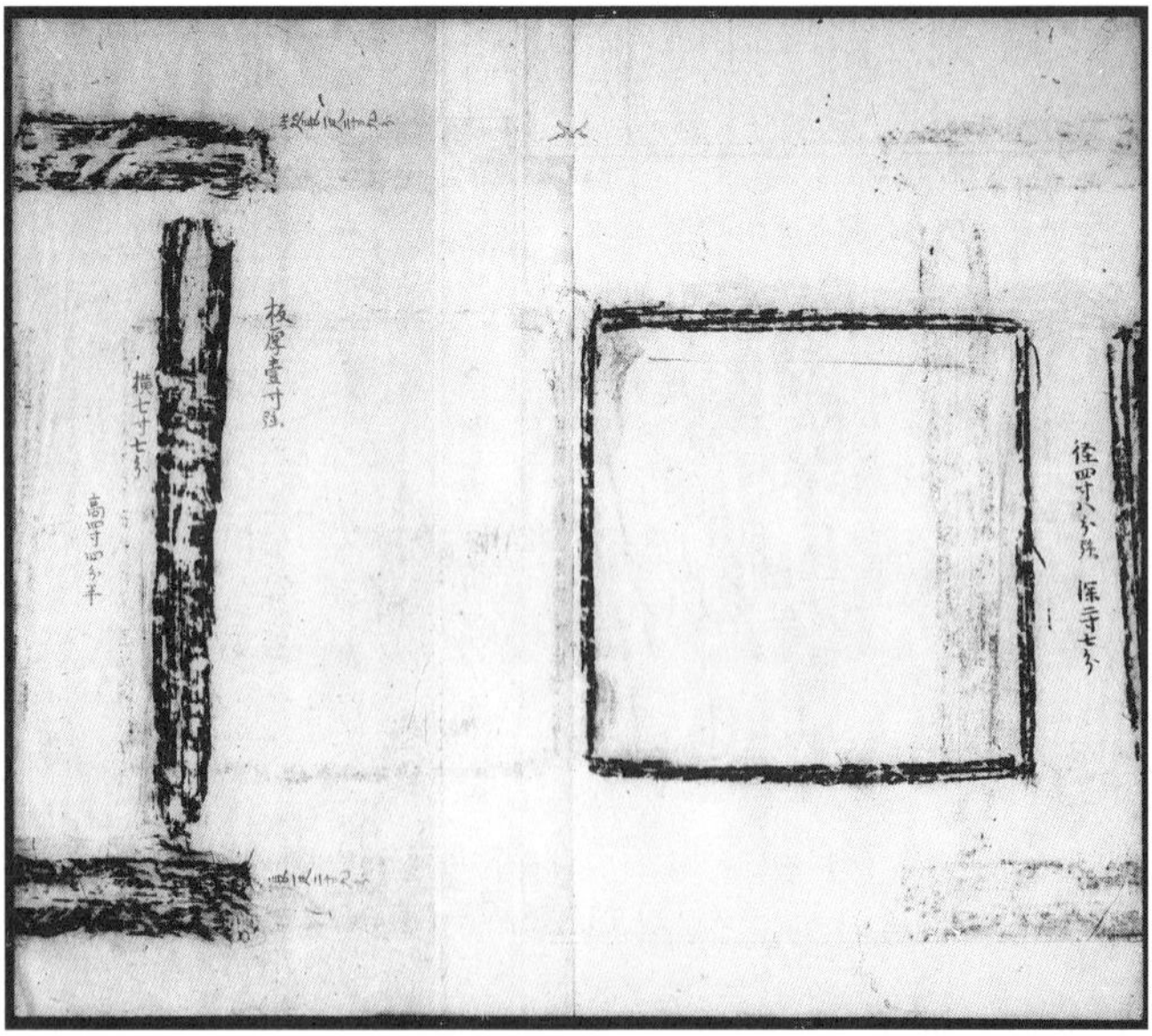

写真 16

写真 17

写真 18

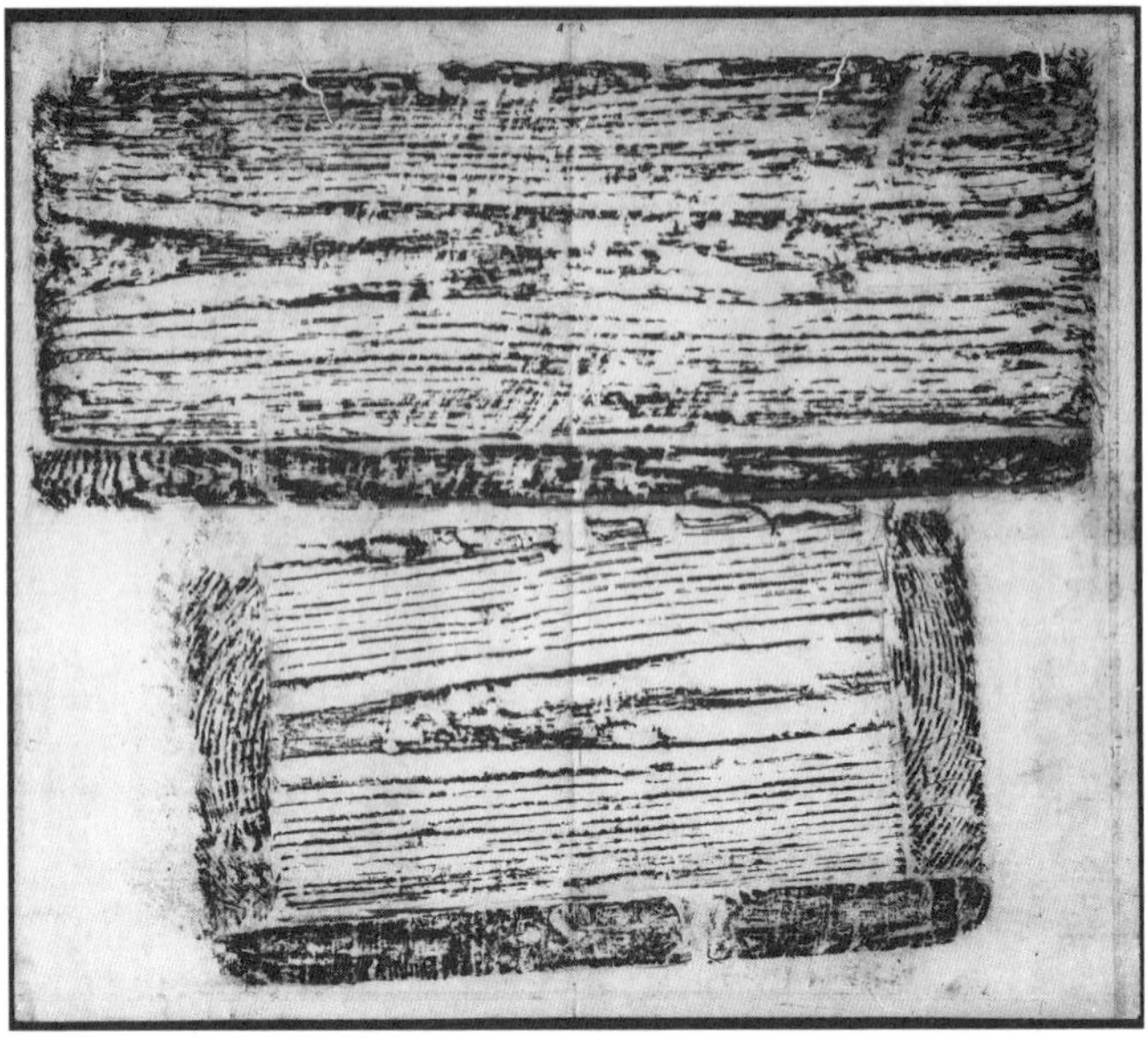

写真 19

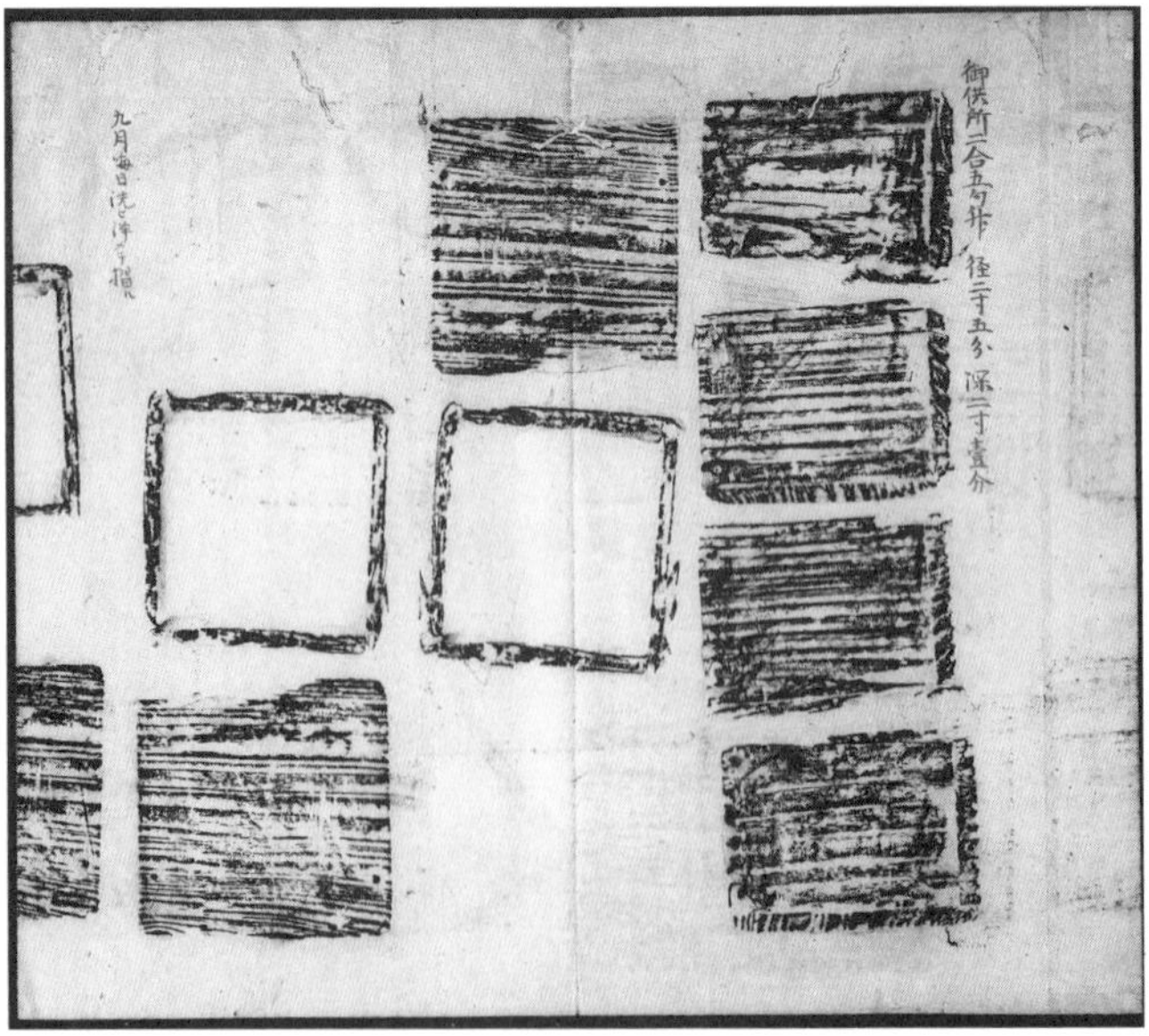

写真 20

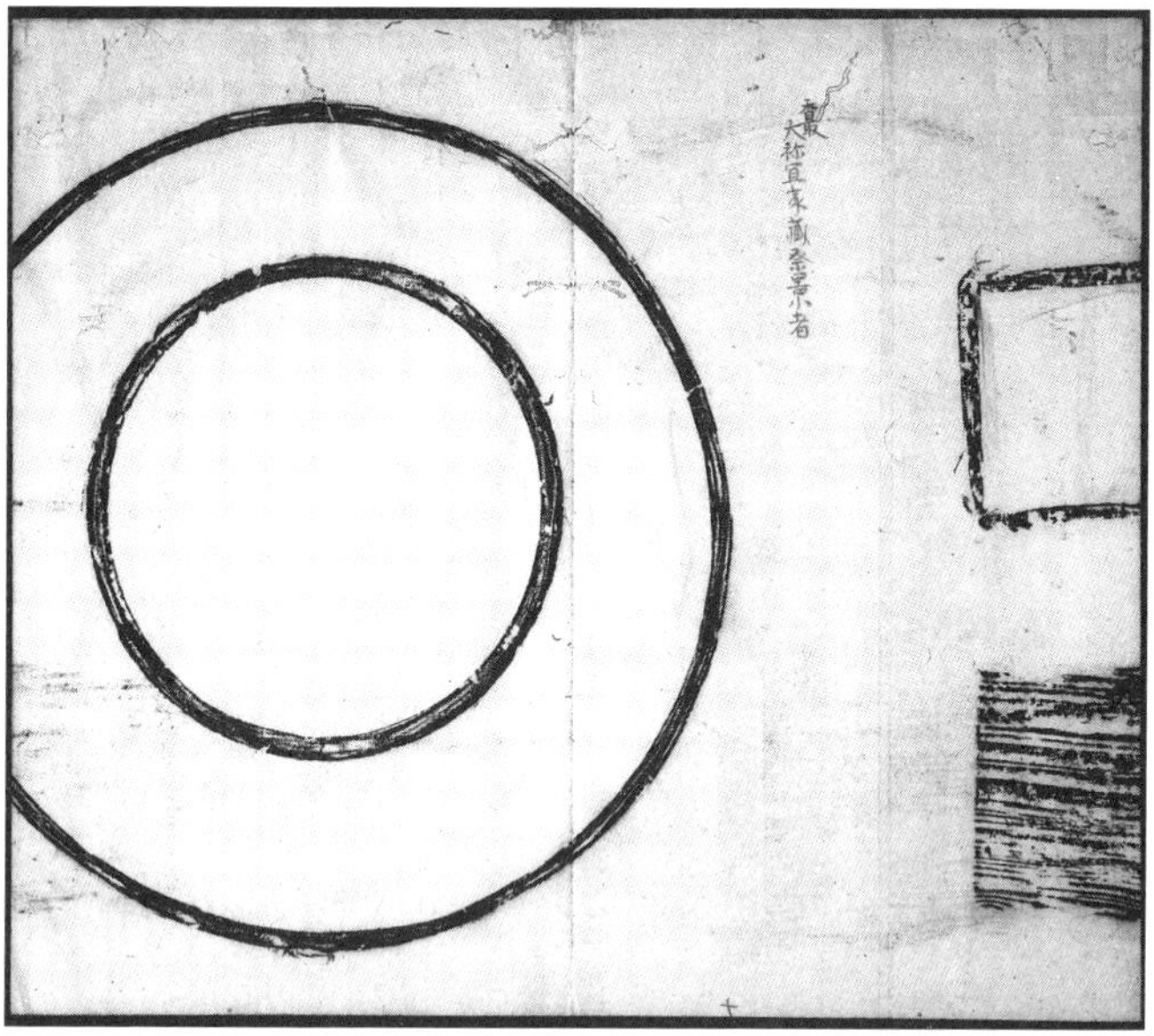

写真 21

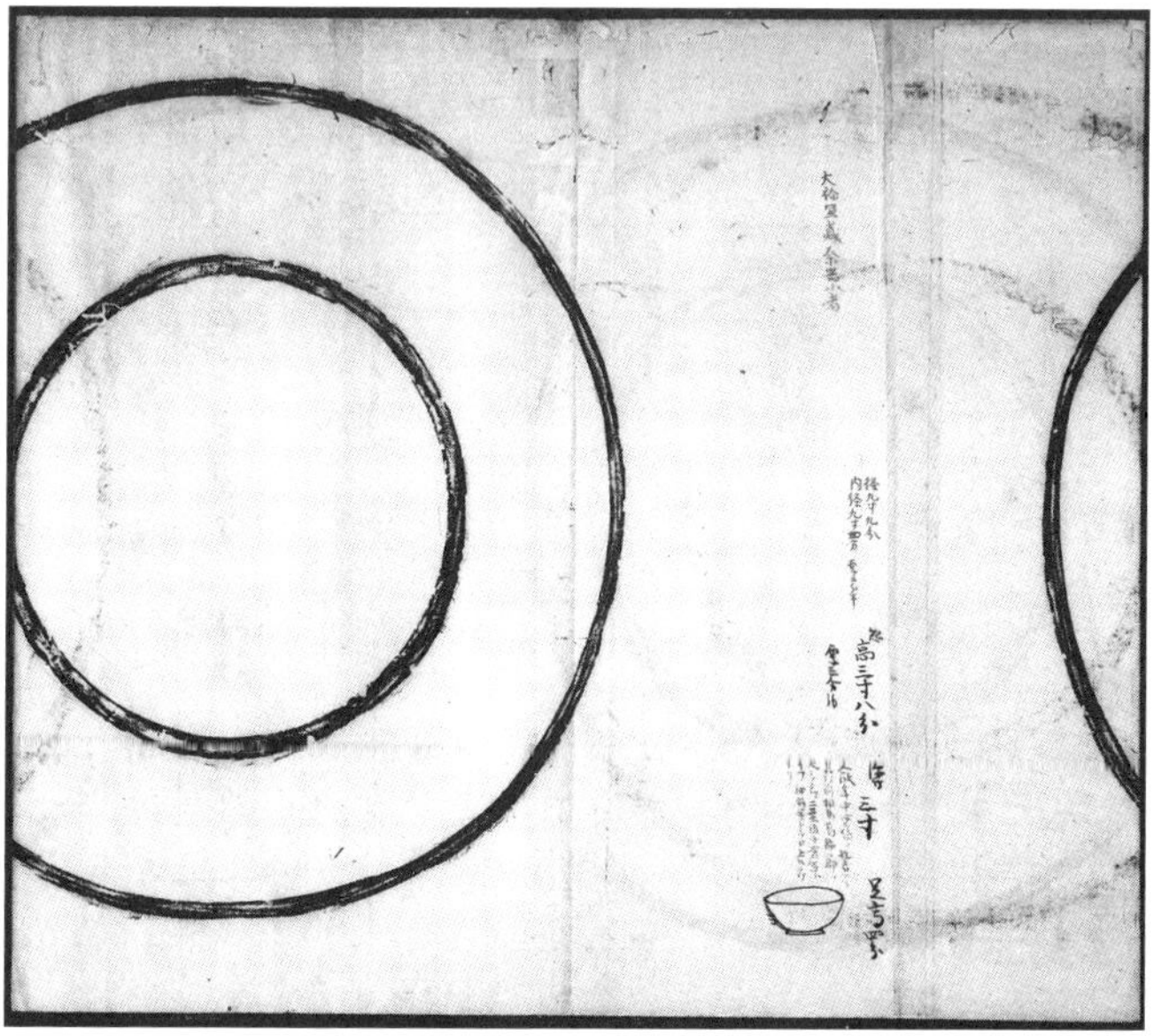

写真 22

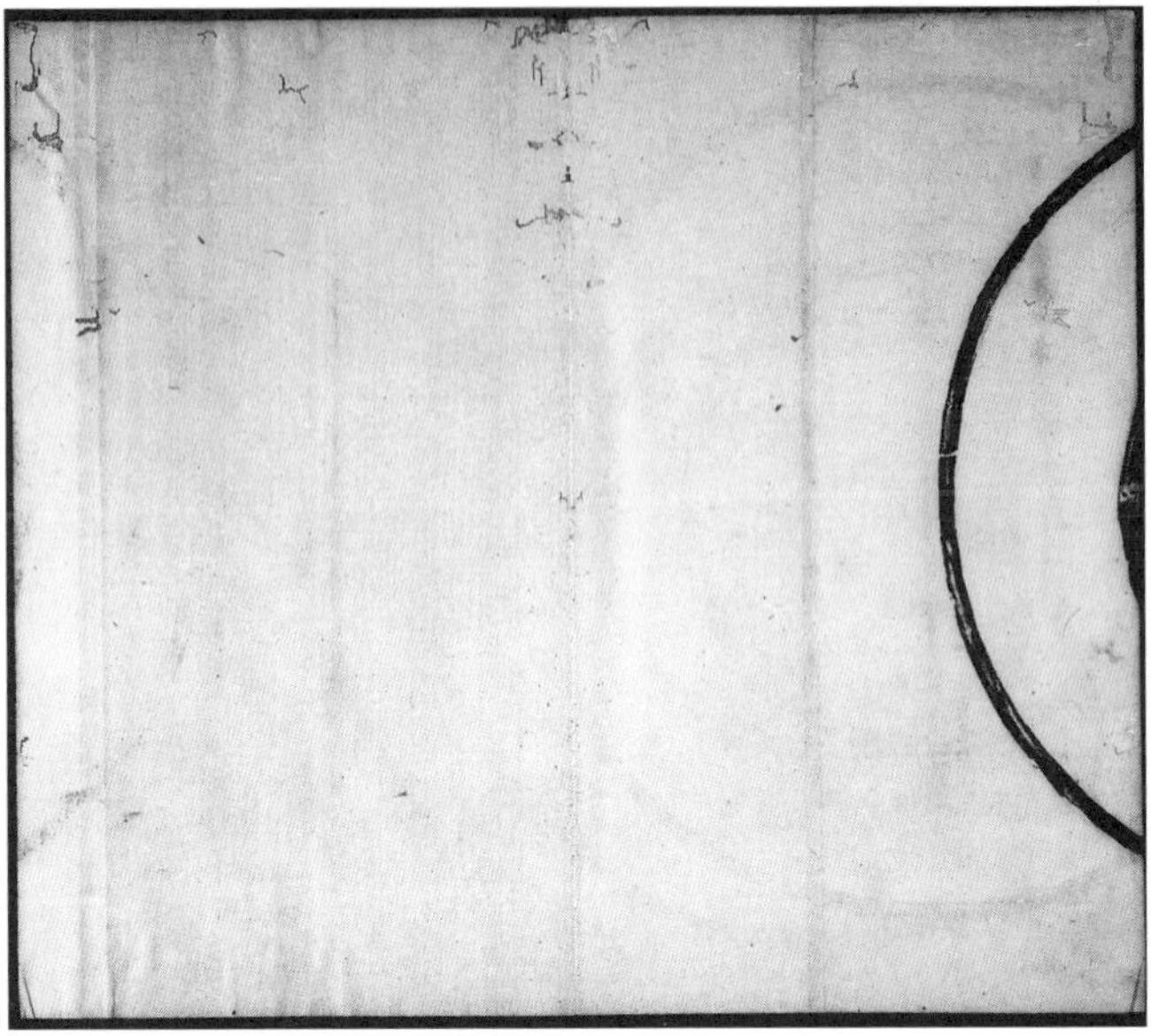

写真 23

写真 24

付　香取本「大江山絵詞（酒顚童子絵巻）」の伝来について

（1）研究史の概略

香取文書の周辺の歴史資料として、余りにも有名なものに香取大宮司家に旧蔵されていた「大江山絵詞（酒顚童子絵巻）」がある。現在は逸翁美術館が所蔵し、重要文化財となっている。香取本と通称される「大江山絵詞」が、旧大宮司家から逸翁美術館へと移動した経緯については、これまでの研究でほぼ明らかになっている。

私が確認しえた範囲で研究史的に概略しておきたい。まず、獅崎庵「松浦家所蔵の大江山絵詞」（『国華』三四二号、一九一八年）が、当時松浦伯爵家が所蔵していた同絵詞（二巻）が「香取神社大宮司の旧蔵に係り、明治年間に松浦家の有に帰したるもの」であると記し、大和絵式の書風と古致の書体等から南北朝時代のものと推定した。その後、小川壽一「香取本大江山絵詞の現存」（『国語国文の研究』四一号、一九三〇年）は、「香取本とは明治初年頃（？）まで下総国香取村香取神宮大宮司香取保冷《ママ》家に蔵せられてゐた為の名である」とし、江戸後期の国学者小山田与清（号松屋、一七八三〜一八四七）の記事から、小山田与清が晩年に「下総国佐原の里の伊野衛十郎」の許の「典物」（質物）であった香取本をみたことに注目している。そして、獅崎の論考を引いて、「香取本は東京市松浦伯爵家に明治年間（多分初期）に移ったことが判る」とした。同時に、小川が他の諸本がほとんど三巻本であるのに対して、香取本は上下二巻本であると指摘した点も重要であった。また、小川は「香取本大江山絵詞に就て」（『国語・国文』六巻九号、一九三六年）において、水戸の彰考館文庫の「酒顚童子画巻」（折帖二帖、絵画は上巻十段・下巻九段）が香取本の模写本で、絵画は透写であろうこと、そして静嘉堂文庫の色川三中旧蔵「大江山酒顚童子絵詞」（詞書のみ一冊）が香取本の書写であろうとしていた。この小川の指摘も貴重なものであった。

田中一松「大江山絵詞」（『田中一松絵画史論集　上巻』中央公論美術出版、一九八五年。初出一九四二年）は、移動の経緯をさらに明確にした。香取大宮司の香取家より松浦伯爵家への譲渡が一八八七（明治二十）年であったこと、その後、一九三四（昭和九）年に同家の売立以後、小林一三家の所蔵となったことである。さらに、小林家の所蔵には上下両巻とは別に詞書のみの一巻が添えらているが、これは香取家から松浦家に渡される際には無かったもので、「早く逸出して佐原の八木氏が所蔵」していたものを「本山氏が幸いにこの一巻を入手して、こゝに両者を取揃へることが出来た」ことを明らかにするとともに、絵巻は「吉野時代」のもので、「別巻詞書」は「室町中葉頃迄のものか」とした。また田中は、「香取本は著しく叡山との関係が濃厚で、元来この方面の手で作製されたものかも知れない」としている。(1)

（2）通説への疑問

その後、『続日本絵巻大成　19』（中央公論社、一九八四年）での榊原悟「『大江山絵詞』小解」や高橋昌明「『大江山絵詞』復元の試み」（『滋賀史学会誌』七号、一九八九年）、『続日本の絵巻　26』（中央公論社、一九九三年）での小松茂美の「解説」によって、「大江山絵詞」の伝来の経緯やその性格についての通説が成立している。これらの成果にもとづいて、香取本の伝来についての通説を確認しておけば、次のようになろう。

香取本「大江山絵詞」（二巻）は、もと下総国香取神社の大宮司家（香取保禮）の所蔵であったが、ほんらい香取神社に伝来したものではなく、幕末に下総佐原で質草になっていたのを大宮司家が購入したものらしい。これが一八八七年七月に松浦伯爵家へ譲渡され、さらに一九三四年十一月の同家の売立において、東京のコレクター兼美術商の本山豊実が落札した。これとは別に、やはり大宮司家にあった絵巻散逸分の一部とみられる「別巻詞書一巻」は、佐原の八木善助家に所蔵されていたが、一九三五年には、これも本山豊実が入手し、一九三八年八月になって、本山は香取本「大江山絵詞」（二巻）と「別巻詞書一巻」の両方を、小林一三（雅号逸翁）に売却した。それが逸翁の蔵品として、いま逸翁美術館に所蔵されている。

しかし、傍線部のように香取本が幕末になって大宮司家によって購入されたものというのは事実なのであろうか。この理解は、榊原が前掲論考で示したものであり、その後も追認され、ほぼ通説となっている。(2) 榊原が論拠としたものは、小山田与清が晩年に香取本についてふれた次の記事であった。(3)

酒顚童子の画巻世に流布せるはいとくだれる代のもの也、香取の大宮司が家の画巻二巻ありて古色いとめでたし、下総国佐原の里の伊野衛十郎が許に典物にて有りしを、余まさに見てそが中、田楽の図をその里の門人永澤啓吉に写させたりき、

早くにこの記事を紹介した小川壽一は、与清が「下総国佐原の里の伊野衛十郎」の許の「典物」（質物）であった香取本をみたと理解したのであるが、榊原はこれを否定し、質物となっていた「酒顚童子絵巻」を大宮司家が入手したものと解釈すべきだというのである。そして、本絵詞は「幕末に下総国佐原で質草になっていたものを香取神社の大宮司家が購入」したもので、香取神社に伝来した神宝ではなく、大宮司家の私的な所有物であった。そのために、明治時代になって神社から安易に流出したのだとしたうえで、「佐原で質に入れられる前の旧蔵者がだれであったか、という点については、全く不明で」、陽明文庫に本絵詞の詞書のみ写した断簡が蔵されていることから、「この絵詞もあるいは都から流れてきたものかもしれない」としたのである。

この点は、はたしてそうであろうか。そもそも与清の記事を、榊原のように解釈できるのか疑問である。

（3）新たな解釈の可能性

香取本「大江山絵詞」を香取文書周辺の歴史資料とみる本書の立場からは、これまでの論考には引用されていない、いくつかの史料を紹介することができる。

一つは、本書の第三章第一節で検討した享保九（一七二四）年七月の香取大宮司家の文書・什物等の目録である。そこでふれたように、この目録は、元禄十二（一六九九）年に香取神宮を追放されて水戸藩内に移住していた前大宮司大中臣清房（棚木彦五郎）から、享保九年七月に香取に残った子息の国分宮之介（貞胤）に返却された大宮司家の文書や什物の目録であった。この目録のなかに、じつは「一土佐絵酒顚童子弐巻」とみえるのである。一部、再掲してみたい（享保九年七月十四日国分宮之介文書等請取覚、新香一二号／新宮二〇号）。

一駒之角壱ッ
一牛之玉壱ッ
一よるへの水入壱ッ
一土佐絵酒顚童子弐巻
（中略）
右拾九ヶ条者、私方江相渡し候様ニと、御公儀寺社御奉行所ゟ其許江被仰渡候品々請取申候、

香取本「大江山絵詞」の特徴は、「大和絵式の書風」と「二巻本」であることにあったが、大宮司家の什物としてみえる「土佐絵酒顚童子」は、大和絵の中心的家系を意味する「土佐」とあり、しかも「弐巻」本であった。ということは、「土佐絵酒顚童子弐巻」は香取本「大江山絵詞」（二巻）そのものなのであり、香取本「大江山絵詞＝土佐絵酒顚童子」（二巻）は、元禄年間の大宮司大中臣清房の時代から一八八七（明治二十）年に旧大宮司家（香取保禮）より松浦家へ譲渡されるまでは、香取大宮司家の什物であった可能性が高いのである。[4]

そうだとすれば、榊原が「幕末に下総国佐原で質草になっていたものを香取神社の大宮司家が購入」したとの解釈はもともと成り立たないのである。香取本「大江山絵詞＝土佐絵酒顛童子」は、少なくとも元禄期から大宮司家に伝来しており、それが「幕末の一時期」には佐原の伊野（伊能カ）家の典物（質物）となったが、のちに大宮司家に戻され（あるいは質流れの形で）、一八八七年に松浦家へと売却されたものとすべきであろう。(5) また、『高橋が前掲論考で問題とした香取本の表題についても、江戸時代には「酒顛童子」あるいは後述の「酒呑童子」の用語が使用されていたことがわかるのである。

（4）近世以前の来歴

では近世以前はどうか。この点にかかわって相澤正彦「逸翁美術館本『大江山絵詞』の画風をめぐって」（『MUSEUM』四七七号、一九九〇年）が、香取本「大江山絵詞」の画風についての詳細な検討から、香取本を「鎌倉地方様式をもつ絵巻の一つ」（鎌倉地方絵巻）として位置づけうるとしている。(6)

相澤は、榊原が先の論考で検討した、数少ない香取本の写である静嘉堂文庫所蔵（色川三中旧蔵）「大江山酒顛童子絵詞」（詞書のみ、「別巻詞書一巻」などを含む）は、色川三中による香取文書調査のなかで書写されたものであり、(7) 江戸末期に香取本が香取の地にあったことの証拠になることを指摘し、さらに香取本に付属する「別巻詞書一巻」が、香取本の詞書とは別筆で室町後期の書写とする田中や小松の理解を前提に、「別巻詞書一巻」が室町後期に香取社周辺で書写されたとするならば、原本の香取本自体の伝蔵にも香取社が関与したものであろうと推測している。

相澤による右の推測は正しいのであろうか。次の史料からは、別の想定が可能となる。それは香取の「大禰宜家日記」享保九年六月九日の記事である（『香取群書集成　第六巻』香取神宮社務所、一九九五年。一五五―一五六頁）。

一、辰六月九日、前大宮司（大中臣清房）美作浪人水戸ニ住、然処寺社御奉行所黒田豊前守（直邦）殿ヨリ御用有之由、水府公（徳川宗堯）へ被仰遣

ニ付、御差出十二日也、黒田殿御尋ニ香取社神宝持立退候由、目録ヲ以御尋、御吟味ノ処、美作申ハ兼々和熟モ仕候者、返可申由申上ル、（中略）御尋ノ節目録書付ヲ御出シ、何々ハ有ルヤト御尋、無ト申上ルニハ、爪ニテ目印ヲ御付、扨又八幡・大刀・駒角・午ノ玉・酒呑童子ノ絵、神宝ニテ候哉ト御尋、是ハ千葉家断絶ニ付、私家ニ所持仕候、（美作祖母ハ大須賀四郎娘也、落城ノ節所ノ百姓共致養育、大宮司方へ嫁、勝房・胤雪為ニモ祖母也、）神宝ニテハ無之由申上ル、彼是御尋六月廿六日迄ニ四度御尋、玄番（蕃）佐助呼尋ル処、八幡・太刀等ノ儀ハ、其方申通ニ申、是其方物ト相見ヘル、（以下略）

この記事は、先の史料の前大宮司美作（大中臣清房＝棚木彦五郎）から、子息の国分宮之介に大宮司家の文書や什物が返却された時の詳しい経過を、香取大禰宜家が日記したものである。寺社奉行黒田直邦が、香取社の神宝のうちで持ち出されたものがないかを目録にしたがって、前大宮司清房に問いただしたわけであるが、その時、問題となったものは「八幡・大刀・駒角・午ノ玉・酒呑童子ノ絵」が香取社の神宝であったか、どうかであった。ここに「酒呑童子ノ絵」がみえる。前大宮司美作は、「是は千葉家断絶に付き、私家に所持仕り候」ものだという。それは、美作（清房）の祖母が千葉氏一族の大須賀氏の娘であり、[8]落城の際に「所の百姓共」が養育してくれて、[9]清房・勝房・胤雪の祖父にあたる大宮司秀房に嫁したのであり、この祖母が大宮司家に所持してきたものだというのである。

この記事によれば、香取本「大江山絵詞」（二巻）は、戦国時代末期の天正十八（一五九〇）年に千葉氏が断絶するまでは千葉氏の本宗家か、あるいは一族の大須賀家に伝来したものであったことになる。[10]もちろん、香取社の神宝を持ち出したのではなかと追求された前大宮司清房の証言であり、十分な検証が必要であるが、担当の寺社奉行は、このことについて四度尋ね、さらに香取社の大宮司の代官であった[11]玄蕃佐助を呼んで尋ねたわけで、玄蕃佐助は「八幡・太刀等ノ儀ハ」清房が申したのと同様の返答をしている。ということは、香取社（あるいは香取社の社家の間）では「八幡・大刀・駒角・午ノ玉・酒呑童子ノ絵」は、千葉氏伝来のもので大須賀氏の娘を介して大宮司家にもたらされた「私家の所持品」であり、香取社の神宝ではなかったと認識されていたことはほぼ確実であろう。[12]

先に引用した国分宮之介文書等請取覚には、「私方（国分宮之介）へ相渡し候様にと、御公儀寺社御奉行所より其許（棚木彦五郎）へ仰せ渡わされ候品々請け取り申し候」とあり、「一駒之角壱つ／一牛之玉壱つ／一よるへの水入壱つ」などともに「一土佐絵酒顚童子弐巻」を国分宮之介は香取に持ち帰った。そして四日後には当時の大宮司和雄にそれらを引き渡している（享保九年七月十八日香取社大宮司家什物目録写、新源六三号）。ちなみに、「駒角」、「牛玉（牛王）」などとともに「土佐絵酒顚童子」は、武家にとっての宝物であったと考えられる(13)。相澤の推測とは別に、もともと香取本「大江山絵詞（酒顚童子絵巻）」が何故に香取社の大宮司家に伝来すべき必然性があったのか、これまで誰しもの疑問であったろう(14)。しかし、この暗黙の疑問は「大江山絵詞」が千葉氏（大須賀氏）に伝来したものであったことによってほぼ氷解するのである。

相澤は先の論考で、南北朝期の鎌倉を中心とした東国社会の文化状況を概説し、東国には酒顚童子のような物語が享受される環境は十分に整っていたとし、『曾我物語』の制作に南北朝期の箱根の僧が深くかかわった可能性などにもふれている。周知のように、千葉氏とも関係の深い安房の妙本寺に伝えられた真名本の妙本寺本『曾我物語』については、角川源義以来の研究成果がある(15)。ここで詳述する余裕はないが、福田豊彦が指摘したように、角川の研究は「真字本曾我物語」の管理者を伊豆山権現密厳院とする一方、それと密接な親近関係にありながら対抗関係が認められる『源平闘諍録』は千葉氏の家の記録であって、後者の管理者の一人を伊豆山権現般若院（千葉氏一族の相馬氏が開山）に属する唱導家に想定するものであった(16)。また、角川の見解を前提とした福田による千葉妙見説話と『源平闘諍録』に関する詳細な研究成果によれば、坂東に生まれた平家物語である『源平闘諍録』の成立は、鎌倉時代末期の十四世紀初頭と考えられるが、成立場所は千葉妙見社か伊豆山般若院の何れとも決しがたく、作者にかかわっては角川が密厳院や般若院で提起したような、「千葉に属した唱導家集団の検討が必要であろう」という(17)。

そのうえで福田は、『源平闘諍録』は「畿内からもたらされた平家物語に対して曾我物語を生んだ坂東の手が加わり、東西文化の再融合ともういうべき作品」であるとしているが、香取本「大江山絵詞（酒顚童子絵巻）」も、鎌倉末期から南北朝期にかけてのこうした関東や千葉氏周辺の文化状況のなかに創出されたものとみてよかろう。[18]すでに相澤は、香取本の内容の「元々主人公の一人は酒顚童子ではなく、源氏の英雄源頼光であることは、東国好みの要素」であるとしているが、それならば、千葉氏の周辺で制作され伝来したことのほうが理屈にあっている。さらに相澤の結論は、鎌倉地方絵巻の様式をもつ香取本は、「室町末期から明治まで下総国香取に地にあったことが想定される余地があり」、詞や絵が後続の諸本にほとんど影響を与えていないことから、中央とは別の所、すなわち「東国で制作され、伝来した可能性は一考に値する」というものであったが、この結論は、「下総国香取の地」を「下総国の千葉や香取の地」と修正したうえで、「東国で制作され、伝来したものと考えられる」としてよいと思う。[19]

戦国時代、関東を制した小田原の北条氏綱は、家臣となった千葉氏が所持した香取本「大江山絵詞」とは別に、現サントリー美術館本を狩野元信などに描かせ秘蔵していた。天正十八年、ともに断絶した北条氏と千葉氏であったが、「サントリー美術館本」は北条氏直が没落するに際して、氏直より離縁された徳川家康の娘良正院が携え帰り、さらに彼女が池田輝政のもとへ再嫁する時に持参し、以後、因州池田家に伝来したのであった。[20]他方、「香取本」は千葉氏一族の大須賀氏の娘を介して香取大宮司家にもたらされ、香取本として伝来したのである。東国武士のステータス・シンボルであった「大江山絵詞（酒顚童子絵巻）」の二本は、妻や娘などの女性を介して他所に伝来し、生き延びることができたのであった。

註

（1）この点にかかわって、案田順子「香取本『大江山絵詞』私考」（『実践国文学』二一号、一九八二年）は、叡山―藤原道長の周辺に香取本の作者を想定している。

（2）高橋前掲『『大江山絵詞』復元の試み」も、榊原論考にもとづいて「普通香取本と呼ばれているが、本来神社に伝来したものでなく、幕末に下総佐原で質草になっていたのを神社の大宮司家が購入したものらしい」としている。

（3）　小山田与清著・市島謙吉編輯『国書刊行会本　松屋筆記　巻一』（巻五十五―七）（吉川弘文館、二〇〇七年。二五七頁）。なお与清は、色川三中の和歌などの最初の師であった（中井信彦『色川三中の研究　伝記編』〔塙書房、一九八八年〕第十章など参照）。また、引用文のなかの「伊野衛十郎」は不詳だが、伊野は伊能であろうから、佐原の豪商伊能家とみてよかろう。

（4）　小川は前掲「香取本大江山絵詞に就て」で、水戸彰考館本を香取本の透写したものとし、静嘉堂文庫の色川三中旧蔵本（詞書のみ）を香取本の書写としている。三中が香取文書調査の過程で香取本を書写したとするなら、香取文書調査は弘化二（一八四五）年～嘉永元（一八四八）年のことであり、水戸彰考館本の模写はそれ以前のことと考えられる。つまり、小川の指摘は、香取本が近世中後期には香取周辺に存在していたことを傍証していたのである。なお『彰考館図書目録』（八潮書店、一九七七年）によれば、彰考館本は残念ながらアジア・太平洋戦争の戦禍で焼失してしまったようであり、この点で小川が「香取本大江山絵詞に就て」に記載した彰考館本に関する情報は貴重なものである。実際に『彰考館図書目録』の一〇九一頁には「酒顛童子画巻」が冊数「二」とあり、これが香取本の模写本であろうが、同目録の八八一頁には「大江山画巻」（一巻）もあったようである。前者の彰考館本（「酒顛童子画巻」）が彰考館によって収集されたものかどうかも不明であるが、あるいは弘化三年に小山田与清が彰考館に寄贈した蔵書に含まれていた可能性もあろう。なお、後者の「大江山画巻」（一巻）は、色川三中旧蔵「大江山酒顛童子ノ図」（透写絵のみ、一巻）に対応するサントリー美術館本の書写本かもしれない。

（5）　現在、香取神宮が所蔵する「酒顛童子絵巻并詞書（絵巻三巻・詞書一巻）」（「官幣大社香取神宮宝物及貴重品台帳」昭和十九〔一九四四〕年三月）のうち「絵巻三巻」がサントリー美術館本系の写であることについては、後掲の榊原「サントリー美術館本『酒傳童子絵巻』をめぐって（下）」を参照。

（6）　相澤は、香取本の画風が「鎌倉地方絵巻」の特色とされる「宋元墨画手法の生々しい摂取」「地方作特有の活気ある稚気」をそなえ、鎌倉地方絵巻の代表作にみられる樹や岩などの描法や構図法と極めて近い関係にあることを明らかにしたうえで、香取本が下総国（千葉県）香取地方に伝来していたという事実に注目している。本書第九章で検討した権検非違使家本「香取神宮神幸祭絵巻」も、鎌倉地方絵巻の流れに位置づけることができるのかもしれない。

（7）　色川三中は、色川稿本「香取文書纂目録　上・下」（静嘉堂文庫所蔵）などの目録に「大江山酒顛童子絵詞」を入れておりず、書写にあたってこれが香取社関係のものではないと判断していたと考えられる。なお、静嘉堂文庫には色川三中旧蔵「大江山酒顛童子絵詞」（詞書のみ、一冊）とは別に「大江山酒顛童子ノ図」（透写絵のみ、一巻）が所蔵されている。前者は、詞書のみの写であり、これまでに検討されてきたもので本文でもふれたが、後者はこれまでの論考にはふれられていないようである。細かな検討は今後の課題であるが、透写されているものは「サントリー美術館本」の絵のようである。ちなみに「色川氏蔵書書函順次帳」（静嘉堂文庫所蔵）には「大江山酒顛童子絵詞　絵巻卅六ニアリ　一」とか「大江山酒顛童子ノ図　絵詞別ニアリ　一」とあり、「色川本目録（明治三十七年購入）」（静嘉堂文庫所蔵）には「大江山酒顛童子絵詞附図一巻　一」とあって、両者が一体のものとされていたことは確実である。ただし、「蔵書目録　上・下（土浦色川家蔵）」（静嘉堂文庫所蔵）には「大江山酒顛童子絵詞　一」とあるのみで、「附図」があるとの記載はない。両者の関係についても後考をまちたい。なお、詞書については、横山重・松本隆信編『室町時代物語大成　第三』（角川書店、一九七五年）の七二頁以下参照。

（８）刊本『香取文書纂』第一六分冊所収の伊藤泰歳纂訂「香取氏系図」には、清房・勝房・胤雪の祖父の大宮司秀房の項に「室ハ大須賀四郎某ノ女」とみえる。また、「香取大宮司系図」（『続群書類従』巻第一七九）の大宮司秀房の子息範房の項に「母者大須賀四郎苗、大須賀四萬石城主権大夫胤資娘」とみえるが、「大須賀家系図」（『改訂房総叢書』第五輯、後掲『大栄町史　通史編上巻』、『千葉県中近世城跡研究調査報告書　第一七集』（千葉県教育委員会、一九九七年）所収等）などにはみえない。

（９）落城の際に「所の百姓共」が養育したとの話も注目されるが、ここではこれ以上ふれない。

（10）なお、戦国時代の大須賀氏については、『大栄町史　通史編上巻』（大栄町、二〇〇一年）第三編第五章（外山信司・遠山成一執筆）に詳しい。しかし、「大須賀四郎某」あるいは「大須賀四郎苗、大須賀四萬石城主権大夫胤資」が大須賀本宗家系統なのか、助崎大須賀氏系統なのかは不明であるが、「大須賀四郎」は大須賀氏の祖大須賀胤信にもとづくものであり、本宗家を意味しよう。また、香取本の中世での伝領については、ⓐもともと大須賀氏に伝領されていた、ⓑ千葉本宗家に伝領されていたが、享徳の乱で千葉本宗家が佐倉（馬加）千葉氏に追われた際に、大須賀本宗家にもたらされた、ⓒ享徳の乱を経て千葉本宗家から佐倉千葉氏へと伝領されたが、天正十八（一五九〇）年佐倉千葉氏が大須賀氏とともに滅びる際に、大須賀氏の「大須賀四郎某」の娘へ伝えられた、かのいずれかであろうが、坂東で生まれた平家物語である『源平闘諍録』が千葉氏一族の相馬氏に近いところで作成されたことからすれば、ⓐでよいのかもしれない。

（11）色川三中は、年未詳八月二十七日小林玄蕃重正書状写に「小林氏ハ数代大宮司ノ代官ナリ」と注記している（色川稿本「香取大禰宜家文書」七、新禰八六号）。

（12）平安末期から鎌倉期の「神宝」には、これらは存在しない（旧神七・九・一三号、新禰一号など）。また、元禄十三（一七〇〇）年香取神宮神宝覚にもみえない（新田九七号）。

（13）「大禰宜家日記」享保九年六月九日の記事には、続いて「太刀」にかかわって「（坂上）田村麻呂の大刀」や「スカレ物」（須我流太刀）の「国真刀」についてのやり取りが記されている。これらの太刀も千葉氏のステータス・シンボルであり、当然「土佐絵酒顚童子弐巻」もそうであったと思われる。

（14）榊原の無理な解釈の前提にも、こうした疑問があったものと考えられる。

（15）角川源義「妙本寺本曾我物語攷」（同編『妙本寺本　曾我物語』角川書店、一九六九年）。

（16）福田豊彦『源平闘諍録』の成立過程」（『千葉県史研究』一一号別冊「中世特集号」、二〇〇三年）。

（17）福田豊彦『源平闘諍録』その千葉氏関係の説話を中心として」（『日本文学研究大成　平家物語Ⅰ』国書刊行会、一九九〇年。初出一九七五年）、同「あとがき」（福田・服部幸造『源平闘諍録　下』講談社、二〇〇〇年）、同前掲『源平闘諍録』の成立過程」など。なお、野口実「千葉氏の嫡宗権と妙見信仰」（『千葉県史研究』六号、一九九八年）は、佐々木紀一「法橋長専のこと（上・下）」（『国語国文』六〇巻五・六号、一九九一年）などの指摘にもとづいて、鎌倉中期の千葉氏が都市領主としての風貌をもち、下総の守護所には法橋長専のような伝統的物語や中世和歌、軍記・唱導に通ずる者がいたとしたうえで、『源平闘諍録』は十三世紀半ばないし後半に、千葉氏仕官の吏僚によって作成されたとの説を提示しているが、福田は疑問を呈している（福田前掲『源平闘諍録』の成立過程」など）。

（18）他にも鎌倉期の東国の文化状況をよく示すものとして、鎌倉地方絵巻の一つとされる『東征伝絵巻』がある。小松茂美の解説「東征伝絵巻」（『日本の絵巻　15』中央公論社、一九八八年）によれば、この絵巻は鎌倉極楽寺の忍性が鎌倉幕府の絵師・六郎兵衛入道蓮行に制作させ、永仁六（一二九八）年唐招提寺に施入したものであり、その詞書は忍性周辺の能書家の手によるもので、その一人「足利伊予守（足利家時）後室」（北条時茂の娘）による第四巻の詞書は、後京極流の書風によるものであったという。この点、福田豊彦の教示による。

(19) 周知のように、高橋昌明の『酒呑童子の誕生』(中央公論社、一九九二年)における詳細な検討からは、香取本『大江山絵詞』の制作を東国に想定することは難しいようにも思えるが、私は『源平闘諍録』とともに関東それも千葉氏周辺で制作された可能性は十分にあると考える。その際に重要なことは、榊原によって全文が翻刻されている陽明文庫本「酒天童子物語絵詞」との関連であるが、この点も別の機会に考えたい。なお、高橋は同書において、香取本の最末尾の「唐人送還の図」は応安七(一三七四)年四月の明人被虜送還前後のいきさつを踏まえて創作されたものとし、香取本成立の上限を応安七年に設定できるとしているが、「唐人送還」の神崎津に近い、肥前小城郡は肥前千葉氏の拠点であったことにも留意したい。肥前千葉氏については、湯浅治久「肥前千葉氏に関する基礎的考察」(同『中世東国の地域社会史』岩田書院、二〇〇五年。初出一九九七年)などを参照。また、野口が先の論考で注目した「了行」の行動なども「大江山絵詞」成立の前史として考慮すべきかもしれない。

(20) 榊原悟「サントリー美術館本『酒傳童子絵巻』をめぐって(上・下)」(『国華』一〇七六・一〇七七号、一九八四年)。

(追記)

再校段階で、岡本麻美「逸翁美術館所蔵『大江山絵詞』考」(『美術史』一六五号、二〇〇八年)に接した。岡本論考は、相澤論考が香取本「大江山絵詞」を鎌倉地方絵巻としたことを否定しようとするものである。私には、画風についての議論にかかわる能力はないが、本付での考証からは、岡本論考の相澤批判は成り立たないと考える。

結　香取文書の歴史
―大宮司家・大禰宜家文書の伝来から

本書は、香取文書とは「大宮司家以下の神職諸家及びゆかりの諸所に伝来した文書の総称」であるとの中井信彦の定義にしたがって、香取文書を書誌学的あるいは史料学的に検討することを主題としたものであった。

なかでも「I　香取文書の書誌学」では、幕末の色川三中による調査段階つまり「本所古文書」がつくられた明治初年以前の状況が香取文書の本来的なあり方と考え、徳川光圀による大宮司家文書調査から三中による悉皆調査までの調査の進展状況を跡づけ、明治時代以降の状況変化と香取文書の現状について明らかにしてきた。そのため本書では、個々の社家文書の形成過程を追うことはできていない。もちろん、すべての社家文書の伝来や変遷についての検討は今後の課題とせざるをえないが、本書の結として、大宮司家文書と大禰宜家文書の伝来について改めて検討し、「香取文書の歴史」の一端にふれてみたい。

なお、大宮司家文書や大禰宜家文書について考える際には、第三章でふれたように、平安末期から南北朝期にかけて大禰宜職は香取大中臣氏の嫡子に遷替され、早くに相伝される職となって「大禰宜家」が成立したのに対して、大宮司職には遷替の職としての性格が存続したことが前提となる。そして、導きの糸となる史料は、同じく第三章で詳述した本宮雄之家（旧権検非違使家）現蔵の鎌倉時代前期の二通の文書である。

1132 実基（真元）— 1137 弘兼 — 1145 助重 — 1151 実（真）房 — 1156 助重 — 惟房 — 1161・68 助重 — 1175 知房 — 1180 助重 — 1186 助康 —

— 1197 周房 — 助康 — 広房 — 1221 助道 — 1226 実義（盛カ）— 助道

＊西暦は任。□は鹿嶋中臣氏

（川尻論考の「香取宮司補任表」によるが一部補訂）

図10　香取神主（大宮司）職の遷替

（１）鎌倉時代の香取社政所と関係文書

平安中期から鎌倉初期にかけての香取社の神職についての最近の研究には、川尻秋生の「香取大中臣氏と鹿嶋中臣氏」(1)があるが、これまでの研究成果によれば、香取神宮の「神主」の初見史料は、『類従三代格』（巻第一）貞観十（八六八）年六月二十八日官符所引の斉衡三（八五六）年四月二日官符に載る「神主并祝・禰宜」であり、『延喜式』（巻第十五）内蔵寮には「宮司・禰宜各一人、物忌二人」とあって、同（巻第三）臨時祭には「楽人六人」・「舞妓八人」が確認できる。

すでに明らかにされているように、香取社の宮司（あるいは神主・社司・大宮司）の実名が確認されるのは、十二世紀に入ってからで、平安末期から鎌倉中期にかけての香取社神主職は六年を任期とするもので、香取大中臣氏と鹿嶋中臣氏がほぼ交互に遷替することが慣例となっており、当該期の香取社神主（大宮司）職は典型的な遷替の職であった。すでに川尻によって、香取文書に残る補任状のみではなく、古記録・古典籍によって香取宮司（神主）補任表が作成されているが、それにもとづいて平安後期から鎌倉初期にかけての神主（大宮司）職の遷替順をつくると**図10**のようになる。

しかし、こうした香取大中臣氏と鹿嶋中臣氏とによる遷替状況は、香取大中臣氏による鹿嶋中臣氏の排除が成功することによって克服され、香取大中臣氏の「以嫡子補大禰宜、以二男被補神主」（『玉蘂』寛喜元（一二二九）年五月一日条）という体制が確定する。そのことを示すものが第八章の**系図2**（本書二五九頁）である。第八章で論じたように、香取大中臣氏の庶子に遷替された神主（大宮司）職の地位は香取大中臣氏の女子による物忌職によって保証されたものであり、鎌倉中期以降には、香取社の上級神職は香取大中臣氏によって独占されたのであった。

　では、鎌倉時代の大宮司・大禰宜・物忌を中核とした神官機構はどのようなものであったのか。すでに福田豊彦や西垣晴次によって、「香取社政所」の存在が指摘されているが、もう少し詳しくみておきたい。[2] 香取社政所の初見は、次に引く③文暦二（一二三五）年三月二十六日香取社神官連署補任状写の書出しの「香取社政所定め補す」である。他には鎌倉時代の香取文書からは確認できないが、本書第六章で引用した「建武徳政令につき重書案」のなかの建武元（一三三四）年九月三日下総国守護代円城寺蓮一奉書案（新田九号―(7)）の充所は「香取政所殿留守所」であった。鎌倉時代から南北朝時代にかけて香取社に、政所が存在したことは確実であろう。では、香取社政所の構成はどのようなものであったのか。鎌倉時代の香取社政所の構成を推測させる史料をあげてみたい。

①元仁二（一二二五）年八月一日香取社神官連署祝職安堵状（補任状）（新要一号）の署判：「案主所・田所・物申祝・権禰宜（以下署判欠）」

②天福二（一二三四）年十一月三日香取社神官連署神職補任状（新要二号）の署判：「安《（案）》主・田所・録司代之代・物申（祝）・権禰宜（以下署判欠）」

③文暦二（一二三五）年三月二十六日香取社神官連署補任状写（新録一号）の署判：「安《（案）》主・田所・物申祝・権禰宜・大禰宜・宮司」

④正元元（一二五九）年閏十月十日香取大神宮符（大神主職補任状）（新大一号）の署判：「案主・田所・録事《（司）》代・物申祝・権禰宜・大禰宜・宮司」

⑤正応二（一二八九）年閏十月十日香取大神宮符（内院神主職補任状）（新大二号）の署判：「案主所・田所・物申祝・権禰宜・大宮司兼大禰宜」

⑥正和五（一三一六）年十二月日香取社神官連署補任状（新分六号）の署判：「案主所・田所・録事《（司）》代・行事禰宜・

物申祝・権禰宜・大禰宜・宮司」

⑦嘉暦三（一三二八）年二月八日香取社下知状（新大三号）の署判：「案主所・田所・行事禰宜・物申祝・権禰宜・大禰宜・大宮司」

①には「香取宮印」と思われる朱印が四箇所か五箇所、②には七箇所、③には五箇所か六箇所、捺されており、どれも鎌倉前期の香取社神職の補任状である。①②は書出し部分が欠けており、さらに後欠であるが、後欠部分には「大禰宜・宮司」の署判があったものとみてよかろう。つまり、鎌倉前期の香取社では「香取宮印」を捺した神職補任状は、「案主・田所・物申祝・権禰宜・大禰宜・宮司」の六神職あるいは「録司代」を入れた七神職を構成員とする機関によって発給されていた。その補任＝発給機関とは、③の書出しに「香取社政所定め補す」とあるように、「香取社政所」であったと考えられる。

④の場合は同じ神職補任状でありながら、冒頭に「香取大神宮符」、書止めに「故以符」とあり、⑤の場合は、冒頭は「補任」とありながらも、書止めは「故以符」とあって、ともに「香取大神宮符」と名付けるべき文書の形式となっている。ただし、「香取宮印」は使用されていない。④⑤の場合も署判は①②③の場合と同じであり、香取大神宮符の発給主体も香取社政所であったと考えられる。また⑥の署判では、新たに「行事禰宜」が加わって八神職が署判者となっている。⑦は補任状ではなく、内容的には神職と職領の安堵状である。前欠であり慎重な検討が必要ではあるが、書止めは「所仰下知如件」となっており、下知状の形式をもっている。その発給主体は、「案主所・田所・行事禰宜・物申祝・権禰宜・大禰宜・大宮司」であった。これも香取社政所によるものであろう。

右にあげた史料は神職補任状や安堵状のみであるが、鎌倉時代の香取社政所は、神職補任をはじめとする社務全般を掌握した機関であったと考えてよかろう。政所の構成神官は「案主・田所・物申祝・権禰宜・大禰宜・宮司」の六神職を基本とするもので、「録司代」は不安定な地位にあり、十四世紀には「行事禰宜」も加わったということができる。そして、香取社政所を差配していたのは、もちろん宮司と大禰宜であった。正安三（一三〇一）年五月二十五日香取社神官（副祝中臣吉氏）寄進状（新禰九号）は、五箇所に「香取宮印」の捺された貴重な文書であるが[3]、副祝中臣吉氏が香取大明神へ「水田三段下地」を寄進する際して、それを保証するために寄進状に連署したのは順に「宮司散位大中臣朝臣」と「大禰宜大中臣朝臣」であった。両人は、香取社政所の主体として、寄進状に「香取宮印」を捺したものと考えられる。その後、大禰宜長房が大宮司職を兼帯する至徳年間には、「案主・田所・録司代・行事禰宜・物申祝・権禰宜」の六神職は「奉行」として固定化されようであり[4]、そのうちの「案主・田所・録司代」が第七章で検討したように、検注帳等の作成にあたる三奉行＝公人であった。

鎌倉時代の香取社の社務全般が政所によって担われていたとすると、政所は社務にかかわる文書等の管理もしていたものと考えられる。しかし、本書の「Ⅰ　香取文書の書誌学」での検討からわかるように、幕末の香取社には「香取社政所関係文書」は存在しなかった。ところが、現在は大宮司家文書とされている多くの摂関家政所下文等には、「下総国在庁官人并香取社司（神官）等」充てのもの（鹿嶋中臣氏の神主職補任にかかわるものも）が案文も含めて多く存在している（第三章の**表4**参照）。もちろん、権利付与などにかかわる文書は形式的な充所ではなく、その文書によって利益を得るもののところに交付され、保管されたという古文書伝来の原則にしたがえば、「下総国在庁官人并香取社司（神官）等」充ての文書などが大宮司家に伝来したことは当然なのであるが、これらの文書を単に大宮司家の「私文書」とみなすことはできない。また、そうした文書は先の「香取大明神」充ての正安三年香取社神官（副祝中臣吉氏）寄進状も含めて大禰宜家文書にも多いのである。私は、鎌倉時代の香取社や「下総国在庁官人并香取社司（神官）等」充ての文書等は、もともと香取社政所が管理していたのではないかと考える。それがその後、大宮司家文書や大禰宜家文書などとして、社家に分離されて相伝されたのではないか。もちろんその時には、職に付随した文書としての原則によって分離・相伝されたものと考えられるが、職に直接付随しない文書もあったのである[5]。

そこで、次に十三世紀初頭の社領相論にかかわる香取文書のなかでもっとも重要な二通の文書に注目して、香取社政所によって管理されていたと考えられる香取社政所関係文書の伝来について跡づけてみたい。

（2）鎌倉時代の社領相論と二通の文書

十三世紀初頭の社領相論とは、香取社神主大中臣広房と香取社地頭国分胤通との神主職および神主職領をめぐるものであった。次の二通の文書は、この相論に対する香取社の本家である摂関家と鎌倉幕府による裁許である。

（A）建永二（一二〇七）年十月日関白左大臣家政所下文（新本一号、旧禰一二号＝案文）（第三章の**写真1**）

（B）承元三（一二〇九）年三月十七日鎌倉幕府（将軍家）下知状（一紙目＝旧禰一三号、二・三紙目＝新本二号）（第三章の**写真2**）

（B）の鎌倉幕府下知状は、（A）の摂関家の裁許をうけて出されたもので、ともに神主広房の主張を認めている。この相論は千葉氏の一族国分氏が香取社の「社地頭」として神主職や職領を浸食したことに対して、当該期の神主広房が本家や幕府に訴えたものであった。国分氏による社領侵略は一方的な暴力によるものではなく、「社地頭」という地位と職務にもとづくものであったと考えるべきで、「社地頭」の地位は神主職やその職領と重複するものであったようである。(6) **図10**からわかるように、広房の段階では、神主職の地位は香取大中臣氏に固定化されておらず、まだ鹿嶋中臣氏も広房の前後で神主職に補任されている。鎌倉前期の香取大中臣氏は、神主職を鹿嶋中臣氏と争うとともに、「社地頭」の国分氏とは神主職および職領をめぐって対立していたのであった。そうしたなかで、（A）および（B）の裁許によって摂関家および鎌倉幕府から、大中臣広房の神主職とその職領が保証されたことは香取大中臣氏にとって画期的なことであった。

つまり、この（A）（B）の二通の文書は、第三章でふれたように、鎌倉前期の香取社神主（大宮司）の職務と職領を保証した神主（大宮司）職にとっての基本文書であり、中世香取社における香取大中臣氏の地位を正当化する重要史料だったのである。そのため、両文書はその後の社領相論などにおいて具書案や重書案としてしばしば利用され、複数の案文が残されている。(7) そして、二通の裁許の充所をみておけば、（A）が「香取社神官等」であり、（B）は「□□（香取）社地頭神官等」であった。この二通の文書は、広房のあとに鹿嶋中臣氏の助道が複数回、神主職に補任されることからしても、当初から香取大中臣氏によって管理されたとは考えにくく、鎌倉時代には香取社政所によって管理された香取社政所関係文書であったと推測する。

ではこの二通の文書は、その後どのように伝えられていったのであろうか。次に掲げる史料は、永徳四（一三八四）年三月十日大禰宜兼大宮司長房文書目録（旧禰一四五号）である。カッコ内は『千葉県史』との対応関係を示す。

（端裏書）
「文書目録」

文書目録

一建永二年本所御下知広房胤道相論御下知（A）

一承元三年関東御下文広房胤道番《ツカイ》ノ御下知（B）

一永仁三年安堵状（旧禰二八号）、同本所長者宣（なし）

一治承七年大将殿御判（新禰一号）

一承久関東御判ニイケノ御代（旧禰一四号）

一文永関東御判ニイケノ御代（旧禰二三号）

一正和関東御判（旧禰二七号）

一元亨関東御判（旧禰四三号）

一自貞治年中、至于応安年中、自将軍家鎌倉殿マテ、千葉介ニ番《ツカテ》二長房ニ一所給置文書共（旧禰

一海夫御教《ケウ》書、及三ヶ度所給文書共（旧禰）
一文永八年ニ長《（庁）》宣国行事安堵状（旧神一一号＝もとは禰）
一弘安十年ニ三ヶ度村番《ノッカイノ》御下知（なし）
右此文書共、於所載目録之内者、満珠丸物也、縦自余輩取之雖出帯、為御沙汰、満珠丸可申給、為後日、文書目録如件、
永徳二年甲子三月十日　長房依仰所注之也
（大禰宜兼大宮司長房の裏書略す）

下総守護の千葉氏一族や周辺地頭による社領侵攻に対する貞治・応安神訴事件に勝利した大禰宜長房は、社領の再編を進めるとともに、応安五（一三七二）年には一時、神主（大宮司）職につくなど社務権も掌握していったものと考えられ、至徳三（一三八六）年には、大宮司職を兼帯して「大禰宜兼大宮司」（「大宮司兼大禰宜」ではなく）を名乗ることになる。この段階で、遷替の職であった「大宮司（神主）職」も香取大中臣氏の相伝の職へと変質したものと考えられるのであり[8]、すでに六〇歳半ばであったと推定される長房は、晩年になりやっと授かった長子の「満珠（万寿）丸」に、「大禰宜兼大宮司」の地位とその私領（職領）を譲与する手続きを急いでいた[9]。この文書目録も、長房が「満珠（万寿）丸」に重要文書を相続したものであり、長房は裏書に「これはまんしゆはう《（満珠房）》にゆつる《（譲）》所なり、此状一つう《（通）》もよそ《（余所）》に候とゆうとも、此もくろく《（目録）》をもつて、上へ申てとりかへす《（取返）》へく候、よつて後のためニ、うら《（裏）》をふう《（封）》して、ゆつ《（譲）》るところなり」と認め、「大禰宜兼大宮司長房（花押）」と署判して裏を封じたのであった。

この目録をみると、冒頭の二通が、（A）と（B）の文書であることは明らかであり、（A）と（B）を除く以下の文書のほとんどが現在も大禰宜家文書として確認できる（右目録のカッコ内参照）。「永仁三年安堵状」から「元亨関東御判」までは、ほぼ大禰宜職および同職領に関する安堵状的なものであり、次の二行は貞治・応安神訴事件に勝利

する過程で長房が得た「所給文書」、そして次の「文永八年ニ長宣《(庁)》国行事安堵状」（幕末までは大禰宜家文書であったが、明治初年香取神宮に納入）は、当該期に大宮司職とともに香取大中臣氏による相伝の職として取り込んだ「国行事職」に関する文書であった。そうだとすると、（A）（B）二通の文書は、「大宮司職」を相伝の職として取り込んだことを示すことになる。つまり、長房以前には香取社政所で管理されていた可能性の高い、大宮司（神主）職および職領を保証した（A）（B）二通の文書は、大禰宜兼大宮司長房によって香取大中臣氏（大禰宜家）の管理下に移され、そして長子「満珠（万寿）丸」（幸房）に「大禰宜兼大宮司」職とともに譲与されたのであった（第八章系図2・3参照）。

ほんらい遷替の職であった大宮司（神主）職にかかわる文書の多くは、香取社政所によって管理されていたが、長房の大宮司職兼帯によって、その多くが政所の管理下から大禰宜家に移され、大禰宜職関係の文書と一緒にされたものと推定する。その後、「大禰宜兼大宮司」職を継承した幸房の子どもの代には、嫡子秀房が大禰宜職を、庶子元房が大宮司職を相伝することになり、室町後期から近世初頭まではこの二系統に大禰宜職と大宮司職は継承されたのであった（第三章系図1）。この間に大禰宜家とは別に大宮司家が成立し、さらに大禰宜屋敷と大宮司屋敷が確定されることで、古文書類も大禰宜家文書と大宮司家文書に分割され、世襲されたものと考えられる。(10)

（3）江戸時代の大禰宜家と大宮司家

こうしたなかで十七世紀に入ると、江戸幕府によって大禰宜家の当主が実勝・実応と二代続けて大禰宜職を解任され、追放されるという事態がおこる。その後の大禰宜家と大宮司家における大禰宜職や大宮司職などの複雑な継承関係については、『香取群書集成　第八巻』所収「大禰宜家日記第三」の「解題」で詳しい検討がなされている。(11)それによれば、元和八（一六二二）年大禰宜実応の再追放ののち承応元（一六五二）年までの間は、大禰宜職は闕職となった。第三章の系図1に示したように、承応元年新将軍徳川家綱の就任にともなう「御朱印御書替」に際して、大宮司家の次男実富が大禰宜職となるが、それは実富の妻が、追放された実応の娘世牟という女縁によるものであった。しかし、実富には子がなく、次の大禰宜職には実富の甥清房がついたが、寛文八（一六六八）年九月大宮司職を継いでいた清房の兄定房が病死したために、十一歳の清房が大宮司職につくこととなった。そして、大禰宜職は清房の叔父で宮之介職にあった基房の子の勝房が十四歳で継ぎ、宮之介職には基房の甥の胤雪がつくことになる。

この間に成立していた「大禰宜家附ノ古書」は、実応追放後、一時次男の実暁に引き継がれたが、妹世牟が嫁いだ実富が大禰宜職に就任したことで実富方に移った（実富が大禰宜屋敷に入った可能性もあるが）。実富の死去後は妻世牟が「大禰宜家附ノ古書」を持ち帰り、再び実暁のもとに戻された。その後、清房に次いで勝房が大禰宜職に就任すると勝房方は、実暁方に「大禰宜家附ノ古書」の引き渡しを求め公儀に訴え出ている。結局、勝房のもとに実暁の娘加知が嫁ぐことで「大禰宜家附ノ古書」は、勝房のもとに移動したのである（ここでも勝房が大禰宜屋敷に入った可能性もあろう）。しかし、元禄十三（一七〇〇）年に大宮司職を追放された清房に代わって勝房が大宮司職に就任すると、大禰宜職には勝房の従兄弟の胤雪（胤雪の母は大禰宜実応の孫娘伊智であった）がつくことになる。胤雪は大禰宜屋敷に入り、「大禰宜家附ノ古書」を管理していた加知を養うことで「大禰宜家附ノ古書」を相続したのであった。その後、胤雪の系統が幕末まで大禰宜職および同屋敷を世襲したのである。

十七世紀以降の「大禰宜家附ノ古書」の伝来の説明が長くなったが、この間の、というよりも勝房が大禰宜職に補任された年の寛文六（一六六六）年段階の「大禰宜家附ノ古書」の目録と思われるものが残されている。次の寛文八年香取大禰宜家文書注文（新禰八三号）である。カッコ内は『千葉県史』との対応関係を示す。

関白家政所下本書　自保元元年五百拾参年（旧禰三号）
　及寛文八年

前太政大臣家政本書　自応保弐年五百七年　（新宮三号カ）
関白左大臣家政本書　自長寛弐年五百五年　（旧禰六号）
頼朝心願成就本書　自治承五年四百八十八年　（旧神一号＝もとは禰）
同安堵事本書　治承七年ト在之、年代記ニ不見、（新禰二号）
関白前太政大臣家政本書　自建久七年四百七拾参年　（旧禰八号）
関白前左大臣家政写　自建永弐年四百六十弐年　（旧禰一二号）（A）
承元三年之年写、本書無之、集書也、四百六十年　（旧禰一三号）（B）
陸奥守平本書　自承久三年四百四十八年　（旧禰一四号）
関白前太政大臣家政本書　自嘉禄二年四百四十年　（新宮一二号）
関白前左大臣家政本書　自文永八年参百九十八年　（新宮一四号）
相模守平 左京権大夫平 両判　自文永九年三百九十七年　（旧禰二三号）
相模守　自弘安四年三百八十八年　（旧禰二五号）
実政譲状偽文書　自永仁元年三百七十六年　（旧禰二七号）
（以下、省略）

この寛文八年までの大禰宜家文書（「大禰宜家附ノ古書」）目録で注目すべきことは、第一に、幕末までには大宮司家文書に属することになる「大宮司職関係文書」（カッコ内に新宮三号などとあるもの）が存在することである。つまり、寛文八年段階では、大禰宜家文書には大宮司職関係文書がまだ混在していたのであった。第二には、（A）（B）の二通の文書は、傍線部を付したように、（A）の建永二年関白前左大臣家政所下文は「本書」＝正文ではなく「写」であり、文書名が欠落しているが（B）の承元三年鎌倉幕府下知状も「写」で、「本書これ無く」、「集書」つまり重書案だというのである。(12) 永徳四（一三八四）年の大禰宜兼大宮司長房文書目録では、（A）（B）の正文が長房から幸房に譲与されたはずであるが、十七世紀中頃の「大禰宜家附ノ古書」としては、（A）（B）はともに正文ではなく、写あるいは重書案としてしか存在していない。

ならば（A）（B）の正文は、幸房の子どもの代から二系統に分かれた大宮司家方に伝来したものと考えられる。第三章で検討したように、近世の大宮司家文書の目録としては、享保九（一七二四）年の国分宮之介文書等請取覚（新香一二号／新宮九〇号）と同年の香取大宮司家什物目録写（新源六三号）がある。両目録は大宮司職を解かれた大中臣清房が、元禄十一（一六九八）年に香取から追放された際に持ち出した大宮司家文書等の什物を、享保九年に寺社奉行からの返還目録にしたがって返却した際のものであった。一部再掲してみたい。

（ア）覚（新香一二号／新宮九〇号）

一関白政所御下し文

一尊氏公御判

但、此三行者壱巻也、

一承元三年之鎌倉御下知状

是ハ年号相違御座候、嘉禄二年ニ御座候、

（中略）

一建永二年之官府（符）

是ハ無御座、依之請取不申候、

（以下略）

（イ）覚（新源六三号）

一関白政所御下文

一尊氏御判
一承元三年鎌倉御下知状
是ハ年号相違ニ候、嘉録（ママ）二年ニ候、
右三行一巻也
（中略）
一建永二年之官府（符）
是者無之候間、請取不申候、
（以下略）

（ア）は、享保九年七月十四日に寺社奉行からの返還目録にしたがって、水戸にて国分宮之介（香取に残った清房の子息）に大宮司家文書等が引き渡された際に、宮之介が父棚木彦五郎（大中臣清房）に充てて認めた請取目録であり、（イ）は、それらを香取に持ち帰った宮之介が当時の大宮司職の大中臣和雄に引き渡した際に、大宮司和雄が宮之介に充てて出した請取目録である。両目録の「承元三年（之）鎌倉御下知状」が（B）であるが、（B）については「是は年号相違御座候、嘉禄二年に御座候」などと注記されているように、年号間違いとして処理されているが、実際は寺社奉行の返還目録にあった（B）は棚木彦五郎（大中臣清房）のもとにはなかったことを意味している。また、両目録の「建永二年之官府（符）」は「官符」ではなく（A）の「関白左大臣家政所下文」のことと判断されるが、（A）も「是は御座無く、これに依って請取り申さず候」などとあるように、棚木彦五郎（大中臣清房）のもとにはなかったのである。

この記載が正しいならば、大中臣清房が持ち出した「大宮司家文書」のなかには（A）（B）の二通の文書はなかったことになる。第三章で検討したように、もともと貞享元（一六八四）年徳川光圀が借覧した「大宮司家文書[13]」のな

かにも（A）（B）は存在していない（第三章の表4の「水戸」欄参照）。寺社奉行は、棚木彦五郎（大中臣清房）に対して「香取社神宝持ち立ち退き候由、目録を以て御尋ね、御吟味」したのであり（『香取群書集成　第六巻』香取神宮社務所、一九九五年の「大禰宜日記」享保九〔一七二四〕年六月九日条、本書の付に引用）、（A）（B）は寺社奉行による返還目録上は「香取社神宝」であった。しかし、その神宝（A）（B）は、十七世紀後半の段階では大禰宜家文書としても、大宮司家文書としても確認することができないのである。

その後の大宮司家文書の行方や、色川三中による悉皆調査後の万延元（一八六〇）年に権検非違使家が、（A）の建永二年関白左大臣家政所下文（前欠）と（B）の承元三年鎌倉幕府下知状（二・三紙目のみ）を「御幸絵図（権検非違使家本「香取神宮神幸祭絵巻」）」とともに入手したこと、（B）の一紙目は大禰宜家文書として現存することなどについては、第三章で述べたところである。しかし、十七世紀前半の大禰宜家と大宮司家の両方の文書目録からは確認できない（A）（B）が、大禰宜家文書や大宮司家文書の本体から分離した時期は、やはり棚木彦五郎（大中臣清房）から大宮司家文書などの什物が返還された前後の可能性が高かろう。それは、第三章で指摘したように、（ア）の棚木充ての請取目録にはなかった「御幸絵図」が、（イ）の国分宮之介充ての目録には「一御幸絵図　弐巻」（正本と副本）として記載されていることとかかわるはずである。権検非違使家は、（A）（B）といっしょに「御幸絵図」の正本も「篠原村喜平次より」を入手したのであり、（A）（B）と「御幸絵図」（正本。副本は香取神宮現蔵）は一括してある時期に喜平次家にもたらされたと考えられる。

（4）　清宮利右衛門家所蔵「香取文書」について

関連して注目すべきものが、清宮利右衛門家所蔵の「香取文書」（一巻）である。これは清宮秀堅（一八〇九〜七九）による香取文書等の一部に関する写本であるが、このなかに「大江山酒顛童子絵詞写（詞書のみの部分）」と「（A）建永二年十月日関白左大臣家政所下文写」、「(B)承元三年三月十七日鎌倉幕府(将軍家)下知状写」、「御幸絵図写(冒頭部分)」などが存在する。この(A)の写は署判者の花押も写したものであり、(B)の写は正文の第二・三紙目のみの写で、やはり花押も書写されている。つまり、清宮利右衛門家所蔵「香取文書」所収の(A)(B)は明らかに正文からの写なのである。

千葉県史料研究財団事務局(当時)の佐藤(金子)恭子の整理によれば、清宮利右衛門家所蔵「香取文書」は秀堅が独自の経路で書写したものの可能性が高いわけで、全面的な検討は別にせざるをえない。ただし、ここで注目しておきたいのは、清宮利右衛門家所蔵「香取文書」のなかに、現在、旧大禰宜家に所蔵されている「文書箱」にある次のような「箱書」(『香取群書集成　第八巻』の口絵参照)が書写されていることである。

総州香取大禰宜香取監物家蔵古文書数十通甲午之春我
上公拝香取社監物出文書呈　覧
公観而歎賞造外函以賜之云
　　　通事正員臣青山延于奉
　　　　命敬書

この箱書によれば、彰考館員の青山延于(一七七六〜一八四三)が「大禰宜香取監物家蔵古文書数十通」を「甲午」(天保五(一八三四)年)の春に香取社大禰宜監物(実豊か、?〜一八三七)から借り出して藩主徳川斉昭にお見せしたら、斉昭は歎賞し、外函を造って賜ったというのであろう(14)。

この文書箱の現状や文書箱内の状況については未調査であるが、この文書箱のなかに「大江山酒顚童子絵詞(詞書のみ)」や「建永二年十月日関白左大臣家政所下文」、「承元三年三月十七日鎌倉幕府(将軍家)下知状(第二・三紙目)」、「御幸絵図」などが納められていた可能性が高い。つまり、これらは享保九(一七二四)年頃以降には、「大禰宣家附ノ古書」とは別に、一括して大爾宣家に継承されたようで、天保五年に徳川斉昭が「公観」ののち、文書箱に入れられたこと、そして、それを色川三中が調査し、さらに清宮秀堅が一部を書写して以後、大爾宣家の文書箱から流出したのであった。そのうち「(A)建永二年十月日関白左大臣家政所下文」、「(B)承元三年三月十七日鎌倉幕府(将軍家)下知状(第二・三紙目)」、「御幸絵図(正本)」の流出先は、「篠原村喜平次[15]」家であり、それを万延元(一八六〇)年に権検非違使家が入手した。また、「大江山酒顚童子絵詞(詞書のみ)」は、付に記したようにのちに「佐原の八木善助家」(本書三二一頁)が入手していたのであった。

なお、「大江山酒顚童子絵詞写(詞書のみの部分)」の奥には、「大江山巻物/吉田兼好正筆」の下ケ札が写されており、「古筆了伴下ヶ札/此絵巻大宮司家/大爾宣家トニ分ケ持/テリ、下ヶ札ハ大爾宣家/ノ分ニ付キタリ」と注記されている。この情報は本書の付にかかわって重要である。これによれば、香取本「大江山絵詞=大江山酒顚童子絵詞」は大宮司家と大爾宣家とに分けて持たれており、この文書箱には大爾宣家分があり、それに古筆了伴の下ケ札があったわけである。

古筆了伴(一七九〇~一八五三)は近世後期の古筆見のことと考えられ、「清水寺縁起」三巻本の巻末や筆者目録の鑑定識語などが残っている[16]。この古筆了伴による「吉田兼好正筆」との下ケ札が、その後、香取本「大江山絵詞」の詞書が兼好筆と伝えられた理由であった。静嘉堂文庫所蔵の色川三中旧蔵「大江山酒顚童子絵詞写(詞書のみ)」にある「以下兼好の書筆を以写」との注記も、この下ケ札によるものであろう[17]。

ということは香取本「大江山絵詞」は、絵画部分が大宮司家、詞書部分が大爾宣家とに分けられていたのであり、三中は大宮司家分の絵画は見ることができず、大爾宣家の文書箱にあった大爾宣家分の詞書のみを書写し、絵画部分は別に「サントリー美術館本」系のものをどこかで書写したものと考えられる(付の註〔7〕参照)。

さて(A)(B)の現状は、第三章の**写真1・2**に示したとおりである。また「御幸絵図(権検非違使家本『香取神宮神幸祭絵巻』）」については、第九章で詳しく紹介した。中世香取社や香取大中臣氏にとってもっとも大事な文書である（A）（B）、そして香取神の存立を証明する「御幸絵図」は、何故にこうした数奇な運命をたどることになったのであろうか。その理由は、鎌倉時代に香取社政所によって管理されていた「香取社政所関係文書」等が、大中臣長房以降に大禰宜家あるいは大宮司家の相伝文書として区分けされる過程と、江戸時代における大禰宜職と大宮司職の世襲の混乱とによるものと考えられる。もちろん、「香取社政所関係文書」等のままでは、大宮司家文書などは伝来することは難しかったのであり、社家文書として分離され世襲されたことによって存続しえたことは確実であるが、大宮司家文書はもちろん大禰宜家文書にしてもその文書構成は歴史状況によって変遷したのであった。

そうしたなかで社家文書の固定化に重要な意味をもったものは、第三者による文書調査であったと考えられる。たとえば、大宮司家文書の場合は、貞享元（一六八四）年の徳川光圀による借覧と正文の成巻は、「大宮司家文書」の固定化に重要な役割を果たしたはずである。また、私文書を中心とした大禰宜家文書以下の社家文書の場合は、社家の成立とともに比較的早くから社家文書としての枠ができていたものと考えられるが、大禰宜家文書と大宮司家文書が一時混在していたように、当然個々の歴史を有していたのであり、個別的な検討が必要である。[18] しかし、「香取文書の歴史」という視点でみてみれば、幕末の色川三中による香取文書の悉皆的調査は、社家文書の集合体としての香取文書の枠組みと、社家文書の固定化に決定的な意味をもったということができる。

つまり、社家文書の構成そのものが、香取社や社家の歴史の所産なのであり、各社家文書は三中の調査によって固定化した、言い換えれば「成立」したともいえるのである。

註

（1）　川尻秋生「香取大中臣氏と鹿嶋中臣氏」（『佐原の歴史』創刊号、二〇〇一年）。

（2）福田豊彦「下総国香取神社の中世への変容」（同『中世成立期の軍制と内乱』吉川弘文館、一九九五年。初出一九六〇年）、西垣晴次「中世香取社の神官と神事」（木村礎・高島緑雄編『耕地と集落の歴史』文雅堂銀行研究社、一九六九年）。後者で西垣は、遷宮用途注進状（旧禰九号）にみえる香取社造営に関連する神官名から、「宮司・大禰宜・物忌・物申祝・内院神主・田冷・郷長・行事禰宜・大細工・副祝」などが鎌倉時代の神職集団を構成していたことを明らかにしている。本書では、こうした神職集団を統括する「香取社政所」を問題としている。

（3）本文書については、渡辺智裕「早稲田大学図書館所蔵『香取文書』について」（『早稲田大学図書館紀要』四三号、一九九六年）が詳しく紹介している。

（4）至徳元（一三八四）年七月三日香取社机注文（新田一七号）の書止めには「奉行御判ヲ申候畢」とあり、六神職が署判している。また、中世香取社の年中行事についての基本史料である至徳三（一三八六）年六月日香取社年中神事目録（新田一八号）の署判者は、上記六神職と「大禰宜兼大宮司散位長房」であった。

（5）たとえば、本文に引用した建武元年九月三日下総国守護代円城寺蓮一奉書案（新田九号―(7)）は「香取政所殿留守所」に充てられたもので、「香取社政所」が管理すべき文書であったはずである（現在は、田所家文書における重書案に確認できるだけで、正文は存在しない）。

（6）鈴木哲雄「中世香取社による内海支配」（同『中世関東の内海世界』岩田書院、二〇〇五年。初出一九九三年）。なお（B）は、鎌倉幕府の奉行人だけの署判による下知状として著名なものであり、この形式は全国で三点だけのようである。

（7）本書第四章および同章**写真6**参照。

（8）鈴木前掲「中世香取社による内海支配」および本書第八章。

（9）山田邦明「香取大禰宜大中臣長房の置文」（『佐原の歴史』二号、二〇〇二年）、鈴木哲雄「大禰宜長房」（『千葉史学』五四号、二〇〇九年）。

（10）幸房以後の大禰宜家の動向に関しては、湯浅治久「室町期における香取社大禰宜家の一動向」（『千葉県史研究』一七号、二〇〇九年）が詳しく検討している。

（11）『香取群書集成　第八巻（大禰宜家日記第三）』（香取神宮社務所、二〇〇八年）所収の解説「大禰宜家日記の概要及び書誌」

（石川晶康・川島孝一執筆）。なお、『史料纂集　古記録編（香取大禰宜家日記　第三）』（八木書店、二〇〇八年）も同じ。

（12）この重書案が、第四章で検討した【重書案C】（写真6）であろう。

（13）光圀が返却に際して、正文等を成巻してそれに付した跋文には、「蔵在大宮司家、予偶見之、不堪感激」（新宮八二号）とあり、光圀が借覧した文書は「大宮司家」にあったものである。

（14）文政十二（一八二九）年に水戸藩主となった徳川斉昭は、山川菊栄『覚書　幕末の水戸藩』（岩波書店、一九九一年）によれば、天保四（一八三三）年三月に初めて水戸の土を踏んでいる（同書一七三頁）。すでに青山延于は江戸史館の閉館にともなって水戸にあったわけで、青山は翌年春に「香取監物家蔵古文書数十通」を斉昭に見せたのであろう。青山は、天保三年には「通事」となっている。

（15）二〇〇九年八月、香取市佐原の惣持院において、ご住職の小林照宥氏のご厚意によって、「惣持院過去帳」（文政十一年以降のもの）を調べて頂くと「篠原下宿／喜平次」家を確認することができた。

（16）島谷弘幸『清水寺縁起』の詞書をめぐって」（古筆学研究所編『古筆学叢林第四巻　古筆と絵巻』八木書店、一九九四年）など。

（17）『黒川真頼全集第一　訂正増補考古画譜　上巻』（図書刊行会、一九一〇年）には、「大江山絵詞　二巻（一名酒顚童子双紙）」の項に、真頼曰として「香取本は画やう鎌倉季世の風あり、恐らくは、この頃のものか」とか、（古筆）了仲曰「香取本、大江山の詞書筆者、上巻は、兼好法師、下巻は、慶雲法師なり」、（古筆）了悦曰「香取本、大江山の詞書筆者、上下の巻とも一筆にて、兼好法師、慶雲法師にはあらず、二条家為世卿の筆跡なり」などとある（同書六二頁）。

（18）鈴木哲雄「香取録司代家・香取案主家文書の売券について」（木村茂光編『日本中世の権力と地域社会』吉川弘文館、二〇〇七年）では、録司代家文書と案主家文書の間で売券などの出入りがあることを指摘した。なおこの点については、湯浅治久「中世香取社領における土地売買の基本的性格」（『千葉県史研究』一二号、二〇〇四年）も参照。

初出一覧

序　本書の課題と構成（新稿）

Ⅰ　香取文書の書誌学

第一章　色川三中と香取文書―中井信彦による三中研究（新稿）

第二章　香取文書調査の概要と色川本「香取文書纂」

第三章　社家文書としての香取文書

（第二・三章は、原題「香取文書の概要と史料の構成」（『千葉県史研究』四号、一九九六年三月）と原題「資料解説　香取文書の構成と調査の沿革」（『千葉県の歴史　資料編　中世2』千葉県、一九九七年三月）等をもとに書き直し）

Ⅱ　香取文書と東国社会

第四章　大禰宜家文書のなかの重書案

（原題「香取大禰宜家文書のなかの重書案について」『千葉県史編さん資料　香取文書総目録』千葉県、一九九九年三月所収を改稿）

第五章　海夫注文の史料的性格

（原題「香取社海夫注文の史料的性格について」一宮研究会編『中世一宮制の歴史的展開（上）』岩田書院、二

〇〇四年一二月所収を改稿）
第六章　建武徳政令と田所家文書
（原題「建武徳政令と地域社会」佐藤和彦編『相剋の中世』東京堂出版、二〇〇〇年二月所収を改稿）
第七章　香取社領の検注帳
（原題「香取社領の検注帳について」『国立歴史民俗博物館研究報告』一〇四集、二〇〇三年三月を改稿）

Ⅲ　香取文書の周辺

第八章　香取大宮司職と「女の系図」
（原題「香取大宮司職と『女の系図』」『総合女性史研究』一二号、一九九五年五月。総合女性史研究会編『日本女性史論集5』吉川弘文館、一九九八年二月に再録を改稿）
第九章　権検非違使家本「香取神宮神幸祭絵巻」と造営注文
（原題「資料紹介　香取神宮神幸祭絵巻（権検非違使家本）について」『千葉県史研究』一五号、二〇〇七年三月を書き直し）
第十章　中世枡と色川三中旧蔵「香取諸家所蔵古升図」
（原題「資料紹介　色川三中旧蔵『香取諸家所蔵古升図』について」『千葉県史研究』一〇号、二〇〇二年三月を改稿）
付　香取本「大江山絵詞（酒顚童子絵巻）」の伝来について（新稿）
結　香取文書の歴史―大宮司家・大禰宜家文書の伝来から（新稿）

あとがき

本書に収録した論考の多くは、一九九一年からの新しい千葉県史の編纂事業における香取文書調査の成果を前提としたものである。仮に、本書が何らかの学問的あるいは社会的な意義を有しているとすれば、その成果はまずもって香取文書の所蔵者（旧蔵者を含む）や、私に千葉県史編纂事業に参加する機会を与えていただいた千葉県＝千葉県民のみなさんに還元されるべきものである。しかし、言うは易く行うは難しで、実際にどうすればよいのかは今後の課題であるが、ともかくも香取文書の現蔵者の方々のもとには極力、本書をお届けしたいと思う。

香取文書に関しての最初の調査は、調査記録を確認したわけではないが、旧分飯司家での分飯司家文書と成田山仏教図書館（旧成田図書館）での旧源太祝（北之内）家文書の調査であったと思う。ともに部会長の石井進さんを中心としたものであった。旧分飯司家文書の調査では、石井さんはもっぱら御当主の伊藤泰和さん（明治期の伊藤泰歳の孫にあたり、千葉県内の高等学校長を務めるとともに、『香取群書集成』の編集に尽力。本書八一頁参照）と香取文書周辺に関する種々のお話をされていたが、やり取りのなかで伊藤さんが刊本『香取文書纂』の配本先一覧の資料を持ち出されると、石井さんはそのなかに「森林太郎」の名前を確認され、東京大学附属図書館所蔵の刊本『香取文書纂』の一本が鴎外文庫本であるのはどうしてか気になっていたがこれで理解できた旨、話されたと記憶している。後日、千葉県長期研修生として東京大学史料編纂所において一年間の国内研究員の機会を得た際に、同図書館で鴎外文庫本の刊本『香取文書纂』を確認することができた（東京大学ＯＰＡＣ参照）。私などがいうも憚られるが石井さんの「すごさ」と、刊本『香取文書纂』刊行の意義について改めて思いを致したしだいであった。

その後、大禰宜家文書の調査にあたっては、山田邦明さんとペアで大禰宜家文書の巻子を開いていき、一点一点、史料上の所見をとったことが忘れられない。この時の感激が、本書の第四章で整理した重書案への拘りをはじめとする香取文書全体への史料学的な関心へと繋がったものと思う。山田さんとは、東洋文庫での田所家文書の調査でも同家文書のなかの重書案について、いろいろと検討しあったことが思い出される。そこでの検討結果が第六章のもととなっている。本書に収録するにあたって、東洋文庫のご理解のもと「建武徳政令の事書案文」の主要部分の写真を掲載することができた。また、福島金治さんからも古文書の扱い方についてほんとうに多くのことを教えていただいた。福島さんと山田さんは紛れもなく、私にとっての古文書学の先生であった。

石井さんが国立歴史民俗博物館の館長に就任されることになったため、新たに中世史部会長になられたのが福田豊彦さんであった。福田さんは、千葉常胤など千葉氏研究をはじめ、中世軍制史の第一人者であり、香取社に関する一九六〇年の論考は、本書でもしばしば引用したように、香取社や香取社領研究の古典ともいうべきものである。福田さんは、歴博時代のご経験からデータベース『香取文書総目録』の作成を熱心に推進された。その成果は、本書の至る所に活かされている。福田さんは鈴木が香取文書について勝手な所見を述べても、いつもにこにこされるだけで批判はされず、私は自由に活動させていただくことができた。ただし、本書の成果は香取文書を利用した香取社や香取社領の研究としては、福田論考を少しも越えることはできていない。福田論考は周知のように長大なものでありつつも、その一貫した視点と論理構成、そして緻密な史料操作は群を抜いている。部分的には、批判しえても全体を乗り越えることは簡単ではない。私の思いを述べれば、本書の書誌学的、史料学的な研究は、福田論考を越えるためのアプローチであるといってもよい。福田論考を乗り越えること、それが今後の課題である。

全くの新稿である付は、茨城県小美玉市（旧東茨城郡小川町）の香取芳忠家文書（棚木家文書の一部）の調査の際に、古文書類とともに絵巻物の詞書と思われるものが写った厚紙の存在が気になったことがきっかけである。結局、この厚紙の「詞書」（?）が何であるのかは不明なままであるが、この厚紙が香取本「大江山絵詞」の一部ではないかと調べるなかで、付は生まれたものであった。これは思わぬ余禄となったと思う。

新しい千葉県史編纂事業の発足時に、中世史部会にお誘いいただいたのは佐藤博信さんであった。また、湯浅治久さんとは一緒に中世史部会の史料調査に参加し、愚痴を言い合いながらよく勉強した。佐藤さんや湯浅さんは、私などが言うまでもないが、すぐれた中世史研究者であり、ともに千葉県史の編纂事業に携わりながら、お二方の研究者としての力量には脱帽するばかりであった。香取文書の書誌学的、史料学的調査については、中世史部会の事務局員だった佐藤（金子）恭子さんの協力が不可欠であった。編纂事業開始以来の中世史部会の事務局員や編纂員の方々の惜しみない協力に改めて、御礼申し上げる。

この間、中世諸国一宮制研究会（のち一宮研究会）には井上寛司さんにお誘いいただき当初より参加することができたし、福原敏男さんのご厚意で神社史料研究会にも何度か参加させていただいた。両研究会による全国の神社史料調査への参加と、研究会における報告や議論からもほんとうに多くのことを学ばせていただいた。両研究会に参加することによって、序でふれたように神社史料のなかの香取文書の位置について理解を深めることができた。しかし、両研究会の目的にしたがった私自身の研究はこれからである。

以上が、私が香取文書に関して書誌学的、史料学的調査を進めてきた経緯である。本書をまとめるに際して、中井信彦さんの著書を再検討し、そして色川三中の香取文書調査の意義を再確認するなかで、本書が色川三中や中井信彦さんの手のひらで踊らされているにすぎないとつくづく考えざるをえなかった。なかでも三中による香取文書調査を幕末の時代相のなかに見事に位置付け、その歴史的意義を世に問いつつあった中井さんのお仕事に比べれば、当たり前であるが本書など及びもつかないものである。でも少しは、お二人を越えることができた点もあるのではないか。お二人に、どこかで本書をみていただくことはできないものであろうか、などと夢見つつ、やっとここまでたどり着くことができたと今は安堵の思いである。

本書は、二〇〇八年度北海道教育大学特別研究支援プログラムにもとづくものである。本書に掲載あるいは転載した写真・図版等は、香取神宮、香取市観福寺、財団法人静嘉堂（静嘉堂文庫）、財団法人東洋文庫、千葉県文書館、船橋市西図書館等（個人蔵のものは略させていただきます）のご理解・ご協力による。また、出版・編集作業では同成社の代表取締役の山脇洋亮氏と編集部の山田隆氏にお世話になった。みなさまに感謝申し上げる。

二〇〇九年一〇月一一日

鈴木哲雄

＊本書の出版にあたっては、独立行政法人日本学術振興会平成21年度科学研究費補助金（研究成果公開促進費〔215073〕）の交付をうけた。

事 項 索 引

香取社関係人名索引

―さ 行―

―た 行―

―な 行―

―は 行―

―ま 行―

―や 行―

―ら 行―

香《か》取《とり》文書《もんじょ》と中世《ちゅうせい》の東国《とうごく》

■著者略歴■

鈴木哲雄（すずき　てつお）

1956年　千葉県に生まれる

1981年　東京学芸大学大学院修士課程修了

現　在　北海道教育大学教育学部准教授・博士（史学　中央大学）

主要著書『中世日本の開発と百姓』岩田書院、2001年。『中世関東の内海世界』岩田書院、2005年。『中世・近世土地所有史の再構築』（共著）青木書店、2004年。『将門記を読む』（共著）吉川弘文館、2009年など。

2009年11月15日発行

著　者　鈴木哲雄

発行者　山脇洋亮

印　刷　熊谷印刷㈱

製　本　協栄製本㈱

発行所　東京都千代田区飯田橋4-4-8
（〒102-0072）東京中央ビル　㈱同成社
TEL 03-3239-1467　振替 00140-0-20618

ISBN978-4-88621-490-4 C3321